华东师范大学教师发展学院组织编写

杨美俊
温海明
——— 主　编

# 中华优秀传统文化
## 经典导读

华东师范大学出版社
·上海·

图书在版编目(CIP)数据

中华优秀传统文化经典导读/杨美俊,温海明主编. —上海:华东师范大学出版社,2021
ISBN 978-7-5760-1788-5

Ⅰ.①中… Ⅱ.①杨…②温… Ⅲ.①中华文化—师资培训—教材 Ⅳ.①K203

中国版本图书馆 CIP 数据核字(2021)第 094535 号

# 中华优秀传统文化经典导读

| 主　　编 | 杨美俊　温海明 |
|---|---|
| 项目编辑 | 范耀华 |
| 审读编辑 | 张　婧　陈成江 |
| 责任校对 | 时东明　李琳琳 |
| 装帧设计 | 卢晓红 |

| 出版发行 | 华东师范大学出版社 |
|---|---|
| 社　　址 | 上海市中山北路 3663 号　邮编 200062 |
| 网　　址 | www.ecnupress.com.cn |
| 电　　话 | 021-60821666　行政传真 021-62572105 |
| 客服电话 | 021-62865537　门市(邮购)电话 021-62869887 |
| 地　　址 | 上海市中山北路 3663 号华东师范大学校内先锋路口 |
| 网　　店 | http://hdsdcbs.tmall.com |
| | |
| 印刷者 | 上海华顿书刊印刷有限公司 |
| 开　　本 | 787毫米×1092毫米　1/16 |
| 印　　张 | 19 |
| 字　　数 | 386 千字 |
| 版　　次 | 2021 年 7 月第 1 版 |
| 印　　次 | 2025 年 1 月第 4 次 |
| 书　　号 | ISBN 978-7-5760-1788-5 |
| 定　　价 | 49.00元 |

出版人　王　焰

(如发现本版图书有印订质量问题,请寄回本社客服中心调换或电话 021-62865537 联系)

# 编委会成员

（排名不分先后）

温海明　杨美俊　曾　亦　郭美华　李虎群
刘　强　刘增光　杨海文　杨少涵　张其成
赵敏利　赵　健　杜龙辉　赵　娜

# 前言

"为往圣继绝学,为万世开太平"是今天教育根本任务"立德树人"的传统解释,但是中华优秀传统文化优秀在哪里?核心经典为何能够绵延几千年流传至今,成为中华文化的基因?其本质和内在的生命纹理又是什么?二十大报告强调,"中华优秀传统文化源远流长、博大精深,是中华文明的智慧结晶"。学校如何应用中华传统文化经典来成就学校文化及育人目标呢?本书将会为您找出路径。

本书故事性强,言简意赅,深入浅出,形象活泼,表现力强。共有如下十二章:

明德修身——《大学》导读(李虎群/中国政法大学)

有德必言——《论语》导读(刘强/同济大学)

抱道修德——《道德经》导读(温海明/中国人民大学)

以德行仁——《孟子》导读(杨海文/中山大学)

盛德大业——《周易》导读(温海明/中国人民大学)

惟德是辅——《诗经》导读(赵敏俐/首都师范大学)

孝为德本——《孝经》导读(刘增光/中国人民大学)

大德受命——《中庸》导读(杨少涵/华侨大学)

德全不危——《黄帝内经》导读(张其成/北京中医药大学)

至德为本——《礼记》导读(曾亦/同济大学)

道-德之间——《庄子》导读(郭美华/上海财经大学)

忠信德义——《春秋左传》导读(曾亦/同济大学)

每章分以下几个部分:

1. 经典核心。讲述这本经典缘何成为经典、该经典在中国文化中的地位、其根本哲学和思想大意何在、今天我们为什么要学习此经典等。

2. 经典故事。讲述这部经典如何成书,历史上如何流传,后来又如何传播。含经典作者简介、书名含义、历史上成书的争议、相关有趣的历史故事等。

3. 阅读价值。讲述这部经典对今天年轻人仍然有价值的内容有哪些,用浅显易懂的语言介绍经典各部分、各层次的内容。

4. 阅读方法。介绍文本结构的特点以及如何阅读等。

5. 版本选择。介绍古代 3—5 个版本,现当代 3—5 个版本,对每个版本作简单介绍。

6. 经典选文。选取部分经典文章段落,同时加上注释,使阅读者直观、便捷地获取原典,展开自主阅读。

# 目录

## 第一章
**明德修身**——《大学》导读/李虎群(中国政法大学)   1

第一节 《大学》缘何成为经典   2
第二节 《大学》如何成书、流传和传播   3
第三节 《大学》的阅读价值   5
第四节 《大学》的阅读方法   9
第五节 《大学》的版本选择   11
第六节 《大学》经典选文   12

## 第二章
**有德必言**——《论语》导读/刘　强(同济大学)   18

第一节 《论语》缘何成为经典   19
第二节 《论语》如何成书、流传和传播   20
第三节 《论语》的阅读价值   22
第四节 《论语》的版本选择   29
第五节 《论语》经典选文   33

## 第三章

### 抱道修德——《道德经》导读/温海明（中国人民大学） 44

第一节 《道德经》缘何成为经典 45
第二节 《道德经》如何成书、流传和传播 46
第三节 《道德经》的阅读价值 50
第四节 《道德经》的阅读方法 56
第五节 《道德经》的版本选择 57
第六节 《道德经》经典选文 59

## 第四章

### 以德行仁——《孟子》导读/杨海文（中山大学） 70

第一节 《孟子》缘何成为经典 71
第二节 《孟子》如何成书、流传和传播 72
第三节 《孟子》的阅读价值 74
第四节 《孟子》的阅读方法 78
第五节 《孟子》的版本选择 79
第六节 《孟子》经典选文 81

## 第五章

### 盛德大业——《周易》导读/温海明（中国人民大学） 95

第一节 《周易》缘何成为经典 96
第二节 《周易》如何成书、流传和传播 97
第三节 《周易》的阅读价值 100
第四节 《周易》的阅读方法 108

第五节　《周易》的版本选择　110
第六节　《周易》经典选文　112

## 第六章
### 惟德是辅——《诗经》导读/赵敏俐（首都师范大学）　121

第一节　为什么要学习《诗经》　122
第二节　《诗经》的编辑与流传　122
第三节　《诗经》的阅读价值　124
第四节　《诗经》的阅读方法　129
第五节　《诗经》的版本选择　131
第六节　《诗经》经典选文　132

## 第七章
### 孝为德本——《孝经》导读/刘增光（中国人民大学）　141

第一节　《孝经》缘何成为经典　142
第二节　《孝经》流传的历史与故事　143
第三节　《孝经》的阅读价值　145
第四节　《孝经》的文本结构与阅读方法　150
第五节　《孝经》的版本选择　152
第六节　《孝经》经典选文　155

## 第八章
### 大德受命——《中庸》导读/杨少涵（华侨大学）　163

第一节　《中庸》的作者　164
第二节　《中庸》的升格　166

第三节 《中庸》与佛教、道教　　167
第四节 《中庸》的分章与文体　　169
第五节 《中庸》的思想　　170
第六节 "《中庸》学"文献的分类　　174
第七节 阅读《中庸》的版本选择　　175
第八节 《中庸》经典选文　　177

## 第九章

### 德全不危——《黄帝内经》导读/张其成（北京中医药大学）　　191

第一节 《黄帝内经》缘何成为经典　　192
第二节 《黄帝内经》的成书、流传和传播　　193
第三节 《黄帝内经》的阅读价值　　195
第四节 《黄帝内经》的阅读方法　　199
第五节 《黄帝内经》的版本选择　　201
第六节 《黄帝内经》经典选文　　202

## 第十章

### 至德为本——《礼记》导读/曾　亦（同济大学）　　219

第一节 《礼记》的地位及其价值　　220
第二节 《礼记》的成书与流传　　220
第三节 《礼记》的相关内容及其现代价值　　221
第四节 《礼记》的结构与阅读方法　　225
第五节 《礼记》古今版本介绍　　227
第六节 《礼记》经典选文　　227

## 第十一章

### 道-德之间——《庄子》导读/郭美华(上海财经大学)     238

第一节 《庄子》之为"庄子"     239
第二节 《庄子》其书与"庄子"其人及其历史     240
第三节 《庄子》的思想世界     242
第四节 如何阅读《庄子》     249
第五节 《庄子》的古今版本     251
第六节 《庄子》经典选文     253

## 第十二章

### 忠信德义——《春秋左传》导读/曾 亦(同济大学)     265

第一节 《左传》的地位及其价值     266
第二节 《左传》的成书及其流传     266
第三节 《春秋》与《左传》的关系     269
第四节 《左传》的主要内容及其阅读价值     270
第五节 《左传》的研究版本     274
第六节 《左传》经典选文     275

# 第一章 明德修身——《大学》导读

李虎群(中国政法大学)

**作者小传：** 李虎群，字恒一，山东临清人。北京大学哲学博士，清华大学哲学系博士后，中国政法大学哲学系副教授，比利时根特大学、加拿大英属哥伦比亚大学访问学者，中国琴会会员。著有《儒佛之道与现代社会》，参编大型图书《稀见民国佛教文献汇编》(担任编委)。

# 第一节 《大学》缘何成为经典

《大学》是《礼记》(《小戴记》)四十九篇中的第四十二篇,而《礼记》是儒家"五经"或"十三经"之一,所以历代大儒都非常重视《大学》;但宋朝以前没有单行本,北宋大儒程颢、程颐兄弟开始极力颂扬《大学》《中庸》《论语》《孟子》,合称"四书",南宋大儒朱熹又著《四书章句集注》,"四书"遂逐渐成为天下读书人熟稔的案边书,随着"四书"成为科举考试的钦定科目,《大学》作为"四书"之首,更是成为了近八百年来影响中国读书人最为深远的经典之一,参与塑造了每一个中国人的价值观和思维方式。

《大学》被认为是深入儒学堂奥的最为切要和正大的门户,离开《大学》这个"正门",就很容易进入"旁门左道""歪门邪道";同时,《大学》还展示出进入儒学大门之后登堂入室的学习步骤和方法,缺乏《大学》的指引,学人难免会于茫茫学海彷徨迷路,轻则毫无头绪、事倍功半,重则背道而驰、南辕北辙。

《大学》的根本哲学思想在于其明明白白、清清楚楚地指明了人之为人的特性、价值和意义,并且指明了实现人生意义的具体途径和方法。

人生百年,难免一死。死亡,是人类的宿命。既然如此,人为什么还要活着?人们生存的意义究竟何在?这是困扰古往今来一切哲人和思想者的最为根本的问题,也是任何人不得不面对的最为真实的问题。有些人可能会选择漠视甚或遗忘,然后用琐碎的忙碌的柴米油盐的日子来麻醉自己,机械地随波逐流;有些人则不愿深思熟虑,轻易地得到了诸如"人生在世,吃穿二字""天下熙熙,皆为利来,天下攘攘,皆为利往"这样的庸俗结论,圆滑处世追名逐利,沦为贪欲的奴隶而充满焦灼;也有人因为久久找不到答案,忧郁徘徊,而陷入人生的虚无。做人难,不止是难在物质生活的满足和充裕,更是难在心灵生活的明白与安详。《大学》,就解答了这个难题。

《大学》清晰明白地指出了人之为人的根本特性——"明德",即光明的德性。具体来讲,人既有和其他动物一样的共通性,即同为天地所生父母所养;又有和其他动物不同的特殊性,那就是"人为万物之灵":

一、"明德"之"明",意思是"光明""灵明",是指人不再完全受制于本能,而拥有一种内在的光明。人快捷不如马、负重不如牛,而牛马能够为人所用,就是因为牛马等动物哪怕具有强大的能力,也都是由先天赋予的自发的本能行为,而人则由自发走向了自觉,而由于有了自觉,人类就拥有了自由,就可以经由历史的积淀整合人类整体的智慧,而能够享有一种自在自为的、创造性的生活。

二、"明德"之"德",意思是"德性",是指人内心先天拥有的道德品质,即"仁义礼智信"这"五常"。羔羊跪乳,乌鸦反哺,动物偶然也会吐露一点道德意识,但只有人能够养成"义薄云天"、正气浩然的道德意识,并能够从这种道德中闪耀和涌现出人格的光辉和行动的力量,中国的"志士仁人""圣贤君子"就是这样诞生的。

三、"明德"还有其外向性的一层意蕴,即人与人之间,甚至人与物之间,都可以打破隔阂,实现相互间的感通,即所谓"以天地万物为一体"。四维上下、古往今来,人心是相通的;由此,人类群体,就可以打破语言文化、风俗习惯的隔阂,实现协同合作,创立美好的社会。

《大学》就是要讲明这个人之为人的最为核心的特性——"明德",让人人主动自觉地把自己的"明德"彰显出来,即把"明明德"当作人生在世最重要最根本的第一等事,以此为纲,就不枉为人,就不会辜负自己、天地和父母,就不会精神散漫无所事事,也就会立起坚定的志向来,就会"知止"。

那么,如何实现这样的"明德"呢?如何使之放出光明呢?此即《大学》的第二层涵义:修身。修身,并不是道德说教,也绝非给自我套上枷锁,而恰恰是经过一番工夫的锻造,真正享有自己本有的内在力量,让我们的生命由内而外、自然而然地洋溢出光辉,造福于自己、家庭和社会。修身工夫,是由八个条目,即"格物、致知、诚意、正心、修身、齐家、治国、平天下",来实现的;这是一条使一个人逐渐成长为君子圣贤的光辉道路。

总之,《大学》虽然是一部古书,但由于它道出了人之为人的真谛,指明了造就人才的道路,所以对于我们今人仍然具有重要的指导意义。通过学习《大学》,我们就可以认识自己、觉悟自己、奉献自己,走向一条光明的人生坦途。

# 第二节 《大学》如何成书、流传和传播

《大学》出自《礼记》。《礼记》,又名《小戴礼记》《小戴记》,是西汉时的礼学家戴圣编纂而成。《礼记》诸篇非一人一时所著,原作者已经不详,一般认为是"七十子后学者所记也",即孔子的后学的作品。《大学》的成书时代,大体在战国前期,即公元前5世纪左右。

《大学》作为《礼记》的一篇,在宋代以前一直是作为儒家"经学"的一部分,其独特性和重要性并没有得到明显的彰显。至唐代韩愈,标榜儒家道统,并征引《大学》予以证明和张扬,《大学》的地位开始凸显。宋代的二程和朱子等一代大儒都极力尊信推崇《大学》,认为"大学,孔氏之遗书,而初学入德之门也","于今可见古人为学次第者,独赖此篇之存"。自此,《大学》

渐渐地既成为了科举考试的必考书目，也成为了天下学人探讨学问、修养身心的共同话语之载体。围绕《大学》的解说，纷纭不一，宋明以来，已经不下百余家之多。其间，影响最大的则是南宋朱熹和明朝王阳明的讲解。

朱熹一生著述宏富，最为重要的应该是《四书章句集注》，此书之中的《大学章句》，用力更是最勤、最深、最久，就在他七十岁临去世之前的三日，还在病榻上揣摩改定《大学》。朱熹把《礼记·大学》文句的前后顺序重新进行了编排，分为《经》一章和《传》十章两个部分，认为《经》是孔子所言，曾子述说；《传》则是曾子对《经》的理解和阐述，由曾子的学生记录下来。朱子还认为《礼记·大学》里有关"格物致知"的解释散失了，故自己做了一段文字对"格物致知"予以阐发，被称为"补格物致知传"。自此，朱熹的版本，称为"新本"《大学》；原来《礼记》里的《大学》，被称为"古本"《大学》或"原本"《大学》。到了元朝（元仁宗皇庆二年，即1313年），明确规定以朱熹的《四书章句集注》作为科举的范本，此后参加科举的考生不但要背诵《四书》原文，还要竭力把朱子的注释也背下来。所以，朱子的"新本"《大学》，在历史上发挥的实际作用远远大于了"古本"《大学》，宋明以来的大儒讨论儒家学说，都是围绕着"新本"《大学》来展开的。

朱子认为，古来的学校，八岁入小学，学习"洒扫、应对、进退之节，礼乐、射御、书数之文"。"洒扫"，是指洒扫庭除，整理内务；"应对"，是指应答对话，待人接物；"进退"，是指与长辈相处何时该进、何时该退的礼节。礼、乐、射、御、书、数，也称"六艺"。礼乐，指各种各样的礼仪规范，还包括唱歌、跳舞；射、御，属于体育运动；书、数，即指识文断字、算术计算。六艺，涵盖了日常生活方方面面的基本知识和技能。青少年到了十五岁，则开始进入"大学"的学习阶段。《大学》这部书，就是阐述"大学"里应该"学什么"，以及"怎么学"的道理的。这个道理，朱子概括为"穷理正心，修己治人"，前者就是即物穷理，诚意正心，即为"内圣"；后者就是修己以敬，齐家治国，即为"外王"。《大学》揭示的就是使一个人真正"成人"，成为一个真正意义上的"大人"的"大人之学"。这里的"大"，不是指个头大，也不是指权位高、财富多、名头大，而是孟子所谓"充实而有光辉之谓大"的"大"，是指人的生命状态的内在充盈及其自然显露出来的光辉。

从事于《大学》之道，其关键的基点和始点，即是八个条目中的第一个"格物"。朱子认为，"格物"就是"即物穷理"，就是穷尽推求天下事物的道理。这里的"格"，朱子的解释是"至"，"格物"，就是"穷至事物之理"，即极力推究事物的道理，以图穷尽事物的道理。这样一来，积少成多，积浅入深，历经岁月积淀，一定会有豁然贯通的一天，那时，我们内心的认识能力也就再无蔽塞，就能得到淋漓尽致的发挥，这即是"致知"。朱子的"格物论"，其终极目标是要"明善诚身"，即人们道德意识的实现，但其途径，则具有明显的强调对外在事物的推究和知识积累的特点。

明朝大儒王阳明，非常尊重朱子及其学问，很多思想是和朱子一脉相承，甚至是一致的。

但由于他年轻时按照朱子对于《大学》"格物致知"的解释,去"格"亭前翠竹的道理,认真苦思七日,却大病一场,一无所得,使他开始怀疑朱子的《大学》释义;并逐渐开始尊信"古本"《大学》,提出了"格物致知"的新说。王阳明认为,"格物"的"格",就是"正"的意思;而"致知"的"知",就是孟子讲的"良知","致知"就是"致良知"。"格物致知",就是遵循良知的指引来"格心之不正以归于正",即"为善去恶"。王阳明的"格物说",强调要在"心体上用功",即把全部精神从外在事物的知识了解,转移到内在道德的警醒和觉悟上来。

自此以后,有关《大学》的释读,解说百出,大致不出朱子和王阳明的思想路线。

# 第三节 《大学》的阅读价值

现代人往往不能洞察人生的意义,容易陷于迷茫、烦闷、忧郁,甚至虚无,总想通过外在的某种东西给自己的生命找到一种支撑,一种动力。《大学》则指给了我们生命本来就有的内在的源泉和动力,那就是人之为人的根本——"明德"。"明德",是天地赋予人的最珍贵的礼物。我们甚至可以说,"明德"就是天地之心。儒家认为,我们居住的这个天地不是一个无机物,天地是有其德的:"天地之大德曰生。"(《周易·系辞传》)我们的日常用语,如"天地大父母、父母小天地","上天有好生之德","天无绝人之路",甚至有些地方的方言土语,如称"天"为"天爷爷",称"地"为"地奶奶",都透露出中国人理解的天地的德性,即感觉到天地具有如父母一般的温情,体认到天地蕴涵着一种勃勃的生机。而人既为天地所生,本来就是和天地一体的,所以天地的温情和生机落实到人心这里,便是"明德",也便是"仁"。

我们知道,《大学》首章即讲"三纲领八条目",简称"三纲八目"。"大学之道,在明明德,在新民,在止于至善",就是"三纲";而"三纲"之中的"纲领",就是首句"大学之道,在明明德"。

**1. 大学之道,在明明德**

人既生而为人,莫不有心。很多人把饮食男女运动知觉当作心,那其他动物不也具有这样的能力吗?"人心"不共"动物之心"的独特性到底何在呢?人心超越了本能的支配,是自由的,所以既可以止于至善,也可以穷凶极恶,所以人心也是最危险的,所谓"人心惟危";所以,对于人心必须予以引导和规范,古人讲必须要做"操存"的工夫,对这颗心,要操练它,要存养它,只有这样"尽心"了,"道心"才会显现,才会"知性",即体认到人心深处最隐微的那股最明亮、最温暖的热泉,即我们的"明德",就会汲取到取之不尽、用之不竭的生命源泉和人生动力。

汉代大儒董仲舒讲"道之大源出乎天,天不变,道亦不变"。近代大儒马一浮先生也讲,"天地一日不毁,人心一日不亡,儒家六艺之道则炳然长存"。这样决然的文化自信,来自哪里？就来自对于"明德"的认取。所以历代的大儒对中国文化的信心是坚不可摧的，因为他们的"明德"已经"显明"出来，他们的"人心"已经操存而为"仁心"。这是一种充满温情和暖意的、同时也是非常敏感的心灵，儒者往往把这种内在最美好的性德的油然发生，比作春天的来临。因为春天对应东方，属木，对应的就是仁德。严寒腊月冰霜雪冻，万物凋零，生命最容易感受到一种孤寂、低沉、消极、虚无的状态，但春天一来，大地回春，千树万树，百花盛开，让人耳目一新，焕然重生，内心油然生发起勃勃的生机——这种生命的昭苏状态，就是"明德"的显露。

所以中国涌现出大量的吟咏春天的诗句，中国人最重要的节日是春节。这里不妨品味一首杜甫的《春日》："迟日江山丽，春风花草香。泥融飞燕子，沙暖睡鸳鸯。"暮春时节，江山多丽，春风拂过，花草飘香，冰雪融化了，燕子飞回来了，成双成对的鸳鸯或在戏水，或在栖息。这是一幅多么祥和的、天人和煦的状态！这就是一种仁者的状态，一种仁者的胸次。

"明明德"者，就是经常处在这样一种类似春天的、充满暖意和生机的生命状态之中，这里洋溢着一种内在充实的愉悦和幸福，这里蕴含着人类生命的源泉和动力，所以，"大学之道，在明明德"。

### 2. 知止而定

如果人的精神漫无方向，就很容易彷徨无依，时光虚度；如果人的精神在短期内迫于压力和外力而有了方向，比如考大学、找工作、婚恋、名位，等等，那么，外在的压力一旦消失，就会出现巨大的惰性反弹，产生倦怠、疲厌、空虚和迷茫。人，是需要一个"主心骨"和"定心丸"的。《大学》开宗明义地指出了"大学之道，在明明德"，让人的心灵有了明确的依止和方向，就是人类精神的灵丹妙药，就是这样的"主心骨"和"定心丸"。

人生在世的第一等大事，就是开发显露内心先天本有的这个"明德"宝藏，让自己的生命有根有源，让自己的生活遵循着这个内在本性，自然而然地铺展开来。"知止而后有定"，知道人生当"止"于此，心就"定"下来了，就具有了坚定的志向。一生最根本的志向立起来了，就有了"定盘针"，自然就不再会左摇右摆、一曝十寒，心灵就不再焦灼、身体就不再躁动，就会思虑精密，处事得当，整个人的精神气质都会改变，变得温良刚毅、和乐从容；整个人的命运也会改变，变得人人愿意亲近、个个乐于辅助。心中有数，得道多助，自然能够成就一番事业。

### 3. 明明德于天下

中国文化有着浓厚的天下情怀，儒家更是提出了"以天下为一家"的理念，很多儒者有着"以天下为己任""天下兴亡、匹夫有责"的自觉担当。天下，顾名思义，就是普天之下，这是一个超越了民族、种族、宗教、国家的概念。天下意识，是认为"四海之内，皆兄弟也"，是认为世界各族人民在人格的意义上人人平等，没有优劣高下之分；人人都有全面发展自己的权利，不应有贵贱等级之别。

天下意识，骨子里是一种文化意识，是一种基于对人人内在先天拥有"明德"的洞见、而不可遏抑油然生发出来的、深愿人人能够享有"明德"的同情心。"独乐乐，不若与人乐乐"，"明明德"者，既然自己已经浸润在"明德"的喜悦之中，又怎忍心天下之人因错失"明德"而生活在焦灼妄想中呢?! 他势必不可遏抑、真诚地想要分享"明德"的愉悦，想要"明明德于天下"。这是一种推己及人的高尚情怀，这是一种兼济天下的崇高人格。大丈夫当立此志！

### 4. 修身为本

有了"明明德于天下"的豪情壮志，那么该如何实现呢？如果没有当下具体可行的途径方法，这样的壮志也只能是空想罢了。《大学》就先讲了一个人们平常熟视、却或许无睹的道理："物有本末，事有终始"。这是说，人间一切事物都有其天然存在的次序条理，无论我们知道或不知道，总是如此。比如一棵树，树根就是本，枝叶就是末，根深才能叶茂；人类社会的一切事情，也是如此，都有其本末、先后、始终的内在次第，一丝也不会紊乱。

"明明德于天下"是高远的理想，就要先从能够做到的近处、小处做起。比天下小的是国，比国小的是家，比家小的是身，所以《大学》明确提出了"自天子以至于庶人，一是皆以修身为本"。修身，就是从自我做起，从当下做起，从一点一滴做起，从能够做到的做起；时间既久，自然就会由己及人、由小渐大、由浅及深、由近及远，家齐国治天下平，就会顺理成章，水到渠成。

### 5. 如切如磋，如琢如磨

明白了要以"修身为本"，当下如何入手做功夫呢？《大学》指出修身的始点和基点是"格物致知"；各家各派的大儒对此理解多有不同，都是他们自己实际修身经验的凝结，都有其珍贵的价值。我们这里给出一种融汇诸说、简易直截的解释。"格物致知"，就是学习，并且获得知识。这里的学习，包括两类，既指学习世间万事万物的科学知识，更侧重指学习先贤箪食瓢饮不改其乐的光辉人格；这里的知识，既指"闻见之知"，即科学知识的融会贯通，更是指"德性之知"，即道德良知的豁亮开显。

《大学》引用了《诗经》里的诗句，"有斐君子，如切如磋，如琢如磨"，来鼓舞人谦逊好学。切磋，是用来加工骨头、象牙成器物，琢磨，是用来加工玉石成器物。所谓"玉不琢不成器，人不学不知道"，人只有建立起终身学习的理念，主动自觉地不断磨砺自己，才能德才兼备，成为栋梁之才。

### 6. 诚意慎独

《大学》"八条目"里的"诚意"一章，是所有大儒都极其重视的一章，认为是修身之学的关窍所在。"意"，是"心之所发"；人心平时是静止的，触事而动，便是"意"。人，其实是生活在一个一个连续不断的"意"念之中的。一个人的意是怎样，这个人的人格就是怎样。但，人容易糊里糊涂过日子，对自己的心意缺乏认真的反省，往往陷于自欺而不觉。平时习惯了漫不经心，自己糊弄自己，对于自己的意念从未有过检点，遇到事就很容易心烦意乱，处置失当。

所以,平时就要"留心""留意",眼睛不要老是往外看,光怪陆离的世界很容易让人眼花缭乱,眼睛要习惯反躬内视,自己觉照自己,自己提醒自己,自己对自己负起责任,不再自欺,不再混天熬日,而要像闻到恶臭立即摒去之、见到好色立即喜好之那样,毫无私意不假思索地好善恶恶,这就是"诚意"。

诚意的关键,则是慎独。即一人独处的时候,也不要因为别人看不见,就肆意妄为,这是因为,其一,会使诚意修身的工夫断绝;其二,内心深处也会惴惴不安;其三,"诚于中形于外",众人的眼睛是雪亮的,人是藏不住自己的。慎独,就是强调诚意修身的真诚性、绵密性和主动性。诚意慎独,人就会胸襟坦荡,心地光明,"富润屋,德润身,心广体胖"。

### 7. 正心之道:不可"心不在焉"

人心很容易昏聩偏邪,失去其觉照的功能,很难作出清醒公正的判断。所以,《大学》指出修身的一个重要环节,就是要"正心",即保持此心的端正和中正。人心最是变幻莫测,那么如何正心呢?此心发动时,就"意"上用功;此心未发时,则就"情"上用功。人心非常隐微难测,我们可以就容易体验到的人心的表层,即"人情"上,去做功夫。

人情一旦陷于过分的愤怒、恐惧、偏好、忧患,人心一定就会失去端正、正确的认识和判断。人心不可能没有喜怒哀乐之情,但既不压抑情感,又不放纵情感,使心情中正不偏,就一定要时时刻刻、在在处处,提醒自己,反省自己,自觉地调适心情,努力使其达到一种中正平和的状态。绝不可"心不在焉",心猿意马,心神恍惚,那样就会"视而不见,听而不闻,食而不知其味",视觉听觉嗅觉都会变得麻木,更何况更精微的心灵知觉呢?!正心之道,就是"心要在焉",把放逸在外的心收回来,收视反听,自己觉照自己,自己端正自己。

### 8. 身不修不可以齐其家

家庭生活是我们人类生活的宿命。从儿时的原生家庭,到青壮年组建自己的家庭,再到晚年住进儿女的家庭,我们一辈子都离不开家庭生活。在至亲至近的亲人面前,我们很容易放松自己,也很容易随心所欲,这一方面带给我们一种社会生活中难得的放松与温暖;但同时,亲人之间的伤害也最深、最痛。现代人经常说"婚姻是爱情的坟墓",热情地讴歌爱情、向往爱情,但对于婚姻家庭却往往选择漠视,甚至失望,或者压抑着内心深处的不满和遗憾,认同家庭生活的一地鸡毛的琐碎平庸。如何将爱情进行到底?如何真正实现美满幸福的家庭生活?

《大学》的"修齐章"明确提出了"身不修不可以齐其家"。即,建立美好家庭的核心,家庭成员各个都要自觉修身,都关注于自我生命的成长;家庭成员之间不是互相要求对方,而是各自要求自己;不是去检点对方,而是来检点自己。审视自己在与家人的人际交往时,有没有因为溺爱偏爱、轻贱厌恶、敬畏恭敬、哀悯矜恤、傲视怠惰等情绪,而失去公允平和之心呢?我们的好恶之情,有没有偏颇失察呢?如是叩问,然后,有则改之,无则加勉。孟子讲,"身不行道,不行于妻子",不从自己做起,而去要求别人,只能带来家庭不和。

### 9. 君子不出家而成教于国

中国传统政治构建的理论基础,是"政教合一"。这里的"教",不是宗教的意思,而是教化的意思。孔子说过,"政者,正也",国政的施行,其根本目的是为了引导和匡正人心,尽力使每个社会成员都能得到自由的、全面的实现和发展。传统政治,又是"家国一体"的,认为国政和家教是相通的,在家行不通,就不能行之于国。这就是《大学》的"齐治章"开篇所讲的,"其家不可教而能教人者,无之"。

正因为齐家和治国之理,是相通的;所以,《大学》接着指出,"君子不出家而成教于国"。居家要侍奉父母、尊重兄长、关爱儿女,就要躬行孝悌慈爱;治国,固然需要处理更加复杂的人际关系,需要建立严密、完善的制度仪礼,但其根本的用心,仍然离不开孝悌慈爱。这就好像慈母养育婴儿,她的真诚恻怛,自然会生发出种种养育婴儿的方法来。因此,齐家之道,就蕴含着治国之方。

### 10. 以财发身,以义为利

《大学》最末的"治平章",是篇幅最长的一章,主要讲解了具体的治国之道。此章首先强调了得民心者得天下,而要想能够得到天下民心,就要真诚地以百姓心为心,同时将心比心,"己所不欲,勿施于人";接着提出国家财用的来源是广土众民,而要想天下归心、国土广大,为政者本身就要"先慎乎德",即要审慎真诚地"明明德",明德既明,自然会"有德此有人,有人此有土,有土此有财,有财此有用"。

反过来讲,若为政者看不到"德者本也,财者末也"的道理,而本末倒置,甚至与民争利,那么,距离家亡国破也就不远了;同时,一个社会的风尚如果是唯利是图,利益的追逐远远超过了道义的崇尚,这个社会也必定是一个病态的社会,距离各种天灾人祸的到来也不远了。

所以,《大学》最末一章语重心长,叮咛告诫,指出"仁者以财发身,不仁者以身发财","国不以利为利,以义为利"。

综上,《大学》短短一千七百多字,却简易明了地指示了一个人生命成长的康庄大道,同时完整清晰地呈现了儒家学说的框架和核心;它既能教会人做人,又能教会人做事,同时还能教会人从事儒家之学;认真研读,会带给我们无穷无尽的精神财富。

# 第四节 《大学》的阅读方法

由于朱熹整理编订的《大学》是近八百年来影响最大的版本,我们阅读《大学》,首要的还是要选取这个版本。那么,应该如何来阅读《大学》呢?

首先,我们要熟读成诵。在熟读之前,还要借助一些注释,把《大学》的基本字义和读音标注好,弄清楚。接着,要分析《大学》文本的章节结构,避免眉毛胡子一把抓。此书朱熹分为了十一段,第一段是"经",是第一大部分,开宗明义,提出"三纲八目"。后十段是"传",是第二大部分,这部分又可以分为两个层次,前面四段是第一个层次,主要是阐发"三纲"和"本末";后面六段是第二个层次,主要是阐发"八目"。通过对于《大学》文本的结构分析,我们就能看清《大学》的内在条理,做到心中有数。在以上的基础之上,我们就要一遍一遍地先是小声默读、接着大声诵读,"读书百遍,其义自见",揣摩义理的同时,我们还享受着《大学》文词的精当、节奏的铿锵,将自己的生命沉醉在《大学》的一字一句之中,最终做到烂熟于心,随口引用。

有了熟读成诵的功夫,这还只是第一阶段的学习;相当于是囫囵吞枣,虽然已经把《大学》吃进肚里,但还没有消化吸收,成为我们的血肉。第二阶段的学习,则是要借助一些经典的注本,对《大学》的义理反复品味,进行"虚心涵泳,切己体察"。学习和品读经典的过程,其实是一个不断打碎自我、同时又不断创建自我的过程,这个过程是漫长的,有时候是会伴有痛苦的,但大部分时间是甜蜜的。品味《大学》义理,不要先入为主,抱有成见,为了批判而阅读,而是要把自己的见解暂时放到一边,虚心领会《大学》自身的逻辑,将来再批判也不迟。这样的阅读态度,是不会轻易放过每一个字、每一句话,像老牛吃草一样不断地咀嚼反刍,才能细致入微地吃透《大学》的精神。

第三阶段的学习,就是要在知行合一的高度上进一步领悟《大学》。阅读《大学》,就是阅读古来圣贤的心,用以提领和引导我们的心。这就要求我们透过《大学》的文字,看到后面活泼泼的圣贤的心,主动地去靠近、去领受圣贤的引导,使我们的心地也放出光明,使《大学》的文义落实为我们的日常生活和用心。这样一来,通过我们的投入生命的阅读,《大学》将不再是束之高阁的尘封典籍,《大学》的生命被我们唤醒,我们的道德智慧的生命也同时被《大学》唤醒,《大学》也就成为了我们的《大学》,我们的血肉。

通过第三阶段的学习,《大学》的道理和我们的日常生活,二者已经打成一片了。再进一步,《大学》最高阶段的学习,则是行动和创造,即自然而然地把《大学》的义理和精神贯彻于自己生活的方方面面、点点滴滴,并且能够积极有为地发挥《大学》的义理到社会的诸多事业之中,锻造人才,移风易俗。

整个《大学》习学的过程,必须循序渐进,不可好高骛远。同时,不要妄自菲薄,固步自封。不急不躁,不离不弃,坚持不懈,始终如一,一定会使人脱胎换骨,变化气质,成就光明的人格和非凡的事业。

## 第五节 《大学》的版本选择

1. 《大学》原本,载《礼记》注释本

《礼记正义》(上下)(《十三经注疏》),(汉)郑玄注、(唐)孔颖达正义,上海古籍出版社出版。本书乃汉代郑玄作注和唐代孔颖达正义的合本,与其他朝廷钦定的儒家经典注疏统称为《十三经注疏》。注,即注解;正义又称疏,系在注的基础上,融合众多经学家见解,对原有经注进行疏证,并对注文加以注解;这个版本是今人阅读研究《礼记·大学》的基础性的重要版本。

2. 《大学章句》朱熹新本,载《四书章句集注》

《四书章句集注》,中华书局出版。《大学章句》是朱熹倾注一生心血编订注释的结晶,反映出了朱子和两宋理学家的思想。这是影响近八百年来学人的最为经典的版本。

3. 《大学问》王阳明古本,载《王阳明全集》

《王阳明全集》,上海古籍出版社出版。王阳明遵循《大学》古本,他的《大学问》和《大学古本旁释》,代表了朱熹之后一个全新的诠释路向。

4. 《礼记大学篇伍严两家解说》,载《梁漱溟全集》第四卷

《梁漱溟全集》,山东人民出版社出版。《礼记大学篇伍严两家解说》是作为现代新儒家三圣的梁漱溟先生整理编录的、伍庸伯和严立三两位先生解说的《大学》。梁漱溟先生对二先生尤其对伍庸伯先生的学说记录极详,阐发非常精到。

5. 韩维志译评《大学中庸》

该书由吉林文史出版社出版。此书既有对原文的译文,也有对文义的评点。译文通达,评点也不是泛泛而论,把《大学》的文义和结构剖析得很是详尽。此书是一部用心之作,非常便于初学者阅读。

由于《大学》篇幅短小,故很少有对之进行专门注释的单行本著作问世,往往见于对《四书》的注释书籍之中,读者皆可参阅。《大学》的讨论和释义,还散见于宋明迄今的历代大儒的著述中,读者也可以寻阅。

# 第六节 《大学》经典选文

## 大学①（节选）

**解题** 八百多年来朱熹的整理本影响最大，故我们这里选取的是他的版本。全文共分为十一自然段，第一自然段为第一大段；后面十个自然段为第二大段。前者被朱子认为是孔子亲口说的话，由曾子记录下来，朱熹称之为"经"；后者则是曾子解释孔子的意思而由曾子的学生记录而成，朱熹称之为"传"。

大学之道②，在明明德③，在亲民④，在止于至善⑤。知止而后有定，定而后能静，静而后能安，安而后能虑，虑而后能得⑥。物有本末，事有终始，知所先后，则近道矣⑦。古之欲明明德于天下者，先治其国；欲治其国者，先齐其家；欲齐其家者，先修其身；欲修其身者，先正其心；欲正其心者，先诚其意；欲诚其意者，先致其知；致知在格物。物格而后知至，知至而后意诚，意诚而后心正，心正而后身修，身修而后家齐，家齐而后国治，国治而后天下平⑧。自天子以至于庶人，壹是皆以修身为本⑨。其本乱而末治者否矣，其所厚者薄，而其所薄者厚，未之有也！⑩

**注** 
① 大学：即"大人之学"。古代儿童八岁上小学，主要学习"洒扫、应对、进退、礼乐射御书数"之类的文化课和基本的礼节。十五岁后进入大学，开始学习"穷理正心，修己治人"的学问。

② 成为一个真正意义上的"大人"，必须要靠学习"大人之学"，"大学之道"，即是指"大人之学"的学习内容、方法、步骤和态度。

③ 第一个"明"是动词，显明、彰显、发扬的意思。第二个"明"是形容词，光明、光辉的意思。儒家认为人人都有"明德"，这是人最大的天赋，"明德"，既是指伦理意义上的道德，还指人虚灵朗照的精神本体。把这样的"明德"彰显出来，是"大人之学"最核心、最首要的基点，是人做人、做事、做学问的精神指南针和源头活水。

④ 一说是"新民"。首先是自新，即弃旧因新，弃恶扬善；其次是引导、教化其他人实现自新。

⑤ 止,即到达某处,再无动摇。至善,是指天下事理的终极实况。明明德、新民、止于至善,这三条,是大人之学的三个纲领,简称"三纲"。

⑥ 止,所当止之地,即止于至善。知止,则志向坚定。静,谓心不乱想。安,谓身体安详。虑,谓处事精密。得,谓得其所止。

⑦ 明德为本,新民为末。知止为始,能得为终。本末,是从内外角度来说先后;终始,是从时间角度来说先后。天下事物,都有个本末始终的先后,要知道本始为先,末终为后,注重根本和源头的培育,而不是急功近利鼠目寸光,距离大学之道就不远了。

⑧ 这一段话,是"大学"的八个条目。明明德于天下,就是立志要使天下之人皆有以明其明德。但是,这样高远的志向如何真正落到实处呢?知道了前面所讲的本末始终的先后的道理,就很自然地懂得要从小处、近处做起,从自己做起、从当下做起。这就是八条目(简称"八目")的道理:以修身为枢纽,内在的格物致知诚意正心(简称"格致诚正"),属于儒家所说的"内圣",外在的修身齐家治国平天下(简称"修齐治平"),属于儒家所说的"外王"。从自己当下随时随地就能够做到的格物致知诚意正心做起,盈科而进,水到渠成,必将会逐渐通达修齐治平的道理,并且逐渐会做出修齐治平的实绩。

⑨ 壹是,一切,全部都是。把修身作为根本,念兹在兹,人人可行,人人当行;天子和普通老百姓在修身的意义上,在道德的意义上,是平等的。

⑩ 厚,看重;薄,轻视。懂得了本末始终先后的道理,落实在具体的行动上,其态度就应该重视本始;如果本末倒置,轻重颠倒,想把事情做好,是不可能的。

《康诰》曰:"克明德。"①《大甲》曰:"顾諟天之明命。"②《帝典》曰:"克明峻德。"③皆自明也。④

**注** ① 《康诰》:《尚书·周书》中的一篇。克,能够、做到,克勤克俭的"克"就是这个意思。

② 《大甲》:即《太甲》,是《尚书·商书》中的一篇。顾:常常看到,随时顾念。諟(shì):此。明命:坦荡光明的德性。天之明命,即上天赋予每个人的明德。

③ 《帝典》:即《尧典》,是《尚书·虞书》中的一篇。峻,崇高伟大。

④ 自明:自己去自觉地主动发扬自己内在光明的德性。这段话是传文的第一段,阐释三纲里的"明明德"。

汤之《盘铭》曰："苟日新,日日新,又日新。"①《康诰》曰："作新民。"②《诗》曰："周虽旧邦,其命维新。"③是故君子无所不用其极④。

注 ① 盘铭:刻在金属器皿的自警箴言。苟,如果。汤,是商代的开国之君,他随时警示自己要改过迁善,每天自新,洗心就像洗面一样,日日坚持,不急不舍,绵密有恒,自强不息。
② 作:激发、振作。新民:使民振作,弃旧从新,弃恶从善。
③ 《诗》,此指《诗经·大雅·文王》。周:周朝。旧邦:古老的国家。其命:在这里指周朝所秉承的天命。维:助词,无意义。这句话是说,周朝从始祖后稷到现在,虽然已经非常久远古老了,但到了文王,他能自新,又能新民,从而使周王朝焕发了新的气象,也开始承受起了天命。
④ 极:极致。这句话的意思是说,君子自新新民,是发自肺腑地全力以赴。这段话,是解释"三纲"里的"在新民"。

《诗》云："邦畿千里,惟民所止。"《诗》云："缗蛮黄鸟,止于丘隅。"子曰："于止,知其所止,可以人而不如鸟乎!"①《诗》云："穆穆文王,于缉熙敬止!"②为人君,止于仁;为人臣,止于敬;为人子,止于孝;为人父,止于慈;与国人交,止于信。③《诗》云："瞻彼淇澳,菉竹猗猗。有斐君子,如切如磋,如琢如磨。瑟兮僩兮,赫兮喧兮。有斐君子,终不可諠兮!"④如切如磋者,道学也;如琢如磨者,自修也;瑟兮僩兮者,恂栗也;赫兮喧兮者,威仪也;有斐君子,终不可諠兮者,道盛德至善,民之不能忘也。⑤《诗》云："于戏前王不忘!"君子贤其贤而亲其亲,小人乐其乐而利其利,此以没世不忘也。⑥

注 ① 《诗》的引文,前后分别出自《诗经·商颂·玄鸟》和《诗经·小雅·绵蛮》。畿(jī):指天子的都城和周边地区。邦畿,王者之都,比喻至善之地。止:栖居。缗(mín)蛮:鸟叫声。隅:角落;丘隅,山丘的僻静茂盛之处。孔子阐释《诗经》这句诗意,是说:良禽择木而栖,难道人还不如禽兽飞鸟吗?意思是人也应该知道栖止之地何在。
② 《诗》:此指《诗经·大雅·文王》。穆穆:雍容深远。于缉的于,通"於(wū)",感叹词,赞叹的意思。缉,连续不断。熙,光明坦荡。敬止,止于"敬",指对一切人一切事都恭敬谨慎,处置精诚。

③ 一个人在社会上会有不同的身份,都要随时调整自己(变通);同时,要在每个特定的身份上,恪尽自己的本分(不变),不怨天,不尤人。

④ 《诗》:此指《诗经·卫风·淇澳》。淇:古代的一条河水,在今河南北部。澳(yù):水曲之处。菉(lù):通"绿"。猗(yī)猗:美丽茂盛。斐:文采焕发。切、磋:对骨角进行切割磋光。琢、磨:雕琢打磨玉石。瑟:庄严。僩(xiàn),刚毅。赫兮喧兮:显赫光辉。諠:又作"谖",忘却之意。

⑤ 道,言说,指的是。学,研讨学问;自修,自我修养;恂(xún)栗:慎独修身,如履薄冰,恭谨用心的意思。威仪,指切实修身之后,变化气质,自然流露出的人格气象,让人望而生敬,油然心生效法之情。最后一句是总结说:这样表里内外盛德斐然的君子,百姓会永铭心间,就实现了生命的不朽。

⑥ 《诗》:此指《诗经·周颂·烈文》。於戏(wū hū):感叹词。前王:指的是周文王和周武王。君子,后世的贤达和君王。小人,后世的黎民百姓。此言前王能新民止于至善,使天下后世无一物不得其所,所以既已去世,而后人思慕,永不忘怀。

以上是传文的第三段,解释"三纲"里的"止于至善"。

子曰:"听讼,吾犹人也,必也使无讼乎!"无情者不得尽其辞。大畏民志,此谓知本。①

注 ① 听讼:审理听断诉讼案件。犹人:和别人一样。必:一定。无情者:有违实情的人。辞:花言巧语。民志:指民心。孔子这段话的意思是说,希望能够注重引导和滋养民心这个根本,使人与人之间和乐相处,不至于发展到诉讼争执的程度。

这是传文的第四段,解释经文里的"本末"。

所谓致知在格物者,言欲致吾之知,在即物而穷其理也。盖人心之灵莫不有知,而天下之物莫不有理,惟于理有未穷,故其知有不尽也。是以《大学》始教,必使学者即凡天下之物,莫不因其已知之理而益穷之,以求至乎其极。至于用力之久,而一旦豁然贯通焉,则众物之表里精粗无不到,而吾心之全体大用无不明矣。此谓物格,此谓知之至也。①

第一章 明德修身——《大学》导读 15

**注** ① 这段话,是朱熹结合程颐的意思补充完善而成,称之为"格物致知补传",或"补格物致知传"。"格物致知"是修习大学工夫的第一步,就是对天下的万事万物,都要认真研究深入理解,使得心知建构起对于这个世界的全面深刻的认识。关于格物致知,历代学者有着非常丰富深刻的讨论,对于丰富儒家的修身之学,都有着深刻的启发意义。

所谓诚其意者:毋自欺也,如恶恶臭,如好好色,此之谓自慊,故君子必慎其独也!① 小人闲居为不善,无所不至,见君子而后厌然,掩其不善,而著其善。人之视己,如见其肺肝然,则何益矣。此谓诚于中,形于外,故君子必慎其独也。② 曾子曰:"十目所视,十手所指,其严乎!"③ 富润屋,德润身,心广体胖,故君子必诚其意。④

**注** ① 恶(wù)恶(è)臭(xiù):厌恶恶臭的气味。好(hào)好(hǎo)色:喜爱美色。慊(qiè):快意满足。这句话是说,诚意工夫是发自内心做给自己的,不是为了外在目的而装点门面的,千万不要自欺欺人;所谓慎独,就是一人独处之时,也要不间断地从事诚意的工夫,而且要像"恶恶臭,好好色"一样,果决坚定,毫不犹豫。

② 闲居:独处。厌然:遮遮掩掩、躲避之意。掩:掩盖隐藏。著:彰显著明。这段话是说,不从事诚意工夫的一般人,表里不一,人前人后两面人,内心是不安的、阴暗的,大庭广众之下总是伪装自己,但自己何尝不知道自己是在伪装!这样的人格分裂状态,有什么益处呢?所以,人内在的真实状况是什么,表露出来的就会是什么,群众的眼睛是雪亮的,人是装不来的,所以君子诚意慎独,不造作,不伪装,真诚无欺,一毫不懈。

③ 严:严密,严敬。曾子的话意思是说,一人独处的时候,众人也看得见,也在评点,所谓"举头三尺有神明",自己诚意之工,焉能不严谨?

④ 润屋:装饰住所。润身:滋养身心。心广体胖(pán):心胸广大,身体舒泰。胖:安宁宽舒之意。这段话的意思是,诚意之工,能使人坦坦荡荡,身心泰然。

所谓修身在正其心者,身有所忿懥,则不得其正;有所恐惧,则不得其正;有所好乐,则不得其正;有所忧患,则不得其正。① 心不在焉,视而不见,听而不闻,食而不知其味。② 此谓修身在正其心。

**注** ① 忿懥(zhì)：愤怒。好乐：偏好。这句话是说，愤怒、恐惧、偏好、忧患，是人之常情，但如果任由这些情感左右身心，那么，人心很容易就会失去端正、公正、中正，心思精神就难免陷于偏邪了。

② 心思一旦陷于偏邪，就会明睁着眼睛却视若无睹，伸着耳朵却置若罔闻，吃什么美食也没有了胃口。此即是说，没有"正心"工夫，精神就会散漫偏邪，麻木不仁，失去敏感和觉察。

所谓齐其家在修其身者：人之其所亲爱而辟焉，之其所贱恶而辟焉，之其所畏敬而辟焉，之其所哀矜而辟焉，之其所敖惰而辟焉。故好而知其恶，恶而知其美者，天下鲜矣！①故谚有之曰："人莫知其子之恶，莫知其苗之硕。"②此谓身不修不可以齐其家。

**注** ① 之："对于"。亲爱：偏爱。辟：偏颇、偏见。贱恶：轻贱厌恶。畏敬：害怕恭敬。哀矜：同情怜悯。敖惰：傲视怠惰。这句话是说：在人际关系和家庭生活中，人很容易被一些先入之情所影响，从而不能够平实客观地予以对待，从而陷于偏见偏颇，使得修身落空，就不可能做到齐家了。

② 谚：民谚，俗语。常人往往看不到自己儿子的过错，看不到自己庄稼的长势；这就是因为偏爱和贪心所致，失去了清醒客观认识事物的能力。

# 第二章　有德必言——《论语》导读

刘强（同济大学）

**作者小传：** 刘强，字守中，别号有竹居主人。复旦大学文学博士，现为同济大学人文学院教授，诗学研究中心主任，博士生导师。诗学研究集刊《原诗》主编。央视《百家讲坛》主讲嘉宾。兼任台湾东华大学等多所大学客座教授、中国陶渊明学会理事、守中书院创始山长、明伦书院名誉山长。主要研究方向为魏晋南北朝文学与文化、先秦诸子经典、古典诗学、笔记小说等。近年来致力于传统文化经典的现代阐释与传播。已出版《世说新语会评》《曾胡治兵语录译注》《有刺的书囊》《竹林七贤》《惊艳台湾》《世说学引论》《有竹居新评世说新语》《魏晋风流十讲》《清世说新语校注》《论语新识》《古诗写意》《世说三昧》《穿越古典》《世说新语研究史论》《世说新语资料汇编》《四书通讲》等近二十种。

# 第一节 《论语》缘何成为经典

在浩如烟海的中国传统文化典籍中,成书于战国初年的《论语》无疑有着非常突出而重要的地位。这不仅是因为《论语》上承"五经",下启"四书",在儒家经典的序列中有着不可替代的"枢纽"价值和"桥梁"作用,更重要的是,《论语》以原汁原味和生动隽永的语言,集中体现了孔子的仁爱思想、礼乐精神、中庸智慧、德治追求和君子人格理想,堪称中国文化和儒家思想的信息终端和价值渊薮。所以,自其成书以来,一直受到历代读书人的崇敬和喜爱,凡能识文断字者几乎无人不读,对中华文明根本精神的凝聚及民族文化核心价值的形成产生了无与伦比的塑造作用和无远弗届的巨大影响。从某种意义上说,《论语》就是我们中国人的"圣经"。

两千五百多年过去了,生活在 21 世纪的我们为什么还要读《论语》呢?

首先是因为重要。《论语》是一部值得世世代代的中国人"以先期的热情和神秘的忠诚"(博尔赫斯语)去阅读的伟大经典。通过《论语》,我们不仅可以了解孔子的伟大人格及其艰苦卓绝的成圣之路,还可以充分认识儒家思想的方方面面。《论语》告诉我们的道理,无不是来自人的生命觉悟和情感体验,绝不故作高深,更不会理论先行,脱离实际。孔子的全部学问,虽然有"极高明而道中庸"的天人形上之学,但其所有理念和主张,却并不是知识论的,而是经验论的,是归根结底落实在"人"身上的生命学问,是立人、成人、达人、爱人的君子之道的精妙阐释和生动体现。从某种程度上说,不了解孔子,也就无法了解"以人为本"的中国文化。

其次是因为平易。《论语》不像有的书,充满了知识却没有营养。她是中国人的文化"圣经",也是中华民族的精神"母乳",其对于人的人格塑造及精神陶铸之功,怎么估计都不嫌过分。与世界上其他文明的经典不同的是,《论语》的文体最为平易,语言通俗易懂,音韵和谐,不仅朗朗上口,方便记诵,而且言约意丰,引人入胜。北宋大儒程颐说:"读《论语》,有读了后全然无事者;有读了后其中得一两句喜者;有读了后知好之者;有读了后直有不知手之舞之足之蹈之者。"又说:"今人不会读书。如读《论语》,未读时是此等人,读了后又只是此等人,便是不曾读。"这说明,读《论语》要能"化",如果你读了跟没读一个样儿,那就仿佛入宝山而空手回,实在是莫大的遗憾!《论语》全书,不过一万五千多字,读起来并不难,甚至一两个小时就可以读一遍。但遗憾的是,绝大多数人终其一生,都没有把《论语》通读过一遍。对于年华正好、记忆力最佳的青年读者而言,诵读甚至是背诵大部分《论语》并不困难,用《论语》的学习来提升文言文阅读能力,更是事半功倍。

第三是因为有趣。《论语》是一部妙趣横生、常读常新的书。读完《论语》，你才会知道，仅仅把孔子当作中国古代伟大的思想家、教育家、政治家、儒家学派的创始人，实在是有点贬低了他。而真实的孔子，既是中华民族的"圣人"、中国文化的"恩人"，同时还是中国百姓的"亲人"。《论语》从头到尾充满了精妙睿智的格言警句、鲜活生动的历史故事、性格鲜明的人物形象、情理兼备的价值判断。不仅如此，孔子还是古今少有的幽默家，他的教育最重因材施教，应机设教，举一反三，愤启悱发，所以有的对话亦庄亦谐，风趣幽默，能在会心一笑中给人以启迪。1932年，林语堂先生创办一种旨在弘扬"幽默"的杂志，刊名就定为《论语》。他在《论孔子的幽默》一文中说："孔子自然是幽默的。《论语》一书，很多他的幽默语。因为他脚踏实地，说很多入情入理的话。"所以，我们完全可以把孔子当作自己的良师益友，也可把自己当作孔子的隔代弟子。孔子虽不是我们"血缘"上的亲人，却是我们"学缘"上的亲人。

简言之，《论语》是一部生命之书、悦乐之书、自信之书、君子之书和实践之书。读《论语》，对于培养我们正确的学习态度、思想方法、判断能力，对形成健全的人格和理性的精神，都是大有助益的。

## 第二节 《论语》如何成书、流传和传播

那么，《论语》究竟是怎样成书的呢？班固在《汉书·艺文志》中说："《论语》者，孔子应答弟子、时人及弟子相与言而接闻于夫子之语也。当时弟子各有所记。夫子既卒，门人相与辑而论纂，故谓之《论语》。"这段话告诉我们，《论语》并不是孔子的著作，孔子到死都不知道会有《论语》这本书。确切地说，《论语》是孔子死后，由他的弟子及其再传弟子共同编撰的。尽管《论语》非孔子所著，但因其主要记录了孔子的语录及其与弟子时人的对话，我们今天想要了解孔子的人格、经历、思想及智慧，还是绕不开《论语》。可以说，《论语》是孔子思想的最集中、最真实的反映，也是我们了解孔子及其儒家思想的最可靠的第一手文献，是我们走近孔子及其精神世界的必由之路。

根据当代学者的研究，《论语》的编纂先后经历了至少三次，历时近半个世纪。第一次编撰大概就在孔子死后，弟子守丧的三年期间，当时冉雍（仲弓）、子贡等孔门早期弟子皆在，他们可能发起并承担了《论语》最初的编撰工作；接着，孔门后进弟子如有若、子张、子游、子夏等及其弟子，又做了相应的补充，算是第二次编撰；后来曾子学派的弟子又做了第三次编撰，这一点从《论语》中记载了曾子临终前的事情可以推知。而曾子的弟子中，最杰出的就是子思，即孔子唯一的嫡孙孔伋，子思应该在《论语》的编撰中起到了最终统稿、定稿的作用。

就此而言，《论语》几乎可以说是中国最早的私家著述，开启了六经之后"述作并举"的一个崭新时代。在孔子之前，私家及民间尚未出现可以独立述作的制度安排和文化土壤。这一学术文化为王室和贵族垄断的历史，直到春秋末年孔子在鲁国兴办私学，广收门徒，开展"有教无类"的平民教育起，才终于发生了彻底的改变。孔子的教育成就极高，《史记·孔子世家》说："孔子以诗、书、礼、乐教，弟子盖三千焉，身通六艺者七十有二人。"可见其规模和影响之大。尤其是其周游列国长达十四年，更使孔门开枝散叶，弟子遍布天下，以至于形成了一个影响巨大的"学术共同体"。孔子死后，"弟子及鲁人往从冢而家者百有余室，因命曰孔里"。为了给一位伟大的老师奔丧守孝，弟子们从四面八方赶来，庐墓而居，以至于竟然形成了一个今天所谓的"人口聚居地"，这不能不说是中外教育史上的奇迹。在守丧期间，弟子们追思孔子一生言行事迹，感慨系之，乃宣之于口，笔之于书，前仆后继，数易其稿，历时近半个世纪，终于编撰成《论语》一书。《论语》的编撰，绝非官方授命，而是弟子自觉，群情自愿。此一事件，可谓是孔子兴办的私学从酝酿、发展到成熟、收获的标志，弟子们集思广益、"相与论纂"、著书立说、再造经典的壮举，差不多可以视为是新兴的私学相对于官学的一次反动，开启了后世私家著述层出不穷、络绎奔会的新局面。

事实上，《论语》的"编撰秘密"在其开篇就已留下"蛛丝马迹"，《学而》篇前四章，分别是：1. 子曰："学而时习之，不亦说乎？有朋自远方来，不亦乐乎？人不知而不愠，不亦君子乎？" 2. 有子曰："其为人也孝弟，而好犯上者，鲜矣！不好犯上，而好作乱者，未之有也。君子务本，本立而道生。孝弟也者，其为仁之本与！" 3. 子曰："巧言令色，鲜矣仁。" 4. 曾子曰："吾日三省吾身：为人谋而不忠乎？与朋友交而不信乎？传不习乎？"

我们从各章依次出场的"发言人"，不难看出《论语》编撰的匠心。要知道，《论语》中除孔子称"子"外，绝大多数弟子都是称名或称字，唯独有若、曾参二人，只要一出现，必以"子"称之。为什么？宋儒程颐说："《论语》之书，成于有子、曾子之门人，故是书独二子以子称。"这说明，《论语》各章节之间之所以是这样而不是那样、在此处而不在彼处，其实大有玄机。换言之，《论语》各章的次第安排，遵循的不是时间或空间上的外在顺序，而是义理或者说孔门道脉主次先后的内在顺序。

仔细想想，我们今天能看到整本的《论语》是多么幸运的一件事。要知道，不仅孔子不知道有《论语》，就是孔门弟子中早于孔子去世的如颜回、子路，以及孔子唯一的儿子孔鲤（字伯鱼），他们也完全不知道有《论语》。再进一步推理，孔门弟子中，可能参与过《论语》编撰的那些弟子，如子贡、仲弓、有子、子游、子夏、子张等人，也不可能看到最后定稿的全本《论语》。朱熹说："孔门问答，曾子闻得底话，颜子未必与闻；颜子闻得底话，子贡未必与闻。今却合在《论语》一书，后世学者岂不幸事！但患自家不去用心。"真是一语中的。

更令人欣慰的是，自《论语》成书以来的两千多年，《论语》一直保存完好，而且自汉代以来就是经学宝典,人人争读,在古代,一个人能够识文断字却没有读过《论语》,简直是不可想象的。《论语》因此而历久弥新,成为传承优秀文化、弘扬价值理想、凝聚民族人心的重要经典。要知道,这世界上有不少族群之所以落后,就是因为一无圣贤,二无经典。作为中华子孙,我们既然有此幸运,又怎么可以对自己的"圣经"置若罔闻、束之高阁呢?

## 第三节 《论语》的阅读价值

对于今天的年轻人而言,《论语》的阅读价值是多方面的,以下,我们将从十个方面加以简要说明。

### 一、为学之道

"学"是孔子一切学问和思想的源头。《论语》共二十篇,第一篇就是"学而",开篇第一个字就是"学",足见"学"的重要。但是,"学而时习之,不亦说乎?"这句话常常被理解成"学习了知识,并且时常温习和复习,不也很快乐吗"? 其实,"习"本来写作"習",本义是"鸟数飞也",带有实习、践行之意;"学而时习之",是指能够把所学的知识和道理,时常付诸实践,身体力行,一个人,只有做到行其所知,学以致用,才是真正快乐的。所以,"学习"的本义蕴含着"知"与"行"的及时互动,不是为求知而求知。"学而时习",就是强调"知行合一"。这是儒学作为"实践之学"的一面。

为学之道除了强调"知行合一",还主张"为己之学"。孔子说:"古之学者为己,今之学者为人。"孔子显然赞同古之学者的"为己之学",而不是今之学者的"为人之学",所以才会说:"人不知而不愠,不亦君子乎?""不患人之不己知,患不知人也。"这就告诉我们,学习的真正目的,不是为了获得他人的肯定,而是为了自己内在德行修养的不断提高。这是儒学作为"为己之学"的一面。可见,"为己"之学,而不是"为人"之学,才是一切学问的根本出发点。今天的学校教育,过分强调书本知识的学习,而缺乏实践和体验,常常会把孩子培养成名不副实的功利主义者,这是值得我们反思和改进的。

### 二、修身之道

既然学习的方向是"为己"而不是"为人",是"向内"而不是"向外",是"知行合一"而不是"纸上谈兵",那么,"为学"自然就要与"修身"结合在一起。"修身"就是"修养自身",也叫"修己"。《论语》中涉及修身之道的内容很多,这里只讲与子路、颜回、子贡有关的三个故事:

子路是孔门中的大弟子,忠直刚勇,而稍显粗鲁。有一次,他向孔子请教:怎么样才能成为一个君子?孔子对症下药,说:"修己以敬。"言下之意,修身要从培养"诚敬"之心开始。子路不满意,接连追问了两次,孔子又告之曰:"修己以安人","修己以安百姓"。可见,"修身"是有次第顺序的,千里之行,始于足下,只有"修己以敬"做好了,才能进一步齐家、治国、平天下。

在孔门弟子中,颜回堪为修身的典范,他知道孔子提倡"仁",就问什么是"仁"。孔子说:"克己复礼为仁。"这里的"克己",就是克制自己的贪欲,相比"修己以敬","克己复礼"显然是进一步"向内求"的要求。颜回以此为目标,果然达到了"其心三日不违仁"的境界,孔子赞美他说:"一箪食,一瓢饮,在陋巷,人不堪其忧,回也不改其乐,贤哉,回也!"鲁哀公有一次问孔子:"您的弟子中谁最好学?"孔子回答:"有颜回者好学:不迁怒,不贰过。"这六个字正是"修身""克己"的难得境界,说明孔子心目中的"好学",绝非书本知识的掌握,而是内在道德修养与人格的提升。

子贡非常聪明,又善于做生意,后来成为"孔门首富"。因为才高,难免骄傲。有一次,子贡在孔子面前非议他人,孔子就当头棒喝,说:"赐也贤乎哉?夫我则不暇。"你端木赐就那么好吗?我连修养自己都来不及,又哪有工夫去批评他人呢!这说明,修身还需要"自反""自责""自讼",要想成为一个君子,就要像曾子那样"三省吾身",多多反思批评自己,而不是矛头向外,一味批评别人。今天的中学生难道不应该从中找到提升修养、完善自我的借鉴吗?

### 三、孝悌之道

君子的"修身"不是自我修养好了就算完事,还要与他人发生联系,换言之,也就是要处理好"人我关系"。而"人我关系"中,最重要的关系便是诉诸血缘的"亲子关系",这样,"修身"便与"事亲"合二为一了。

很多人认为孝悌之道是封建糟粕,儒家文化只尊老,不爱幼。其实不然。因为"孝悌"就是"爱"!通俗地说,就是"特别的爱给特别的你"!我们对父母兄弟行孝悌之道,是因为我们先从他们那里得到了关爱。如果一个人,连自己的父母兄弟都不知"爱",那他跟禽兽又有什么区别呢?所以孔子说:"今之孝者,是谓能养。至于犬马,皆能有养,不敬,何以别乎?"有子也说:"孝悌也者,其为仁之本与!"中国文化最为重视血缘关系,强调亲情伦理,主张"父慈子孝""兄友弟恭",可以说,孝悌之道是最具中国文化特色的核心价值。

更值得注意的是,孔子的孝道观念是以礼义为权衡的,绝不赞成"愚孝"。孔子认为,父母也是人:"人非圣贤,孰能无过?"作为孝子,对父母的过错,不能姑息纵容,一定要劝谏,这就是"事父母幾谏"。《孝经》中孔子又说:"父有争子,则身不陷于不义……故当不义,则子不可不争于父;……从父之令,又焉得为孝乎!"一味地顺从父母,父母有过错也不劝谏,这绝不是真正的孝!

而且,作为一种传统美德,孝悌不是挂在嘴上,而是要落实在行动中的。能够体谅父母的辛苦,感恩父母的付出,报答父母的关爱,是一个人真正成熟的标志。俗话说:"树欲静而风不止,子欲养而其不待。"很多人是在失去父母后才懂得亲情的珍贵,以致留下莫大的遗憾和终身的悔恨。

### 四、忠恕之道

对父母兄弟应该尽"孝悌"之道,那么对家族之外的其他人,就要尽忠恕之道。《论语·里仁》载:子曰:"参乎!吾道一以贯之。"曾子曰:"唯。"子出。门人问曰:"何谓也?"曾子曰:"夫子之道,忠恕而已矣!"曾子认为,孔子一以贯之、奉行终身的道就是"忠恕"之道。"忠"和"恕"都是会意字,且都与"心"相关。中心为忠,如心为恕。忠就是"尽己之心以待人",恕则是"推己之心以及人"。通俗地说,"恕"就是"将心比心""人同此心,心同此理","以他人之心为心"。如果说"孝悌"之道适用于"亲子关系",则"忠恕"之道可适用于一切人际关系。如果说孝悌之道是"特别的爱给特别的你",那么忠恕之道就是"让世界充满爱"了。

关于"忠恕"之道,一定要避免两种庸俗化的解读。一是将"忠"解释为仅适用于"君臣"关系的伦理法则,片面强调臣对君的依附关系和道德义务。事实上,"忠"道适用于一切人伦关系,也就是说,父子、夫妇、长幼、君臣、朋友以至所有"人我关系",都要尽"忠"道。二是望文生义地将"恕"理解为"宽恕",似乎占据了某种道德制高点,居高临下地看待人际关系。事实上,"恕道"是一种基于"同类"的"同情"原则。进一步说,"恕"道体现的是基于人类底线伦理或曰人道主义的一种"平等观"。以忠恕之道待人,其实就是以"平等心""同情心""同理心"待人。

忠恕之间,到底孰轻孰重呢?孔子认为,"恕"道更为重要。因为恕道的原则是"己所不欲,勿施于人"。恕道是一种底线伦理。一个人若不能尽忠道,至少也要守住恕道。"恕"就是"以爱己之心爱人","以责人之心责己"。无论古人还是今人,如能秉承忠恕之道立身行事,就较易获得"知人之智"与"自知之明",就能以平常心看待人我关系,从而改善和提升自己的生命状态和精神境界。

## 五、仁爱之道

如果说,"孝悌"适用于家族内部,属于"亲情伦理";"忠恕"适用于各种人际关系,属于"社会伦理";那么,"仁爱"则不仅适用于人我、群己关系,而且适用于心物、天人等一切关系,故其可谓"宇宙伦理"。仁爱之道是儒家所有价值的核心,是作为"人的本质规定性"被强调的。《论语·八佾》篇载子曰:"人而不仁,如礼何?人而不仁,如乐何?"言下之意,礼乐虽好,终究外在于人的道德生命,若没有内在的仁心、仁德、仁性,礼乐演习得再好,也都是虚文伪饰,甚至还会做出僭越非礼之事。一句话,仁者人也,没有内在的仁德,人将非人也。

在《论语》中,"仁"字共出现109次,足见其重要。孔子对"仁"的解读有正反两方面,正面的如"仁者爱人","仁者,己欲立而立人,己欲达而达人",等等;反面的如"巧言令色,鲜矣仁","仁者不佞",等等。"仁"的价值,一定是首先体现在人与人的关系中的。一个人,如果只追求"修身",做一个"自了汉",那就谈不上是"仁"。孔子谈到自己的志向时说:"老者安之,朋友信之,少者怀之。"这就是仁者的境界。

不仅如此,"仁"还是一种可以向外推扩的情感,故孔子主张"泛爱众,而亲仁"。不仅爱人,还要爱物,孔子"弋不射宿,钓而不纲",孟子说"亲亲而仁民,仁民而爱物",张载说"民吾同胞,物吾与也",正是"仁者以天地万物为一体"的大爱境界。正是在这一点上,儒家的仁爱之道才称得上是一种"宇宙伦理"。

## 六、义权之道

与仁爱之道相辅相成的还有义权之道。"义"的含义很丰富,一个最容易理解的解释是:"义者,宜也。"如果说"仁"是人的"本质规定性",那么"义"就是人的"内在合理性","仁"与"义"共同构成了儒家所认可的人性基础和道德理想。在《论语》中,孔子对"义"的解读非常丰富,而其最终指向,则是一种"无可无不可"的智慧境界。孔子说:"君子之于天下也,无适也,无莫也,义之与比。"意思是:君子对于天下的事物而言,没有规定一定要怎样做,也没有规定一定不要怎样做,一切都要根据是否合乎"义"来做选择和判断。这话乍一听似乎既无原则,更无立场,实则不然。须知孔子心目中的君子绝不仅是道德君子,还必须是智慧君子。"义之与比"是强调做任何事,都不能死守教条,不知变通,而是要"义以为上",因时、因地、因人以制宜,也即因人而异、因势利导、相机行事,绝不能如俗话所说的,"一条路走到黑",或者"一棵树上吊死"。只有这样,人的行为才是合乎"义"的,也是最具智慧的。

因为"义"的内涵十分丰富和灵活,也就使包括孝悌、忠恕、仁爱等伦理价值的儒学更具弹性和智慧。儒学固然重视伦理价值和道德境界,但也十分警惕道德的绝对化、极端化和教条化。比如,对于孝道的过分强调,便极易堕入"愚孝";对于仁爱的过分宣扬,常会导致"愚仁";对于礼的教条化推崇,又可能导致"礼教杀人";反过来,对于"利"的极端排拒,又会导致道德的虚伪和悬空。对此,儒学都有及时而又有力的矫正措施。这其中,"义"充当了"价值调节"或曰"道德减压"的安全阀和减速带,故而才有"仁义""礼义""孝义""忠义""信义""勇义"等说法。也就是说,不管是多么高尚的道德,都必须合乎"义"。一言以蔽之——"仁"是儒家的大慈悲,"义"是儒家的大智慧。

问题是,"义"如果被极端化、教条化,又该怎么办呢?这就又引出了"权"的智慧。《论语·子罕》篇载:"子曰:'可与共学,未可与适道;可与适道,未可与立;可与立,未可与权。'"孔子将为学的境界分成四个阶段,即"共学""适道""与立""与权"。四者之中,"与权"最为难至。权,本义为秤锤,"权然后知轻重";这里引申为"权变"。换言之,一切正向的价值,都要合乎"义";一切常道的法则,都应达乎"权"。权者,义也;义者,权也。义权之道,于是乎就可"以不变应万变"而又"万变不离其宗"了。

### 七、诚敬之道

前面所讲,涉及"仁""义""智"等价值,那么,诚敬之道则与"信"和"礼"有关,是养成君子的重要内容。诚敬之道绝不仅限于"人我关系",在更本质的意义上,它还触及到了人类文明最为本源和终极的一种关系——"天人关系"。一个心中没有敬畏的人,是不可能成为君子的。所以孔子说:"君子有三畏:畏天命,畏大人,畏圣人之言。小人不知天命而不畏也,狎大人,侮圣人之言。"这里的"畏",正是"诚敬"的表现。一般小人虽然也有"忠信"之质,但因为不"好学",所以不能"修己以敬""下学上达",更不可能"知天命",也就不懂"敬畏"。

这种诚敬之心在祭祀的礼仪中有最充分的表现。如《论语·八佾》载:"祭如在,祭神如神在。"孔子曰:"吾不与祭,如不祭。""祭如在",指弟子平时见孔子祭祀祖先与神灵之时,心怀诚敬,容止庄严,就如同祖先和神灵真在那里接受祭祀一般。这说明,在祭祀过程中,主祭者的诚敬不仅具有示范性,还有着巨大的感染力!用今天的话说,就是有着强烈的"带入感",引起了人心与人心的感发与共振。这就是俗话所说的"心诚则灵"。可以说,祭礼乃是礼制对于孝亲之连续性的要求,正是这种孝的不以生死定有无的连续性,使人类摆脱了丛林法则和动物世界。俗话说,"人在做,天在看","举头三尺有神明"。这种朴素的敬畏心,原本是"人之所以为人"的一种天赋,不妨谓之"人的宗教基因"。我们通常所说的"天人合一",并非仅指人与天(自然)和谐相处,还蕴含着一种诚敬精神和信仰境界,是天与人的上下感通和相互呼应,是人对天的莫名敬畏和无上感恩。

当然,孔子是充满理性精神的,他一方面主张礼乐的诚敬,另一方面也反对"淫祀"(过度的祭祀),所以他说:"敬鬼神而远之,可谓知(智)矣。"(《论语·雍也》)言下之意,"礼敬鬼神"必须合度中节,才算有智慧。儒家的宗教关怀不是寄托于"神",而是掌握在"人"。孔子说:"未能事人,焉能事鬼?"正是强调人的生命价值和现实责任。

## 八、正直之道

如果说,诚敬之道是君子养成的必由之路,无诚敬,则内心失去主宰,行为失去方向,会将人导入小人之境,甚至禽兽之域。那么,正直之道就是落实诚敬最好的下手工夫。"正直"不是向外苛求他人,而是向内规范自身。正如一把尺子,首先要"正己",然后才能"正人"。在《论语》中,孔子反复强调"正身"的重要性,并且时常将其与为政相联系。例如:季康子问政于孔子。子曰:"政者,正也。子帅以正,孰敢不正?"这说明在孔子心目中,"政治"就应该是"正治",是正大、正当、正派、正直、公正的社会治理,而非争权夺利、阴谋变诈、贪赃枉法、欺世盗名。"政者正也"还可以理解为"为政者"必须率先"正其身","治人"者先须"治己","正人"者先须"正身"。这里的"正身",也可理解为"正己""修己""克己""反己",这就与"修身"之道联系在一起了。一个人若心明眼亮、正道直行,实践上看似不易,过程中也许会遇到阻力和挫折,但方向是对的,结果总会柳暗花明。反过来说,一个人若专走歪门邪道,实践上或许容易得多,刚开始也会一时得利,但长此以往,只会把人生的路越走越窄,甚至四处碰壁,走投无路! 这说明,"正直"不仅是一种道德状态,还涵摄了一种智慧境界。

有个叫微生高的人,别人向他借点醋,他家中本来也没醋了,他却说有,然后"乞诸其邻而与之"。这个看似助人为乐的行为,却遭到孔子的严正批评,认为微生高"不直"! 有时候,我们为了获得外在的称赞,贪图虚荣,往往会产生"机心",自欺欺人,行为看似"正直",心灵已被扭曲。王阳明说"破山中贼易,破心中贼难",正是对那种背离"直道"者的当头棒喝。

关于"直道",《子路》篇叶公与孔子的对话最能说明问题:

叶公语孔子曰:"吾党有直躬者,其父攘羊,而子证之。"孔子曰:"吾党之直者异于是。父为子隐,子为父隐,直在其中矣。"

这个故事可能不太容易理解,尤其是孔子说"父为子隐,子为父隐",很容易被当作"包庇犯罪"。不过,如果我们做一个"情景还原"就明白了。假定自己就是那个儿子,看到父亲犯了"攘羊"的错误,第一时间应该怎么做才能既符合"孝道",又符合"直道"呢?不用说,首先应该想到的就是劝谏父亲,敦促其还人之羊,从而将错误可能带来的危险降至最低。就是说,如果父亲犯了错,作为儿子,是先劝谏父亲改错是"直"呢?还是直接把父亲告发是"直"呢?孔子认为,前者虽然有"隐",但"隐中有谏",所以才是真"直";后者表面看是"直",但"直于君而曲于父",恰恰是"直中有曲",因为你连劝谏父亲的责任都没有尽到!

这就告诉我们,有时候,外在行为的"直",有可能是内在心迹的"曲",为了求得世俗的赞誉,而将父亲当作陌生人去举证告发,恰恰是人性最大的扭曲!而一个社会,如果为了降低"法律成本",就去鼓励孩子告发他的亲人,鼓吹"大义灭亲",不仅不会提升人的正直和德行,反而会带来亲情伦理的瓦解和基本信任的崩溃,那绝不是人类的福音,反而是人道的灾难!你看,孔子在两千五百年前所说的"直在其中"一语,看似脱口而出,实则高瞻远瞩,蕴含着"极高明而道中庸"的"直道"智慧,有着超越时空和族群的文化价值和现实意义,值得今天的我们好好思考和汲取,传承和弘扬。

## 九、中庸之道

"中庸"一词,最早由孔子提出。孔子曰:"中庸之为德也,其至矣乎!民鲜久矣。""中庸"本来是"用中"的意思,故中庸之道,即伦常日用之中道。"中庸"包含了时、空两个维度的哲学思考:中者,正也,即在空间维度上,不偏不倚、无过无不及之谓;庸者,常也,即在时间维度上,与时偕行、守常时中之谓。一言以蔽之:"中庸"者,"正常"也;不中庸者,"反常"也;"反常"者,也就是今天所谓"变态"了。

孔子还说:"攻乎异端,斯害也已。"意思是:事物都有两个端点,如果专在偏激方向的一端用力,而不能兼顾两端,力行中道,就会有害了!这就等于告诉我们,在"两端"之间,一定有一个类似"黄金分割点"的最佳状态,这就是——"中"。正如"黄金分割比例"约为 0.618:1,"中庸"的"中"绝非两点之间的数理中点,而是一个可以因时、因地、因势、因人而变动的最佳变量。

《先进》篇就有一个故事:子贡问:"师与商也孰贤?"子曰:"师也过,商也不及。"曰:"然则师愈与?"子曰:"过犹不及。"孔子对"师"与"商"这两个学生的评价很有意思,认为"过"也好,"不及"也好,都不是最佳状态,只有"不偏不倚,无过无不及"的"中道"境界才是最好的。而这个类似于"黄金分割"的理想境界很少有人能够达到。这说明,中庸之道是一种非常高的智慧境界,对于生活中经常走极端的人,无异于是一味对症良药。

## 十、治平之道

所谓"治平之道",其实就是"治国平天下"之道,也可称为"为政之道"。如果说,我们前面所讲的为学、修身、孝悌、忠恕、仁爱、义权、诚敬、正直诸道,皆属于"内圣"的修养工夫,那么"治平"则是通向"外王"的治理之道。

孔子哲学的核心是仁学,故其谈治国之道,也以仁德为基础,首倡"德治"。孔子说:"为政以德,譬如北辰,居其所而众星共之。"这是孔子最为重要的施政纲领,也是今天所说的"以德治国"。

除了"德治",还有"礼治"和"刑政",其核心理念有二:一是"礼让为国",如《论语·里仁》篇中孔子说:"能以礼让为国乎?何有!不能以礼让为国,如礼何!"二是"德主刑辅"。《论语·为政》篇中孔子说:"道之以政,齐之以刑,民免而无耻;道之以德,齐之以礼,有耻且格。"孔子认为,用政令和刑罚来治理国家,属于"治标不治本",民众虽然因为畏惧刑罚而遵纪守法,固然免于刑戮之灾,但却毫无羞耻之心;用道德和礼义来教化引导,才能够"标本兼治",让百姓"有耻且格"。简言之,刑、政虽有效,但属于外在的"他律";通过德、礼的潜移默化,则可唤起人人本心自具的道德感,形成内在的"自觉"和"自律"。只有德与礼相辅相成,方可形成优良治理。

在《论语·子路》篇中,孔子还提出"治国三部曲",即"庶""富""教",分别涉及民生、经济、教化三个方面。在《颜渊》篇中,又提出"治国三要素",即"足食""足兵""民信"。孔子认为,富国强兵固然重要,但真正衡量一个国家政治是否清明,关键在于是否"民信之"。同时,孔子还主张"名正言顺",也即"循名责实",同样是关乎国家长治久安的政治设计和制度安排。

此外,孔子还提出"节用而爱人,使民以时""因民之所利而利之"的民本思想。孔子反对"暴政"和"苛政",主张"子为政,焉用杀""近者说,远者来""尊五美,屏四恶",开启了孟子的"仁政"思想。针对如何选拔人才,孔子说"举直错诸枉,能使枉者直",又说"选于众,举伊尹","举尔所知,尔所不知,人其舍诸",这种"选贤与能"的人才观,就是儒家的"选举"理想。这些都是非常具有现实意义和理论价值的为政思想,值得今天的我们传承和遵循。

## 第四节 《论语》的版本选择

下面我们谈谈《论语》的版本。

《论语》的早期版本,《汉书·艺文志》著录有三种,分别是:《古论语》二十一篇,《齐论语》二十二篇,《鲁论语》二十篇。到西汉时,张禹合齐、鲁二本,撰为《论语章句》,称《张侯论》,这是《论语》的第四个本子。东汉又有包咸、周氏、郑玄的三个版本,三国魏何晏又在郑玄本的基础上,编撰《论语集解》,为后世学者所宗。南朝梁代皇侃在何晏本基础上,又采魏晋诸儒之说,撰为《论语义疏》,受玄学风气影响而多有佛老之气。宋代有邢昺《论语注疏》及朱熹《论语集注》,踵事增华;清代则有刘宝楠《论语正义》,集其大成。这是《论语》古代流传的大致情况。近代以来的各种整理本、译注、新解、导读的本子就更是不胜枚举,这里就不再赘述了。

《论语》全书共有二十篇,可分为上下两部分,前十篇为"上论",后十篇为"下论"。各篇的篇名一般取自该篇首章的前两三个字,看似各自独立,但又有内在的逻辑联系。《论语》绝不是杂乱无章的大杂烩,而是一部精心编撰、纲举目张、首尾一贯、次第清晰、张弛有度的大书。具体到每一篇的章节安排,也是井然有序,各章之间,或许在时间上并无先后关系,但在内容和义理上,却是环环相扣,牵一发动全身。比如《学而》篇首章末句谈"人不知而不愠,不亦君子乎",末章又说"不患人之不己知,患不知人也",都涉及为学修身的境界,可谓前后呼应,首尾贯穿。读《论语》,要对全书结构体例了然于胸,确立一种整体概念。

那么,对于读者来说,究竟应该怎么读《论语》呢?我以为,读《论语》应该具备"三力"与"三心"。

所谓"三力",就是三种能力。哪三种能力呢?

一是想象力。北宋大儒程颐说:"学者须将《论语》中诸弟子问处便作自己问,圣人答处便作今日耳闻,自然有得。虽孔、孟复生,不过以此教人。"一句话,读《论语》要能做"情景还原",也就是要有想象力,切忌死记硬背,熟视无睹,心不在焉。一般人都认为《论语》杂乱无章,没有系统。其实不然。《论语》毫无疑问是经过精心编撰的。比如《学而》篇前四章:第一章是子曰,第二章是有子曰,第三章又是子曰,第四章是曾子曰,这样的编排看似零乱,实则体现了编撰者的匠心。我们从中可知,有子和曾子的弟子一定参与了《论语》的编纂。有子曰和曾子曰之间,插入一句子曰,显然是曾子弟子的安排,以此来表明,曾子作为孔子的高足,学问和地位皆不在有子之下。这说明《论语》的编纂,是孔门弟子及其再传弟子前后接力和微妙博弈的结果。透过《论语》的篇章肌理和深层结构,我们可以猜想和触摸到两千五百年前的历史现场和生命律动,甚至可以感受到孔子和弟子们的呼吸、声气和心跳。

二是思考力。孔子说:"学而不思则罔,思而不学则殆。"又说:"温故而知新,可以为师矣。"《礼记·学记》篇也说:"记问之学,不足以为人师。"都是在强调思考力。思考力有两个方向:一是向外,我们对古圣先贤的论说,要能切实理解并提出质疑;一是向内,对今人的观点与自己的成见,也要反躬自问与反思批判。两者缺一不可。比如,《学而》篇孔子说:"父在,观其志;父没,观其行。三年无改于父之道,可谓孝矣。"我们首先要问:如果父亲是个坏人,难道也要不改其道吗?这便是向外思考,在看似不疑处有疑。但另一方面,我们不能满足于这种自以为是的质疑,还要想,孔子说这话的具体语境是什么?如果父亲是坏人,孔子还会说这样的话吗?还有,为什么是三年而不是一年或十年,甚至永远?……这样一来,我们便会发现自己的质疑也许太过轻率,然后再去查找更多的相关文献资料,就会知道,这里的三年或许跟三年守孝之礼有关,而孔子这句话应该从历史和文化语境中去正面理解。换句话说,如果孔子竟然要我们去继承父亲不好的道,那孔子也就不是孔子了。有时候,我们的质疑看似深刻,其实有着故意抬杠和吹毛求疵的嫌疑,其根本原因在于我们的学养有限,尚未切实明白经典的真义。这样反躬自问一下,或许,我们就不再仅从今天的视角去看问题,而有了对历史和经典的"了解之同情",或者"温情与敬意"。

三是行动力。《论语》不是知识性的文献,它是人伦情感、人生价值和生命智慧的结晶。《论语》是一部生命之书、悦乐之书、自信之书、君子之书,当然更是实践之书。什么实践呢?就是如何做人、成人、立人、达人、爱人的实践。孔子的弟子子贡曾问什么是君子,孔子说:"先行其言,而后从之。"他认为行在言先、言行一致的人才是君子。《中庸》也说:"博学之,审问之,慎思之,明辨之,笃行之。"可见中国传统的学问,不是知识点的记诵,而在于能否学以致用,身体力行。读了《论语》,我们会知道,纸上的知识固然重要,但若不能真正付诸实践,行其所知,那么到头来,我们还是一无所知。

如果能把想象力、思考力和行动力充分发挥,你会发现,读《论语》不仅是常读常新,而且是常读常乐的一件事。因为孔子的学问本来就是快乐的。他说:"知之者不如好之者,好之者不如乐之者。"又说自己是"发愤忘食,乐以忘忧,不知老之将至"。孔子是一个拥有大智、大勇、大仁的人,他一生虽然屡遭挫折与磨难,但始终不怨天,不尤人,自信豁达,不改其乐。我们读《论语》,就是让自己平凡的生命沐浴在圣哲的精神之光里,这样的人生也许依旧平凡,但却可以远离平庸乏味,更不会浑浑噩噩,麻木不仁。

所谓"三心",也就是三种心态。哪三种心态呢?

一是要"用心"。程颐说:"学者须将《论语》中诸弟子问处便作自己问,圣人答处便作今日耳闻,自然有得。虽孔、孟复生,不过以此教人。若能于《语》《孟》中深求玩味,将来涵养成甚生气质!"这说明,读书不能只用眼睛,还要用心。只有"用心",才能"入心",进而才能变化气质,所谓"腹有诗书气自华"。不仅如此,读《论语》还要懂得"角色转换",也就是发挥"将心比心"的"移情"作用。有的学生只知道死读书,读死书,背了很多书,仍无真正的"心得",就是没有"用心"的结果。

二是要"虚心"。我们读古代经典,切勿先入为主,以今律古,而失去读书人本该具有的"虚心切己"的态度和"转益多师"的美德。尤其是读《论语》这样的经典,光"用心"还不够,还要"虚心"。在这方面,我们要向古今有大成就的贤者学习。比如张载就说:"变化气质与虚心相表里。"因为只有"用心""虚心"读书,才能"走心""入心",最后才能达到"养心养气"之功效。朱熹也说:"读书须是虚心切己。虚心,方能得圣贤意;切己,则圣贤之言不为虚说。"在古人看来,"虚心"绝不仅是一种态度,更是一种切己无妄的修身"工夫"。今天多少人读书只为"挑刺"和"批判",只为是己而非人,党同而伐异,却不知人一旦堕入此魔障,便很难获得真正澄明的理性和切己有效的自我成长。

三是要有"恒心"。读书是一辈子的事,更是我们的优雅生活方式。切忌三天打鱼,两天晒网,半途而废,到最后就成了"一无所有"。孔子说:"知之者不如好之者,好之者不如乐之者。"能够"好之",也就容易有"恒心",而一旦持之以恒,必然会逐渐达到"乐之"的境界。国学大师钱穆先生晚年总结读《论语》的体会时说:"我自七岁起,无一日不读书。我今年九十三岁了,十年前眼睛看不见了,但仍每日求有所闻。"他还说:"《论语》应该是一部中国人人人必读的书,不仅中国,将来此书,应成为一部世界人类的人人必读书。……因此,我认为,今天的中国读书人,应负两大责任:一是自己读《论语》,一是劝人读《论语》。"这真是因为"好之"进而"乐之",并愿把快乐分享给所有人的最佳例证!

从这个意义上说,每一个热爱中华文化的人都应该对孔子心存感恩,每一个有文化的中国人都应该好好读一读"中国人的圣经"——《论语》。

下面推荐几部比较重要的《论语》版本:

1. 朱熹《论语集注》

本书是宋代大儒朱熹(1130—1200)对《论语》的注释,义理、考据、辞章兼善,影响深远,广受推崇。作为《四书章句集注》的一部分,本书既注重探求经文之本义,又注重义理阐发,从而将训诂学与义理学熔为一炉,避免了对经文的穿凿附会,使其阐发之义理建立在对经义的解释之上,因此成为《论语》学史上最有影响的一部著作。

2. 杨伯峻《论语译注》

本书是著名学者、语言文字学家杨伯峻(1909—1992)的重要代表著作。成书于1958年,中华书局有多种版本,畅销不衰。此书的特色是较早对《论语》进行了文字的注释和白话今译工作,扫清了阅读障碍,可以作为《论语》的入门书。不过,受时代影响,该书对于孔子思想及个别章句和字词的解读并不完全准确,学者已多有纠正,却一直未能修订,因而不无遗憾。

3. 钱穆《论语新解》

本书是现代著名学者钱穆(1895—1990)所撰,成书于1963年。该书博采众说,折衷求是,特以时代的语言观念加以申述,希望能成为一部人人可读的《论语》读本。作者是现代大儒,学问精深,视野开阔,情感充沛,本书的不少段落,都令人感动且钦佩。

4. 杨逢彬《论语新注新译》

本书由北京大学出版社2016年出版,为国家社科基金项目"运用现代语言学方法考释先秦汉语疑难词句的理论与实践研究"之阶段性成果。书中对《论语》中存在的疑难词句加以追本溯源和考辨分析,力求予以正确的解读。尽管有些考证过于繁琐,得出的结论亦为学界共识,仍不失为一种用语言文字学方法解读《论语》的有益尝试,可以作为参考。

5. 刘强《论语新识》

本书由岳麓书社2016年出版,试图追溯并还原《论语》时代的生命现场,勾勒并彰显篇章编撰的次第结构与内在肌理,激活并展现孔门师徒论道问学的真实语境与精神气象,全面更新既往对《论语》经文的语义理解以及对夫子之道的整体把握。本书"新识"部分会通古今注疏,出入文史经传,熔铸中外哲思,饱蕴人道情怀,实现了义理、考据、辞章的有机融合,在同类著作中特色显著而颇具认知价值,适合广大文史爱好者及国学教育者阅读和参考。

# 第五节 《论语》经典选文

## 一、学而

　　《论语》共有二十篇,前十篇为"上论",后十篇为"下论"。《学而》篇是《论语》的第一篇,共十六章。篇名取自首章"学而时习之",全书篇名亦然。本篇涉及为学、孝悌、仁德、修身、为政、礼义等诸多方面,告诉我们:学习的真义,不是书本知识的死记硬背,也不是机械的温习复习,而是要和进德修业、为人处世结合在一起,要把所学的知识和道理,付诸实践,身体力行,也就是通常所说的"知行合一"。

　　同样,学习的目的,也不是为了获得他人的肯定,而是内在德行修养的不断提高,也就是学以为"君子"。"君子"本来是指地位高的贵族,但孔子却赋予"君子"以道德内涵,换言之,即使地位不高的平民百姓,只要不断修养学习,照样可以成为君子。孔子说:"人不知而不愠,不亦君子乎?"正是成德即可为君子的意思。孔子兴办私学,广收门徒,有教无类,就是为了改变教育被贵族垄断的历史,就是要在平民阶层中培养更多的"君子"。而君子之学,不是停留在口头和纸上的,而是需要落实在行动中的。

　　从全篇的结构上看,首章末句谈"人不知而不愠",末章又说"不患人之不己知,患不知人也",皆涉及为学修身的境界,可谓前后呼应,首尾贯穿。而各章之间,或许在时间上并无先后关系,但在内容和义理上,却是环环相扣,牵一发动全身。

　　本篇在《论语》全书中地位最为重要。宋代学者朱熹说:"此为书之首篇,故所记多务本之意,乃入道之门,积德之基,学者之先务也。"吴寿昌也说:"今读《论语》,且熟读《学而》一篇。若明得一篇,其余自然易晓。"

　　通过这一篇,我们可以认识六位人物,即孔子、有子、曾子、子夏、子贡、子禽,还可以学到不少成语和格言,对于拓宽我们的精神世界,充实我们的知识宝库,都是大有帮助的。

1.1　子<sup>①</sup>曰:"学而时习之,不亦说乎<sup>②</sup>?有朋自远方来,不亦乐乎<sup>③</sup>?人不知而不愠,不亦君子乎<sup>④</sup>?"

注　① 子:古代对男子的尊称。这里指孔子。
　　② 学:学有三义:识、觉、效。时:时常,按时。习:实习,践行。说(yuè):通"悦",喜悦。
　　③ 朋:朋友。这里指来学的弟子。乐,快乐。
　　④ 愠(yùn):怒,生气。君子:《论语》中有两义:一指有位者,一指成德者。这里指后者。

1.2　有子<sup>①</sup>曰:"其为人也孝弟,而好犯上者,鲜矣<sup>②</sup>!不好犯上,而好作乱者,未之有也<sup>③</sup>。君子务本,本立而道生<sup>④</sup>。孝弟也者,其为仁之本与<sup>⑤</sup>!"

注　① 有子:姓有,名若,字子有。孔子弟子,比孔子小三十六岁。
　　② 孝弟(tì):孝敬父母,敬爱兄长。弟,同"悌"。犯上:冒犯长上。鲜(xiǎn):少。
　　③ 作乱:造反。未之有:未有之。
　　④ 务本:致力于根本。道:这里指人之道。
　　⑤ 为仁之本:推行仁道的根本。一说,"为仁"即"为人",亦可通。

1.3　子曰:"巧言令色<sup>①</sup>,鲜矣仁。"

注　① 巧言令色:花言巧语,谄颜媚色。巧:好。令:善。

1.4　曾子<sup>①</sup>曰:"吾日三省吾身<sup>②</sup>:为人谋而不忠乎?与朋友交而不信乎?传不习乎<sup>③</sup>?"

注　① 曾子:曾参(shēn),字子舆,南武城人。孔子晚年弟子,少孔子四十六岁。
　　② 三省(xǐng):在三个方面省察自身。一说,三:多次。亦可通。
　　③ 忠:尽心尽力。信:诚信。传:传授。习:实习,践行。

1.5　子曰:"道千乘之国<sup>①</sup>,敬事而信,节用而爱人,使民以时<sup>②</sup>。"

**注** ① 道(dǎo)千乘之国：道，同"导"，治理。乘(shèng)：兵车，古时一车四马为一乘。千乘之国，相当于一中等国家。
② 敬事而信：敬，敬慎。信，诚信。节用而爱人：节制财用，仁爱人民。以：按照。时：时令，指农闲之时。

1.6 子曰："弟子入则孝，出则弟①，谨而信，泛爱众，而亲仁②。行有余力，则以学文③。"

**注** ① 弟子：于兄为弟，于父为子。弟子即指家中最年幼的孩子。入则孝，出则弟：无论在家抑或外出，皆当孝顺父母，恭敬兄长。出、入，互文见义。
② 谨而信：言行谨慎，诚实守信。泛爱众，而亲仁：博爱众人，亲近其中有仁德者。
③ 行有余力，则以学文：行此五事而尚有余力，则可以学习文献了。文：指文献、典章，如《诗》《书》《礼》《易》等。

1.7 子夏①曰："贤贤易色②，事父母能竭其力，事君能致③其身，与朋友交言而有信——虽曰未学，吾必谓之学矣。"

**注** ① 子夏：姓卜，名商，字子夏，孔子晚年弟子，少孔子四十四岁。
② 贤贤易色：两个"贤"字，一作动词，尊敬义；一作名词，贤德义。"易"有两义：一作轻易，轻视；一作改易。今从前解。色：美色，美貌。贤贤易色，意为看重贤德，不重美色。一般以为，"贤贤易色"专指夫妇一伦，言为人夫者应敬重妻子之贤德而忽略其美色。
③ 致：奉献。

1.8 子曰："君子，不重则不威；学则不固①；主忠信；无友不如己者；过则勿惮改②。"

**注** ① 重：庄重，矜重。威：威严，威仪。固：固执；一说巩固，亦可通。
② 主忠信：以忠信为主。友：与……为友。如己：当作胜己解。惮(dàn)：害怕，畏惧。

第二章 有德必言——《论语》导读 35

1.9　曾子曰:"慎终追远,民德归厚矣①!"

注　① 慎终追远:谨慎对待丧葬之礼,适时追念自己的远祖。终,指丧礼。民德归厚:百姓的德性自然归于淳厚。

1.10　子禽①问于子贡②曰:"夫子至于是邦也,必闻其政。求之与? 抑与之与?"子贡曰:"夫子温、良、恭、俭、让③以得之。夫子之求之也,其诸异乎人之求之与④!"

注　① 子禽:陈亢字子亢,一字子禽,陈国人,少孔子四十岁。孔子门人。
　　② 子贡:姓端木,名赐,字子贡,卫国人,孔子弟子,少孔子三十一岁。善于辞令,长于外交,为"孔门四科"言语科高弟;又善货殖,亿则屡中,为孔门"首富",最早一代"儒商"。
　　③ 温、良、恭、俭、让:温和,良善,恭敬,节制,谦让。
　　④ 其诸异乎人之求之与:意谓夫子求之的方法或与其他人有不同。其诸,大概。与,同"欤",语气词。

1.11　子曰:"父在,观其志;父没,观其行;三年无改于父之道①,可谓孝矣。"

注　① 其:指子女。没(mò):通"殁",死亡。父之道:父亲为人处世的原则。

1.12　有子曰:"礼之用,和为贵①。先王之道,斯为美,小大由之②。有所不行:知和而和,不以礼节之③,亦不可行也。"

注　① 礼之用,和为贵:礼的运用,贵在能和,也即以和为贵。
　　② 小大由之:大事小事都遵循此道。由,遵循。
　　③ 不行:行不通。知和而和:知道和的好处就一味求和。以礼节之:用礼来节制。

1.13　有子曰:"信近于义,言可复也①;恭近于礼,远耻辱也②;因不失其亲,亦可宗也③。"

注 ① 近：接近，符合。复：兑现（诺言）。
② 恭：恭敬。礼：礼节。
③ 因：依，凭借，依靠。失：忘记，忽略。宗：这里指遵循、效法。

1.14 子曰："君子食无求饱，居无求安①，敏于事而慎于言，就有道而正焉②，可谓好学也已。"

注 ① 饱：餍足。安：安逸。
② 敏于事而慎于言：做事敏捷，言语谨慎。就：靠近。正：修正。

1.15 子贡曰："贫而无谄，富而无骄①，何如？"子曰："可也。未若贫而乐、富而好礼②者也。"子贡曰："《诗》云：'如切如磋，如琢如磨。'其斯之谓与③？"子曰："赐也，始可与言《诗》已矣！告诸往而知来者④。"

注 ① 谄（chǎn）：谄媚，阿谀。骄：骄横，傲慢。而：能。
② 富而好礼：富有而能爱好礼义。《礼记·曲礼上》："富贵而知好礼，则不骄不淫；贫贱而知好礼，则志不慑。"《礼记·坊记》："贫而好乐，富而好礼。"
③ "如切如磋，如琢如磨"：语出《诗经·卫风·淇奥》。以治玉的过程比喻君子品德修养须循序渐进，精益求精。《尔雅·释器》："骨谓之切，象谓之磋，玉谓之琢，石谓之磨。"其斯之谓与：即"其谓斯与"。与，同"欤"，语气词。
④ 赐：子贡名端木赐。言《诗》：讨论《诗三百》。这里的"诗"特指"诗三百"，汉以后称为《诗经》。往：过往之事。来者：未来之事。诸，"之于"的合音字。

1.16 子曰："不患人之不己知，患不知人也。①"

注 ① 心疾曰患。《说文》："患，忧也。"不己知："不知己"的倒装。

## 二、为政

**解题**

上一篇谈为学之道，这一篇谈为政之道。这与子夏所说"学而优则仕"不谋而合。《礼记·学记》说:"君子欲化民成俗,其必由学乎。"所以,《论语》的编撰者才把"为政"放在"学而"之后。我们从中可以明白一个道理:为学是为政的基础,做人是做事的前提。一个人若没有德行和学问,是无法治国安邦、平治天下的。本篇共二十四章,涉及德治、诗教、孝道、识人、为学等多个方面,又有对君子与小人、言与行、学与思、信与礼、勇与义等关系的探讨,揭示了许多立身处世的道理,值得借鉴。

本篇除孔子、子贡外,又出现了孟懿子、樊迟、子夏、子夏、子张等弟子,加上鲁哀公、季康子,共九人。他们或问政,或问孝,或问君子,或学干禄(即做官),孔子应机设教,因材施教,问同答异,字字珠玑,展示了孔门教育的丰富多彩与阔大气象。孔子主张,在为政方面,应该以德治国,统治者自己要有德性,并且率先垂范,才能受到百姓的拥护和爱戴。关于孝道,也不是无条件服从父母,而是要以礼行之,仅有物质上的"养"是不够的,还必须有敬有爱,和颜悦色,无微不至。最后两章,分别谈到"礼"和"义",正好为《八佾》篇谈"礼"做好了铺垫。

2.1　子曰:"为政以德①,譬如北辰,居其所而众星共之②。"

注　① 为政以德:即以德为政。用道德来治理国家。这里是就国君而言。
　　② 北辰:北极星。古人以为天之中枢。共(gǒng):"拱"的本字,围绕。

2.2　子曰:"诗三百,一言以蔽之①,曰:'思无邪②。'"

注　① 诗三百:《诗经》共收 305 首诗歌,故称。一言:一句话。蔽:概括。
　　② 思无邪:语出《诗经·鲁颂·駉》:"思无邪,思马斯徂。""思"本为发语词,无意义,孔子在此借用为"情思"义。

2.3　子曰:"道之以政,齐之以刑,民免而无耻①;道之以德,齐之以礼,有耻且格②。"

注　① 道(dǎo):治理。一说同"导",引导。齐:整顿。免:免于刑戮。
　　② 格:正。一说至,亦可通。

2.4　子曰:"吾十有五而志于学①,三十而立②,四十而不惑③,五十而知天命④,六十而耳顺⑤,七十而从心所欲不逾矩⑥。"

注 ① 有(yòu):通"又"。志于学:立志学道。
② 而:能。立:指立学、立身、立人、立礼、立道也。
③ 不惑:不疑有定之义。惑,困惑、迷惑、诱惑。《论语·子罕》:"子曰:知者不惑。"
④ 天命:这里指天赋的使命及命运。
⑤ 耳顺:顺耳。《集注》:"耳顺,所闻皆通也。"
⑥ 从:遵从。逾:逾越。

2.5 孟懿子问孝。子曰:"无违①。"樊迟御②,子告之曰:"孟孙③问孝于我,我对曰:'无违。'"樊迟曰:"何谓也④?"子曰:"生,事之以礼⑤;死,葬之以礼,祭之以礼。"

注 ① 孟懿子:仲孙氏,名何忌,鲁国大夫,孟僖子仲孙貜(jué)之子,死后谥号为懿。孟僖子将死,遗嘱何忌从孔子学礼,故孟懿子亦孔子弟子。无违:不背于礼制。通常以为"无违"就是不违背父母,显然有误。
② 樊迟:孔子弟子,鲁人,名须,字子迟,少孔子四十六岁(一说少三十六)。御:驾车。
③ 孟孙:即仲孙也。《白虎通·姓名篇》:"诸侯之子称公子,公子之子称公孙,公孙之子各以其王父字为氏。"此孟孙本出公子庆父之后,当称孟公孙,简称孟孙。
④ 何谓也:犹言何意。
⑤ 事之以礼:"以礼事之"的倒装。以,按照。

2.6 孟武伯①问孝。子曰:"父母唯其疾之忧②。"

注 ① 孟武伯:孟懿子之子,名彘,谥号为武。
② 父母唯其疾之忧:子女言行合乎礼义,父母一般情况下不必为其担心,只有在其生病时才为他感到忧虑。唯,唯独、只有。忧,担心。

2.7 子游①问孝。子曰:"今之孝者,是谓能养②。至于犬马,皆能有养;不敬,何以别乎③?"

注 ① 子游:姓言,名偃,吴人,孔子晚年弟子,少孔子四十五岁。
② 养:赡养。这里指饮食供奉。
③ 别:分别,区别。

2.8 子夏问孝。子曰:"色难①。有事,弟子服其劳;有酒食,先生馔②。曾③是以为孝乎?"

注 ① 色难:孝子侍奉父母,能做到和颜悦色是很难的。
② 服:操持。劳:效劳。先生馔(zhuàn):先生,父兄长辈。馔,饮食。
③ 曾(zēng):难道。

2.9 子曰:"吾与回言终日①,不违如愚②。退而省其私,亦足以发③。回也不愚。"

注 ① 回:即颜回,字子渊,孔子弟子,少孔子三十岁。终日:一整天。
② 不违:意不相背,有听受而无问难也。愚,愚笨。
③ 省:省察。私:私下独处,非进见请问之时。发,发明。

2.10 子曰:"视其所以,观其所由,察其所安①,人焉廋②哉?人焉廋哉?"

注 ① 视:看。所以:所为。一说所以,所因。引申为做事的原因或动机。观:审视。由:经由,通过。引申为方法或途径。察:细察。所安:所处,所止,所乐。
② 焉廋(sōu):焉,哪里。廋,藏匿。

2.11 子曰:"温故而知新①,可以为师矣。"

注 ① 温故而知新:朱熹《论语集注》:"温,寻绎也。故者,旧所闻。新者,今所得。"

2.12 子曰:"君子不器①。"

**注** ① 器：器物，器具。引申为工具性人才。

2.13 子贡问君子。子曰："先行其言，而后从之①。"

**注** ① 从之：随之。这里指说出。

2.14 子曰："君子周而不比①，小人比而不周。"

**注** ① 周而不比：普遍、忠公为周，阿党、偏私为比。

2.15 子曰："学而不思则罔，思而不学则殆①。"

**注** ① 罔：迷惘昏聩。殆：疑惑未安。

2.16 子曰："攻乎异端①，斯害也已②。"

**注** ① 攻：专攻，致力。乎：在。异端：事物必有两端，彼此互为异端。异端，另一端也。
② 斯害也已：就会有害了。斯，就。也已，语气词。

2.17 子曰："由，诲女知之乎①！知之为知之，不知为不知，是知也。"

**注** ① 由：人名。姓仲名由，字子路，卫国卞人，孔子弟子，少孔子九岁。诲：教。女（rǔ）：通"汝"，你。后文同此，不另注。

2.18 子张学干禄①。子曰："多闻阙疑，慎言其余，则寡尤②；多见阙殆，慎行其余，则寡悔③。言寡尤，行寡悔，禄在其中矣。"

**注** ① 子张：姓颛孙，名师，字子张。孔子弟子，少孔子四十八岁。干：求。禄：俸禄。干禄：犹言出仕做官。

② 多闻阙疑：多听，有疑问暂付阙如。阙(quē)，同"缺"。慎言其余：谨慎说出自己无疑的。寡尤：减少过失。尤，过失。

③ 多见阙殆：多看，有未安暂付阙如。殆，危险，此指未安处。

2.19　哀公问曰："何为则民服①？"孔子对曰："举直错诸枉②，则民服；举枉错诸直，则民不服。"

注　① 哀公：鲁君，姬姓，名蒋。何为：为何，怎么做。服：信服，服从。
　　② 举：举用。直：正直者。错：通"措"，安置。诸："之于"的合音字。枉：邪曲不直者。

2.20　季康子问："使民敬、忠以劝①，如之何？"子曰："临之以庄②，则敬；孝慈，则忠；举善而教不能，则劝。"

注　① 季康子：季孙氏，名肥，鲁国大夫。敬、忠以劝：恭敬、忠诚而勤勉。劝，加勉，努力。
　　② 临之以庄，则敬：临民以庄，则民敬于己。庄，谓容貌庄严。

2.21　或谓孔子曰："子奚不为政①？"子曰："《书》云：'孝乎！惟孝，友于兄弟，施于有政②。'是亦为政，奚其为为政③？"

注　① 或：有人。后文同此者，不另注。奚，何，为什么。
　　② 《书》：指《尚书》。五经之一。"孝乎惟孝"三句，语出《尚书·君陈》。
　　③ 奚其为为政：要如何做才算是为政呢？言下之意，难道非要做官才算是从政吗？

2.22　子曰："人而无信，不知其可也。大车无輗①，小车无軏②，其何以行之哉？"

注　① 大车：指牛车。輗(ní)：古代车辆两边有车辕，前面有横木，连接车辕与横木之间的活销，就叫作"輗"，其作用是用来缚轭驾牛。

② 小车：指马车。軏(yuè)：辕端上曲，钩衡以驾马者，作用与輗相同。

2.23 子张问："十世①可知也?"子曰："殷因于夏礼，所损益，可知也②；周因于殷礼，所损益，可知也；其或继周者③，虽百世，可知也。"

注 ① 十世：三十年为一世，十世即三百年。
② 因：因袭，沿袭。损益：增减。
③ 其或继周者：若有继承周礼而推行于天下者。

2.24 子曰："非其鬼而祭之①，谄也。见义不为，无勇也。"

注 ① 其鬼而祭之：不该祭祀的鬼神却去祭祀。

# 第三章 抱道修德——《道德经》导读

温海明(中国人民大学)

**作者小传：** 温海明，中国人民大学哲学院教授、博导、杰出学者，山东省泰山学者，孔子研究院特聘专家；美国夏威夷大学比较哲学博士；孔学堂书局、《孔学堂》杂志副总编辑；国际儒学联合会会员联络委员会副主任、学术委员会委员；山东大学易学与中国古代哲学研究中心、北京中国学中心(TBC)客座教授。著有《周易明意》《道德经明意》《比较境遇与中国哲学》《儒家实意伦理学》和 Confucian Pragmatism as the Art of Contextualizing Personal Experience and World，Chinese Philosophy 等著作，发表中英文论文数十篇。

# 第一节 《道德经》缘何成为经典

中国文化的源头在《周易》,儒家和道家好像太极生出的阴阳,也好像中国文化天地之间的太阳和月亮,日往月来,交相辉映,可见,中华文明承继天道,因为天不变道亦不变,所以有着恒久不改的生命力。儒家哲学的创始人是孔子,而道家哲学的创始人是老子。传说《道德经》是老子留给世人的文字,所以也叫做《老子》。这部书蕴含着丰富的哲学思想,主题包括大道、养生和治国方略等各个方面。《易传》说:"一阴一阳之谓道。"如果说儒家文化在中国文化传统中主要发挥的作用是"阳",那么《道德经》和道家思想主要发挥的作用就是与儒家文化相辅相成的"阴",阴阳本一体,从诞生的初期开始就难解难分。

按照司马迁《史记》的记载,老子姓李名耳,字聃,他曾经担任过周朝"守藏室之史",可能相当于今天国家图书馆馆长的职位,也有学者认为,还相当于中央政策研究室主任,兼国家天文台台长。应该说,老子可能是周朝比较重要的知识分子领袖之一,所以能够成为道家哲学思想的创始人,他留下了只有五千字的《道德经》,成为道家哲学思想的源头。到了汉代的时候,道家哲学思想影响了道教的发展,进而影响到中国古代几乎所有与身心有关的学说,比如中医、武术、炼丹、修炼等。不仅如此,道家思想还可以有多方面的实际运用,如政治、军事、谋略,等等。因此,《道德经》的哲学思想影响非常深远,是每一个中国人必读的经典之一。

《道德经》的文字有点诗化哲学的意味,所以解读需要形象思维,适合诗意地加以理解,甚至有外国学者不懂中文,但凭借自己对"道"的诗意理解,就能够翻译出非常受欢迎的译本。可见,"道"是超言绝相的,超越一般言语的描述的。既然《道德经》的根本哲学思想核心是"道",那么,"道"有哪些哲学含义呢?通常来说,关于"道"的理解主要包括以下几个方面:

1. 道创造万物,是一切存在的起源。从宇宙的起源上说,万物都起源于道。
2. 道是一切存在的根据。从本体论和存在论方面说,一切存在的事物都有道。
3. 道生生不息,生成但不主宰万物,听任万物自然生长。
4. 道是内在的,而不是超越的。道在事物之中,不在事物之外。
5. 道是自然的本相,我们可以通过认识道,来认识自然,道就是自然本身,道与心和物,都是一体的。
6. 道是清净的,不是混乱的,要寻找道,不可以从复杂和迷乱中去寻找。
7. 道是无为的,道不主动,不悖理,不妄生事端,不节外生枝,我们不可以通过私心用智去理解道。

8. 道无所不为，但道不是人格神，它不说话，也不发布命令，帮助而不威胁人民。
9. 道像水一样，柔弱、居下、不争，永远与人为善。
10. 道是素朴的、恬淡的、无欲的、平易的、简单的、纯粹的、安宁的。

总之，《道德经》是一部帮助人们领悟"道"的书。"道"的特点可谓包罗万象，形象生动，可是又深不可测。当我们理解了"道"的特点，就比较容易理解《道德经》的根本哲学和思想大意。

今天我们熟读《道德经》，有助于理解和体会最为典型的、中国特色思维方式，了解中国文化天人合一的哲学开端。应该说，理解道家智慧要有比较高的悟性，不过一旦悟道，就可能醍醐灌顶，好像能够以智慧之眼看待人间世事一般，对于今天人们的生活和工作可能会有意想不到的巨大帮助。

# 第二节 《道德经》如何成书、流传和传播

## 一、《道德经》作者老子是什么样的人

学者们关于老子这个人有四种观点：

1. 老子跟孔子是同时代人，比孔子的年龄大一些，跟《论语》由孔子的弟子们编辑成书不同，《道德经》应该是老子本人亲自著述的；
2. 老子跟孔子是同时代人，但《道德经》成书晚一些，在战国中期才成书；
3. 老子是战国时代的人，《道德经》这本书在战国时期写成；
4. 《道德经》这部书成书于秦汉之间。各种观点当中，这是成书最晚的说法。

我们认为，按照司马迁《史记》的记载，老子与孔子是一个时代的人，比孔子的年纪大，所以孔子年轻的时候，曾经向年长的老子问学，老子年纪大了之后，有感于当时周室衰微，纲常失序，礼崩乐坏，国家制度逐渐解体，现实越来越黑暗，混乱不堪，不想再继续同流合污，决定退出江湖，去过隐士的生活。据说他骑着青牛向西来到函谷关的时候，守关的关令尹喜看到"紫气东来"，就把老子拦下来，勉强老子写下了《道德经》五千余言，之后，老子出关离去，再也没有人知道他去了哪里。

《史记》里面的《老子列传》《孔子世家》《仲尼弟子列传》都记载了孔子到周朝国都去拜见老子的事情，可见，作者司马迁对孔子曾见过老子这一历史事件可以说深信不疑，这与《礼记·曾子问》《孔子家语·观周》《庄子》里的相关记录能够吻合。孔子与老子的思想确实有所

区别,但这些区别并不足以否定孔子曾经见过老子这件事。很有可能,孔子年轻的时候曾经拜见过老子,向当时著名的大学者老子请教学问,而且这一事件并不影响孔子本人和儒家思想的伟大。至于对这一事件的记载,见于儒家、道家等不同类型的文献,还是应该采信的。我们要对历史文献存有温情的敬意,对儒家与道家都保持平等宽容的态度。

## 二、《道德经》到底是一部怎样的书

《道德经》这本书的核心无疑就是"道"和"德",老子虽然悟出了自然之"道",但最后追求做一个隐士,所以道家思想可以说从一开始就是属于隐者的学问。根据《史记》,关令尹喜勉强老子写下的内容就是关于"道德之意"的,也就是说,这本书的内容跟"道"和"德"有关。虽然《道德经》这个名字最早应该从汉景帝时期开始,但不等于这部书从汉景帝时期才以"道"与"德"为核心内容,而是从诞生之初,就是一部谈论"道"和"德"的书。把这本书称为《老子》或《道德经》,其实主要体现读者理解这部书思想内容的侧重点。应该说,就哲学思想内容的要点来说,用《道德经》这个名字更能把握这本书的内涵。

《道德经》是一部关于道与德的哲学书,今天对其哲学思想的理解和发挥,仍然不可以脱离"道"和"德"的基本框架。认真去读这本书,会发现这本书体裁一致,前后呼应,层层递进,理论自成系统,成一家之言。书中明确提及作者自己,自称"我"或"吾",而没有用"老子曰",所以应该不是编纂而成。全书内容一贯,应该是一人所著,个别字句可能是弟子或后学修改增删的,但这也在情理之中。所以,《道德经》这本书应该说是出自老聃一个作者之手。

历史上,从韩非子的《解老》《喻老》开始,就把《道德经》当作一部权谋之书;从唐代王真《道德经论兵要义述》开始,就说《道德经》是一部"兵书",其实都各有道理。这不过说明,《道德经》有着非常丰富的内涵,可做各个角度的理解和引申。当然,最广为世人接受的还是庄子个体生命智慧的维度,以至后人以"老庄"并称。

## 三、《道德经》是何时,又是如何成书的

学术界对《道德经》成书年代大概有三种意见:一是春秋末期,战国初年;二是战国后期;三是西汉初年。按照《史记》的说法,《道德经》这本书成书于老子出关之时,加上书里面有攻击儒家的内容,可能是在老子对孔子提倡的仁道学说比较熟悉,也知道儒家学说已经很有影响以后,才故意这么写的。以这种观点来看,《道德经》成书可能在孔子还活着的时代,比孔子弟子编辑的《论语》成书要早,时间应当在春秋晚期。

宋代之后,就有学者主张《道德经》晚出,认为应该成书于战国中期,甚至在汉初黄老之学

兴起之后。今天，根据出土文献，我们可以对这样的观点进行反驳。1973年12月，湖南长沙马王堆三号汉墓出土了帛书《道德经》甲本乙本，据学者们考证，甲本抄写的时间是汉高帝时期，即公元前206到前195年间；乙本抄写于汉文帝时期，即公元前179到前169年间。1993年，湖北荆门郭店出土的竹简里有三种《道德经》节抄本，说明《道德经》要早于墓葬的年代，也就是公元前278年。帛书本和竹书本《道德经》的出土，说明《道德经》不可能成书于汉代，且在战国中晚期已经流行。

所以，最晚在战国中期，《道德经》就已经流行了，出土文献证明，《道德经》晚出说不攻自破。因此，《道德经》一书应该成于春秋晚期，而且比《论语》成书更早才比较合理。可见，我们理解《道德经》一书，还是应该遵从《史记》记载的传统看法，认为该书的思想实质应该是老子本人创造的。换言之，原始形态的《道德经》一书，应当在春秋末年、战国初年的时候，老子亲自撰写，当然内容当中有可能包括他的弟子或当时人对他的思想的记录。

虽然简书三种是目前能看到的《道德经》最早的版本，但不能说简本《道德经》一定比后来的各个本子都更好，同样，也很难说，帛书本《道德经》一定比后来的各种通行版本更好。在能够见到的《道德经》抄本或传本中，帛书甲本的文本联缀与划分是划时代的，它奠定了此后《道德经》诸本的基础。通行本正是在帛书甲本与帛书乙本的基础上，再现文本内部的段落间隔，从而进行八十一个章次的划分。

## 四、《道德经》的影响

《道德经》在历史上有着非常广泛的影响，就《道德经》的国际传播来说，它早已成为一部世界性的文化经典。

历史记载，唐代玄奘、蔡晃、成玄英等曾经将《道德经》译为梵文。1183年出现女真文《道德经》。从明代中叶开始，《道德经》流向日本等国，明代嘉靖庚戌二十九年，即1550年，日本出现《老子讲义》；从1550年到1949年，日本研究《道德经》的各类著作达257种，1949年后新出56种。1680年，韩国出现最早的《道德经》注释本。1959年，越南出现用越南文译注的《老子道德经》。基于近年来学者们的研究统计，中国历史上《道德经》相关文献有2185种，日本有430种，韩国有91种。到目前为止，《道德经》已被译成72种语言，有1600多个版本，其中，英文译本至少有441种，德文有208种，其他各种语言文字的译本合起来也有几百种。

《道德经》翻译的普及和流行程度，不亚于基督教《圣经》，而且因为《道德经》不是纯宗教经典，所以在世界各地学术界和文化界产生的深远影响，甚至可能超过《圣经》。为了理顺《道德经》向西方传播过程中的发展脉络，我们将其译介历史分为三个阶段来说明。

首先是17世纪—18世纪的译介早期。这个时期是中国典籍向西方传播第一次真正意义上的繁盛期。此阶段,中国各类典籍通过官方或民间的译介,大量涌向西方,作为道家经典的《道德经》也不例外。不过,无论从质量上还是从数量上,《道德经》翻译与研究都不如儒家经典的翻译。这个时期的一些传教士,如白晋(Joachim Bouvet)、马若瑟(Premare)等人,虽然注意到老子《道德经》,但主要出于传教目的。另外,受欧洲启蒙主义思潮影响,西方很多学者通过阅读研究耶稣会教士带回的儒道典籍译本,在中国经典中寻找满足西方民众对文学、政治、哲学及宗教的思维想象。在当时中西两方文化交流过程中,西方世界对中国文化的引进接受,并非出于对中国文化本身的兴趣,而是带有某种功利性的目的。可以说,早期的《道德经》译解与传播,就是在这种非平等的、排斥文化多元化的倾向中发生和展开的。

其次是19世纪—20世纪初的译介中期。19世纪,中国社会发生剧变。1840年第一次鸦片战争之后,西方帝国主义以坚船利炮打开中国的大门,之后就是战火连天的军事凌辱,敲骨吸髓式的经济掠夺,使支撑中国数千年统治的大厦摇摇欲坠。《道德经》西传和译介也相应发生变化,走出了18世纪备受冷落的阴霾,进入快速发展时期。1842年法国汉学家于连(Stannislas Julien,也有译作儒莲)在巴黎翻译出版法文全译本《道德经》。1891年,理雅格(James Legge)在英国出版《中国圣书:道家经典》(*The Sacred Books of China:The Texts of Taoism*),对《道德经》每一章作详细解说。可见,这一时期,西方在暴力打开中国国门的同时,也加强了对中国文化的了解,使越来越多的西方人对研究《道德经》产生兴趣。虽然西方文化中心主义的偏执心理制约了西方对《道德经》进行深入客观的研究,但某些汉学家所做的开拓性工作,为后世《道德经》的研究与译介打下了良好的基础。

最后是20世纪至今,也是译介《道德经》的近期。不论从数量上还是质量上,西方对《道德经》的译介都有质的飞跃。全世界各主要语言的《道德经》译本相继面世,其中英译本的数量最多。《道德经》能成为英语世界翻译最多的中国经典,同西方对其倾注的兴趣与研究有极大关联。这一时期的翻译更加注重回归原始文本,因为随着西方汉学研究的深化,以及对中国文化的逐步了解,西方人希望能够最大限度地还原中国经典的真实面貌。他们开始抛弃前期比附基督教观点的做法,转而面向《道德经》本身寻求新的宗教和思想源泉。《道德经》中所蕴含的智慧使得在西方建立一个新的思想高地有了现实的可行性。1946年夏季,还在接受审查的海德格尔与萧师毅合作翻译《道德经》,这次短暂的阅读和翻译帮助海德格尔发现了东方哲学大道之门,对于阐发和传播《道德经》哲学有重要历史意义。从20世纪70年代末期开始,更多西方学者开始直接在中文文本的理解基础上做诠释,并尽可能避免随意性发挥。随着中西交往的深入,西方学者注重加强与当代中国学者的交流与对话,并且根据国内最新考古发现和研究成果与时俱进地进行研究,如近年来国内两次关于《道德经》出土文献的整理研究促使西方学者转变译介焦点。1973年马王堆汉墓出土帛书本《道德经》,1982年,刘殿爵(D. C. Lau)对其作了译介。1993年,郭店楚简本《道德经》出版;2000年,韩禄伯(Robert G.

Henricks)据此出版了相应的英译本。可见,20世纪至今,西方对《道德经》的译介与研究有了质的飞跃。

综上所述,《道德经》的海外译介和传播过程,可以说是一个典型的、逐步脱离宗教化而走向哲学化的过程。2003年,安乐哲(Roger Ames)和郝大维(David Hall)出版了《道不远人——比较哲学视域中的〈老子〉》,他们在英译本书名 *Daodejing: Making This Life Significant* 后面,特别加了副标题"一种哲学翻译(A Philosophical Translation)",就是要强调相比之前的大多数英译本把《道德经》神学化、宗教化来说,他们的翻译和解读更具有哲学性。安乐哲等学者希望在冯友兰、陈荣捷等前辈努力的基础之上,让《道德经》哲学能够为更多人理解,进而推动世界哲学的发展,希望有朝一日,世界哲学能够从单数的 philosophy,变成复数的 philosophies,未来的世界哲学,不再只是狭隘的西方哲学,而应该是包容多样的世界哲学。

## 第三节 《道德经》的阅读价值

《道德经》对今天的年轻人仍然有重要的思想理论价值,尤其在帮助大家理解事物之"道",领悟人生之"道"方面,《道德经》的"道"可以帮助大家打开一扇全新的思想之门。

下面我们围绕《道德经》"道"的哲学意义从十个方面来加以介绍。

### 一、玄之又玄

老子在函谷关被拦下之后,写下的第一章,就有他玄之又玄的箴言:"道可道,非常道。"这句话的意思是,可以用言语表达的"道",就不是永恒普遍的"道";好像在说,他正要写下的东西,都是不可靠的,而可靠的,又都不是常道。这样说来,"道"的一大特点就是"玄"。第一章接着讲"名可名,非常名"。既然对"道"讲得越多,就离常道越远,那么,可以用文辞去命名、去说出来的"名",那就不可能是普遍的、恒常的"名"。可见,老子追求的,不是世间恍惚无定、变幻莫测的表象,而是表象背后永恒不变的常道和定名,这是一种哲人的眼光和胸怀。

"道"的基本意思是走路,既是脚下的路,也是人说的话,人永远走在路上,所以"道"可以理解为人跟世界打交道的根本方式——在道上,或者在道里。这种走路的方式,真要理解起来,其实是超越名相的,也就是说,最根本的、人与世界相通的走路方式,其实是只可意会不可言传的,没有办法讲清楚。人都走在道上,这样的"道",当然不是"道"这个名字本身,而是在把握人跟世界发生关系的起点,好像帮助我们打开人与世界交接的开关,因为人来到这个世界上,就要走路,即使是婴儿在父母的帮助下行动,也可以说是走路,也就是人都"走在道上";人长大了,要学习,要做事,学习有学习之"道",做事有做事的"道门",或者"门道"。古代中国用"道"表示言说和走路,古代希腊用"罗各斯"(logos)表达言说和走路,这说明,古人思考哲学根本问题的方式有很多相通性。

《道德经》之道非常深刻,它启示我们以智慧之门,提示人们去面对人与世界的原初性关系,把这种关系的根本意味揭示出来,还最好不要借助既成的语言系统,不通过具体言说的方式,所以需要体悟。可是,人们不得不通过语言名相去言说,去跟世界打交道,于是关于"道"的说法,总是玄之又玄,人们就在这种玄妙幽深的道境当中,去思考和领会大道的真实不虚。

## 二、无可名状

《道德经》第二十五章说:"有物混成,先天地生。寂兮寥兮,独立而不改,周行而不殆,可以为天地母。吾不知其名,字之曰:道,强为之名曰:大。"意思是,有一个浑然一体、圆满成就的东西,在天地出现之前就已经存在了。寂静无声啊,空虚无形啊,它独立长存而永不改变,周遍运行而不倦怠,可以把它当成是产生天地万物的母体。我不知道它的名字,把它称为"道",再勉强地把它命名为"大"。可见,老子认为,真正的"道"没法言说,讲出来的东西就不再是根本的、固有的、永恒的。道作为宇宙的开端,在不断创造,但是我们没有办法将它说出,只能给它字,给它名称,把它称为道。可以说,道是一种存在,你能把握,能够理解,但几乎没有办法把它讲出来。

## 三、有无相生

老子用"有"与"无"两个概念来表达大道的无法言说性。《道德经》第一章说:"无,名天地之始,有,名万物之母。"意思是,"无"(或"无名"状态)是天地的创始;"有"(或"有名"状态)是万物(对人来说)生发的母体。这句话也有很多学者断成:"无名,天地之始,有名,万物之母。"从哲理上说,宇宙论、本体论意义上的"无"和"有"的内涵,不仅是存在论上"存在"或"不存在"的意思,要比认识论意义上的、因命名而标签化的"无名""有名"深刻得多。而且,从概念的先后性来说,也应该是先有"无"的概念,才能理解"无名";先理解"有"的概念,才能理解"有名",所以"无名""有名"可以说是次生概念。《道德经》全书都强调大道"无"的状态,而不仅强调大道"无名"的维度。这说明,说大道是"无",这是本体性的角度,而说大道"无名"的维度,不过是认识论意义上的。

从存在与否的角度来讲,"无"是空无状态,说明宇宙最初一刻什么也没有,只能用"无"表示;第一章的"有,名万物之母"是说世界要从"有"的状态中产生。至于"有"跟"无"哪个在先、哪个在后是哲学史上的大难题。天地原初性的状态不是几句话能表达的,只能用"有"与"无"表达,可以理解为具体的存在与不存在。人们可以说最空无的状态是世界之始,但世界又必须有一个有形有象的开端作为实存的基础,好像母"生"子那样。第一章认为,"有"跟"无""两者同出而异名,同谓之玄,玄之又玄,众妙之门",天地之交的状态,好像是从一个地方出来的,但是你如果这样看,它是名字,那样看,它又是另外一种状态,这就是"同出而异名",它们都是世界存在的根本的状态,只是人去把握它们的眼光不同。

### 四、大道若水

《道德经》的中心思想是"道",但"道"非常难以理解,也很难加以描绘,于是老子用自然界中最常见的事物——水来表达"道"。可以说,《道德经》一书的许多重要道理都来自对水的领会。水是一种自然意象,柔弱的外表蕴含着强大的力量。水一直流动,孔子曾提到"逝者如斯夫",老子不强调水"大江东去"的意味,但在第八章写道,"上善若水,水善利万物而不争",意思是,最高的善像水一样,好比道随时随地展现出来,就好像水随物赋形一般。对道最高的、最完美的理解,应当有行云流水一般的境界。第八章还说,水"处众人之所恶,故几于道",即水总是处在众人讨厌的地方,以接近"道"的方式存在,我们要向水学习,即使处在低下、肮脏的地方,仍然具备无分别地生养、滋养万物的力量。可见,老子强调,道存在的最根本状态,就像泉水源远流长,自地下喷涌不竭,无时无刻不在滋润、生养万物。

### 五、反者道动

相对于孔子来说,老子哲学思想有其特色和深刻之处,正是通过《道德经》一书反常的思维方式体现出来。老子通过对水的领悟,看到了表面的柔弱其实有巨大的作用,他指出柔弱胜刚强的道理,认为理解此道的人少,真正依此去生活和行动的人就更少。第四十章的"反者道之动"揭示了反复循环就是道的运动状态,这是说,道运动起来,总在向相反方向运动。"弱者道之用",揭示出示弱不争是道发挥作用的方式。那么,人们用道之法,就要通过示弱的方式来化用。

老子像一个饱经沧桑的老人,用智慧导师的口吻,平缓地向人们揭示大道像水一样的智慧:天下最弱的东西就是水了,但水又能横扫千军,如排山倒海一般;滴水可以穿石,说明看起来柔弱至极的水,居然可能无坚不摧,因为水有持续不断的韧性。

《道德经》第九章还指出,"金玉满堂,莫之能守"。如果一个人家中金银财宝堆积成山,那是不可能长久保持和守住的;好比富贵之后却不知道谦虚,反而骄傲自满,那就等于自己招致祸患。老子以智慧之眼看透人间起伏,认为"狡兔死,走狗烹"是人间常态,所以事情功业成就之后,就要尽快退藏于密,收敛光芒,这才合于大道,才是真正有智慧者的合理选择。老子看透人生,知道没有人能够守得住太多的钱,富不过三代,钱财都是身外之物,好像流水一般,来了又去,没有人能够永远控制身外之物,也就不应该把身外之物看得比自己的身体更重要。

## 六、不争之德

老子揭示出天地大道深刻的道理,其实是为了指明他那个时代的政治问题,并提出自己的解决方案。在老子看来,政治的大道不可能离开天地之道,二者是相即不离,相通为一的。可见,在这一点上,老子和孔子一样,胸怀天下,以拯救天下万民为根本的抱负,其思考问题的根本立足点,并没有离开春秋时代的思想家们关于如何治国安邦、平定天下的思考。

老子希望他关于政治出路的思考,能够传到那些统治天下的侯王那里。在第六十六章里,老子认为,王者的气概是"江海所以能为百谷王者,以其善下之",意思是,大江大海能够成为众多河流汇聚的地方是一个自然现象,但这个现象的原因是,江海善于处在河流的下位,因而能够有王者气象。在老子看来,这样的自然现象揭示了从政和统治的真理,圣人要想居于人民之上,就必须对人民言辞谦下;要想居于人民之前,必须退让于人民之后。山谷低于河流,而江海低于山谷,江海之所以能成为百川归附的汇聚之所,因为它处在河流下面,所以能成为百谷之王。可以这么认为,老子从江海的自然现象中领会到,越是身居高位的人,就越要谦虚谨慎。

第七章写道,"后其身而身先,外其身而身存",圣人看起来似乎总是甘居人后,结果反而得到民众的推崇尊重;领导人如果看起来总是把自己置之度外,最后却能保全自身。看起来领导人这样做没有私心,但这其实是成全自己的最佳方式。圣人模仿天地之道,没有自己的私心私意,所以虽然越是把自己放在众人后边,就越能身居前列;越是能够把自己置之度外,就越能保障自己的安全,这是相反相成的深刻哲理。第二十二章说"夫唯不争,故天下莫能与之争",老子看到,那些喜欢争抢的人,最后所能得到的,其实非常有限,而那些真正得到很多的人,却总是保持一种与世无争的逍遥姿态。其实,正是因为看起来不与他人竞争,反而合乎大道"不争"的要求,进入无与争锋的高妙化境,也就很自然地,不在低层次、具体的时空之中,与他人去争权夺利,如果能够超越世俗的眼光,就可能从更高的时空境界中,来领会不争的好处,实现所有人都争不过自己的、更高的人生境界。

## 七、无为而治

老子认为,王者气概表现在王者实际的有为,即如何做得更好,但是,其手段要无为。第六十章认为,"治大国若烹小鲜",小鲜就是小鱼。治理大国要像煎小鱼一样,不可过多地翻动。可见,治国与烹煎小鱼一样不容易,翻动过勤则糊烂。比喻人的心意与精神状态不可轻举妄动,才能不让正在烹煎的小鱼走样,也就是不要侵扰外物,而要郑重其事,小心翼翼,才能帮助外物顺其自然,平稳发展壮大。烹煮小鱼时,要注意时机与火候,而火候的唯一性和不可重复性,往往是烹饪艺术的精华,而这也恰是政治和管理艺术的核心,说明烹饪与治国,其实殊途同归,不可以生搬硬套任何道理和原则,所谓运用之妙,存乎一心。

老子根据他的人生经验指出,当政者越有为,老百姓就越难治理;当政者花样越多,底下人花样也就越多。而第七十四章写道,"民不畏死,奈何以死惧之"?人民如果不害怕被处死,君王用死亡来恐吓他们又有什么用呢?老子强调治国者不要干预人民的正常生活。人民饱受统治者的苛政暴行,以致到了不畏惧死亡的地步,这是告诫统治者不可违背天道,逼人民走上绝路,否则必遭天道的"反噬"。第六十五章特别提到,"古之善为道者,非以明民,将以愚之",认为古代的圣人不是用"道"来教导人民精明智巧,而是用"道"来教导人民无知敦厚,所以要让人民敦厚、朴实,没有巧诈之心。第六十五章主张"不以智治国",他认为领导人不应该用精明智巧治理国家。领导人看起来越不精明,越不用巧计,老百姓就越有福气。第三章提到圣人统治要"虚其心,实其腹",让百姓简化他们的心思,满足他们的口腹,减损他们的心志,强化他们的筋骨。让百姓没有机心,减少欲望,那样,爱用机智的人就不敢胡作非为,这些都是老子无为而治思想的体现。

## 八、小国寡民

《道德经》第八十章提出了著名的"小国寡民"说:"使有什伯之器而不用;使民重死而不远徙;虽有舟舆,无所乘之;虽有甲兵,无所陈之。使人复结绳而用之。甘其食,美其服,安其居,乐其俗,邻国相望,鸡犬之声相闻,民至老死,不相往来。"他认为,国土要小,人民要少。即使有十倍百倍的人工器具,也不去使用它们;使人民爱惜生命,而不轻易向远方迁徙;虽然有船只车辆,却没有必要去乘坐;虽然有铠甲兵器,却没有战事去排兵布阵。使人民好像回复到远古结绳记事的自然状态之中。人民觉得自己吃的饭菜香甜,自己穿的衣饰美观,自己住的房子安适,自己过的风俗喜乐。邻国接壤相互望得见,鸡鸣狗叫的声音相互听得到,但人民从生到死,一辈子不必互相往来。

这章非常有名,说明老子期望回到一种小国寡民的理想"国家"之中,这是他社会政治理想的集中表现。当今时代,面对大都市的焦躁烦恼,老子"小国寡民"的主张,在某种程度上可以带给人无限的期许与遐思。几千年来,人们生活的理想的状态,都是大家相安无事,不生机心,最好不用人造器物,一切因应自然,回归心灵安顿、人民安居乐业、自然而然的状态之中。

一旦人与天地自然回到一种原生质朴的生活状态,那么人与人、人与物、人与事的矛盾冲突都自然消解。老子这种说法,虽然理想化色彩非常明显,但号召今天的人们回归自然,重新生活在天人合一的境界当中,还是很有意义的。

## 九、自胜者强

《道德经》第三十三章指出:"胜人者有力,自胜者强。"能战胜别人的人只能算作有力量而已,能战胜自己弱点的人才算强大。通常来说,能够战胜外敌被认为是有力量的,但是老子不这样认为,他强调要能战胜自己,才是真正的强大。很多人都想征服世界,但老子认为,一个不能征服自己的人,是不可能征服他人和世界的。

要征服自己,就需要经历艰辛的修为和努力,才能达到与世界相合的和谐状态,才能取天下。人跟世界打交道的关系很微妙,有些时候事情难成,其实说明人跟世界交流的节律有问题。"胜人"就像是征服他人相对自己的那种邪心邪念,"自胜"则是自己有能力自我反身省察,把内心可能的邪念随时克服下去。老子启示我们,意念一发动,就有圣邪之战,善恶之分。如《尚书》"惟圣罔念作狂,惟狂克念作圣"说明,圣与凡其实就在一念之间。宋常星说:"只在此一念之微,觉照回来,便是圣贤,不能觉照,便是凡夫。"可见,能否战胜自己,往往在一念之间,能够以意念之力战胜自我的人,才是天底下真正的强者。

## 十、道儒互补

《道德经》看淡世间种种有为之方,第三十七章提出"无为而无不为",这看起来正好和孔子重视治国相反,但其实开启了儒道互补的根源。老子说的"无为",其实并不是什么也不做,而是对事情有全面把握,顺应自然。老子认为,世上事物最好的存在方式是水,处下不争,但对万物的生存大有帮助。王侯要理解大道是自然无为的,但它成就了所有的事情。江河湖泊都在各种河流的下方,谦虚居下,表现出一种无为与不争之态。因此,人生在世要做好事情,应当通过"无为"的方式。在此过程中,便可以对自己的长处有把握和领会。

仁义孝忠都是儒家提倡的,老子不以为然,认为提倡仁义是因为世界无道,第十八章认为"大道废,有仁义;智慧出,有大伪;六亲不和,有孝慈;国家昏乱,有忠臣"。这是说伪诈出自智慧;家庭关系变坏才要提倡孝慈;国家混乱才要提倡要忠诚。虽然《道德经》书中对儒家的批判似乎比比皆是,但在中国历史上的大部分时期,道家无为而无不为的智慧和实践,可以说都是儒家积极有为的智慧和实践的有效补充。近现代以来,西方科学主义成为时代潮流,但有识之士体会到老子智慧对于这个世界仍然有着巨大的意义,比如道家天人观有利于保护生态环境;道家身心一体观,可以用来治疗西方身心二元论引发的现代人心理的焦虑和生活的失衡;道家的无为可以减少无数的人事纷争甚至残酷的战争。

# 第四节 《道德经》的阅读方法

## 一、发挥形象思维、重视通行本的价值

《道德经》的文本结构的特点是诗化的哲学思考,其文体特点接近于哲理诗,所以阅读《道德经》要有诗情画意,充分发挥形象思维的能力,单纯运用抽象思维、逻辑分析、校订文字、通假考证,是很难真正理解老子想要传达的"道"的哲理的。

近些年来,由于多本《道德经》出土,相关研究著作和文章可谓汗牛充栋,研究者们多对通行本文字进行修改和考订,很多也确实持之有故,言之成理。有些当代注译《道德经》的作者以新出土本为据,很多海外译者也以出土版本为参考。出土文献造成中外《道德经》研究和翻译一片繁荣昌盛。

总的来说,出土文献为确定传世文本有争议的地方提供了参考,为历代争辩不明的字句找到了更加合理的解释,澄清了很多文字学、文献学、学术史、思想史上争论不休的问题,这说明出土文献有不可估量的学术价值。但不能把出土的文献版本等同于《道德经》更古老的版本,也不能完全根据出土文献对通行本随意修改。首先,出土文献不等于出土了更加古老的版本;其次,出土文献的版本未必就更加标准;再次,出土文献未必是更有意义的版本,未必能够帮助我们建构更有意义的《道德经》版本。基于出土文献的学术研究工作,虽然为建构更为古老、更为标准、更有意义的新版本提供了可能性,但过度依赖出土文献版本,甚至进而否定通行本价值的研究倾向是不可取的。

今天我们讨论的所谓《道德经》原本,即使曾经存在,也是无法考证清楚的事情,所以不可以试图建构所谓的《道德经》原初版本。当代人基于出土文献的修改,大部可能只是一种主观臆断的汇集,缺乏对经典文本通行本本身负责任的解释,而对相关学术问题真正有效的研究和推动仍有待来日。

《道德经》注释虽然很多,但真正哲学性的理解和诠释很少。虽然大部分人都认为《道德经》是道家哲学的经典著作,可是真正通过注释《道德经》来阐发其哲学蕴涵的译释本少之又少,大部分《道德经》注释基本上都停留在版本校勘、文字训诂、注释翻译,最多加上稍许解释,还有一些则是抒发人生感悟和哲理的《道德经》著作。

## 二、 理解"道",体会自明之道

我们应该如何学习《道德经》呢?《道德经》第四十八章说,"为学日益,为道日损",这样的说法乍一听似乎反对常识,学识越多,知道的"道"就越少,知识越多,对事物的直觉就越差。在此,老子所强调的是,学道要经过一种不断减少的过程,近乎"无为",但不是什么也不做,因为"无为"才什么都能做成。世界对每个人来说都是完整的,需要通过无为的方式去领略其全体。人要融入世界,了解顺从世界的变化,越是无为,越能够把握天下。

老子认为,圣人有一种神妙莫测的了解事物的能力,第四十七章说,"不出户知天下",不出门就知道天下的事情。老子认识的中心在于直觉领会,即人对世界事物的根本领悟要靠直觉,去直接面对事物原来的存在状态,这种直觉领会是中国哲人认识事物的根本方式。可以这么说,老子认为应当通过智慧和灵性的直觉来区别把握事物,不能单纯依靠感官知觉或逻辑推演的方式来把握事物。

我们学习《道德经》,就要理解"道",更要认真体会老子强调的自明之道。第三十三章说"知人者智,自知者明"。了解别人的人只能算有智慧而已,了解自己的人才算高明。高明的、明白的人,是对自己最了解的人。明白人知道什么是应该做的,也就不会去做不该做的事情。老子认为真正的高明和明白,是了解常道,正如他在第十六章里说,"归根曰静,静曰复命,复命曰常,知常曰明",返归到本根叫做"静",静下来也叫做回到生命本原,回到生命本原就接近恒常的境界,知道持守常道就达到明白之境。不知道持守恒常之意境,就容易轻举妄动,轻举妄动就会招致凶险。这就像人走在深秋的树林里,踏着落叶,感受草木凋零,体会到事物经历生长、发育,又将回到初生状态。人通过了解事物周而复始的运作方式,理解事情的发展变化,掌握"道"的运行,这就是"明"。明白天道的人,进退有度,知道事情应该如何去把握,进而参与、引导变化。

# 第五节 《道德经》的版本选择

《道德经》历代版本很多。1927年,王重民著《老子考》,收入敦煌写本、道观碑本、历代木刻本和排印本,共有450余种。1965年,严灵峰收集历代《老子》传本,辑为《无求备斋老子集成》,初编影印140种,续编影印198种,补编影印18种,共356种。陈鼓应《老子今注今译》附录四《参考书目》列出历代相关书目,包括当代译注共272种。

汉代的注本当中,"河上公本"和"严遵本"最重要,内容影响深远。《河上公章句》演绎养生长寿之说,历来与王弼注被称为两个不同文本系统的源头,河上公本近民间系统,开启了宗教的路数或取向,注重道教玄理的解释与发挥,夹杂着宗教的、术数的怪诞难稽之说,对道教哲学的产生和发展有深刻影响。而王弼本属文人系统,开启了从哲学角度解读《道德经》的路数,注重《道德经》思想内涵及其义理的阐释与发挥。这两种解释取向,构成了历史上《道德经》的两大解释体系。

严遵《老子指归》是早期注《道德经》的重要著作。该书行文虽有汉赋特点,句句排比,看起来似乎铺张夸饰,但如果细细品味其思想内涵,可以发现该书通达道境,结合周易天道哲学思想,灵动通透,达性天之奥,可谓臻于自然通道之化境。严遵通达易道,其所参悟的《道德经》之道通贯天地,德遍万物,达阴阳之大道,参透太和之元气,于世间流变,有无限饱满之胸襟,俯仰古今,纵横上下,气度恢弘,得韩非黄老之要,所述细密透彻,博识宏辩,有神明气象,解说多为得道之言。

后世比较有代表性的古本有:苏辙(1039—1112)《道德经注》呈现了一个相当宏大的思想空间;范应元《老子道德经古本集注》,强调老子之说与儒家修齐治平之论相通;林希逸(1193—1271)《老子鬳斋口义》能够落实到心领神会,与古人交接;吴澄(1249—1333)《道德真经注》倡三教同源之说;焦竑(1540—1620)《老子翼》力图实现儒释道三教在思想内容与义理上相互涵摄与融通。

当代的版本推荐如下:

1. 陈鼓应注译:《老子今注今译》(参照简帛本最新修订版),商务印书馆 2003 年出版。该书参考出土文献,对《老子》原文作了校正,并参照历代注本作了详细注释,在此基础上加以翻译和解释。

2. 温海明:《道德经明意》,中国社会科学出版社 2019 年出版。该书对《道德经》作了哲学新译,从意本论的角度加以注释,是具有哲学体系性建构的新解。

3. 董平:《老子研读》,中华书局 2015 年出版。该书作者在多年讲课的基础上,对《老子》作了逐章讲解,较有哲学深度。

4. 张其成:《张其成全解道德经》,华夏出版社 2017 年出版。该书对《道德经》作了通俗性解读和较为详细的诠释。

5. 安乐哲、郝大维著,何金俐译:《道不远人——比较哲学视域中的〈老子〉》,学苑出版社 2004 年出版;(英文版:Roger Ames and David Hall, *Daodejing*:*Making This Life Significant*:*A Philosophical Translation*, New York:Ballantine Books, 2003.)该书可以说是比较哲学的典型译作,有助于了解《道德经》和中国哲学相关的英译问题,以及如何对《道德经》作"哲学的翻译"。

此外一些注译本可以参考,如林语堂(《老子的智慧》,陕西师范大学出版社,2006年)、马恒君(《老子正宗》,华夏出版社,2014年)、王中江(《老子》,国家图书馆出版社,2017年)、刘笑敢(《老子古今:五种对勘与评析引论》,中国社会科学出版社,2006年)、吴根友(《老子》,岳麓书社,2019年)、任法融(《道德经释义》,东方出版社,2017年)、傅佩荣(《傅佩荣译解老子》,东方出版社,2012年)等人的注译本,这些版本各具特色,读者若想进一步深入学习,可以酌情参考。

## 第六节 《道德经》经典选文

### 一、《道德经》第一章

**解题**

可以用言语表达的"道",就不是永恒普遍的"道";可以用文辞去命名的"名",就不是永恒普遍的"名"。

"无"(或"无名"状态)是天地的创始;"有"(或"有名"状态)是万物(对人来说)生发的母体。

所以要常常体悟虚无的境界,以观照"道"的幽微冥妙;又要常常体会实有的境遇,来观察"道"的运化边际。

虚无和实有都是大道所化生出来,只是名称不同,但都可以称作玄妙。道在实有的幽玄与虚无的玄虚之间相互转化,这就是认识道的众多奥妙变化的路径。

道可道①,非常道②;名可名③,非常名④。

无⑤,名天地之始⑥;有,名万物之母⑦。

故常无,欲以观其妙⑧;常有,欲以观其徼⑨。

此两者,同出而异名,同谓之玄⑩。玄之又玄⑪,众妙之门⑫。

**注** ① 第一个"道"是名词,指代宇宙之道,是天地之间一切现象如此展现的根据,即哲学所谓实体、本原、真理和规律等。第二个"道"是动词,指代用言语表达、言说、可以被言语实化和表述出来的状态。"道"由"首"和"走"组成,是人走的道路,"首"是人有眼光照亮的能力,赋予脚下道路以光明,光在人与世界之间阐明、延伸而形成了"道"（路）；即使在彻底的黑暗中，也要人的意来照明，让脚在世间伸展开来，而摸索出道路。老子本人对于天地自然之意有非常深沉入微的体悟，在体道功夫已达炉火纯青的状态之时，受命写下了五千言《道德经》，可以说是如何得道的箴言，所以我们需要透过其文字的表面，去体会其对道——天地自然之意的体悟状态。

② 常：永远，普遍，恒常，真常。永恒普遍的真常大道根本就是超言绝相的，不可能落入言筌，所以一切进入言语表达的对道的言说，不过是对道的描述，好比是指月的手指，永远不可能是月亮本身。

③ 第一个"名"是名词，指"道"的形态。第二个"名"是动词，用文辞命名、说明，用言语表达，意即立"道"为名。

④ 常名：永恒普遍的名，也带有准确表达言说对象的属性和特性之意。物本无名，甚至无相，因人之意会而有相，因其相而有名。一切用言语表达出来的名，都是虚名和假名，都是权变说法，都是为了意念沟通和交流方便的暂时工具。

⑤ 此句有不同断法。一种是以"无"和"有"为主，一种是将"无名""有名"断开。《道德经》文本内证说明，还是"无""有"更加合理，因为紧接着下一句就有"常无""常有"的说法，说明"无""有"是承接前一句来的，接着又说"此两者"，当是说"无""有"两者。不仅如此，第二章还有"有无相生"的说法，说明"有"与"无"是老子哲学本体论和宇宙论的核心范畴，通过前后呼应加以强调。所以，在"无"和"有"最初出现的时候，不加以断开和强调就不合适。

⑥ 被认识的状态不可能是天地的创始，而必须是纯粹"无"的本体才能是天地的创始。《说文解字》说，"始，女之初也，从女，台声"，"始"是童女、少女，说明"无"像女性的初始阶段一样，代表天地最初的状态。

⑦ 母：母体，指代本源、根源。老子多以母性为喻，不仅崇尚阴性的尚柔、居下，还推崇阴性的生殖力和本源力，这是上天赋予阴性神秘莫测、巨大无穷的力量。

⑧ "常无"指道的抽象存在状态；借以说明道之隐微看不见的微妙，即未发还没有进入已发的状态，是心物交接瞬间之前的无法言说的状态。"观"不仅是观察，而且是带着体悟性的玄观，那样虚无的境界虽然无法被感知，但可以被体悟到，同样，要观照"道"的幽微冥妙，不可能用描述和科学实验、物理研究、因果推理的方法，所有这些方法都是针对"有"的层面，而不可能达到"无"的本体性层面。

⑨ "常有"指道的具体存在样态；是道显化为具体事物与事情，即心物交接之后物在心意之中升起并存在起来的状态。"徼"（jiào）的本义为边际和边界，引申为端倪。

⑩ 玄：本义是深黑色，此处指幽远、玄奥、玄虚、玄妙、玄远之意。五行当中，以水为玄色，即黑色，代表水深湛不测的状态。

⑪ 玄之又玄：实有的幽玄与虚无的玄虚之间。

⑫ 门：门径、路径。了解一切奥妙变化都离不开幽玄的实有和玄虚的虚无，也就是一切存在皆在有与无之间，都是意会中的有而为之。所有的存在物都是从无限的虚无情境中显化为有边界的实有。而且，所有的事件都是从无限的时空背景中显现为有限的时空存在，人们意会其边界，让具体的物和事件存续起来。

## 二、《道德经》第二章

**解题**

天下人都知道美的东西而产生"美"的观念，那是因为"丑恶"的观念同时就出现了；天下人都知道善良的人或事，并产生"善"的观念，那是因为"不善"的观念同时就出现了。

所以说，有与无相反相生，难与易相互形成，长与短相比较而存在，高与低在对比中互相依存，它们都如发出的声音与被感知到的声音相互应和，前音与后音应和相随。

正因为如此，圣人以无为的态度来做事，推行不言的教化：任万物自己生发而不干涉，生养万物而不占有，化育万物而不自恃己能，成就万物而不自居有功。正是因为不自居有功，功劳才不会被抹煞。

天下皆知美之为美，斯恶已①；皆知善之为善，斯不善矣②。

有无相生③，难易相成，长短相形④，高下相倾，音声相和⑤，前后相随。

是以圣人居⑥无为之事⑦，行不言之教⑧：万物作焉而不始⑨，生而不有，为而不恃，功成而弗居。夫唯弗居，是以不去⑩。

**注** ① "已"通"矣"。当恶和丑显露出来了，人才知道善和美，这是从认识论意义上的存在论来说的，一切对待，如善恶对待，都是即生即灭，对待相成的。这里开始解释一切存在必经意会方能生成，而一切生成一经意会和认知，就必然相反相成。

② "矣"王弼本、郭店甲本作"已"。顺带的善意自然而然地帮助他人，顺便欣赏和提升他人他物的存在价值。但如果炫耀自己，因为压力而必须公然赞扬感激，

过度宣扬，天下皆知而走向反面，善意的反面就逐渐显露出来。

③ 有无相生是一切存在物既存在又不存在的真实写照，因为一切有都从无中生来，一切有皆以无为其存在的情境。

④ "形"之存在是由于一切存在物的边界都在彼此观照之中，因之而比较、对照方显现其边界，是边界使得事物成"形"，也使得事物彼此相"刑"（帛书甲、乙本作"刑"）。

⑤ 音声：《乐记》"声成文谓之音"，汉郑玄注说，单音之响为"声"，乐音合奏为"音"。音为声组成，一解为一般的先后，彼此相伴随从。按照前句意，连贯起来理解更合适。一边发声，一边生音，"声"与"音"彼此相和，道如"声"与"音"之和，有绵延相成之象。

⑥ 后有"夫唯弗居"，故此处择"居"而不用"处"。

⑦ 圣人居无为之事：圣人是顺应天地自然之意而成就事业之人。居是居于所处之位之地，事成必有所为，而心意顺自然之意，而无一丝一毫私情私意杂染其间。

⑧ 圣人不是通过言说来教化众生，而是让自己顺天地自然之意而成事，起心动念皆自然实化而成为典范，于是大家自然跟随。一说圣人之教并非不言，而是不杂以私心私意而言，是去除了主观臆断之教。

⑨ 作：兴作，生起、创生之状。多本无"焉"字，今保留，取大易"生生不息"气象，老子的自然之意亦充满生机。道生物而不试图主宰，与犹太-基督教的上帝创造万物而试图永恒主宰大异其趣。

⑩ 圣人作为有道之人，其顺天地自然之意创造出的一切都归天地自然，其"道说"也如天地一般无言。从成事者顺应天地自然之意的角度看，成就事业的每一个瞬间都不可以自居有功，也只有不居功，别人方才真心欣赏和感恩成事的过程，而既已成就的功业才不会在成就的瞬间归于毁灭。

## 三、《道德经》第八章

最高的善像水一样。

水善于滋润万物却不与万物相争，停留在大家都厌恶的卑下之处，所以水最像"道"。

居处善于随遇而安，心境善于渊深沉静，待人善于诚中仁爱，言语善于讲求信用，施政善于精简平治，做事善于尽人之长，行动善于把握时机。

正是因为不与万物相争,所以就不会招引怨责。

上善若水①。

水善利万物而不争②,处众人之所恶,故几于道。③

居善④地;心善渊;与善仁⑤;言善信;政善治⑥;事善能;动善时。⑦

夫唯不争,故无尤⑧。

**注**
① "上善若水"是说道意的时机化展现如水一般。道意是对道的意会,而最高的、最完美的意会,当如行云流水之境。

② 道意行云流水,化如无意,不跟具体意会之状有高低、得失之争,因道意无所区分,故不与区分之意相争。

③ 水意志坚定地向下流,《周易》之坎卦《象辞》说,"维心亨,乃以刚中也",这是解释卦辞"维心亨"是坎卦,内心坚定,以其刚爻在中,而能够坚决如水之必就下,自居低洼之地,不担心为人厌恶,但也因此能够在绝境中存其生意。水可净物,而自身干净之本质并不受污染。就其相关的因缘洁净和成就一切,却不自居成功,这是道意之境。"几"是最像之意,像是表示差距小一些,比较接近,但还是有差距,"几"表示距离感的实存。

④ "善"作形容词既有最好之意,又作为动词有当时应该善于[相当于好(hào)]之意。无论任何情境,是否"善"取决于是否接通天地自然之意,于修行之人,便是起心动念的起点,发心即善,无论其意向之情境如何,不顾己身私利如何。如此发心动念,皆在道中,皆通于天地自然之意。

⑤ "与"是与他人交往连接,"与善仁"强调他人的"仁"从根子上取决于自身的"善",因己有善而有善的关系,自然关系的双方就成为善人。

⑥ 水之言即波涛涌动,本体之水朗现于波涛之中,此水流之"信"本诸自然之"善"。"政"通"正"(帛书本、王弼本)。"政"意要自然而然地"正"发,既要合乎天道自然,又要契合民意,自然无为,合于人心之"正"。

⑦ "事善能"是指道如水一般能够生养万物,行云布雨,除难克坚。道与时偕行,水亦顺应时势而动,四季变幻有常,配合时令,分毫不爽。"时"是时机,"动善时"是把握"时"而行动,即在对道意之时机化展现的基础上行事,使自己的行动符合自然之意的自然呈现,其动若水,其静如镜,其应似响,与时迁变,应物而化。圣人无为无不为而无丝毫之妄为,看似沉默不语,但万物皆有其声响;犹如水之

流动于时空之间,本身沉默不言,可是幻化无穷,春雨秋露,夏云冬雪,成就天地之大美而无言,如此顺应万物迁变的自然之意的时机化呈现,是何其无言的主客合一的至善之境!

⑧ "尤"作"忧"解,如罪过、过失、怨责。水之至善,是意会其自然状态而得;因其与物无争,其意会之善方如如朗现,可见善是一种意与对象合一而意会出来的价值属性,但因这种意会有本体意味,所以其既是本体性的善,也是认识状态上的善。

## 四、《道德经》第四十章

反复循环是道的运动状态,示弱不争是道发挥作用的方式。

天下万物都从"道"的实有状态中化生出来,"道"的实有状态则从其虚无状态中化生出来。

反者道之动①,弱者道之用。②

天下万物生于有,有生于无。③

注 ① "反者"是回返、返归、循环往复之意;一说意为相反、反对、对立。道之运动向自身回归,向相反方向而成。一说"反"是宇宙万物繁盛的反面,即虚静之处蕴藏着无穷的生发动力,可以从《周易》十二消息卦的阴阳消长表现出来。

② 弱者:柔弱、渺小。道的作用显得温柔,示弱,而劲道在中。此处当有动词意味,即示弱、守弱、处弱。

③ "有"指道落于形器而有形质;与第一章中"有,名万物之母"的"有"近似,但与"有无相生"的"有"不同。此处"有"形有器之状从道之"无"形无相状态化生出来。天下万物产生于看得见的有形质,而有形质又产生于不可见的无形质。有无犹如阴阳,是一体两面,不是两种状态,所以有是无化生出来。

## 五、《道德经》第二十二章

委曲反而能保全,屈就反而能伸展;低下反而可以充盈得益,破旧反而可以除旧更新;追求得少才能得到,追求得多反而迷乱。

因此圣人持守着"道"让对应的双方抱合为一,以此作为天下的法式。不自我表扬,所以才能显明;不自以为是,所以才能彰显;不自我夸耀,所以才有功劳;不自高自大,所以才能为人之长。正是因为不与人争,所以天下没有人能与他争。

古人讲的"委曲反而能保全"的话,怎么会是没用的空话呢!确实让人返真归朴,实实在在能够达到。

曲则全,枉则直,洼则盈,敝则新,①少则得,多则惑。②

是以圣人抱一为天下式。③不自见,故明;不自是,故彰;不自伐,故有功;不自矜,故长。④夫唯不争,故天下莫能与之争。⑤

古之所谓"曲则全"者,岂虚言哉?诚全而归之。⑥

① "曲"是委屈,从领导者的角度,委屈自己是应该的,自己越是委屈,表面上看自己得到的少,但能够让别人乐于付出,领导的效果就伸展和达到了。

② 这一段讲的是时空的能量可以不断转化相生,此刻的少,可以转化为另一时空中的多,显得因为时间的流变而有收获;此刻的多,可以在意会的过程中令人迷惘,不知所措,越加迷惑。

③ "抱"是守,帛书甲、乙本作"执",此处从通行本。"一"即道,"抱一"即为守道。

④ "见"同"现";一说见解,也通。明:彰明。伐:自我夸耀。帛书本、汉简本作"牧"。"矜"是自我矜持、夸饰。

⑤ 通过"不争"大道无与争锋的更高境界,不在低层次的具体时空之中与人相争,而从更高的时空境界来看不争的好处,能够达到所有人都争不过自己的更高境界。

⑥ 重新强调"曲则全"的境界和好处,因为委屈,所以是表面的退让,不但可以保全自己,而且因为不争而能够达到更高的无可匹敌的境界。"诚"是确实、的确;"归"是复归,返真归朴。

## 六、《道德经》第六十章

**解 题**

治理大国就好像煎烹小鱼一样,不可随意翻动,始终需要保持自然无为的状态。

用"道"治理天下,政事清明,鬼也不敢以其神妙作用来影响人间的事情。不是鬼本身不能发挥其神妙的影响,而是它神妙的影响不再能够伤人了。之所以鬼神不能够伤害人,那是因为圣人有道无为,它们自然就不能够伤害人了。

这样,鬼神和圣人都不伤害人了,所以,人民能够享受到神与圣的共同恩德的润泽。

治大国,若烹小鲜①。

以道莅天下,其鬼不神。非其鬼不神,其神不伤人。非其神不伤人,圣人亦不伤人。②

夫两不相伤,故德交归焉。③

注 ① 小鲜:小鱼。烹煎小鱼是不易的,翻动过勤则煳烂,火候的把控也不易,比喻人的心意与精神状态不轻举妄动,才能不让正在烹煎的小鱼走样,也就是不要侵扰外物,要郑重其事,而且小心翼翼,才能帮助外物顺自然之意而平稳发展壮大。

② 莅:临,临视、治理。道临天下是以正道治理天下。其鬼不神:鬼不起作用,指鬼的邪道不再能够侵害正道。鬼是精神性的存在,而不是物质性的存在,也不是人格化的鬼。非:不唯、不仅。鬼之邪道并不因为圣人之正道就不起作用了,但因为不敌圣人之正道,所以不再能够发挥伤人的作用了,甚至显得连鬼神都来庇护人们了。

③ 两不相伤:"伤"是侵犯压迫之感,指鬼神和圣人都不侵犯人。

## 七、《道德经》第八十章

**解 题**

国土要小,人民要少。即使有十倍百倍的人工器具,也不去使用它们;使人民爱惜生命,而不轻易向远方迁徙;虽然有船只车辆,却没有必要去乘坐;虽然有铠甲兵器,却没有战事去排兵布阵。

使人民好像回复到远古结绳记事的自然状态之中。人民觉得自己吃的饭菜香甜,自己穿的衣饰美观,自己住的房子安适,自己过的风俗喜乐。邻国接壤相互望得见,鸡鸣狗叫的声音相互听得到,但人民从生到死,一辈子不必互相往来。

小国寡民①。使有什伯之器而不用;使民重死而不远徙;②虽有舟舆,无所乘之;虽有甲兵,无所陈之。③

使人复结绳而用之。④甘其食,美其服,安其居,乐其俗,⑤邻国相望,鸡犬之声相闻,民至老死,不相往来。⑥

注 ① "小"通常理解为"使……变小";"寡"是"使……变少",表示老子的倾向性,认为要使国家变小,使人民稀少,但此解未必合适。"小国寡民"当然可以理解为一种理想的社会状态,即国小民少则民风醇厚,易于无为而治。但应该不是真的要把国家变小,人民变少,而是说,不管多大的国家,都应该按照国家很小,人民很少的理想治国方式,也即无为而治的治理方式来统治。可见老子反对大国主义,霸权政治。由此可见,"小国寡民"不是真正的国小民少,而是要进入善治的状态,让天下人民之心尽皆归附。

② 使:即使。什伯,十倍百倍,意为极多;什伯之器:各种各样的人造器具,不仅仅包括兵器,应该包括"家什",即人民生活的各种用具。重死:看重死亡,即不轻易冒着生命危险去做事。徙:迁移、远走。人民乐于生活在自己的国家,不离开故土,为了享受有道之君的善治,宁愿肝脑涂地,也不离开父母之邦。

③ 舆:车子。甲兵:用于战争的武器装备。陈(zhèn):通"阵",陈列,引申为布阵打仗。圣人顺自然之意治国理政,人民都不去远方,所以没有必要乘车坐船;圣人之治足以转死器为生力,化干戈为玉帛,所以不会引发战争,也就没有战场去排兵布阵,当然不会让百姓轻易死亡,人民都安居乐业,没有生命危险,于是民意强固,天下归心。

④ 结绳:文字产生以前,人们以绳记事。这是一种假设的理想状态,不应理解为要求人们必须回到那样的上古时代去生活,而是好像生活在一种极度简朴的时代。

⑤ 甘其食,美其服,安其居,乐其俗:使人民自己觉得吃得香甜,穿得漂亮,住得安适,过得习惯。人民精神强固,魂魄合一,性命双全,无欲则刚,民与君同生共死,也就对他国他事无所用心。人民的心意不流于身外的物欲,反而能够与统治者齐心协力,以统治者的心意为心意,全民众志成城的时候才是国家真正强大和强盛之时。

⑥ 有道的社会,有良好的基于自然之意的公共秩序,既然每个人都安分守己,醇美和平,也就没有交流和交往的必要。这与儒家"大道之行也,天下为公"致力于建构公共秩序的大同理想很不相同,因为大同要求大家都去私为公,有以公压抑甚至压制私的倾向,而且历史上,人们虽然为了这种大同理想前赴后继,但基

本上难以成功,反而不断上演假公之名灭私之实的悲剧。反观老子的恬淡安适,除了有美学的意味之外,更有救人于欲望之水火的深慈大悲之心。

## 八、《道德经》第四十七章

**解题**

(圣人)不出门户,就能够推知天下的事理;不望窗外,就可以认识天地自然之道。

心意向外求得越多,离"道"越远,关于"道"所知的就越少。

所以,悟"道"的圣人不待远行,其心意发动足以推知天下的事理;他不必向外观察,其心意就能明了"天道";他不必造作施为,就能够成就功业。

不出户,知天下;不窥牖,见天道。①
其出弥远,其知弥少。②
是以圣人不行而知,不见而明,不为而成。③

**注** ① "户"是门,"窥"是从小孔隙往外看;"牖"(yǒu)是窗。"天道"指日月星辰运行的自然规律。这句是要说明心意通天,天下不在心意之外。

② 传统解释如"奔逐得越远所知道的道理就越少"不合适,不是知道的知识少,而是关于道的领悟少,而且因为追求知识,阻隔了对于道的本体性领悟,越是执着于外在的、客观、具体的知识和身外的荣华富贵,对于世界本体和生命生生之力的领悟力往往越低。心灵本来纯净,反观而明,如果逐物,而不是清洗灵魂,则难以保持明亮如镜的心灵智慧。

③ "不见而明",王弼本作"不见而名";不需要观察(窗外)就可以推明天道。不为:无为,不妄为。针对前面足不出户和不窥来说,"不"强调亲眼观察,圣人之心与物相通,合于物的节拍,不必亲自行动、见到、去做,就可以明白一切,成就万物。可见,功业始自内心,大道不离心意。

## 九、《道德经》第三十三章

**解题**

了解别人的人只能算有智慧而已,了解自己的人才算高明。

能战胜别人的人只能算作有力量而已,能战胜自己弱点的人才算强大。

能够知足淡泊财货的人富有,坚持不懈地勤行大道的人有志气。

有自知之明而且行事不超出自身限度的人长久,身死而精神不被遗忘的人,才算真正的长寿。

知人者智,自知者明。①

胜人者有力,自胜者强。②

知足者富,强行者有志。③

不失其所者久,死而不亡者寿。④

注 ① 智慧通过知晓外物、通达外物体现出来,但自知的高明意境则通过反身性意念的作用表现出来。自知之难,难在于知道自知之(道),即反身感应理解大道在自己身上的作用,也就是明白自己如何因道而得"德",而有内在的本性,从而建立自己对自己本然德性的体知。

② 强:刚强、果决。"胜人"好像是征服他人相对自己的邪心邪念,"自胜"则是可以自我反身省察内心可能的邪念,并随时克服下去。意念发动,便有圣邪之别,善恶之分。

③ "知足"除了设定自己追求财富的限度之外,更重要的是,知道自己的自然之意与天俱来的分限,不超出自身的分限去追名逐利。"强"是努力;"强行"是坚持不懈、持之以恒,此处应该是刚强坚定地顺道而行。

④ 任由感官外驰,不能知止,不知足之"妄"则终将"流离失所"而"亡",既失去自己本来存在的有限性,也失去通达无限大道的可能性。这是身之有限性,其实是心与道的无限性根基的吊诡之处;也是心意所止之分限,即心意面对纷纭万象的内在自我把控的力量,不为外在的名相和利益、粉饰所迷惑,心行无待,性止如山,通达道体,同于太虚,齐同天地。"寿"是通常意义上的长寿,但这种长寿其实是超越生死的永恒,是精神永续的真正长寿。

# 第四章 以德行仁——《孟子》导读

杨海文(中山大学)

**作者小传：** 杨海文，湖南长沙人，哲学博士，山东省泰山学者。本科毕业于武汉大学哲学系，硕士、博士毕业于中山大学哲学系。曾供职于中山大学中国古文献研究所、《现代哲学》杂志社、《中山大学学报》(社会科学版)。现为中山大学哲学系教授、博士生导师，孟子研究院特聘专家，兼任孟子研究院学术委员会委员、中国哲学史学会理事、中华孔子学会常务理事、中国孟子学会副会长、广东儒学研究会副会长。主要从事中国哲学研究，侧重孟子思想及孟学史研究。著有《心灵之邀——中国古典哲学漫笔》《浩然正气——孟子》《化蛹成蝶——中国哲学史方法论断想》《我善养吾浩然之气——孟子的世界》《〈孟子〉七篇解读·滕文公篇》，在《哲学研究》《中国哲学史》等刊物发表学术论文多篇，近期主持国家社会科学基金重点项目"汉唐孟子思想解释史研究"、贵州省哲学社会科学规划国学单列课题(重大课题)"《孟子》深度解读及其思想研究"，为本科生、研究生主讲"中国哲学史""孟子研究"等课程。

# 第一节 《孟子》缘何成为经典

《孟子》成为经典,既取决于自身的思想内涵,又得力于外在的社会传播。提问、答问都比别人好,这是《孟子》成为经典的内涵性标准;百读不厌而又常读常新,这是《孟子》成为经典的传播学标准。

在以儒学为主干的中国传统文化中,《孟子》占有极其重要的地位。譬如,孔子、孟子、荀子是先秦三大儒,《论语》《孟子》《荀子》分别代表孔子、孟子、荀子的思想。如果说孔子建构了仁与礼相统一的人学,那么,孟子发展了仁的一面,荀子发展了礼的一面。又如,《四书》是宋、元以后中国知识分子的必读之书。朱熹曾说:"某要人先读《大学》,以定其规模;次读《论语》,以立其根本;次读《孟子》,以观其发越;次读《中庸》,以求古人之微妙处。"(《朱子语类》卷14)《大学》帮助人们框定"格物、致知、诚意、正心、修身、齐家、治国、平天下"的人生规模,《论语》帮助人们确立"克己复礼为仁"的做人之本,《孟子》帮助人们反观"我善养吾浩然之气"的奋发与超越,《中庸》帮助人们求证"天命之谓性,率性之谓道,修道之谓教"的深邃哲理。再如,人们常用"孔孟之道"指代儒学,由此可见《孟子》与《论语》都是儒学高地上的高原、儒学高原上的高峰。程颐曾说:"学者当以《论语》《孟子》为本。《论语》《孟子》既治,则《六经》可不治而明矣。"(《河南程氏遗书》卷25)

任何人既是独立的个体,又生存于群体与社会之中。如何成为大写的人?人如何既与群体、社会相和谐,又能有尊严地活着?问题是哲学的灵魂,提问并答问是思想家的使命。在孟子看来,正因在道德形上学层面挚信"性善",人类成为区别于禽兽的万物之灵,每个人都是大写的人;正因在实践伦理学层面倡导"五伦",人们在群体中拥有各自恰如其分的位置,既能成就自我,又能成就他人;正因在王道政治学层面分辨义利,物质的获得感与精神的幸福感相得益彰,人真正成为社会性的存在。"以德行仁"(《孟子》3·3),成为一个本性善良、呵护良知的人,过上一种充满温情、相互信任的生活,拥有一个崇尚道义、以民为本的社会,这是孟子思想的核心诉求。

《孟子》不仅是传统的经典,更是现代的智库。梁启超的《要籍解题及其读法·〈读《孟子》法〉》指出:"……《孟子》为修养最适当之书,于今日青年尤为相宜。学者宜摘取其中精要语熟诵,或抄出常常阅览,使其精神深入我之'下意识'中,则一生做人基础可以稳固,而且日日向上,至老不衰矣。"打通孟子的世界与当下的世界,就是要我们用切身的体验去证实孟子提供的答案,拿孟子提出的问题来唤醒我们这个时代的良知,凝聚伦理共识,夯实文化认同,共创文明未来。读《孟子》，实质就是时时处处浸润在孟子"以德行仁"的精神与智慧之中。

## 第二节 《孟子》如何成书、流传和传播

孟子是邹国（今山东省邹城市）人，生于公元前372年，卒于公元前289年。民间常将孔子活了73岁、孟子活了84岁视作人生大限，流传着"七十三、八十四，阎王不请自己去"的谚语。作为战国中期著名的思想家，孟子也像其他诸子一样，周游列国，游说诸侯；但他竭力推行仁义之道，以救世为己任，近乎迂腐，所以运气不佳，到处碰壁，与呼风唤雨、撒豆成兵的禄仕派邹衍、苏秦不可同日而语。

司马迁曾用十分简洁的语言刻画孟子复杂而又坎坷的一生，这就是《史记·孟子荀卿列传》所说的："孟轲，邹人也。受业子思之门人。道既通，游事齐宣王，宣王不能用。适梁，梁惠王不果所言，则见以为迂远而阔于事情。当是之时，秦用商君，富国强兵；楚、魏用吴起，战胜弱敌；齐威王、宣王用孙子、田忌之徒，而诸侯东面朝齐。天下方务于合从连衡，以攻伐为贤，而孟轲乃述唐、虞、三代之德，是以所如者不合。退而与万章之徒序《诗》《书》，述仲尼之意，作《孟子》七篇。"孟子从"立功"的政治领域退回"立言"的文化领域，看似被迫，实则皈依。否则，孟子不会成为伟大的思想家，《孟子》不会成为不朽的大经典。

《孟子》成书于孟子的晚年或者死后不久。有关《孟子》的作者，则有不同的说法。东汉赵岐的《孟子题辞》主张孟子自著，唐代韩愈的《答张籍书》主张弟子追著，清代魏源的《孟子年表考第五（生卒著书）》主张师生共著。其中，师生共著之说比较合情合理。具体而言，以公孙丑、万章两位弟子为主力，学生们协助孟子写作了《孟子》。《孟子》第2篇叫《公孙丑》、第5篇叫《万章》，但其他弟子并未获得这一名垂青史的命名权；公孙丑、万章在《孟子》中出现的章数都是15章，但其他弟子并不拥有这一频频露面的上镜率。最简单的东西往往最真实，公孙丑、万章在《孟子》的"编辑性版权"中是绝对控股的，而孟子在《孟子》的"思想性版权"中是绝对控股的。

从传世典籍看，最早传播孟子思想的是《荀子》，而且是以批评的方式进行传播。《荀子》没有提过《孟子》这本书，但传播孟子思想其实就是传播《孟子》一书。荀子确实抓住了孟子的"三寸"：既有《非十二子篇》批评子思、孟子的五行说，又有《性恶篇》用自己的性恶论批评孟子的性善论，更有《解蔽篇》批评"孟子恶败而出妻"。这些批评对于后世的影响极大。以孟子休妻为例，西汉的《韩诗外传》《列女传》把它扭转为离婚未遂事件，并且演绎出一组"孟母教子"的故事，为今天倡议以孟母为代表、以孟子诞辰日为"中华母亲节"积累了源远流长的传统

资源;郭沫若写过《孟夫子出妻》的小说,认为孟子担心夫妻生活损害"浩然之气",所以决定休妻。

西汉的司马迁、东汉的班固都提过《孟子》。《史记·孟子荀卿列传》说:"余读孟子书,至梁惠王问'何以利吾国',未尝不废书而叹也。曰:嗟乎,利诚乱之始也!"《汉书·艺文志》说:"《孟子》十一篇。(名轲,邹人,子思弟子,有《列传》。)"《汉书·古今人表》对先秦七大家的定级是:孔子,第一等;孟子、荀子,第二等;老子、墨子、韩非,第四等;庄子,第六等。《史记》《汉书》是写得最好的两部正史,司马迁、班固对孟子其人、《孟子》其书定下了高度评价的历史基调。

以汉武帝"罢黜百家,独尊儒术"为分水岭,前此是子学时代,后此是经学时代。《论语》早在西汉就已成为国家意识形态认定的经典,而《孟子》由子升经是唐宋时期的事情,韩愈、王安石、朱熹对于这一"孟子升格运动"起到了至关重要的作用。

确立孟子在儒家道统传授中的独特地位是《孟子》由子升经的第一步,韩愈的功劳最大。基于儒佛之争的历史大背景,韩愈的《原道》认为:"尧以是传之舜,舜以是传之禹,禹以是传之汤,汤以是传之文、武、周公,文、武、周公传之孔子,孔子传之孟轲,轲之死,不得其传焉。"他的《送王秀才序》说道:"故求观圣人之道,必自孟子始。"在韩愈看来,正因儒家道统在孟子死后就被中断,所以佛教乘虚而入;唯有从孟子这里再出发,儒家才能战胜佛教。这一观点为唐宋时期的新儒学思潮提供了指导思想。

落实孟子在国家意识形态中的至尊名分是《孟子》由子升经的第二步,王安石的功劳最大。王安石一生推崇孟子,他的名诗《孟子》写道:"沉魄浮魂不可招,遗编一读想风标。何妨举世嫌迂阔,故有斯人慰寂寥。"(《王文公文集》卷73)据《宋史》卷16—17记载,正因王安石的鼎力推动,年轻的宋神宗先后将孟子封为邹国公(1083)、配食文宣王(1084)、配享孔子庙庭(1085),孟子获得了史无前例的至尊名分。朱熹并不喜欢王安石,但仍客观地指出:"孟子配享,乃荆公请之。"(《朱子语类》卷90)

衡定孟子在儒家经典体系中的核心价值是《孟子》由子升经的第三步,朱熹的功劳最大。朱熹力挫宋代疑孟的风气,秉承二程尊孟的旨趣,将《孟子》与《论语》《大学》《中庸》合为《四书》,并将自身的思想建构寄寓于《四书章句集注》之中。他还说:"《语》《孟》工夫少,得效多;《六经》工夫多,得效少。"(《朱子语类》卷19)元朝皇庆二年(1313)规定:科举考试须在《四书》之内出题,发挥题意须以《四书章句集注》为根据(《元史》卷81)。明、清相沿不改,孟子仁义之道的核心价值观得到广泛的传播。

人们都知道孟子被尊为亚圣,其实这也是元代的赐封。据《元史》卷76记载,至顺元年(1330),颜子、曾子、子思、孟子分别被封为兖国复圣公、郕国宗圣公、沂国述圣公、邹国亚圣公。文庙的"四配",至此形成定制。唐、宋跨出三大步,元代踢出临门一脚,历史上的"孟子升格运动"得以基本完成。

尽管孟子其人、《孟子》其书越来越受到尊崇,但其间也不乏疑孟之声、诋孟之举。疑孟最风行的是宋代。金庸的武侠小说《射雕英雄传》第30回写道:"那书生怒道:'孟夫子是大圣大贤,他的话怎么信不得?'黄蓉笑吟道:'乞丐何曾有二妻?邻家焉得许多鸡?当时尚有周天子,何事纷纷说魏齐?'那书生越想越对,呆在当地,半响说不出话来。"这是对于宋人疑孟的形象表达。更有趣的是:司马光疑孟,竟然是因为政敌王安石尊孟,但他的继子司马康却是尊孟的。诋孟最过分的是朱元璋。《涌幢小品》卷16记述:"太祖欲黜孟子配享,固因钱唐等力谏而止,然其时风雷示异,太祖业心动,所谓岩岩气象者,亦真可畏也。至《孟子节文》,乃刘昆孙等奉旨所为。后昆孙以科场事坐死,说者谓《节文》报应,岂孟子乃迁怒而然?"朱元璋觉得孟子说了很多冒犯专制统治的话,所以先将孟子赶出文庙,不让他享受吃冷猪头肉的待遇;然后命人删改《孟子》,搞出了一本《孟子节文》。

真正的经典都具有三大品质:既能承受无上的荣光,又不惧怕任何质疑,更能在新的时代浪尖上展示自身的不朽。一部《孟子》极简史表明:过去,《孟子》从普通的诸子著作成为令人敬畏的经书,风风雨雨,饱经沧桑;今天,《孟子》已经走下神坛,人们把《孟子》当作"经典"而不是"经"来读,既是时代赋予的新使命、新要求,又是《孟子》在平凡中再现伟大的必由之路。

## 第三节 《孟子》的阅读价值

《孟子》仅有三四万字,但博大精深,几乎涉及人生所有的基本关系。这些关系或者相反而相成,或者相辅而相成,经意、不经意地流淌着思辨的张力与哲学的魅力。下面通过十组关系的梳理,借以彰显孟子思想的平易与深邃,展示《孟子》的阅读价值。

第一组是人类与禽兽的关系。《孟子》8·19说:"人之所以异于禽兽者几希,庶民去之,君子存之。"这是孟子为其全部思想预设的逻辑起点。周作人的《梦想之一》写道:"我很喜欢《孟子》里的一句话,即是,人之所以异于禽兽者几希。这一句话向来也为道学家们所传道,可是解说截不相同。他们以为人禽之辨只在一点儿上,但是二者之间距离极远,人若逾此一线堕入禽界,有如从三十三天落到十八层地狱,这远才真是远。我也承认人禽之辨只在一点儿上,不过二者之间距离却很近,仿佛是窗户里外只隔着一张纸,实在乃是近似远也。"在孟子看来,人禽之间的本质差异很细小,但具体到每个人身上,说远就远,说近就近。像人一样活着,它就近;不像人一样活着,它就远。那么,人究竟是一种什么样的类存在呢?

第二组是性本善与性向善的关系。《三字经》开篇说的"人之初,性本善",就是指孟子面对"人是什么"这个人生哲学总题目而独创的性善论。《孟子》3·6说的"今人乍见孺子将入于井,皆有怵惕恻隐之心"那个故事,情节结构异常简单,人性震撼无与伦比,是孟子证立性善论的经典案例,堪称中外人性论史上的现象级教科书。在此基础上,孟子以心善言性善,认为性善论包括两层含义:一是性本善,肯定心性之善是"天所与我、我固有之、人皆有之"的,解答了道德实践所以可能的超越客观的根据;二是性向善,肯定人人都可以在生活行为上自觉自主地呈现内在的心性本体,解答了道德实践所以可能的内在主观的根据。不论性,孟子在哲学上走不进他那个时代;不谈心,孟子在哲学上走不出他那个时代。"圣人与我同类者"(《孟子》11·7)、"人皆可以为尧舜"(《孟子》12·2)这些激动人心的哲学格言,弭平了普通人与圣贤之间原本不可逾越的鸿沟,鞭策人们努力地践履心性修养、不懈地成就理想人格。

第三组是仁智双彰与大丈夫气概的关系。《孟子》两次提到"仁且智"(3·2,4·9),牟宗三的《中国哲学的特质》第5讲指出:"仁与智并讲,显出仁智的双成。"仁是道德,智是科学,仁智双彰是孟子给理想人格作出的哲学界定。与此相应,大丈夫是孟子给理想人格作出的社会学界定。《孟子》6·2认为:大丈夫不是指"一怒而诸侯惧,安居而天下熄",而是指"富贵不能淫,贫贱不能移,威武不能屈"。吴晗的《谈骨气》一文说道:"……高官厚禄收买不了,贫穷困苦折磨不了,强暴武力威胁不了,这样的人才是了不起的人。这种人古时候叫大丈夫,我们今天呢,叫作英雄气概,也叫作有骨气。"有道德,有文化,有骨气,即是孟子对于理想人格的殷殷期盼。

第四组是原则性与灵活性的关系。中国传统社会是侧重熟人交往的五伦社会,认为做人的基本原则是"父子有亲,君臣有义,夫妇有别,长幼有叙,朋友有信"(《孟子》5·4),意即父子之间有骨肉之亲、君臣之间有礼义之道、夫妻之间有内外之别、老少之间有尊卑之序、朋友之间有诚信之德,其目的是规范社会行为、调节社会关系、维护社会秩序。真理从来都是具体的,原则性总是离不开灵活性。譬如古代讲究"男女授受不亲"的原则,但嫂子掉进水里,生命危在旦夕,孟子认为小叔子再拘泥于礼节就不是人,而是必须伸手救大嫂,通过灵活的权变,展示了人之为人、生命至上的真谛(《孟子》7·17)。一般情形下要讲原则性,特殊情形下要讲灵活性,为人处世要经权互动,做到原则性与灵活性的有机统一。

第五组是民生与仁政的关系。战国时期,诸侯攻伐,生灵涂炭。孟子一语道破它的出路:"养生丧死无憾,王道之始也。"(《孟子》1·3)老百姓如何才能有体面地活在人世,然后有尊严地辞别人间呢?过了五十岁就能穿上丝帛,过了七十岁就能吃上肉食(《孟子》1·3,1·7),这既是看似轻而易举的最低要求,但又是孟子时代以及整个古代中国难以实现的社会理想。《孟子》13·22写道:"五亩之宅,树墙下以桑,匹妇蚕之,则老者足以衣帛矣。五母鸡,二母彘,无失其时,老者足以无失肉矣。"目睹老百姓苦苦挣扎在生死存亡线上,孟子必然反对霸道、力倡仁政。但是,"以德行仁者王"与"以力假仁者霸"(《孟子》3·3)这两条不同的治国路线又将如何过招呢?

第六组是道义与功利的关系。在霸道横行的时代背景下推行仁政,势必高擎义利之辨的旗帜。《孟子》首章开宗明义,认为义利之辨包括三大要点:一是从"何必曰利?亦有仁义而已矣"看,孟子提出义以为上,这是讲原则,将道义当作最高原则;二是从"苟为后义而先利,不夺不餍"看,孟子提出先义后利,这是讲次序,将道义放在第一位,而将利益放在第二位;三是从"未有仁而遗其亲者也,未有义而后其君者也"看,孟子提出义利双成,这是讲目的,不能因为讲道义就完全排斥利益,而是要在生活当中最终实现道德与利益的统一。有人认为孟子轻视功利,这一看法是不全面的。孟子如此关心民生疾苦,岂能不对物质利益得以充分实现念兹在兹?"义利之说乃儒者第一义"(《晦庵先生朱文公文集》卷24《与延平李先生书》),孟子的义利之辨至今依然具有借鉴意义。

第七组是君与民的关系。《孟子》14·14说:"民为贵,社稷次之,君为轻。"民贵君轻是孟子王道政治学的核心价值观。萧公权的《中国政治思想史》认为:它使得"孟子之政治思想遂成为针对虐政之永久抗议"。但是,正如徐复观的《中国的治道——读陆宣公传集书后》所说:"政治的理念,民才是主体;而政治的现实,则君又是主体。这种二重的主体性,便是无可调和的对立。"所以,孟子一方面强调国家是为人民而设立的,但人民不是为国家而生存的;另一方面不遗余力地"格君心之非",认为只要纠正了君主内心的错误,整个国家就能得到治理,"一正君而国定"(《孟子》7·20)。孟子对于君民关系的思考显然具有时代局限性,但它在中国古代的历史影响不啻于振聋发聩的空谷足音。

第八组是独善其身与兼善天下的关系。统治者忙于争城掠地,老百姓陷于水深火热。孟子将救世的使命寄托给"士之仕也,犹农夫之耕也"的知识分子,但又痛恨"不由其道而往者",期望知识分子成为铁肩担道义的义仕派(《孟子》6·3)。这就涉及从政的态度问题。《孟子》13·9说:"古之人,得志,泽加于民;不得志,修身见于世。穷则独善其身,达则兼善天下。"能够实现志向,就将恩惠施加给人民,这是独善其身;不能实现志向,就去修养自身展现给世间,这是兼善天下。这里的"穷"不是指经济贫困,"达"不是指官运亨通,而是如同马一浮的《蠲戏斋杂著·希言》所说:"……穷达皆以道言,道隐为穷,道通为达。"孟子心中的"士"是正道直行、为百姓鼓与呼的道德理想主义者,而不是像公孙衍、张仪那样唯利是图、通吃天下的蝇营苟且之徒。《白居易集》卷45《与元九书》曾说:"古人云:穷则独善其身,达则兼济天下。仆虽不肖,常师此语。"这是将"兼善天下"改为"兼济天下"的出处,同时是传统士大夫引孟子为知音的生动写照。

第九组是真理与谬误的关系。我们读《孟子》6·9,可知"杨墨之道不息,孔子之道不著"

这句话最能概括孟子对于真理与谬误关系的认识。孟子将孔子之道视作真理,而将杨墨之道视作谬误,是因为"杨氏为我,是无君也;墨氏兼爱,是无父也。无父无君,是禽兽也"。杨朱主张"为我",意即无条件地爱自己、一切都要有利于自己,实质是"无君"、目无君上;墨子主张"兼爱",意即无差等地爱别人、毫无差等地爱所有人,实质是"无父"、目无父母。孟子对于杨墨之道的批判,是先秦儒家捍卫、传承孔子之道的重要举措,历史影响极大。《韩愈全集》文集卷3《与孟尚书书》就说:孟子距杨墨,"功不在禹下"。到了近现代,吴虞的《辨孟子辟杨墨之非》指出:"天下有二大患焉:曰君主之专制,曰教主之专制。君主之专制,钤束人之言论;教主之专制,禁锢人之思想。君主之专制,极于秦始皇之焚书坑儒,汉武帝之罢黜百家;教主之专制,极于孔子之诛少正卯,孟子之距杨、墨。"贺麟的《杨墨的新评价》甚至提出"以杨子的为我为出发点,而以墨子的兼爱为归宿点(梁任公称费希特语),以维护个人权益为出发点,以造福于人类社会为归宿点"的调和方案。这些批评意见有助于我们深刻反思孟子距杨墨的时代合理性与历史片面性之所在,进而辩证把握思想多元与守正创新的复杂关联。

第十组是读书与自得的关系。孟子能在先秦诸子中脱颖而出,有一个很重要的原因就是既不迷信经典但又善于读书。孟子熟稔当时的两大经典《诗》《书》,同时认为"尽信《书》,则不如无《书》"(《孟子》14·3)。包括经典在内,任何书本既不能不相信它,也不能完全相信它。王阳明道出了个中缘由:"圣贤垂训,固有书不尽言、言不尽意者。"(《王阳明全集》卷6《答季明德(丙戌)》)不迷信经典,不做书本的奴仆,这是读者获得自我解放的第一步。孟子又说:"故说诗者,不以文害辞,不以辞害志。以意逆志,是为得之。"(《孟子》9·4)对于这句话的含义,朱熹的《孟子集注》卷9指出:"言说诗之法,不可以一字而害一句之义,不可以一句而害设辞之志,当以己意迎取作者之志,乃可得之。"朱自清的《诗言志》第3节《教诗明志》指出:"'以意逆志'是以己意己志推作诗之志;而所谓'志'都是献诗陈志的'志',是全篇的意义,不是断章的意义。"意是读者的自我意识,志是作者的思想建构,逆是读者像迎接客人那样真切地把握作品已经或者试图表达的意义。善于读书,做书本的主人,这是读者获得自我解放的第二步。孟子告诉我们:贵疑、自得不仅是读书的方法,而且是读书的境界。唯其如此,思想才能在传承中得以创新,文化才能在继承中得以创造。

以上用十组关系勾勒孟子思想,其实只是方便说法。《孟子》包含无数隽永的格言、精彩的故事。要读懂它们,就得让格言"下乡",使格言的普适性反复经受实践世界的检验;就得让故事"上山",使故事的规律性不断接受思想世界的考量。《孟子》中的故事,有的十分简单,有的相对复杂。我们务必知道:故事越真实、复杂,它对于人的意义越大;故事越抽象、简单,它对于哲学的作用越大。我们走进孟子的思想世界,需要用曲径通幽的方式,然后到达柳暗花明的境界。

## 第四节 《孟子》的阅读方法

《论语》既有传世的 20 篇定本,又有南昌海昏侯墓新近出土的《齐论语·问道篇》,版本情形比较复杂。历代《孟子》的版本情形较为简单,只有传世本,未见相关出土文献。但是,这里仍有三类情况需要交待。

一是个别用字不一样。例如,《孟子》10·1、14·17 说的"接淅而行",东汉许慎的《说文解字》卷 11 上《水部·渿》引作"渿淅而行",人们认为"淅"以前写作"渿";《孟子》14·3 说的"尽信《书》,则不如无《书》",北宋王元泽(王安石之子)引用的古本《孟子》写作"尽信书不如无为书",两者存在"无"与"无为"的明显区别;《孟子》5·4 说的"长幼有叙",南宋朱熹的《孟子集注》写作"长幼有序",这说明"叙""序"通用。

二是总字数的统计结果不同。古人不用标点符号,《孟子》究竟有多少字呢? 东汉赵岐的《孟子题辞》说是 34 685 字,明代陈士元的《孟子杂记》卷 1 说是 35 410 字,清代焦循的《孟子正义》卷 1 说是 35 226 字,三种统计结果均不相同。如果计空格、包括标点符号,我们今天读的《孟子》约有 4.5 万字。

三是《孟子外书》的真伪问题。东汉赵岐的《孟子题辞》曾提出两大孟学史疑案:一是西汉文帝将《孟子》与《论语》《孝经》《尔雅》一并设为传记博士,一是《孟子》七篇之外另有题为《性善》《辩文》《说孝经》《为政》的外书四篇。有意思的是,他肯定前者为真,认定后者为伪。后来,人们大多认为《孟子外书》是伪书,几乎无人将它与《孟子》作对比性的思想研究。《续修四库全书》第 932 册收有旧题宋代熙时子注的《孟子外书》,四篇题为《性善辨》《文说》《孝经》《为正》,值得有兴趣的读者参阅。

从文本结构看,《孟子》有篇有章,篇下为章,由 7 篇(14 卷)、260 章(或 261 章)构成。首先看"篇"(卷)。人们常以"七篇"指代《孟子》,是说它包括《梁惠王》《公孙丑》《滕文公》《离娄》《万章》《告子》《尽心》。各篇又分上、下两卷,如《梁惠王上》《梁惠王下》,共有 14 卷。这些篇名起自每篇首章的开头两三个字,并无实际意义。其次看"章"。各篇由若干章组成,有十多章为一篇的,也有八十多章为一篇的。各章的字数不一,短者仅有一句话,长者多达上千字。朱熹的《孟子集注》、杨伯峻的《孟子译注》分作 260 章,孙奭的《孟子注疏》、焦循的《孟子正义》分作 261 章。最后看"篇(卷)+ 章"。举例来说,如何一目了然地表述《梁惠王上》第 1 章、《尽心下》第 38 章呢? 依据《孟子译注》的序号注释,前者写作 1·1,后者写作 14·38。杨伯峻的这种序号注释很实用,能够快速找到并复核《孟子》原文。

《孟子》课程在高校中的设置,有放在哲学系的,有放在文学系的,也有放在历史系的。这是《孟子》具有文体多样性的鲜明体现。《孟子》有35次引用文学经典《诗经》,有19次引用历史经典《尚书》,有5章讨论这两部大经典,可见文学、历史在孟子那里是不分家的;"孟子道性善,言必称尧舜"(《孟子》5·1),可见道德、政治的哲学问题是孟子关注的重心。《孟子》既是文学书、历史书,更是哲学书;孟子亦文、亦史,更是哲人。

　　现代读者未必十分清楚《孟子》在文体上的史学特征、文学特征,这里举几个例子。对于《孟子》1·1讲的"孟子见梁惠王"一事,司马迁的《史记·六国年表》认为发生在公元前335年,司马光的《资治通鉴·周纪二》认为发生在公元前336年,两者相差一年,但都是肯定《孟子》应有的史学价值。鲁迅的《汉文学史纲要·老庄》说:"《孟子》七篇,不特推言义理,广大而精微。其文法极可观,如齐人乞墦一段尤妙。唐人杂说之类,盖仿于此。"郭沫若的《十批判书·荀子的批判》说:"孟文的犀利,庄文的恣肆,荀文的浑厚,韩文的峻峭,单拿文章来讲,实在是各有千秋。"这都是肯定《孟子》应有的文学价值。

　　用今天的眼光看,《孟子》的史学性最弱,文学性居中,哲学性最强。但是,作为一本哲学书,《孟子》也像其他先秦诸子一样"形散而神聚"。所谓"形散",是说《孟子》不是用"逻辑编码"而是用"诗化编码"编撰的,四处都是点睛之笔,可各篇之间、各章之间显得很松散;所谓"神聚",是说有一种叫作"文以载道"的文化基本精神贯串于《孟子》的字里行间,道德理想主义是"道",文化守成主义是"文",经由文化守成主义达致道德理想主义就是"文以载道"。

　　置身于"后国学时代",要把《孟子》读好,需要狠下两种功夫。第一种功夫是笨功夫——背诵。不少人觉得背古文比起记外文单词难多了。这里提供一个方法:以句为单位,尽量译到每个字,用白话文精准地翻译每一章。译完的时候,大致就能背下这一章。第二种功夫是活功夫——理解。具体地说,就是树立八个角度:一是从单章看,二是从上下文看,三是从全书看,四是从思想家的思想体系看,五是从具体时代背景看,六是从儒家思想史看,七是从中国传统文化看,八是从现代生活看。我们读《孟子》这部"形散而神聚"的经典,如果既有背诵的笨功夫,又有理解的活功夫,就能八面来风、生生不息。

## 第五节　《孟子》的版本选择

　　中国古代有着源远流长的经典注疏传统,经典总是借助注疏而薪火相传。《孟子》也不例外。东汉赵岐的《孟子注》、南宋朱熹的《孟子集注》、清代焦循的《孟子正义》是古代《孟子》注疏的三大名著，而且分别是汉学、宋学、清学的代表作。

一是赵岐撰写的《孟子注》（又名《孟子章句》），时代最久远。尽管朱熹批评它"做得絮气闷人""拙而不明"（《朱子语类》卷51），但四库馆臣认为它"开辟荒芜，俾后来得循途而深造，其功要不可泯也"（《四库全书总目》卷35）。

二是朱熹撰写并收入《四书章句集注》的《孟子集注》，影响最巨大。它言简意赅，详略得当，体例谨严，致思缜密，因注大经典而成为新经典。作为儒学史与经学史上的标志性著作，元代以降悬为科举取士之功令，引领了数百年的中国思想史风气。《孟子》之外，迄今无出《孟子集注》其右者。

三是焦循撰写的《孟子正义》，考证最精当。梁启超的《清代学术概论》指出："清学自当以经学为中坚。其最有功于经学者，则诸经殆皆有新疏也。""其在《孟子》，有焦循之《孟子正义》。"

"五四"新文化运动以来，特别是1949年以后，孟子思想在学术研究、普及推广两方面长足进展，与时俱进。这里从通俗讲解、学理研究、人文感悟三个角度推荐五本书。

一是杨伯峻撰写的通俗讲解类作品《孟子译注》（中华书局1960年出版）。这本书对于现代人读《孟子》产生的重大影响，鲜有其他书能够望其项背。它具有四大特点：一是以序号标识各章，便于检索；二是用新式标点断句，便于阅读；三是翻译为现代汉语，便于理解；四是注释简明扼要，便于释疑。

二是陈来、王志民主编的通俗讲解类作品《〈孟子〉七篇解读》（共7册，齐鲁书社2018年出版）。这套书以团队方式逐章逐句、系统详细地解读《孟子》七篇，开创了当代学者面向社会、面向时代解读《孟子》一书的先例，是讲好中国故事、增强文化自信的重要体现。

三是杨泽波撰写的学理研究类作品《孟子性善论研究》（中国社会科学出版社1995年出版）。这本书侧重从哲学—观念史进路研究孟子思想，提出用"生命体验"契悟自身的"伦理心境"，试图破译孟子那个令人费解的性善论之谜，促使人们善待自己的生命。

四是黄俊杰撰写的学理研究类作品《中国孟学诠释史论》（社会科学文献出版社2004年出版）。这本书侧重从历史—思想史进路研究孟学史，探讨了中国历代思想家对于孟子思想所作的解释、批判、争辩、推衍、发挥及其隐含的思想史意义与解释学内涵。

五是杨海文撰写的人文感悟类作品《我善养吾浩然之气——孟子的世界》（齐鲁书社2017年出版）。这本书二三处笔带个人遐思、三四处添加历史掌故、四五处借用民间话语，呼唤人们在"我善养吾浩然之气"的精神成长之路上，真切地完成从"阅读"《孟子》到"悦读"《孟子》的转折。

在以上几本书中，朱熹的《孟子集注》、杨伯峻的《孟子译注》又最重要，值得常备于案头。初学者先读《孟子译注》，再读《孟子集注》，就能渐渐步入古与今沟通的视界，慢慢融入俗与雅汇通的境界。

# 第六节 《孟子》经典选文

现从《孟子》七篇之中各选一章,略作解题与注释,借以帮助读者管窥见豹,领略《孟子》文字的优美与思想的深邃。

## 一、《孟子·梁惠王上》第1章(1·1)

**解 题**

《孟子》1·1有两大点睛之笔:一是"何必曰利?亦有仁义而已矣",朱熹《孟子集注》卷1《梁惠王章句上》认为"此二句乃一章之大指",可助人们理解《孟子》首章;二是"未有仁而遗其亲者也,未有义而后其君者也",黄宗羲《孟子师说》卷1《"孟子见梁惠王"章》认为"七篇以此为头脑",可助人们理解《孟子》全书。既有一章之大指,更是七篇之头脑,足见《孟子》首章之重要。

不计标点符号,《孟子》1·1仅有152字。尽管篇幅短小,但它设置并敞开了义利之辨的主题及其三个要点:一是"何必曰利?亦有仁义而已矣",实质是义以为上,这是讲原则;二是反对"后义而先利",实质是先义后利,这是讲次序;三是"未有仁而遗其亲者也,未有义而后其君者也",实质是义利双成,这是讲目的。以上三个要点是逻辑依次递进、含义逐渐展开的:讲原则,就要义以为上,将道义当作最高原则;讲次序,就要先义后利,将道义放在第一位,将利益放在第二位;讲目的,就要义利双成,不因道义而排斥利益,最终实现道义与利益的统一。坚守义以为上的原则,是以道义论而不是功利论为特质;遵循先义后利的次序,是以原则政治而不是利益政治为皈依;追求义利双成的目的,是以理念利益而不是物质利益为关切。《孟子》1·1的义利之辨勾勒了传统儒家义利观的基本脉络与主体内容,影响中国传统文化至深至远。

《孟子》首章是道义与功利相互博弈的开局之篇,旨在挺立义利之辨;《孟子》末章是仁义之道世代相传的收官之作,旨在揭橥道统先声。仁义即道,道即仁义;道统论的"道"是义利观的"仁义",义利之辨的"仁义"是道统之传的"道"。开门见山讲义利之辨,一锤定音讲道统之传,首尾呼应,贞下起元,孟子的苦心孤诣、匠心独运尽在其中。

孟子见梁惠王①。王曰:"叟②!不远千里而来,亦③将有以利④吾国乎?"

孟子对曰："王！何必曰利⑤？亦⑥有仁义而已矣⑦。王曰：'何以利吾国？'⑧大夫曰：'何以利吾家⑨？'士庶人曰：'何以利吾身？'上下交征⑩利而国危矣。万乘⑪之国⑫，弑⑬其君者，必千乘之家；千乘之国，弑其君者，必百乘之家。万取千焉，千取百焉，不为不多矣⑭。苟为⑮后义而先利，不夺不餍⑯。未有⑰仁而遗其亲者也，未有义而后其君者也⑱。王亦曰仁义而已矣，何必曰利？⑲"

注

① 梁惠王：又作魏惠王，战国诸侯，与孟子多有对话。朱熹《孟子集注》："梁惠王，魏侯䓨（yīng）也。都大梁，僭称王，谥曰惠。《史记》：'惠王三十五年（前335），卑礼厚币以招贤者，而孟轲至梁。'"

② 叟：长者。朱熹《孟子集注》："叟，长老之称。"南怀瑾《孟子旁通》："这个'叟'字，好听一点来讲，便是老先生的意思；不礼貌一点，便是老头儿的意思。"

③ 亦：连词，表承接，相当"那么"。

④ 利：动词，惠利。下文"何以利吾国""何以利吾家""何以利吾身"，同义。朱熹《孟子集注》："王所谓利，盖富国强兵之类。"

⑤ 利：名词，利益。下文"上下交征利而国危矣""苟为后义而先利""王亦曰仁义而已矣，何必曰利"，同义。

⑥ 亦：副词，只是。杨树达《词诠》卷7"亦"条："（二）副词 祇也，特也，但也。"

⑦ 仁义：先秦常见名词，儒家道德核心理念。朱熹《孟子集注》："仁者，心之德、爱之理；义者，心之制、事之宜也。此二句乃一章之大指，下文乃详言之。"唐文治《孟子大义》："仁者，人也。本心之德，所以为人之道也。义者，我也。本我心以裁制万事，所谓处物为义也。此节一句辟惠王之言利，一句即提出仁义，语意斩钉截铁。"

⑧ 何以利吾国：《史记·孟子荀卿列传》："太史公曰：余读《孟子书》，至梁惠王问'何以利吾国'，未尝不废书而叹也。曰：嗟乎，利诚乱之始也！夫子罕言利者，常防其原也，故曰'放于利而行，多怨'。自天子至于庶人，好利之弊，何以异哉！"

⑨ 家：大夫的封邑，又称采地。古代有国有家，二者含义不同。

⑩ 交：交相。征：征取。朱熹《孟子集注》："征，取也。上取乎下，下取乎上，故曰交征。"

⑪ 乘（shèng）：量词，古代用四匹马拉的一辆兵车称作一乘。朱熹《孟子集注》："乘，车数也。"

⑫ 万乘之国：拥有万辆兵车的国家。下文"千乘""百乘"，仿此。朱熹《孟子集注》："万乘之国者，天子畿内地方千里，出车万乘。千乘之家者，天子之公卿采地方百里，出车千乘也。千乘之国，诸侯之国；百乘之家，诸侯之大夫也。"

⑬ 弑(shì)：杀害。大臣杀死君主、子女杀死父母称作弑。朱熹《孟子集注》："弑，下杀上也。"

⑭ 取：取走。一万取走一千，一千取走一百，不可谓不多。赵岐《孟子章句》："周制：君十卿禄。君食万钟，臣食千钟，亦多矣，不为不多矣。"朱熹《孟子集注》："言臣之于君，每十分而取其一分，亦已多矣。"

⑮ 苟为：假使。后：怠慢。先：优先。朱熹《孟子集注》："若又以义为后而以利为先，则不弑其君而尽夺之，其心未肎以为足也。"按："肎"同"肯"。

⑯ 餍(yàn)：满足。

⑰ 未有：未曾有。张岱《四书遇·孟子》："两'未有'字，决仁义之理所必至。"姚永概《孟子讲义》："'未有'二句，斜飞而入，翩跹似燕，是用柔笔之妙者。"高步瀛《孟子文法读本》："'未有'二句逆提，隽敏简净，收异常斩截。"

⑱ 遗：遗弃。后：怠慢。朱熹《孟子集注》："此言仁义未尝不利，以明上文'亦有仁义而已'之意也。遗，犹弃也。后，不急也。言仁者必爱其亲，义者必急其君。故人君躬行仁义而无求利之心，则其下化之，自亲戴于己也。"黄宗羲《孟子师说》："七篇以此为头脑：'未有仁而遗其亲者也，未有义而后其君者也。'"

⑲ 此句与上文"王！何必曰利？亦有仁义而已矣"相似。赵岐《孟子章句》："孟子复申此者，重嗟叹其祸。"

## 二、《孟子·公孙丑上》第6章（3·6）

### 解题

基于孟子思想体系由道德形上学、实践伦理学、王道政治学三部分组成，可将《孟子》3·6分作四节：第一节是起句"人皆有不忍人之心"，堪称道德形上学之魂、实践伦理学之体、王道政治学之用；第二节从"先王有不忍人之心"至"治天下可运之掌上"，侧重经邦纬国的王道政治学；第三节从"所以谓人皆有不忍人之心者"至"是非之心，智之端也"，侧重谈玄论道的道德形上学；第四节从"人之有是四端也"至收句"不足以事父母"，侧重修身齐家的实践伦理学。

以上四节一波三折："一波"指第一节，"三折"指第二至四节。此章不仅是孟子思想体系的浓缩体现，而且是孟子思想体系的源头活水。讨论性善论的不二之选必是此章，足见哲学史进路认为道德形上学而非王道政治学是其重中之重。对此进行单章研究，既要借助语文能力以说文解字,解说文字的重点是作好精准的白话文翻译;更要借助思辨能力以条分缕析,分析义理的重点是讲清不同的思想史问题。

如何概括《孟子》3·6的主题?有三种认知偏好各有不同的孟子学进路。一是以赵岐为代表的汉学进路,《孟子正义》卷7录赵岐注:"《章指》言:人之行当内求诸己,以演大四端,充广其道,上以匡君,下以荣身也。"二是以朱熹为代表的宋学进路,《孟子集注》卷3《公孙丑章句上》总结:"此章所论人之性情、心之体用,本然全具,而各有条理如此。学者于此,反求默识而扩充之,则天之所以与我者,可以无不尽矣。"三是以李贽为代表的心学进路,《四书评·孟子卷之二·公孙丑章句上》尾批:"此等文字,真如慈父母之为子,大有功于世教。孟子,大圣人也!"

比照孟子思想体系的三个组成部分,汉学进路等量齐观道德形上学、实践伦理学、王道政治学,认为三者同等重要;宋学进路凸显道德形上学,兼及实践伦理学;心学进路张扬实践伦理学,兼及王道政治学。从敞开《孟子》3·6与孟子思想体系的内在关联看,既离不开旨在全面性的汉学进路,亦离不开旨在深刻性的宋学进路、心学进路;既要以深刻性提升全面性,又要以全面性规约深刻性。《孟子》3·6以王道政治学、道德形上学、实践伦理学的次序,自然地展开孟子思想体系;赵岐以道德形上学、实践伦理学、王道政治学的次序,逻辑地论述孟子思想体系。后者逐渐成为人们对孟子思想体系三个组成部分的排序,汉学的此一功劳值得表彰。

孟子曰:"人皆有不忍人之心①。先王②有不忍人之心,斯③有不忍人之政矣。以不忍人之心,行不忍人之政,治天下可运之掌上④。所以谓人皆有不忍人之心者,今人乍⑤见孺子⑥将入于井,皆有怵惕⑦恻隐⑧之心——非所以内交⑨于孺子之父母也,非所以要誉⑩于乡党朋友⑪也,非恶⑫其声而然也⑬。由是观之,无恻隐之心,非人也;无羞恶之心,非人也;无辞让之心,非人也;无是非之心,非人也⑭。恻隐之心,仁之端⑮也;羞恶之心,义之端也;辞让之心,礼之端也;是非之心,智之端也⑯。人之有是四端也,犹其有四体⑰也。有是四端而自谓不能者,自贼⑱者也;谓其君不能者,贼其君者也。凡有四端于我者,知皆扩而充之矣⑲,若火之始然,泉之始达⑳。苟能充之,足以保四海;苟不充之,不足以事父母㉑。"

**注** ① 忍:伤害。不忍人之心:不想伤害人类的心。赵岐《孟子章句》:"言人人皆有不忍加恶于人之心也。"

② 先王:古代帝王。

③ 斯：连词，相当"于是"。

④ 运：运转。运之掌上：言轻而易举。赵岐《孟子章句》："先圣王推不忍害人之心，以行不忍伤民之政，以是治天下，易于转丸于掌上也。"运掌之喻，又见《孟子》1·1："老吾老，以及人之老；幼吾幼，以及人之幼。天下可运于掌。"《孟子》3·1："武丁朝诸侯，有天下，犹运之掌也。"

⑤ 乍(zhà)：突然。朱熹《孟子集注》："乍，犹忽也。"

⑥ 孺子(rú zǐ)：幼儿。赵岐《孟子章句》："孺子，未有知小子也。"

⑦ 怵惕(chù tì)：怵栗恐惧。朱熹《孟子集注》："怵惕，惊动貌。"

⑧ 恻隐：悲恻隐恤。

⑨ 内(nà)：通"纳"，纳入。内交：纳入交情。朱熹《孟子集注》："内，结。"

⑩ 要(yāo)：博取。要誉：博取声誉。朱熹《孟子集注》："要，求。"

⑪ 乡党：乡邻，言地缘关系。朋友：与今义同，言学缘关系。

⑫ 恶(wù)：厌恶。

⑬ 声：声音，具体指哭喊声。杨伯峻《孟子译注》："也不是厌恶那小孩的哭声才如此的。"南怀瑾《孟子与公孙丑》："当然更不是因为怕听到挣扎喊叫的声音才想去救他。"通解为名声。朱熹《孟子集注》："声，名也。"《朱子语类》卷53："'非恶其声'，非恶其有不救孺子之恶声也。"前说胜于后说。

⑭ 恻隐之心、羞恶之心、辞让之心、是非之心：孟子道德哲学的专有术语，可不翻译。朱熹《孟子集注》："恻，伤之切也。隐，痛之深也。""羞，耻己之不善也。恶，憎人之不善也。辞，解使去己也。让，推以与人也。是，知其善而以为是也。非，知其恶而以为非也。人之所以为心，不外乎是四者，故因论恻隐而悉数之。言人若无此，则不得谓之人，所以明其必有也。"《朱子语类》卷53："恻，是恻然有此念起；隐，是恻然之后隐痛，比恻更深；羞者，羞己之非；恶者，恶人之恶；辞者，辞己之物；让者，让与他人；是、非自是两样分明。"

⑮ 端：发端。赵岐《孟子章句》："端者，首也。"朱熹《孟子集注》："端，绪也。"

⑯ 恻隐、羞恶、辞让、是非与仁、义、礼、智存有深刻的哲学关联。朱熹《孟子集注》："恻隐、羞恶、辞让、是非，情也。仁、义、礼、智，性也。心，统性情者也。端，绪也。因其情之发，而性之本然可得而见，犹有物在中而绪见于外也。"此句可参《孟子》11·6："恻隐之心，人皆有之；羞恶之心，人皆有之；恭敬之心，人皆有之；是非之心，人皆有之。恻隐之心，仁也；羞恶之心，义也；恭敬之心，礼也；是非之心，智也。"

⑰ 四体：四肢。

⑱ 贼：暴弃。

⑲ 扩：扩大，言其外延。充：充实，言其内涵。朱熹《孟子集注》："扩，推广之意。充，满也。四端在我，随处发见。知皆即此推广，而充满其本然之量，则其日新又新，将有不能自已者矣。"

⑳ 然：通"燃"，燃起。达：涌出。唐文治《孟子大义》："'若火之始然，泉之始达'，应上'乍见'二字。火之始然，其苗微，最易于灭；泉之始达，其源小，最易干涸；乍见之良知，其时暂，最易于消泯。"

㉑ 保：安保。事：事奉。赵岐《孟子章句》："人诚能充大之，可保安四海之民；诚不充大之，内不足以事父母。言无仁、义、礼、智，何以事父母也？"

## 三、《孟子·滕文公下》第 2 章（6·2）

### 解 题

《孟子》6·2 是千古名篇，自有其文法。《孟子文法读本》卷 3《滕文公》录吴闿生眉批："景春口中说得仪、衍甚有声势，而孟子以一语撇却，何等峥嵘！'子未学礼乎'接得不测，用逆笔之妙也。'丈夫之冠也'二句截断，却说女子以顺为正乃妾妇之道，不必更点仪、衍而其意已足。'居天下之广居'以下，光明正大，可以轩天地而质鬼神。退之文起八代之衰，止是得此等气象耳。看来鼎鼎一段大文无所依傍，却是从'丈夫之冠'二句寻根而出。盖既为丈夫，当其冠时，父之命之，未尝不望其如此也。此乃篇法奇处。'此之谓大丈夫'，又收合景春语。"瞭望此章文法于前，或有事半功倍之效。

"大丈夫"是《孟子》6·2 独具只眼的关键词，同时是《孟子》全书当之无愧的关键词。从激荡大丈夫气概看，3·2 的"我善养吾浩然之气"是其艰难困苦的涵养工夫，6·2 的"富贵不能淫，贫贱不能移，威武不能屈，此之谓大丈夫"是其一往无前的临战工夫。从界定理想人格看，3·2、4·9 的"仁且智"是其词约义丰的哲学定义，6·2 的"富贵不能淫，贫贱不能移，威武不能屈，此之谓大丈夫"是其酣畅淋漓的社会学定义。

古往今来，"仁且智"可谓圣贤豪杰的纯粹理性，"我善养吾浩然之气"与"富贵不能淫，贫贱不能移，威武不能屈，此之谓大丈夫"可谓仁人志士的实践理性。为大丈夫者，必养浩然之气；能养浩然之气者，必为大丈夫；大而浩然，必是仁且智。

景春①曰："公孙衍、张仪②岂不诚大丈夫③哉？一怒而诸侯惧，安居而天下熄④。"

孟子曰："是焉得为大丈夫乎？子未学礼乎？丈夫之冠⑤也,父命⑥之;女子之嫁⑦也,母命之,往送之门,戒之曰:'往之女家⑧,必敬必戒⑨,无违夫子⑩！'以顺为正者,妾妇之道也⑪。居天下之广居,立天下之正位,行天下之大道⑫。得志⑬,与民由之;不得志,独行其道⑭。富贵不能淫,贫贱不能移,威武不能屈,此之谓大丈夫⑮。"

注　① 景春：战国时人。赵岐《孟子章句》："景春,孟子时人,为从横之术者。"

② 公孙衍、张仪：战国纵横家。赵岐《孟子章句》："公孙衍,魏人也。号为犀首,常佩五国相印为从长。秦王之孙,故曰公孙。张仪,合从者也。"朱熹《孟子集注》："公孙衍、张仪,皆魏人。"两人不相友善,张仪已卒而犀首相秦,事迹俱见《史记》卷70《张仪列传》。《孟子》不言苏秦,有两种说法：或曰苏秦时已失势,或曰苏秦时已被杀。《孟子外书·性善辨》有苏秦的记述,可补其阙。

③ 丈夫：成年男子之通称。《孟子》有"丈夫"(5·1,6·2,6·3)、"小丈夫"(4·12)、"大丈夫"(6·2)、"贱丈夫"(4·10)等表述。

④ 惧：惧怕。熄：熄火。赵岐《孟子章句》："一怒则构诸侯使强凌弱,故言惧也。安居不用辞说,则天下兵革熄也。"

⑤ 冠：古时男子二十岁成年,行加冠礼。朱熹《孟子集注》："加冠于首曰冠。"《春秋穀梁传·文公十二年》："男子二十而冠,冠而列丈夫,三十而娶。"

⑥ 命：教命,教导。

⑦ 嫁：出嫁。女子成婚曰嫁。《春秋穀梁传·文公十二年》："女子十五而许嫁,二十而嫁。"

⑧ 女家：夫家。

⑨ 敬：恭敬。戒：儆戒。

⑩ 夫子：丈夫,与妻子对言。

⑪ 妾妇：本指侧室,泛指妇女,特指奴婢。朱熹《孟子集注》："女子从人,以顺为正道也。盖言二子阿谀苟容,窃取权势,乃妾妇顺从之道耳,非丈夫之事也。"

⑫ 广居：宽广的居所。正位：正确的位置。大道：通达的道路。朱熹《孟子集注》："广居,仁也。正位,礼也。大道,义也。"杨伯峻《孟子译注》："《集注》所释,最能探得孟子本旨。"

⑬ 得志：实现志向。

⑭ 朱熹《孟子集注》："与民由之,推其所得于人也;独行其道,守其所得于己也。"

⑮ 淫:淫惑。移:改移。屈:压屈。赵岐《孟子章句》:"淫,乱其心也。移,易其行也。屈,挫其志也。三者不惑,乃可以为大丈夫矣。"朱熹《孟子集注》:"淫,荡其心也。移,变其节也。屈,挫其志也。"焦循《孟子正义》:"男子行仁义之道,故富贵不能乱其心,贫贱不能易其行,威武不能挫其志,自强不息,乃全其为男子;全其为男子,斯得为大丈夫也。"按,《荀子·劝学》:"是故权利不能倾也,群众不能移也,天下不能荡也。生乎由是,死乎由是,夫是之谓德操。"此语与孟子之言异曲同工。

## 四、《孟子·离娄上》第17章(7·17)

**解题**

淳于髡有三问,孟子有三答。《四书遇·孟子·离娄上·援溺章》录李崆峒(李梦阳)语:"髡问男女授受之礼,而举嫂叔者,何也? 礼嫂叔无服,又不通问。斯别之又别、嫌之又嫌者,髡真辩雄哉! 大抵战国横议坚白,非孟子不能破。"李贽《四书评·孟子卷之四》尾批:"老孟日日以道援天下,而淳于不知,是必手援天下而后知也。故曰:'子欲手援天下乎?'"淳于髡略逊一筹,孟子技高一筹,此乃事实;但三问三答唇枪舌剑、各擅胜场,同样是事实。

《孟子》十言"经"字,仅有14·37"君子反经而已矣。经正,则庶民兴;庶民兴,斯无邪慝矣"与经权之辨相关。《孟子》三言"权"字,均与经权之辨相关。例句先后为1·7:"权,然后知轻重;度,然后知长短。物皆然,心为甚。"7·17:"男女授受不亲,礼也;嫂溺,援之以手者,权也。"13·26:"执中无权,犹执一也。"《孟子》明言"经""权"如此之少,经权之辨何以成为孟子实践伦理学的核心论题? 淳于髡睿智的提问策略、孟子智性的回答战略厥功至伟,否则经权之辨在孟子思想体系之中牵一发而动全身难上又难。

"不问答,无问题"是《孟子》7·17的生动写照。既有主客双方斗智斗勇的互不相让,又有经权之辨逼问生死的哲学本怀,两者环环相扣、高潮迭起,使得《孟子》7·17脍炙人口、独步千古。

淳于髡①曰:"男女授受不亲,礼与?②"

孟子曰:"礼也。"

曰:"嫂溺③,则援④之以手乎?"

曰:"嫂溺不援,是豺狼也⑤。男女授受不亲,礼也;嫂溺,援之以手者,权也⑥。"

曰:"今天下溺矣,夫子之不援,何也?"

曰:"天下溺,援之以道;嫂溺,援之以手。子欲手援天下乎?⑦"

注 ① 淳于髡(kūn):齐国辩论家。朱熹《孟子集注》:"淳于,姓;髡,名;齐之辩士。"事迹参见《史记》卷46《田敬仲完世家》、卷74《孟子荀卿列传》、卷126《滑稽列传》,《战国策》卷10《齐三》、卷24《魏三》、卷30《燕二》。

② 授:授予。受:接受。亲:亲自。礼:礼数。朱熹《孟子集注》:"授,与也。受,取也。古礼,男女不亲授受,以远别也。"《礼记·曲礼上》:"男女不杂坐,不同椸枷,不同巾栉,不亲授。"《礼记·坊记》:"子云:'好德如好色。诸侯不下渔色。'故君子远色以为民纪。故男女授受不亲。"

③ 溺(nì):溺水。

④ 援:援救。

⑤ 赵岐《孟子章句》:"人见嫂溺不援出,是为豺狼之心也。"

⑥ 权:秤锤;称量;变通;权变。赵岐《孟子章句》:"权者,反经而善也。"朱熹《孟子集注》:"权,称锤也,称物轻重而往来以取中者也。权而得中,是乃礼也。"焦循《孟子正义》:"夫经者,法也。制而用之谓之法,法久不变则弊生,故反其法以通之。不变则不善,故反而后有善。不变则道不顺,故反而后至于大顺。如反寒为暑,反暑为寒,日月运行,一寒一暑,四时乃为顺行;恒寒恒燠,则为咎征。礼减而不进则消,乐盈而不反则放,礼有报而乐有反,此反经所以为权也。"

⑦ 唐文治《孟子大义》:"道者,援天下之本也。援之以道者,先审夫出处之宜,而后定夫设施之序,惟有守而后能有为也。若夫援之以手者,其视天下之事,苟焉而已,几若无人不可任,无事不可任,则不至于害天下不止。是故后世非无热心救世之士,而其立身制事终无所成就者,皆手援天下之徒也。惜哉,惜哉!"

## 五、《孟子·万章下》第8章(10·8)

**解题**

读《孟子》10·8,当自文法始。姚永概《孟子讲义》卷10《万章章句下》按语:"前三层每进愈深。'以友'二句,笔势飞舞,折入古人,精神充足。'诵其诗'四句,宕漾出之。'是尚友也'四句,一篇结穴,跃然纸上。"《孟子文法读本》卷5《万章》录吴闿生眉批:"此见圣贤学力器量,起得无端而来。'以友天下之善士为未足',顿挫。'颂诗'四句,忽作诘难之词。横亘篇中,势甚夭矫,用逆之妙。'是尚友也'四字收束,有千钧之力。'尚友'二字,过结全篇。自首章'舜号泣于天'至此,皆尚友也。"

《孟子》10·8的重点是:"以友天下之善士为未足,又尚论古之人。颂其诗,读其书,不知其人,可乎?是以论其世也。是尚友也。"结友古人,既要有"诵诗读书"之手段,又要有"知人论世"之目标。唐文治《孟子大义》卷10《万章下·第八章》指出:"取友之道,与其多亲今人,不若多亲古人。古人往矣,其行谊何由知之?惟尚论乃知之。古人之精神气象、言语文章、性情功业,备载于《诗》《书》。颂其《诗》,读其《书》,乃能知古人之精神气象、言语文章、性情功业也。"徐复观《〈史〉、〈汉〉比较研究之一例》指出:"文化学术,一存于其人,一存于其书。书较人的寿命为长久,由书而得以知其人,得以知其人在学术文化上的成就、贡献,所以保存书,即所以保存学术文化,即所以保存历史。"以诵诗读书而知人论世,方能与古人为友。

《孟子》10·8五言"友"字,堪称本章的关键词。陈寅恪《冯友兰中国哲学史上册审查报告》写道:"……凡著中国古代哲学史者,其对于古人之学说,应具了解之同情,方可下笔。"钱穆《国史大纲·凡读本书请先具下列诸信念》写道:"所谓对其本国已往历史略有所知者,尤必附随一种对其本国已往历史之温情与敬意。(否则只算知道了一些外国史,不得云对本国史有知识。)"以"了解之同情""温情与敬意"诠释"友"之一字,既旨在夯实道德实践主体诵诗读书、知人论世的情感基点,又旨在唤醒人们护守中华传统人文的方法论智慧。

孟子谓万章①曰:"一乡之善士②斯③友④一乡之善士,一国之善士斯友一国之善士,天下之善士斯友天下之善士⑤。以友天下之善士为未足,又尚⑥论古之人。颂⑦其诗,读其书⑧,不知其人,可乎?是以论其世也⑨。是尚友也。"

注 ① 万章:孟子弟子。
② 善士:优秀士人。
③ 斯:连词,相当"乃""就"。
④ 友:结友。
⑤ 赵岐《孟子章句》:"乡,一乡之善者。国,国中之善者。天下,四海之内也。各以大小来相友,自为畴匹也。"朱熹《孟子集注》:"言己之善盖于一乡,然后能尽友一乡之善士。推而至于一国、天下皆然,随其高下以为广狭也。"
⑥ 尚:通"上",上溯。
⑦ 颂:通"诵",吟诵。

⑧ 王应麟《困学纪闻》卷8《孟子》："《尸子》引孔子曰:'诵诗读书,与古人居。'《金楼子》曰:'曾生谓:"诵诗读书,与古人居;读书诵诗,与古人期。"'《孟子》:'颂其诗,读其书,不知其人,可乎?'斯言亦有所本。"

⑨ 成语"知人论世"典出:"不知其人,可乎?是以论其世也。"

## 六、《孟子·告子下》第15章(12·15)

孟子首先告诉人们:"舜发于畎亩之中,傅说举于版筑之间,胶鬲举于鱼盐之中,管夷吾举于士,孙叔敖举于海,百里奚举于市。"舜的发端在于畎田阡亩之中,傅说的荐举在于夯土筑墙之间,胶鬲的荐举在于贩鱼卖盐之中,管夷吾的荐举在于监狱,孙叔敖的荐举在于海滨,百里奚的荐举在于都市。伟人之所以伟大,并不在其高光时刻,而是在于秉持何种原则以度过低谷,长期与世界相处。

孟子继而告诉人们:"故天将降大任于是人也,必先苦其心志,劳其筋骨,饿其体肤,空乏其身,行拂乱其所为,所以动心忍性,曾益其所不能。"所以上天将要降下重大任务给予这些人,必定首先苦熬他们的内心、志向,劳损他们的筋脉、骨骼,饥饿他们的四体、肌肤,清空、乏竭他们的自身,行事就拂逆、扰乱他们的作为,借以惊动内心、坚韧性格,增加、补益他们不具备的能力。打动人心的不是苦难本身,而是面对苦难之时的乐观、坚韧与抗争,是艰难困苦、玉汝于成的真挚情怀与宝贵品格。

孟子最后告诉人们:"人恒过,然后能改;困于心,衡于虑,而后作;征于色,发于声,而后喻。入则无法家拂士,出则无敌国外患者,国恒亡。然后知生于忧患而死于安乐也。"人们常常有过失,然后能够改正;困惑在于内心,横遭在于思虑,然后奋起;征兆在于容色,发端在于声言,然后晓喻。入内却没有守法的世家、辅弼的贤士,出外却没有匹敌的国家、外来的祸患,国家常常灭亡。然后知道生存在于忧惧祸患、死亡在于安逸娱乐。生活坏到一定程度就会好起来,因为它无法更坏。只有历经艰辛而初心不改,才能真正肩负历史的使命、时代的重任。

苦难是一部人生的大书,《孟子》12·15是冠绝千古、独立寰宇的不朽名篇。第一节从起句"舜发于畎亩之中"至"百里奚举于市",例举历代圣贤,人们莫不高山仰止、景行行止,所谓事实胜于雄辩;第二节从"故天将降大任于是人也"至"曾益其所不能",条陈砥砺手段,人们莫不如履薄冰、如临深渊,所谓置之死地而后生;第三节从"人恒过"至收句"然后知生于忧患而死于安乐也",开示祸福因缘,人们莫不戒慎恐惧、怵惕恻隐,所谓祸兮福之所倚。举凡唤起奋发激越之志,人们必先熟诵此章。

第四章 以德行仁——《孟子》导读

孟子曰："舜发于畎亩之中①,傅说举于版筑之间②,胶鬲举于鱼盐之中③,管夷吾举于士④,孙叔敖举于海⑤,百里奚举于市⑥。故天将降大任⑦于是人也,必先苦其心志⑧,劳其筋骨⑨,饿其体肤⑩,空乏其身⑪,行拂乱⑫其所为,所以动心忍性⑬,曾益⑭其所不能。人恒过,然后能改⑮;困于心,衡于虑,而后作⑯;征于色,发于声,而后喻⑰。入则无法家拂士⑱,出则无敌国外患者⑲,国恒亡。然后知生于忧患而死于安乐也⑳。"

**注**

① 舜:上古圣人。发:发端。畎(quǎn):畎田。亩:阡亩。畎亩:田地;农民;民间。《孟子》9·1:"帝使其子九男二女,百官牛羊仓廪备,以事舜于畎亩之中。"《孟子》10·6:"尧之于舜也,使其子九男事之,二女女焉,百官牛羊仓廪备,以养舜于畎亩之中,后举而加诸上位。"赵岐《孟子章句》:"舜耕历山,三十征庸。"

② 傅说(yuè):商代贤相。举:荐举。版,通"板",夯土。筑:筑墙。赵岐《孟子章句》:"傅说筑傅岩,武丁举以为相。"

③ 胶鬲(gé):商代贤臣。鱼盐:贩鱼卖盐。《孟子》3·1:"纣之去武丁未久也,其故家遗俗,流风善政,犹有存者;又有微子、微仲、王子比干、箕子、胶鬲,皆贤人也,相与辅相之,故久而后失之也。"赵岐《孟子章句》:"胶鬲,殷之贤臣,遭纣之乱,隐遁为商。文王于鬻贩鱼盐之中得其人,举之以为臣也。"焦循《孟子正义》:"胶鬲事,详见《公孙丑》上篇。鱼盐则别无可证。"

④ 管夷吾:即管仲,春秋名相。士:狱官。赵岐《孟子章句》:"管仲自鲁囚执于士宫,桓公举以为相国。"

⑤ 孙叔敖:春秋名臣。赵岐《孟子章句》:"孙叔敖隐处,耕于海滨,楚庄王举之以为令尹。"

⑥ 百里奚:春秋名相。市:都市。详见《孟子》9·9。赵岐《孟子章句》:"百里奚亡虞适秦,隐于都市,缪公举之于市而以为相也。"

⑦ 大任:重大任务。朱熹《孟子集注》:"降大任,使之任大事也,若舜以下是也。"

⑧ 苦:苦熬。心:内心。志:志向。

⑨ 劳:劳损。筋:筋脉。骨:骨骼。

⑩ 饿:饥饿。体:四体。肤:肌肤。

⑪ 空:清空。乏:乏竭。身:自身。朱熹《孟子集注》:"空,穷也。乏,绝也。"

⑫ 拂:拂逆。乱:扰乱。朱熹《孟子集注》:"拂,戾也,言使之所为不遂,多背戾也。"

⑬ 动心：惊动内心。忍性：坚韧性格。《朱子语类》卷59：" '动心忍性'者，动其仁义礼智之心，忍其声色臭味之性。"

⑭ 曾：通"增"，增加。益：补益。

⑮ 恒：常常。过：过失。改：改正。朱熹《孟子集注》："恒，常也，犹言大率也。"

⑯ 困：困惑。心：内心。衡：通"横"，横遭。虑：思虑。作：奋起。朱熹《孟子集注》："横，不顺也。作，奋起也。"《朱子语类》卷59：" '困心衡虑'者，心觉其有过。"

⑰ 征：征兆。色：容色。发：发端。声：声言。喻：晓喻。赵岐《孟子章句》："征验见于颜色，若屈原憔悴，渔父见而怪之。发于声而后喻，若宁戚商歌，桓公异之。"朱熹《孟子集注》："征，验也。喻，晓也。"《朱子语类》卷59：" '征色发声'者，其过形于外。"

⑱ 入：入内；国内。法：守法。家：世家。拂（bì）：通"弼"，辅弼。士：贤士。朱熹《孟子集注》："法家，法度之世臣也。拂士，辅弼之贤士也。"

⑲ 外：出外；国外。敌：匹敌。

⑳ 乐（lè）：娱乐。忧患使人生，安乐使人死，贵忧患而贱安乐。朱熹《孟子集注》："以上文观之，则知人之生全出于忧患，而死亡由于安乐矣。"

## 七、《孟子·尽心下》第14章（14·14）

**解　题**

《孟子正义》卷28录赵岐注："君轻于社稷，社稷轻于民。丘，十六井也。天下丘民皆乐其政，则为天子，殷汤、周文是也。得天子之心，封以为诸侯。得诸侯之心，诸侯封以为大夫。诸侯为危社稷之行，则变更立贤诸侯也。牺牲已成肥腯，稻粱已成絜精，祭祀社稷，常以春秋之时。然而其国有旱干水溢之灾，则毁社稷而更置也。《章指》言：得民为君，得君为臣，民为贵也。先黜诸侯，后毁社稷，君为轻也。重民敬祀，治之所先，故列其次而言之。"（按："絜"同"洁"。）

清末民初，孟学界认为《孟子》14·14一语道破《六经》之奥，若合符节泰西之学，旨在破除君主专制、挺立人民本位，所以超越古今中外。姚永概《孟子讲义》卷14《尽心章句下》按语："此章颇合于今日之论。人多以为孟子之特识，其实《六经》之中时时有此精义，不过文深旨隐，被孟子直捷痛快一语道破耳。"《孟子文法读本》卷7《尽心》录吴闿生眉批："此孟子超越古今绝大学识，视卢梭、弥勒诸贤上下千年、东西万里若合符节，所以为亚圣也。中国自秦以降，困于君主专制二千余年，以婶娿为道德、谐媚为政体。载籍所陈，自孟子而外，盖鲜有论及此者。乃知孟子之学,所以维系世宙者至钜也。"(按:弥勒亦即约翰·穆勒,又作约翰·密尔,英国19世纪著名的古典自由主义思想家。)孟子王道政治学的时代价值,由此可见一斑。

孟子曰:"民为贵①,社稷②次③之,君为轻④。是故得乎丘民⑤而为天子,得乎天子为诸侯,得乎诸侯为大夫。诸侯危⑥社稷,则变置⑦。牺牲⑧既成,粢盛⑨既洁,祭祀以时,然而旱干水溢⑩,则变置社稷。"

**注**
① 贵:尊贵。
② 社,土神。稷,谷神。社稷:常作"国家"的代称。
③ 次:次要。
④ 轻:轻微。
⑤ 丘:众多。丘民:众民。焦循《孟子正义》:"然则丘民犹言邑民、乡民、国民也。"
⑥ 危:危及。
⑦ 变:变更。置:置换。变置:另行设立。
⑧ 牺牲:古代用于祭祀的牛羊。
⑨ 粢盛(zī chéng):古代用于祭祀的谷物。
⑩ 旱:旱灾。干:干涸。水:水灾。溢:漫溢。

# 第五章　盛德大业——《周易》导读

温海明（中国人民大学）

**作者小传：** 温海明，中国人民大学哲学院教授、博导、杰出学者，山东省泰山学者，孔子研究院特聘专家；美国夏威夷大学比较哲学博士；孔学堂书局、《孔学堂》杂志副总编辑；国际儒学联合会会员联络委员会副主任、学术委员会委员；山东大学易学与中国古代哲学研究中心、北京中国学中心（TBC）客座教授。著有《周易明意》《道德经明意》《比较境遇与中国哲学》《儒家实意伦理学》和 *Confucian Pragmatism as the Art of Contextualizing Personal Experience and World*，*Chinese Philosophy* 等著作，发表中英文论文数十篇。

# 第一节 《周易》缘何成为经典

一年四季,寒往暑来,日月运行,阴阳变幻,古人观天察地,形成了一套以阴阳符号观察天地万象的系统,这就是《周易》。《周易》来自天体的运行,与四时的运动完美吻合,而且有解读自然力量和人身能量的特殊功能,所以至今充满神秘色彩,有人以为它来自外星,是外星人给我们的神秘启示;有人以为它充满远古巫术的痕迹,甚至还有鬼神崇拜;有人以为它能呼风唤雨,无所不能,否则何以历代帝王将相,都将与《周易》相关的预测学作为皇家秘笈,不允许百姓学习传播?为什么明清两代皇城——故宫,外城要按照先天八卦,内城要按照后天八卦来修建?连北京城中轴线和子午线都要故意偏斜一个角度,留下无数谜面,世代聚讼纷纭,争论不休?

《周易》如此充满神秘色彩,上通天文,下通地理,中通人事,可是又家喻户晓,大家都希望自己的人生能够顺命走运,步步高升;都希望国家能够风调雨顺,国泰民安;都希望家庭事业顺风顺水,福寿康宁,那样我们就需要从《周易》当中吸收"自强不息""厚德载物""三阳开泰""否极泰来""一阳来复"等熟悉的智慧。《周易》的奥秘不离我们的日常生活,我们学习《周易》之道,将能够更好地理解中华优秀传统文化的精髓。

《周易》在中国文化中的地位非常特殊,在各个历史时期都备受关注。有"不读易不可为将相"(唐·虞世南)的政治高度;有"闲坐小窗读《周易》,不知春去几多时"(宋·叶采)的诗情画意;有"何以明吾志,《周易》在床头"(唐·白居易)的豪迈;有"各朝学者,无不读《易》者,无不悉医者,医者易也,医则调身,易则调神"(清·曾国藩)的学问;当然也有"《周易》就是一本算命书"的大众化认识。有的人会被《周易》深深吸引,穷尽毕生精力去探赜索隐,有的人会冷眼旁观,难以入门。有时候,《周易》能得到政府的重视而大力推广,特别是在古代,有些皇帝会亲下诏书修订《周易》注释本,从而推行文治武功,教化百姓。如唐朝孔颖达奉唐太宗敕命编写《周易正义》,其他如明朝的《周易经传大全》(明成祖),清朝的《易经通注》(顺治)、《日讲易经解义》(康熙)、《周易折中》(康熙)、《周易述义》(乾隆),都是历代统治者重视《周易》的明证。有时它也会因其神秘性而遭到冷落甚至排斥。总之,《周易》虽然起起伏伏、褒贬不一,但历朝历代始终不离不弃,百姓虽不知而日用不离。《系辞传》说:"《易》与天地准,故能弥纶天地之道。"《周易》之道与天地齐准,《周易》之道就是宇宙自然的规律。

《周易》这部书是中国哲学的总源头,是中国文化的源头活水。中国传统哲学以《周易》哲学为根源。可以说《周易》塑造了中国独特的"哲学意识",《周易》哲学运思的独特方式对中国人的思维方式和生活模式有很深的影响。

《周易》的根本哲学和思想大意在于,这是一部揭示天地变化之道的书,为的是济物利民。《周易》作者在长期仰观俯察的基础上,运用卦画的形式,对宇宙万物的变化进行模拟。《周易》结构的成形过程是从数到象,从象到卦,从卦到辞。单纯从文辞入手不易理解《周易》独特的成书方式。在《周易》哲学中,无论从太极到阴阳,还是从八卦到六十四卦,整个体系及其各部分都为了表达宇宙变化之"道"。通过对符号体系的推演,模拟天道的运行,在此基础上阐明人事运作的道理。因此,《周易》哲学的基本点是"推天道以明人事",即通过对天道的阐发来启发人间运世之化的精深哲理。

　　今天我们应该认真学习《周易》,不仅因为它是中国文化的源头活水,更因为它对今天人们的生活仍然有指导作用。了解了《周易》的哲学思想,可以增进选择的智慧,帮助人们更好地趋吉避凶。学习《周易》,有助于领略永恒不变的大道,体会其中揭示的吉凶之理,帮助人们把天地的奥秘领会出来,运用到人间以成就事业。《周易》中的言辞表达深刻影响着中国人的语言系统,在生活学习的每一细节中都有体现;它对人行为的表述和劝诫,影响着中国人培养德性、修身养性的功夫;其中古老的占卜智慧和对未来局势的判断,体现出先祖对选择智慧的遵从和敬畏。这些都是我们为什么要解读《周易》并努力精进的理由。

## 第二节　《周易》如何成书、流传和传播

### 一、《周易》如何成书

　　《周易》传说是周朝时期确定的经典,因为是关于变易的,所以又称为《易经》。《周易》是以《乾》卦为首的经典,在《周易》之前,传说夏朝时期还有以艮卦为首的《连山》,商朝时期有以坤卦为首的《归藏》,二者都已失传。

　　《周易》的文辞主要有两部分:经文和传文。传说经文经历了伏羲、文王两个圣人的创制而成。相传最早画八卦的是人文始祖伏羲,到了商周之际,周文王被商纣王囚禁在羑里时,把伏羲先天八卦图方位调整了一下,变成后天八卦图,并创作卦爻辞。《周易》是"观象系辞",古时把代表卦的木片挂起来,从中看出卦里的象,比如乾卦代表天、君、父等,再通过卦象去想象,而后形成断语。卦辞和爻辞就是根据这样写下来的。

　　相传孔子晚年读《易》"韦编三绝",非常用功,孔子担心后世无法读懂《周易》,便整理写作《易传》十篇,世称"十翼",如经文的羽翼一般,相辅而行。其中《彖传》《象传》《系辞传》三篇各分上下,加上《文言传》《说卦传》《序卦传》《杂卦传》四篇合成十翼。《系辞传》是关于《易经》的哲学通

论,内容丰富深刻;《说卦传》是说明八卦象征的事物及其特性;《彖传》解释卦名、卦辞;《象传》分"大象传"和"小象传",大象传解释卦的哲学意义,小象传解释爻象或爻辞的意义;《文言传》是对乾坤两卦的重点解释;《序卦传》讲述六十四卦的排列顺序;《杂卦传》说明六十四卦的含义和特点。

## 二、《周易》中的成语

《周易》之所以能够源远流长,就是因为其具有神妙莫测的卦象系统、广大精微的思想境界和简洁凝练的修辞文言。随着代代相传,逐渐产生了大量脍炙人口的经典名言警句和成语。据统计,《周易》全文词汇中具有成语379个之多。其中,具有天下第一卦之称的乾卦就具有50个成语,《系辞传》有120个,这两处的成语最多,由此可见《周易》中乾卦的重要,以及《系辞传》完美的文言修饰。

大众耳熟能详、家喻户晓的成语有:元亨利贞、群龙无首、上下无常、天下太平、与时偕行、进退存亡、刚柔相济、不速之客、夫妻反目、三阳开泰、志同道合、一朝一夕、满腹经纶、号啕大哭、随时随刻、闭关自守、大快朵颐、虎视眈眈、灭顶之灾、突如其来、从一而终等。

直接源自《周易》体例和思想理念的成语有:物极必反、九五之尊、亢龙有悔、暴虎冯河、翩翩起舞、内柔外刚、消息盈虚、言之有物、顺天应人、洗心革面、高低贵贱、方以类聚、物以群分、仰观俯察、生生不息、触类旁通、错综复杂等。

与个人修身养性、立德树人有关的成语有:自强不息、厚德载物、朝乾夕惕、进德修业、谦谦君子、修辞立诚、积善余庆、乐天知命、不胜其任、见机行事、能屈能伸等。

其他直接从《周易》经传辞汇中引出的成语还有:切肤之痛、言之有序、匪夷所思、劳民伤财、可歌可泣、见仁见智、各得其所、结绳而治、殊途同归、出神入化、水火不相容、革故鼎新、否极泰来等。

《周易》中的成语有如此之多,那么其中的名言警句更是数不胜数,可谓句句都是经典名句。例如"天行健,君子以自强不息""地势坤,君子以厚德载物""积善之家,必有余庆;积不善之家,必有余殃""自天佑之,吉无不利""乐天知命,故不忧""仁者见之谓之仁,知者见之谓之知""善不积,不足以成名;恶不积,不足以灭身",等等。

由于诸多美妙绝伦的辞句,人们起名经常喜欢从《周易》中取出。例如三国蜀汉名将赵云,字子龙,取自《文言传》"云从龙,风从虎";北朝北魏散文家郦道元,字善长,取自《文言传》"元者,善之长者也";唐代诗人骆宾王,字观光,取自观卦"观国之光,利用宾于王";唐代茶圣陆羽,字鸿渐,取自渐卦"鸿渐于陆,其羽可用为仪,吉";唐代诗人白居易,字乐天,取自《系辞传》"乐天知命,故不忧";北宋宰相吕蒙正,字圣功,取自蒙卦的"蒙以养正,圣功也";北宋哲学家张载,字子厚,取自坤卦"地势坤,君子以厚德载物";北宋文学家晁补之,字无咎,取自《系辞传》"无咎者,善补过者也";南宋名臣王十朋,字龟龄,取自损卦"或益之十朋之龟";北宋进士黄裳,取自坤卦"黄裳,元吉";南宋词人韩元吉,字无咎,取自《周易》经文里的"元吉"和"无咎";明代易学家来知德,取自《系辞传》"日新之谓盛德,生生之谓易,成象之谓乾,效法之谓坤,极数知来之谓占";明代进士何天衢,字道亨,取自大畜卦"何天之衢,亨";清代史学家姚际恒,字立方,取自恒卦"雷风恒,君子以立不易方";近现代著名学者章士钊之女章含之,取自坤卦"含章可贞""含之以从王事";现代著名诗人臧克家,取自蒙卦"子克家"。

## 三、《周易》历史上如何流传

相传周文王观象系辞,根据爻在卦中的推移,导致象的变化,而写下了卦爻辞。先秦两汉易学家多言天道象数。魏晋时期,王弼扫荡象数,唐代孔颖达依据王弼注完成《周易正义》,完成义理派易学的奠基,之后宋代多言人伦义理,程颐的《程氏易传》达到义理派易学的巅峰。

但读懂《周易》其实必须要有象数基础。朱熹曾说:"读《易》亦佳,但经书难读,而此经为尤难。盖未开卷时,已有一重象数大概功夫。"如果不了解象数基础知识,《周易》就难以入门。朱熹完成《周易本义》后又写《易学启蒙》,解释了河图洛书、卦画、蓍策、占变等知识,是为了向初学者提供坚实的象数基础。

在汉代以前,传统的注释都不否认卦变的说法,汉代易学更是以象数为主,他们解释卦变的方法有旁通、上下象易、往来、消息四种。传述较多的有荀爽、虞翻、干宝等人。魏晋时期,王弼为了省事,尽黜象数,把卦变也扫荡无余。但王弼、孔颖达到程颐这些义理派易学家的著作里面仍然引用荀爽的说法,说明他们都承认卦变说。

宋人力图把卦变研究出体系来,但说法互有参差。影响较大的是朱熹的《卦变图》,还有朱震在《汉上易传》里列出的李挺之《卦变反对图》《六十四卦相生图》。苏轼力主从六子卦变来,把相生序与变化序混在一起,与程颐的说法一致。朱熹把李之才的《卦变图》放在《周易本义》里面,但他的讲法已经偏离十二消息卦的传统,而且这个体系跟《彖辞》的提示也不可能吻合,也就无法系统解释卦的变化。

学习《周易》如果从爻变和象上梳理清楚之后,就能明白经文没有一个字没有出处,"观象系辞"绝非虚言。卦变可以说是一个被拆掉的脚手架。今天我们研究卦爻辞,如果不从卦变体系入手解释,就无法知道卦爻辞这幢精美的大厦是如何构造起来的。

## 四、《周易》后来又如何传播

《周易》在西方也有广泛传播和相当影响力。最早向西方介绍《易经》的人是比利时耶稣会教士柏应理。他1659年来到中国,传教达23年之久。他和其他在华耶稣会教士恩理格、殷铎泽等翻译了《西文四书直讲》,书中附有《周易》六十四卦和六十四卦的意义,西方从此得知《易经》。德国数学家、哲学家莱布尼兹后来发现《易经》二进制原理时,曾提到柏应理的这部著作。

17世纪末至18世纪初,莱布尼兹在法国来华传教士白晋的帮助下,从白晋的来信中了解到《周易》八卦,用其二元算术符号"0"与"1"代入《先天图》中每卦各爻,"0"代阴"--","1"代阳"——",发现有几何级数,从而提出与中国"先天八卦"相吻合的二进制。

德国著名哲学家黑格尔认为《易经》的卦象体系在两个要点上接近了真正的哲学,一是《易经》表达了抽象的思想和纯粹的范畴;二是揭示了作为纯粹的思想存在中最深邃而又普遍的东西,与偶然外在的东西之间的对比。

英国汉学家理雅格翻译了《周易》,并于1882年出版。但因为他之前是传教士,其译本带有比较明显的基督宗教色彩。德国汉学家卫礼贤翻译《周易》,前后长达12年之久。他以传教士身份来华,但被中国文化吸引,并未传教,辛亥革命后,开始研究《周易》。卫礼贤将《周易》译成德文,于1924年在德国出版,他翻译的这版《周易》比其他译本更能保持原著的精神与意思,在西方评价颇高。1950年,由瑞士心理学家荣格的学生贝恩斯转译成英文,荣格为此译本作序,该译本成为当今西方英语国家所通用的"标准译本",一再被翻印。

在译介过程中,《周易》的古老智慧在西方乃至全世界产生了深远的影响力,遗憾的是,很多中国人不理解并且还不认可《周易》的伟大,所以要努力弘扬优秀传统文化,让更多人领略它的魅力。

# 第三节 《周易》的阅读价值

《周易》这部经典对今天仍然有价值的内容很多,主要有以下几个部分:

## 一、《周易》的原理

《周易》包罗万象,其原理并不神秘,来自古人对于天上日月星辰的观测,认为宇宙和人身都是由气构成,气息升降运动,蕴含生机,使得阴阳不断运行转化,此消彼长,生生不息。古人通过卦爻符号的模拟来理性地理解宇宙。

《周易》的"易"有三个意思:变易、不易、简易。"变易"指天地万物时刻都在变化,《周易》

是一本关于变化的书。"不易"指事物虽然变动不居,但变化的现象之中有相对不变的"道"存在,自然与人事之道都有不变的性质,也可以说是做事的法则和事物运动的规律。"易"的第三个含义是"简易",《周易》虽难,但大道至简,毫不神秘,易道理解起来、用起来容易简单。

## 二、《周易》的太极元气观

《周易》的太极相当于宇宙原初的、自然而然的混沌状态,犹如一股混元之气。传说伏羲氏一画开天,让这股元气显现出来之后,发现宇宙中充满着两股既对应统一、相互矛盾又相辅相成的力量,也正是这两股力量的相互激荡,才使得太极能量富有源源不断的生命力,这就产生了阴阳。古人认为,宇宙之间一切事物都是气构成的。天地之间都是气的运行变化,气在我们身体里运行,在宇宙之间运行。气是日月星辰和天地间一切变化的物质基础,气首先是物质性的。我们身体里面会有气息的变化,既有身体的客观变化,还有精神的变化,其实两者都跟气的变化有关系。气的变化是人身与心意变化的根本基础,即我们身体发生变化,心意也跟着变化。可见,气不是单纯的物质,而是物质与心灵贯通的一体性存在。在古代农业社会当中,人们按照天时流逝的特点,如春生夏长秋收冬藏来播种和收割,进而安排相应的社会生活,实现人与自然之间和谐相处。其实即使今天,我们的社会生活也和天时紧密联系在一起,比如我们要选择"一年之计在于春"的春天来安排全年的计划,我们不可能完全离开天时而生活。

从地理空间上,古人选择合适的地点埋葬先祖,建设合适的阳宅来居住,都是因为要选择生气汇聚之处,以利于生养自己的生命,促进事业的发展。历代阴阳宅建筑基本都遵从《周易》当中的八卦数理与方位来修建。

《周易》的气宇宙观和阴阳观念,渗透在中国古代天文、地理、风水、建筑、中医,甚至传统的音乐、数学、军事等实践智慧之中。在西方文明领先世界之前,也就是几百年以前,人类文明的主要历史时期里面,中华文明多方面领先于世界上大多数文明体系,从最深刻的根源上说,跟基于《周易》的气一元论和阴阳观原理基础上的整个思想和运用体系密切相关。

## 三、《周易》的阴阳观

《周易》是由居住在中原黄河领域一带的古人在长期历史发展进程中发明的哲学体系。《周易》的基本符号是连线"──",即阳爻或刚爻和断线"--",即阴爻或柔爻。阳爻代表阳气,阴爻代表阴气,阴阳二气的交感流通化生万物。阴爻和阳爻交错组成八卦,八卦两两重叠成六十四卦。六十四卦第一卦是乾卦,由六个阳爻组成;第二卦是坤卦,由六个阴爻组成。

要理解《周易》，首先就要理解阴阳爻符号和《易传》"一阴一阳之谓道"的阴阳观念。"阴阳"一开始来自人们对阳光的感觉，有阳光照耀的地方就是"阳"，阳光照射不到的地方就"阴"，所以说山南水北为阳，因为在北半球，山的南面有阳光，河流的北岸太阳才照射得到，而相对来说，南岸就是阴面，人都喜欢阳光，因为阳光带给万物生机，所谓向阳花木易逢春，所以古人选择有阳光的地方来居住和耕作。

阴阳的基础是贯通宇宙万物的气一元论。人的身体里面有气息，我们会生气，气会变化，周围的气息也在变化。天气热了，是自然的气息变化了。在这个意义上说，气一元论和变动的阴阳观，分分秒秒影响着人们的生活。气息每时每刻在变化。阴和阳的变化其实影响着我们的生活，影响我们周围的气场，影响着我们自己的心与环境的互动关系。后来演变成万物皆有阴阳两面，事物都可分成阴阳。

换言之，一切对待的观念都是阴阳，比如在从日月、天地、男女到上下、左右、前后等耳熟能详的生活情境当中。日月，一般我们说日为阳，月为阴。天地，天为阳，地为阴。男女，男为阳，女为阴，这都是天然形成的一种"一阳一阴"观念。上下、左右、前后这些东西都是对待性的存在，而所有对待性的存在都可跟阴阳联系起来。然而人的意识跟世界接触，最诡异的特点，就是没有办法直接把握一体性的整体。当我们去理解世界的时候，比如看一个杯子，因为阳光、眼光而有区别。我们看几乎所有的东西，都有阴阳问题，眼光能看到前面，但看不到后面。我们观察世界，好象天然就有局限性。这样的阴阳观念是时时刻刻的，但阴阳合在一起，才是事物的整体，而不能简单地说，事物就是我们看到这一面的样子。

阴阳既是对待的，又是圆融的思考方式。我们的意识投射到世界上去，但不可能直接掌握世界的全体，我们需要通过某种转换的思维方式，才知道这一面不是世界的全体，从而能够整体地来理解世界。我们必须通过阴阳对待的方式去把握世界的整体。

## 四、《周易》与占卜

《周易》是中国上古文化脱离巫术和鬼神崇拜，走向人文理性的伟大著作。卦爻辞部分似乎有巫术思维的痕迹，但经文的每个字都是能够讲清楚的。所以经文不是随随便便记录下来的，而是专门写下来的。

学习《周易》以后，它一定程度上能够帮助我们了解事情怎样发展变化。占卜结果通常可以作为人行动的指南和成事的参考。不了解《周易》的人，容易把《周易》跟迷信联系起来。甚至认为，只要提到占卜和预测就是迷信，其实不能简单把它们等同在一起。《周易》在古代成书与占卜有关，今天人们学习占卜，可以提升对于《周易》思维的敏感性和理解力，从而帮助人们更好地趋吉避凶。如果能够理性地理解占卜，把占卜看作心理咨询和管理决策的辅助手段,可以起到调节心性,怡情养性,跳出吉凶束缚,成就精神解放、意志自由的人生辅助作用。

《周易》这部经典在商末周初的时候形成,就是人文理性的标志。无论是卦爻的推演,还是卦爻辞的书写和诠释过程,都体现出人的精神和意志是世间变化之主宰的主导思想。《周易》其实从成书开始,就是一部破除迷信的著作。《周易》本身没有任何迷信的成分,恰恰相反,它本身是一个理性化的著作,为的是破除迷信,帮助当时的古人,走出迷信的深渊。

## 五、《周易》的数理

《周易》之道可以通过极其简约的阳数和阴数,即奇数和偶数的排列来表达,形成包容天地和人文信息的河图和洛书。后人把包容自然科学和人文科学所有信息的地方称为"图书馆",就是因为古人认为,"图"和"书"本身,就蕴藏着几乎所有自然和人文科学的信息。

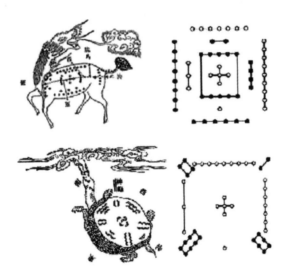

传说伏羲根据河洛数理发明了八卦,三个奇数一、三、五是天数,两个偶数二和四是地数,天奇地偶,相互交错,《周易》的数理就确定下来了。

河图一、六在北属水,二、七在南属火,三、八在东属木,四、九在西属金,五、十居中属土。洛书好像神龟的背,头上是九,尾巴是一,左边是三,右边是七,左右肩膀分别是二和四,左的足分别配六和八,五在背部中央。洛书横竖斜相加都是十五,是一个非常平衡的数阵。

河图、洛书启发人们由数的奇偶分出阴阳,认识到自然数有阴阳属性。《周易》的数、卦体系是平衡的,其数理基础可以通过洛书来理解。洛书揭示了数与卦之间的关系,虽然不是西方哲学意义上严格的逻辑关系,但体现出中国古人严密而有效的独特哲学思维方式。

数在《周易》体系中的运用主要是筮法,就是算卦的演算方法。

## 六、《周易》的象思维

《周易》这部书的一大特点是以"象"为中心,字字句句背后都有象,所以学习《周易》要学会观象。卦爻的形象,来自对天地万物的想象和模拟,是中国古人形象思维的集中体现。

象是《周易》成书的依据。"象"字有模仿、象征的意义。每个卦都象征天地之间某一类事物。古人认为,天地之间最基本的事物有八类,分别以天、地、雷、风、水、火、山、泽为代表,可分别用乾、坤、震、巽、坎、离、艮、兑八卦来表示。

要了解八卦所具体代表的象,必须以《说卦传》为基础,因为《说卦传》是专门为说明卦象而写的。《说卦传》对先天八卦、后天八卦的卦象和方位作了说明,并分别解释每一卦象征的一类事物。

## 七、《周易》的四象八卦论

《周易》认为,从存在论上说,世界上每一事物都有太极,而天地万物总体也是太极。从生成论上说,太极是宇宙的起点。《系辞上》说:"易有太极,是生两仪,两仪生四象,四象生八卦。"这既可以说明宇宙的起源过程,也可以说明事物的存在是不断可分、一多不分的。太极用图表示出来,就是太极图,一条流动的曲线中分一圆,一半为白(阳),一半为黑(阴),有若鱼形,又称阴阳鱼。可以说宇宙起源于混沌未分的元气,元气蕴含生机,化为阴阳二气,阳气轻清上升为天,阴气重浊下降为地,此谓天地开辟;也可以说,任何事物都是一整体的太极,可由总体而分阴阳。"两仪生四象"是说阴阳两仪再分阴分阳,或各生一阴一阳而成四象:太阳、少阴、少阳、太阴。四象的基础上再各分阴阳,或生一阴一阳,形成八卦。

阴阳的往来变化是新陈代谢过程,阴阳互相转化,彼此并不对立。阳分少阳、老阳,阴分老阴、少阴。阴阳两股力量产生自然生命中四种大的现象,一年有春、夏、秋、冬四季,一天有早晨、中午、黄昏、深夜,这就是"四象"。每个四象又分阴分阳,形成乾、坤、坎、离、震、巽、艮、兑八卦。

阴阳是万物的源动力,但未成象,阴阳通过四象产生八卦之后,才可以对八种基本的自然现象进行模拟。八卦象征宇宙万事万物的八大类现象,宇宙中一切事物都可以归纳为八类。

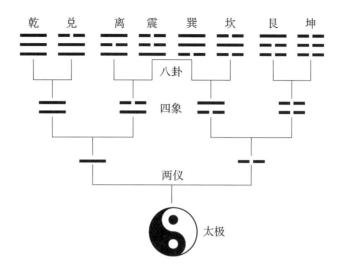

## 八、《周易》的先天八卦

传说人文始祖伏羲氏通过仰观天文俯察地理,创造出了八卦图,后人称作"先天八卦图"。先天八卦两两相对,相对两股力量对应统一,卦画刚好阴阳相反相错。

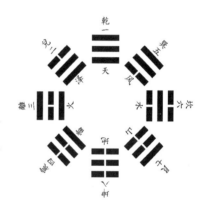

先天八卦图按照先天数顺序排列:"乾一,兑二,离三,震四,巽五,坎六,艮七,坤八。"分别对应天地之间最基本的八种物象:天、泽、火、雷、风、水、山、地。为了方便记忆,朱熹《周易本义》中有"八卦取象歌":"乾三连☰,坤六断☷,震仰盂☳,艮覆碗☶,兑上缺☱,巽下断☴,离中虚☲,坎中满☵。"

先天八卦表达天地自然本来的面貌。《说卦》"天地定位,山泽通气,雷风相薄、水火不相射,八卦相错"说的是先天八卦方位。古人认为,先天八卦是为了揭示世界的原初形态,但太极元气分化之后,其性质并不发生变化,如太极生两仪、四象、八卦,即使分成六十四卦之后,形成阴阳平衡的符号系统,表示太极演化成为八卦,仍是一团阴阳平衡的元气。

## 九、《周易》的后天八卦

传说周文王调整了先天八卦图的方位,把八卦与五行相配而形成"后天八卦图",有强大的解释自然现象的能力,如果说先天八卦为"体",后天八卦则是"用"。

第五章 盛德大业——《周易》导读

古人认为，八卦各有五行属性：震巽属木居东方，离火居南方，乾兑属金居西方，坎水居北方，坤土承担起万物的劳作，艮土是一个周期的终结，也是下一个周期的开始。理解了八卦五行属性，就能明白后天八卦方位的由来。

后天八卦图具有强大的配合功能，它可以配合四季，可以配合人伦，可以配合五脏六腑，可以配合天干地支。不论是天上的二十八宿、七十二候，还是地理方位，时空变幻，都可以纳入到后天八卦图中，一一对应，从而使得后天八卦与古代自然科学各种学问都有关联。

后天八卦方位见于《说卦》："帝出乎震，齐乎巽，相见乎离，致役乎坤，说言乎兑，战乎乾，劳乎坎，成言乎艮。"这是说后天八卦从东方开始，按顺时针方向排列而成。后天八卦与方位、时令相配，并与斗柄旋转的天文现象一致。因此，《周易》的运用主要是以后天八卦为基础，涉及古代天文、地理、乐律、兵法、音韵、算术、医学、风水、炼丹等各个方面。周文王在羑里软禁处殚精竭虑所重排的后天八卦，可以说是中国古代实用文化的理论根基。

## 十、《周易》的五行观

《周易》产生于黄河领域。中原地带的古人长期观测天地万象的变化，基于其生活环境和经验发明了五行生克理论。木、火、土、金、水五行与方位相配，木在东，东方木旺，木可燃烧，故木生火；南方热，故火在南，火烧完化为灰烬，回归泥土，故火生土；土居中央，土旺四季，土中含金，故土生金；西方多山、多金石，故金在西，山上金石出泉，西山多为江河之源，故金生水；北方为水，木由水滋养，故水生木。木火土金水"比相生，间相克"：木生火，火生土，土生金，金生水，水生木，这是五行相生；木克土，土克水，水克火，火克金，金克木，这是五行相克。

五行与四季也相配，春季春生木旺，木为春；夏季热胀为火气，火为夏；秋季收割消杀，金为秋；冬季寒冷收缩为水，水为冬；按照五行相生排序，春木生夏火，秋金生冬水，但是夏火克秋金，因此夏季需有三伏，由夏火伏灭而生中央土，由土生秋金，所以土居中。五行配四季

方位有利于解释文王后天八卦的由来。

## 十一、《周易》的六十四卦

六十四卦的排列不是杂乱无章的,卦与卦之间不是上下颠倒,就是阴阳相反,所以各卦之间有着千丝万缕的联系。《序卦传》按照自然生命演化,从天道到人事演进的规律来排列各卦。朱熹编有《六十四卦卦序歌》:

乾坤屯蒙需讼师,比小畜兮履泰否,

同人大有谦豫随,蛊临观兮噬嗑贲,

剥复无妄大畜颐,大过坎离三十备。

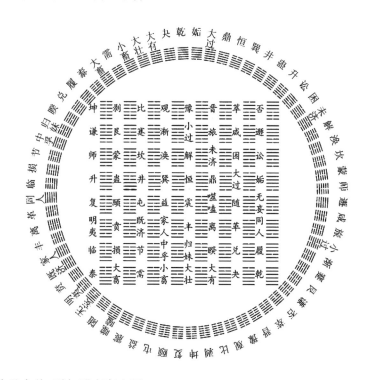

咸恒遁兮及大壮,晋与明夷家人睽,

蹇解损益夬姤萃,升困井革鼎震继,

艮渐归妹丰旅巽,兑涣节兮中孚至,

小过既济兼未济,是为下经三十四。

这首歌根据上下经,分为上下两阕。上阕讲了从乾坤到坎离三十个卦,对应天道运行;下阕从咸恒到既济未济三十四个卦,对应人事变化。此歌词句押韵,利于记忆。

《周易》六十四卦可以组成方图和圆图。六十四卦方圆图由方图和圆图组成,里边既有一定之规,又妙用无穷。方圆图代表天圆地方,圆图象征天时,方图象征方位。圆图和方图的运行轨迹又有联系。二者皆以先天八卦图"乾一,兑二,离三,震四,巽五,坎六,艮七,坤八"为序排列。圆图从乾开始,先按照先天八卦图顺序逆时针旋转半圈,再回到上方右侧顺时针方向旋转半圈,上下卦排序都是如此;方图按照从右下角往左反S形循环上升。圆图每个卦的对面都是自身的错卦,方图则下四行与上四行、右四列与左四列相向而行,每行从下往上的下卦排序与每列从右往左的上卦排序皆按照先天八卦图的顺序,对应卦之间也是保持相错关系。

## 第四节 《周易》的阅读方法

### 一、明解《周易》的方法

《周易》自出世之后,不断流传,各个历史时期都有大批学者为其注释,使得卦爻辞的解释不断推陈出新。今天我们要想明明白白解读《周易》,主要的方法如下:

1. 象数加义理

在《周易》解读史上,有两大派:象数派和义理派,两派互相排斥,可以说打来打去,斗了两千多年,不分胜负。其实两家都有道理,一方面数为象本,象因数生,数是象的源头,象是卦爻的根本;另一方面,义为理本,理因义生。应该说,象数是义理的根本,离开象数,义理则支离破碎,漫无边际。象数和义理是无法分割的。象数之学兴盛于汉代,它是《易经》的一个开放的包容极大的体系,是其理论与智慧的基础,具有广泛的适应价值。研究象数,是为了更精准地确定背后的义理,阐发义理,也是学习《周易》的终极目的。二者结合,以象辨理,以理观象,才是解《易》正道。

2. 以传解经

《周易》成书以来,就有文王《易经》,孔子《易传》,以传释经是学习《周易》的根本方法。传是对经的最佳理解,精确阐发。如果没有传,解读经文将失去最为可靠的依据,人们因字义不同、理解差异、句读分别,容易望文生义。所以,以传解经,既是理解经文的根据,又是学习经文的方法。

3. 辨象证义

象是《周易》的灵魂,会看象才能看懂《周易》。《说卦传》是解读卦爻辞的密码本,是打开《周易》大门的金钥匙。"辨象证义"是解读卦爻辞的根本方法,即辨别卦爻象,理解爻的推移带来的爻象变化,进而体会和理解卦爻辞的来源和根据,尽可能明白卦爻辞的意义。

4. 肯定卦变

卦变是爻在卦中推移而形成的各种变化,卦变说的重要根据是《彖传》提示。卦变是理解卦爻辞的总纲,很多爻辞如果不通过卦变很难理解。

马恒君对历史上承认卦变的各种学说进行了总结,认为从《象传》大量提及爻变动的话里面去分析,卦变不仅存在,而且是构成《易经》的三大序列之一。马恒君的卦变说是迄今为止最有解释力的卦变说。《周易明意》在《周易正宗》原卦变体系的基础上,提出新卦变体系,形成"文王卦变方圆图"。

《周易明意》简单调整了少数卦的卦变,提出新卦变体系,可以通过史上第二幅六十四卦方圆图来理解:

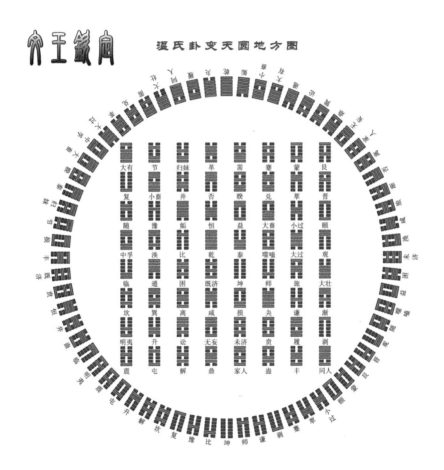

## 二、周易哲学

《周易》是一部有着深刻哲学思想的书。《周易》最重要的问题是天人关系问题,研究《周易》是为了"推天道以明人事",先人为了在大自然中生存,趋吉避凶,对大自然的规律进行探索,通过观察宇宙,创造出《周易》。后人通过学习《周易》,将《周易》的道理与人心合一,从而达到心易合一、知行合一、天人合一,便可以"自天佑之,吉无不利"。所以,学习《周易》,要学打通天道人事,使人推演、了解,进而配合天道的法门。《周易》中的天道通过阴阳来表达,人要能够领会阴阳之意,通过卦的刚柔相互推移来体会天地和人事变化的道理,以参悟人天之意。总之,学《周易》是为了通达天人。

探察几微是《周易》认识事物的根本原点。《周易》认为,只有领悟宇宙运行的大道,才能认识人生,只有认识几微,才能把握未来。人与自然的关系,是人如何把握认识对象的问题。从本体上说,人和宇宙融为一体,人是宇宙的一部分。当人有了自我意识之后,人跟物相分离,然后人通过对易道的领悟,可以打通人与自然对象的联系。也就是说,人运用自己的悟性,或者借助《周易》来体悟易道,领悟几微变化,就能够参透世界作为整体性的存在。

《周易》的哲学意识主要是阴阳缘构,心物同源,天人合一。《周易》助人领略人与世界的关联关系,追求人心与宇宙节律之间的和谐之境。古人希望达到与天地和谐共生,领会万物的生机,将其融会到生命中以成就事业。总之,因《周易》通于天人之际,论证人间成事之道与天道相贯通,故可以"推天道以明人事"。

# 第五节 《周易》的版本选择

## 一、古代版本

1. [魏]王弼著,楼宇烈校释:《王弼集校释》,中华书局2012年出版。

王弼的《周易注》扫象阐理,既是魏晋玄学的代表作,也是易学史上的名著。王弼继承了汉代象数易学的合理成果,但尽量不言象数,开辟了后世以义理解易的先河。

2. [唐]孔颖达:《周易正义》,中国致公出版社2009年出版。

《周易正义》又名《周易注疏》。唐代孔颖达奉太宗命主编《五经正义》,首即《周易正义》。他融合众多经学家见解,对[魏]王弼和[晋]韩康伯注进行疏证,即对注文加以解释。定稿于公元653年,是唐代科举取士的标准用书,长期立于学官,也是易学史上除《经》《传》以外的重要典籍。唐宋以来,历代科举取士皆以经书及其注疏为依据。

3. [唐]李鼎祚:《周易集解》,中华书局2016年出版。

唐代李鼎祚撰,是研究唐以前易学,尤其是汉代象数之学的必读之书。该书博采汉魏晋唐马融、荀爽、虞翻、王肃、蜀才、崔憬等35家的易说,使濒于失传的汉代象数学及诸家易说得以保存至今,成为研究汉代易学的珍贵资料。李氏此书重视取象说,主要汇集易学中象数派各家,如荀爽、虞翻、干宝等人注释最多,弥补了王弼注、孔颖达疏为主的义理派易学的缺憾。

4. [宋]程颐撰：《周易程氏传》，中华书局 2011 年出版。

《周易程氏传》又名《伊川易传》，是北宋著名理学家程颐的重要代表作，在易学史和哲学史上都有着重要的地位。《周易程氏传》时刻把握住以儒理解《易》的这一根本原则，成为了义理易学的高峰。该书切于人事，在易学史上极有影响。

5. [宋]朱熹：《周易本义》，北京大学出版社 1992 年出版。

《周易本义》是朱熹的重要著作，也是易学史上继王弼注、孔颖达疏之后的第三座里程碑，明清时代科举考试皆奉为正宗，对后世影响极大。朱熹在书中提出的"《易》本卜筮之书"这一论断，《本义》卷首的九图，至今仍是学者热议的话题。朱熹的哲学思想继承程颐，世称"程朱"，而他的《易》学思想则有异于程颐。程氏《易》学遵循王弼开拓的道路，以义理解《易》；朱熹则认为《易》是卜筮之书，作《周易本义》就是要还《周易》的本来面目。

6. [清]李道平：《周易集解纂疏》，中华书局 2011 年出版。

李道平在荀爽、虞翻、惠栋、张惠言的基础上提出了几百条他自己的按语，也包含着李道平继承与发展前代卦变说内容。在李道平看来，古者卜筮并重，伏羲之后，《周易》的精微奥妙之处逐渐遗失，所以只有回到象爻象之前才可以理解《周易》。王弼之后，学易者难以窥见古人之全，幸而李鼎祚著《周易集解》，然而后世却鲜有用力者。李道平感此，又受到惠栋、张惠言复兴汉学的影响，于是起而为之疏，意欲使《周易》返其原本、振起汉学、兼容各家。

## 二、现当代版本

1. 马恒君著：《周易正宗》，华夏出版社 2014 年出版。

该书以十二消息卦变六十四卦的卦变说为中心，融汇历代象数与义理解易的合理之处，对卦爻辞作了全面合理的解释。该书以"辨象证义"为中心，依据《说卦》，对于历代取象说作了折中取舍，并基于卦变和取象的变化来解释义理，把卦爻辞每个字的来源讲清楚。

2. 温海明著：《周易明意：周易哲学新探》，北京大学出版社 2019 年出版。

该书继承马恒君的卦变体系并有所发展，提出"文王卦变方圆图"，以方圆图的形式，确定了六十四卦和十二消息卦的确然关系，实现了历代卦变解易的完美形态。该书继承"辨象证义"的解易方法，通过卦变和象的变化来明白解释卦爻辞的来源，并在此基础上，对卦爻辞，即六十四卦三百八十四爻每卦每爻和《易传》作了"意本论"的哲学建构。

3. 朱高正著：《周易六十四卦通解》，华东师范大学出版社 1999 年出版。

该书继承义理学派解易的理路，对六十四卦作了通俗易懂的解释。

4. 张其成著：《张其成全解周易》，华夏出版社 2017 年出版。

该书全文译成现代汉语，并加以详细的注释、解说，对《周易》的历史、读易的方法等也有较为详细的解释。

此外,当代很多易学著作,比如刘大钧(《周易概论》,巴蜀书社,2004年),杨庆中(《周易解读》,中国人民大学出版社,2010年),余敦康(《周易现代解读》,华夏出版社,2006年),金景芳、吕绍刚(《周易全解》,上海古籍出版社,2005年),黄寿祺、张善文(《周易译注》,上海古籍出版社,2012年)等学者的著作都可以参考。

## 第六节 《周易》经典选文

### 一、第十五卦 谦卦(艮下坤上)

**解题** 本篇选自《周易》第十五卦——谦卦,也称地山谦。谦卦安排在了六十四卦中大有卦之后,豫卦之前,谦虚自古到今都是中华民族的优良传统美德,这个品质也主要是来源于《周易》谦卦的精神。从卦象上来看,谦卦上卦为坤,下卦为艮,互卦为坎,坤为地,艮为山,坎为水,山水藏于地中,象征着即使才高八斗也能够谦虚低调,不沽名钓誉,不显山不露水,内涵犹如大山深厚,而为人处世又如坤卦柔顺,能够朴实无华,和光同尘。在六十四卦之中,六爻全部吉利的卦只有一个谦卦,足见谦虚是人们安身立命的重要品质。

谦,亨。君子有终①。

《彖》曰:谦,亨,天道下济而光明,地道卑而上行。天道亏盈而益谦,地道变盈而流谦,鬼神害盈而福谦,人道恶盈而好谦。谦,尊而光,卑而不可逾②,君子之终也。

《象》曰:地中有山,谦。君子以裒③多益寡,称④物平施。

初六:谦谦君子,用涉大川,吉。

《象》曰:谦谦君子,卑⑤以自牧⑥也。

六二:鸣谦,贞吉。

《象》曰:鸣谦贞吉,中心得也。

九三:劳⑦谦君子,有终,吉。

《象》曰:劳谦君子,万民服也。

六四:无不利,㧑⑧谦。

《象》曰:无不利,㧑谦,不违则也。

六五：不富⁹以⁰其邻,利用侵伐,无不利。

《象》曰：利用侵伐,征不服也。

上六：鸣谦,利用行师,征邑国⁺。

《象》曰：鸣谦,志未得也。可用行师,征邑国也。

**注**
① 终：好结果,善终。
② 逾(yú)：超越,逾越。
③ 裒(póu)：减损,义同"掊"。
④ 称(chèng)：权衡,衡量。
⑤ 卑：低下。
⑥ 牧：本义为放牧,引申为管理。
⑦ 劳：功劳。
⑧ 㧑(huī)：音义同挥,发挥,挥扬,举扬。
⑨ 富：朱震说"阳实,富也。阴虚,贫也。邻谓四与上也"。朱震认为阴爻为虚,为贫,六五与六四、上六是比邻的爻,都是阴爻,又坤为不富,故为"不富以其邻"。
⑩ 以：与。
⑪ 邑国：诸侯国和大夫的采邑,都受封于天子,是天子的附庸。

## 二、《文言传》

**解题** 《文言传》以乾坤两卦为例,将自然现象阐发到人文的高度上。乾坤两卦是易学的门户,文说乾坤,后面的六十二卦都可以此类推。

《乾·文言》曰："元"者,善之长也；"亨"者,嘉之会也；"利"者,义之和也；"贞"者,事之干也。君子体仁,足以长人；嘉会,足以合礼；利物,足以和义；贞固,足以干事。君子行此四德者,故曰："乾：元、亨、利、贞。"

初九曰："潜龙勿用",何谓也？子曰："龙德而隐者也。不易①乎世,不成乎名,遁世无闷,不见是②而无闷。乐则行之,忧则违之,确乎其不可拔,潜龙也。"

九二曰："见龙在田,利见大人",何谓也？子曰："龙德而正中者也。庸③言之信,庸行之谨,闲邪④存其诚,善世而不伐⑤,德博而化。《易》曰：'见龙在田,利见大人',君德也。"

九三曰:"君子终日乾乾,夕惕若厉,无咎",何谓也? 子曰:"君子进德修业。忠信所以进德也。修辞⑥立其诚,所以居业也。知至至之,可与言几⑦也。知终终之,可与存义也。是故居上位而不骄,在下位而不忧。故乾乾因其时而惕,虽危无咎矣。"

九四曰:"或跃在渊,无咎",何谓也? 子曰:"上下无常,非为邪也。进退无恒⑧,非离群也。君子进德修业,欲及时也,故无咎。"

九五曰:"飞龙在天,利见大人",何谓也? 子曰:"同声相应,同气相求。水流湿,火就燥,云从龙,风从虎,圣人作⑨而万物睹。本乎天者亲上,本乎地者亲下,则各从其类也。"

上九曰:"亢龙有悔",何谓也? 子曰:"贵而无位,高而无民。贤人在下位而无辅,是以动而有悔也。"

"潜龙勿用",下也。"见龙在田",时舍⑩也。"终日乾乾",行事也。"或跃在渊",自试⑪也。"飞龙在天",上治也。"亢龙有悔",穷⑫之灾也。乾元"用九",天下治也。

"潜龙勿用",阳气潜藏。"见龙在田",天下文明。"终日乾乾",与时偕行。"或跃在渊",乾道乃革。"飞龙在天",乃位乎天德。"亢龙有悔",与时偕极。乾元"用九",乃见天则。

《乾》"元"者,始而亨者也。"利贞"者,性情也。乾始,能以美利利天下,不言所利⑬,大矣哉! 大哉乾乎,刚健中正,纯粹精也! 六爻发挥,旁通情也。"时乘六龙",以御天也。"云行雨施",天下平也。

君子以成德⑭为行,日可见之行也。

"潜"之为言也,隐而未见,行而未成,是以君子"弗用"也。

君子学以聚之,问以辩之,宽以居之,仁以行之。《易》曰"见龙在田,利见大人",君德也。

九三重刚⑮而不中⑯,上不在天,下不在田,故乾乾因其时而惕,虽危无咎矣。

九四重刚而不中,上不在天,下不在田,中不在人⑰,故"或"之。"或"者,疑之也,故"无咎"。

夫"大人"者,与天地合其德,与日月合其明,与四时合其序,与鬼神合其吉凶。先天⑱而天弗违,后天而奉天时。天且弗违,而况于人乎? 况于鬼神乎?

"亢"之为言也,知进而不知退,知存而不知亡,知得而不知丧。其唯圣人乎!

知进退存亡而不失其正者,其唯圣人乎!

《坤·文言》曰:坤至柔而动也刚,至静而德方。后得主而有常,含⑲万物而化光⑳。坤道其顺乎,承天而时行。

积善之家必有余庆,积不善之家必有余殃。臣弑其君,子弑其父,非一朝一夕之故,其所由来者渐矣,由辩之不早辩也。《易》曰:"履霜,坚冰至。"盖言顺也。

"直"其正也,"方"㉑其义也。君子敬以直内,义以方外,敬义立而德不孤。"直、方、大,不习无不利",则不疑其所行也。

阴虽有美,"含"之以从王事,弗敢㉒成也。地道也,妻道也,臣道也。地道无成而代有终也。

天地变化,草木蕃㉓。天地闭㉔,贤人隐。《易》曰:"括囊,无咎无誉。"盖言谨也。

君子黄中通理,正位居体,美在其中,而畅㉕于四支㉖,发于事业,美之至也。

阴疑㉗于阳必战,为其嫌于无阳也,故称"龙"焉。犹未离其类也,故称"血"焉。夫玄黄者,天地之杂也,天玄而地黄。

**注**

① 不易:持守意念不随世俗改易。
② 不见是:个人的意念不被社会主流意识认可、承认、接纳。
③ 庸:日常,平常。
④ 闲邪:防止邪恶之心发动与付诸邪行。
⑤ 伐:矜伐,自夸,夸耀功劳的心境为人所知。
⑥ 修辞:修正反省言辞,这里指通过修养心意和言语表达来实现人文教化。
⑦ 几(jī):先几,变化之几,几微,精妙微小。
⑧ 恒:常,固定不变。
⑨ 作:兴作,兴起。
⑩ 舍:居住,驻扎,古时行军行旅时暂住之所。
⑪ 自试:自我试验,自己尝试一下身手。
⑫ 穷:穷尽,穷困。
⑬ 不言所利:功成不居,没有什么利处可言,意即对天下万物都有利。
⑭ 成德:成就道德。
⑮ 重刚:阳爻也称刚爻,两阳爻紧邻为重刚。一说九三以阳爻居于阳位,是重刚,

重刚有过刚之意。

⑯ 中：二爻为下卦之中位，五爻为上卦之中位，在中能具有中道。

⑰ 中不在人：三爻与四爻为以人为代表的万物之位。九四虽属人位，但人离开二位（地表），又在三爻人上，不接地气，所以"中不在人"，不在人的合适位置上。

⑱ 先天：人的心思意念发动于天的提示和警告之前，也即先天性，天赋。

⑲ 含：包容，蕴含。

⑳ 光：通"广"。

㉑ 方：形容大地端庄方正，合乎大义，有分寸和安全感。

㉒ 弗敢：不敢。表示坤阴之意主动选择的态度，既是受客观形势的要求而被动不敢，又是主观内在的主动选择而主动不敢。

㉓ 蕃（fán）：茂盛，蕃息滋长。

㉔ 闭：闭塞，意为阴阳二气不交感流通。

㉕ 畅：通畅，通达，明达。

㉖ 四支：四肢。在文中指品德由内及外，到了外部四周。

㉗ 疑：与"嫌"互文，有嫌疑之意。一读"凝"。

## 三、《系辞传》

**解题**　《系辞传》，又称《系辞》，分上、下两篇，为《周易》之通论，内容涉及八卦的起源、《周易》的制作、《周易》的性质、作用、占筮的方法，以及孔子解《易》的资料等。《系辞》分章，先儒多有不同，如马融等分上篇为十三章，虞翻分为十一章，孔颖达《周易正义》、朱熹《周易本义》分为十二章。孔、朱所分较为通行，兹从朱说。本选文节选自《系辞》上篇。

圣人有以见天下之赜①，而拟②诸其形容③，象④其物宜⑤，是故谓之象。圣人有以见天下之动，而观其会通，以行其典礼⑥，系辞焉以断其吉凶，是故谓之爻⑦。言天下之至赜而不可恶⑧也，言天下之至动而不可乱⑨也。拟之而后言，议之而后动，拟议以成其变化。"鸣鹤在阴，其子和之。我有好爵，吾与尔靡之。"⑩子曰："君子居其室，出其言善，则千里之外应之，况其迩者乎？居其室，出其言不善，则千里之外违之，况其迩者乎？言出乎身，加乎民；行发乎迩，见乎远，言行君子之枢机⑪。枢机之发，荣辱之主也。言行，君子之所以动天地也，可不慎乎？""同人，先号啕而后笑。"⑫子曰：君子之道，或出或处，或默或语，二人同心，其利断金。同心之言,其臭⑬如兰⑭。"初六:藉用白茅,无咎"。⑮子曰:"苟错⑯诸地而可矣,借之用茅,何咎之有?慎之至也。夫茅之为物薄,而用可重也。慎斯术也以往,其无所失矣。""劳谦,君子有终,吉。"⑰子曰:"劳而不伐⑱,有功而不德,厚之至也,语以其功下人者也。德言盛,礼言恭,谦也者,致恭以存其位⑲者也。""亢龙有悔。"⑳子曰:"贵而无位,高而无民,贤人在下位而无辅,是以动而有悔也。""不出户庭,无咎。"㉑子曰:"乱之所生也,则言语以为阶㉒。君不密,则失臣;臣不密,则失身;几事㉓不密则害成;是以君子慎密而不出也。"子曰:"作易者其知盗乎?易曰:'负且乘,致寇至。'㉔负也者,小人之事也;乘也者,君子之器也。小人而乘君子之器,盗思夺之矣!上㉕慢下㉖暴,盗思伐㉗之矣!慢藏㉘诲盗㉙,冶容㉚诲淫㉛,易曰:'负且乘,致寇至。'盗之招也㉜。"

**注**
① 赜:音 zé,繁赜杂乱(参见《尚氏学》)。
② 拟:《今注》,"拟,比拟也"。
③ 形容:形态容貌。
④ 象:拟象。
⑤ 物宜:事物的存在状态。
⑥ 典礼:常体(《绎传》)。
⑦ 爻:《集解》引孔颖达,"爻者,效也"。
⑧ 恶:卑贱轻恶(《正义》)。
⑨ 乱:错乱(《正义》)。
⑩ 鸣鹤在阴,其子和之。我有好爵,吾与尔靡之:《中孚》卦九二爻辞。
⑪ 枢机:犹言"关键"。
⑫ 同人,先号咷而后笑:《同人》卦九五爻辞。
⑬ 臭:《集解》引虞翻,"臭,气也"。
⑭ 兰:《集解》引虞翻,"兰,香草"。
⑮ 初六,藉用白茅,无咎:《大过》卦初六爻辞。
⑯ 错:《集解》引虞翻,"错,置也"。
⑰ 劳谦,君子有终,吉:《谦》卦九三爻辞。
⑱ 伐:《今注》,"伐犹夸也"。
⑲ 位:禄位(《正义》)。
⑳ 亢龙有悔:《乾》卦上九爻辞。

㉑ 不出户庭,无咎:《节》卦初九爻辞。
㉒ 阶:《正义》,"阶谓梯也"。
㉓ 几事,《正义》,"几谓几微之事"。
㉔ 负且乘,致寇至:《解》卦六三爻辞。
㉕ 上:指君。
㉖ 下:指臣。
㉗ 伐:侵伐。
㉘ 慢藏:《今注》,"慢藏,懒于收藏财物"。
㉙ 诲盗:《今注》,"诲盗,诱诲盗者来盗"。
㉚ 冶容:《今注》,"冶容,妖冶其容貌"。
㉛ 诲淫:《今注》,"诲淫,诱诲淫者来淫"。
㉜ 盗之招也:《今注》,"'盗之招也'乃'招盗也'之倒装句。"

## 四、《序卦传》

**解 题** 《序卦传》简称《序卦》,是一篇分析《周易》六十四卦的编排次序,揭示诸卦前后相承意义的专论。全篇根据上下经,分为两部分,前一部分解释上经卦序,下一部分解释下经卦序。

有天地,然后万物生焉①。盈天地之间者,唯万物,故受②之以《屯》;《屯》者盈③也,屯者物之始生也。物生必蒙④,故受之以《蒙》;《蒙》者蒙也,物之稚⑤也。物稚不可不养也,故受之以《需》;《需》者饮食之道也。饮食必有讼,故受之以《讼》。讼必有众起,故受之以《师》;《师》者众也。众必有所比,故受之以《比》;《比》者比⑥也。比必有所畜,故受之以《小畜》。物畜然后有礼,故受之以《履》。履而泰⑦,然后安,故受之以《泰》;《泰》者通也。物不可以终通,故受之以《否》。物不可以终否⑧,故受之以《同人》。与人同者,物必归焉,故受之以《大有》。有大者不可以盈,故受之以《谦》。有大而能谦,必豫⑨,故受之以《豫》。豫必有随⑩,故受之以《随》。以喜随人者,必有事,故受之以《蛊》;《蛊》者事也。有事而后可大,故受之以《临》;《临》者大也。物大然后可观,故受之以《观》。可观而后有所合⑪,故受之以《噬嗑》;嗑者合也。物不可以苟合而已,故受之以《贲》;贲者饰也。致饰然后亨则尽矣⑫,故受之以《剥》;剥者剥⑬也。物不可以终尽剥,穷上反⑭下,故受之以

《复》。复则不妄矣,故受之以《无妄》。有无妄然后可畜,故受之以《大畜》。物畜然后可养,故受之以《颐》;颐者养⑮也。不养则不可动,故受之以《大过》。物不可以终过,故受之以《坎》;《坎》者陷⑯也。陷必有所丽⑰,故受之以《离》;《离》者丽也。

有天地,然后有万物;有万物,然后有男女;有男女,然后有夫妇;有夫妇,然后有父子;有父子,然后有君臣;有君臣,然后有上下;有上下,然后礼义有所错⑱。夫妇之道,不可以不久也,故受之以《恒》;《恒》者久也。物不可以久居其所,故受之以《遁》;《遁》者退也。物不可终遁。故受之以《大壮》。物不可以终壮,故受之以《晋》;《晋》者进也。进必有所伤,故受之以《明夷》;夷者伤也。伤于外者,必反⑲于家,故受之以《家人》。家道穷必乖,故受之以《睽》;《睽》者乖⑳也。乖必有难,故受之以《蹇》;《蹇》者难也。物不可以终难,故受之以《解》;《解》者缓也。缓必有所失,故受之以《损》;损而不已,必益,故受之以《益》。益而不已,必决,故受之以《夬》;夬者决也。决必有遇,故受之以《姤》;姤者遇也。物相遇而后聚,故受之以《萃》;萃者聚也。聚而上者,谓之升,故受之以《升》。升而不已,必困,故受之以《困》。困乎上者,必反下,故受之以《井》。井道不可不革㉑,故受之以《革》。革物者莫若鼎㉒,故受之以《鼎》。主器㉓者莫若长子㉔,故受之以《震》;震者动也。物不可以终动,止之,故受之以《艮》;《艮》者止也。物不可以终止,故受之以《渐》;《渐》者进也。进必有所归㉕,故受之以《归妹》。得其所归者必大,故受之以《丰》;《丰》者大也。穷大者必失其居,故受之以《旅》。旅而无所容,故受之以《巽》;《巽》者入㉖也。入而后说之,故受之以《兑》;兑者说也。说而后散㉗之,故受之以《涣》;涣者离㉘也。物不可以终离,故受之以《节》。节而信之㉙,故受之以《中孚》。有其信者必行之,故受之以《小过》。有过物者必济㉚,故受之以《既济》。物不可穷也,故受之以《未济》终焉。

> **注** 
> ① 有天地,然后万物生焉:双关语,既指《乾》《坤》和合生出诸杂卦,又指《乾》《坤》生杂卦本诸天地生万物之理。
> ② 受:承继。
> ③ 盈:充满。
> ④ 蒙:蒙稚。
> ⑤ 稚:幼小。
> ⑥ 比:亲比。

⑦ 履而泰：履礼然后通泰。
⑧ 否：闭塞。
⑨ 豫：安逸喜悦。
⑩ 随：随从。
⑪ 合：合会。韩康伯："可观则异方合会也。"
⑫ 致饰然后亨则尽矣：《绎传》，"过于文饰，则礼失其实，故云'致饰然后亨则尽矣'"。
⑬ 剥：剥落。
⑭ 反：返。
⑮ 养：颐养。
⑯ 陷：陷没。韩康伯："过而不已，则陷没也。"
⑰ 丽：附丽、依附。
⑱ 错：即"措"，施行。
⑲ 反：即"返"。
⑳ 乖：背离。
㉑ 井道不可不革：韩康伯，"井久则浊秽，宜革易其故"。
㉒ 鼎：古之炊具，亦为祭祀用的礼器。此处特别用以喻指食物由生变熟。
㉓ 主器：执掌国柄。
㉔ 长子：《说卦》，震"为长子"。
㉕ 归：依归。
㉖ 入：进入。
㉗ 散：《译注》，"即推散其说以及于人"。
㉘ 离：离散。
㉙ 节而信之：韩康伯，"既已有节，则宜信而守之"。
㉚ 有过物者必济：济，成功。韩康伯，"行过乎恭，礼过乎俭，可以矫世厉俗，有所济也。"

# 第六章　惟德是辅——《诗经》导读

赵敏俐（首都师范大学）

**作者小传：** 赵敏俐，1954年生，1988年3月毕业于东北师范大学，获文学博士学位，现为首都师范大学燕京人文讲席教授，中国《诗经》学会副会长。主要研究方向为先秦两汉文学与文化、中国古代诗歌，出版过《周汉诗歌综论》《两汉诗歌研究》《先秦君子风范》《中国诗歌通史》等著作，以第一作者身份获得过北京市哲学社会科学优秀成果特等奖，教育部人文社会科学优秀成果一等奖、首届全球华人国学大典优秀成果奖等多种奖励。

# 第一节　为什么要学习《诗经》

《诗经》是中华民族第一部诗歌总集,也是最古老的文化经典之一。先秦时代最著名的典籍有六部:《诗》《书》《礼》《乐》《易》《春秋》,在战国时代就被称为"六经",《诗经》则为"六经"之首,可见它在中国文化经典中至高无上的地位。

《诗经》以诗歌艺术的形式,记录了商周时代的历史、文化、生活和人的思想情感。它既是中国古代诗歌的源头,又是中国上古文化生活的生动写照。它在商周社会承担着宗教祭祀、记述历史、赞助礼仪、关心时政、描述生活、抒写情怀、审美娱乐、文化教育等多种功能,在当时的社会生活中发挥着无与伦比的作用,这是后世诗歌不可比拟的。孔子曾经对他的弟子说:"诗可以兴,可以观,可以群,可以怨。迩之事父,远之事君,多识于鸟兽草木之名。"用现代话说就是,诗可以感发意志,可以观察生活,可以凝聚人心,可以发泄怨情。在家可以孝敬父母,外出可以服务社会。它还是学习文化、增长知识的最好教材。

"诗"之所以能有这样的功效,是因为它不是以空洞说教的方式,而是以艺术审美的方式,在潜移默化中实现的。古人很早就认识到这一点,《礼记·经解》引孔子说:"入其国,其教可知也。其为人也温柔敦厚,《诗》教也。"《毛诗序》也说"正得失,动天地,感鬼神",莫近于诗,并且把它看成是和谐夫妇关系、养成孝敬品格、丰厚人伦道德、美化社会风气、改变陈旧习俗的最好方式。正因为如此,"诗教"也就成为中国古代一个专有名词,成为周代学校重要的教学内容,并形成一个源远流长的中国诗歌传统,产生了以楚辞、汉乐府、唐诗、宋词、元曲为代表的一代代不同形式的优美诗歌,出现了如屈原、陶渊明、李白、杜甫、苏东坡、元好问等一大批杰出的诗人,滋养了一代代中华子孙。所以,要学习中国古代诗歌、认识中华文化,提高民族修养,就不能不从《诗经》开始。

# 第二节　《诗经》的编辑与流传

**1.《诗经》概貌**

《诗经》在孔子时代被称为"诗三百",共收 305 篇作品,分为《风》《雅》《颂》三个部分。"风"的本义为风土风情,又指乐调,不等同于我们今天所说的"民歌"。《风》诗共有十五种,

160首,分别是《周南》《召南》《邶风》《鄘风》《卫风》《王风》《郑风》《齐风》《魏风》《唐风》《秦风》《陈风》《桧风》《曹风》《豳风》,它收录了当时周王朝统治下带有鲜明地域特征的各地风俗乐歌。其中《周南》指的是东都洛邑以南地区的乐歌,《召南》指的是西都镐京以南地区的乐歌。这两个地区曾分别为周初时代的周公和召公所治理,因以为名。《王风》指河南洛阳地区的乐歌,洛阳为东周之都,因将这些乐歌称为《王风》。豳为周人故地,地处今陕西旬邑、彬县,因将此地乐歌称为《豳风》。其余十一种则为当时各诸侯国乐歌。其中邶、鄘、卫是商人故地,地处今河南东北、山东西部地区。郑在今河南郑州地区,齐在今山东临淄,魏在今山西芮城,唐在今山西翼城,秦在今甘肃天水附近,陈在今河南淮阳,桧在今河南新郑附近,曹在今山东定陶附近。"雅"有"正"的意思,是用当时周王朝的官方语言而创作的乐歌,大都与西周王朝的国家政治、军事、礼仪、文化等活动有关,也有一些个体抒情之作,因而称之为"雅"。大概因为乐调的不同,又分为《小雅》和《大雅》两种,共105首作品。"颂"则指用于宗庙祭祀和与之相关活动的乐歌。又分《商颂》《周颂》《鲁颂》三种,共40首作品,分属于殷商王朝、周王朝和春秋时代鲁国的宗庙乐歌。

我们知道,古代交通极不发达,传播手段相当落后,《诗经》中的这些作品,又是怎样搜集来的呢?据《国语》《左传》等史书记载,大概有这样几种途径:一是周王朝派人到各地搜集歌谣,了解民风民情,这是采诗说。二是天子让公卿列士作诗规谏讽喻,献给朝廷,这是献诗说。《诗经》中各地的《风》诗和大小《雅》中的政治讽谏诗,可能就是这样搜集起来的。三是为了制礼作乐,以用于祭祀、燕飨。四是为了审美娱乐、修身养性。五是作为贵族子弟教材,用以文化教育。后三种情况古代没有直接记载,但是通过《诗经》的内容和相关的文献可以考知。这说明,《诗经》来源的复杂和内容的丰富。最终入选的305首作品,都经过严格选择,并且经过周代乐官的艺术加工。孔子说:"《诗三百》,一言以蔽之,曰'思无邪'。"从春秋各国诸侯君臣对它的广泛推崇,可以看出它在周人心中的地位。

**2.《诗经》的编辑与成书**

那么,《诗经》又是何时开始编辑,何时完成的呢?据《今本竹书纪年》,有"(康王)三年(大约在公元前1000年左右)定乐歌"的记载,这也许是西周王朝第一次有目的的诗歌编辑活动,现存《周颂》作品31首,基本上都是周康王以前的祭祀乐歌,《周颂》的篇目可能在此时基本确定。但是,《大雅》《小雅》中的许多诗篇记录了西周晚期的历史,它的编成可能在东周初期。而十五《国风》中多有春秋前期或者中期的作品,它的编辑会更晚。据历史记载,《诗经》中产生最晚的一首诗是《陈风·株林》,大约创作于公元前597年左右,《诗经》的最后编成应该在此年之后。又据《左传·襄公二十九年》(前544)所记吴公子季札到鲁国,乐工为他演奏周乐,其乐歌名称和编排顺序与今传《诗经》基本相同,说明《诗经》作为乐歌,当时已经被鲁国乐工所熟悉,《诗经》的最终完成当在此之前。这样,《诗经》从最初编辑到最后完成,经历了大约四百多年的时间。

因为《诗经》的地位崇高,所以司马迁在《史记·孔子世家》中说它由孔子编成。东汉王充《论衡·正说篇》、班固《汉书·艺文志》也有类似的说法。孔子生于公元前551年,据我们上面介绍,吴季札到鲁国观乐时,孔子只有7岁,那时《诗经》的篇目已经基本确定了。所以当代人一般都不认可孔子编《诗经》这种说法。但是,孔子在《诗经》的传承过程中的确发挥了重大作用。孔子说:"吾自卫返鲁,然后乐正,《雅》《颂》各得其所。"这说明孔子晚年曾经"正乐",诗乐在当时是一体的,当然这里面也包括对"诗"的整理工作。近年来在出土文献中发现了《孔子诗论》,见《上海博物馆藏战国楚竹书》。可见,系统地对《诗经》进行解说和阐释,就是从孔子开始的。孔子在《论语》和相关的先秦文献中也一再地称引《诗经》,他对《诗经》有相当高的评价,把《诗经》的学习与教育看得无比重要。可以说,在将"诗三百"提升为中华民族文化经典的过程中,孔子起了至关重要的作用。

**3.《诗经》的流传**

《诗经》自编成之初,就在社会上广泛流传,春秋时代贵族士大夫在政治外交场合"赋诗言志",成为一时的风尚,所以孔子曾经说过"不学诗,无以言"的话,意思是说一个人如果不学习《诗经》,在一些重要的社交活动中,就无法和别人进行正常的交流对话,就说明他没有文化修养。到战国以后,"诗三百"已经被称为"经"。秦始皇焚书坑儒,先秦经典遭受极大破坏,但是由于《诗经》可以口头传唱,传播广泛,所以能够得到保全。它也是先秦经典中保存最好的一部。

到了西汉,以传授《诗经》而著名的学派就有四家,其中以鲁人申培所传为"鲁诗",齐人辕固生所传为"齐诗",燕人韩婴所传为"韩诗"。这三家所传《诗经》用汉人通行文字写成,为"今文学派"。又有毛亨和毛苌所传"毛诗"。据说最初用先秦古文写成,属"古文学派"。汉末郑玄为"毛诗"作笺,此后今文三家逐渐式微,"毛诗"成为《诗经》传承的主流。宋代以后,学风变化,以朱熹为代表的一批新的学者,在汉唐《诗经》学的基础融入新的观念,《诗经》的传播进入一个新的阶段。清代则是《诗经》学大发展的时期,流派纷呈。到了20世纪以后,随着中国社会从古代到现代的转型,学人们又在汉宋和清代《诗经》学的基础上重开新面,形成了现代《诗经》学。

# 第三节 《诗经》的阅读价值

**1.《诗经》有丰富的文化内容**

《诗经》中最早的诗篇是《商颂》和《周颂》,最晚的诗篇是《陈风·株林》,其中大部分作品都产生在西周初年到春秋前期这一段时间,它的内容丰富无比。《诗经》记录了商周两个民族发祥的历史。据《商颂·玄鸟》可知,商人的始祖为简狄,她吞了燕子之卵而生了商人的祖先契。据《大雅·生民》可知,周人的始祖为姜嫄,她因为脚踩了上帝大拇指印而生了周人的始祖后稷,两首诗都带有浓郁的神话色彩。《诗经》记录了周民族早期的农业生活。农业是周民族走向兴盛的标志,先民们垦荒播种的艰苦与获得丰收的喜悦,在《诗经》中都有生动的描述。《诗经》记录了周民族的祭祀、宴飨、战争、徭役、礼尚往来、婚丧嫁娶等故事以及各地的世俗风情,展示了周代社会生活的千姿百态。305篇作品,几乎每一篇都有一个独立的主题,都表现了不同的内容。正是这些从现实生活中捕捉到的诗歌题材,组成了丰富多彩的历史画卷。《诗经》是用生动形象的艺术方式记录下来的鲜活的民族历史。

2. 《诗经》是以抒情为主的艺术

它的作者队伍广泛,既有上层统治者,如周王、执政大臣、公卿大夫,也有下层贵族和普通百姓;有男人,也有女子。他们莫不把诗歌当作抒发情感、表达思想的最好工具。其创作主体则为当时的贵族阶层,表现了高度的文化修养。诗人们面对自己的现实生活,"哀乐之心感,而歌咏之声发","饥者歌其食,劳者歌其事"。这里有君王的忏悔,如《周颂·小毖》;有公卿对时政的关心,如《大雅·民劳》;有失意贵族的哀怨,如《小雅·小弁》;有士兵对家乡的思念,如《豳风·东山》;有对农业生活的歌唱,如《豳风·七月》;有宗教礼仪上的表演,如《周颂·丰年》;有节日生活中的男女互答,如《郑风·溱洧》……《诗经》让我们了解了古人丰富的内心世界,也让我们遥想那个时代古朴的民风、真诚的友谊、纯洁的爱情、生动的心灵。从世俗里看社会,从个体中看群体,从际遇里看人生,从生活中看历史,这就是《诗经》里所奠定的中国诗歌传统。它是以小溪汇成的巨流,以繁花簇成的锦绣,是以个体的抒情所构成的伟大的群体的艺术。

3. 《诗经》塑造了理想的人物形象

艺术的主体是人,《诗经》塑造了各式各样的人物形象。《诗经》赞美了商周两个时代的民族英雄。如殷商时代的成汤、武丁,发明了农业的后稷,带领周部族迁徙的公刘和太王,奠定强盛之基的周文王,最终推翻殷商暴政的周武王。《诗经》赞颂这些英雄的不凡功业,更热衷于颂扬他们的高贵品质。如以德服人、感化天下的周文王,"不侮矜寡,不畏强御"的仲山甫。《诗经》中的理想人物是"君子",他们有高尚的道德、不凡的能力、丰富的知识、优雅的举止。如《卫风·淇奥》中所歌颂的卫武公,"瞻彼淇奥,绿竹猗猗",诗人赞美他如淇水边亭亭的绿竹,说他有美玉象牙般的高贵品格,"如切如磋,如琢如磨";有金锡圭璧般的内在美质,"如金如锡,如圭如璧";有优雅翩翩的外表,"充耳琇莹,会弁如星";有严正勇猛的气质,光明磊落的胸怀,"瑟兮僩兮,赫兮咺兮";有宽容柔和的态度,和善幽默的性格,"善戏谑兮,不为虐兮"。《诗经》向我们展示了那个时代的人物理想。与此同时,《诗经》也严厉批判了统治者的昏庸误国,揭示了他们丑陋的行径和丑恶的灵魂。如周厉王和周幽王的暴政与无能,如齐襄公和陈灵公的荒淫和无耻。

**4. 《诗经》展示了中国诗人忧国忧民的情怀**

"诗人"这个名称,在先秦两汉时代,特指《诗经》的作者,特别是大小《雅》怨刺诗的作者。他们对于国家的兴衰具有强烈的使命感和勇敢的担当精神。当周王昏庸,奸佞当道,国难当头之时,敢于站出来面对现实,对最高统治者进行讽谕和规谏,对社会的黑暗现实进行怨刺和批判。如《大雅·抑》篇,据说是卫武公所作,他劝告周厉王要守礼修德,并以宗族老人的身份当面对他训斥,直称他为"小子",说他不明事理,不辨是非,"耳提面命"的成语即由此篇而来。再如写于西周末年国政荒乱之时的《小雅·十月之交》,作者因日食地震的频发而向统治者发出质问:面对这些自然灾害,你们难道不能引以为戒,不想改恶从善吗?在诗中,作者对倒行逆施的七个用事大臣,与他们勾结在一起的幽王宠妃,都给予直斥其名的揭露。《诗经》中所体现的这种忧国忧民情怀,在中国封建社会中具有典范意义:屈原忧愤深广的政治抒情长诗《离骚》,就直承了《诗经》的怨刺精神;杜甫等大诗人的忧国忧民情怀,也上承了《诗经》的这一传统。它唤醒了诗人的社会责任,提升了诗歌的文化价值。在揭露黑暗与落后、向往理想和光明、推动社会进步方面发挥了重要作用。

**5. 《诗经》表达了对美好爱情生活的向往**

以爱情和婚姻为题材的诗,在《诗经》中占有相当大的比例。在周人的文化观念中,把婚姻男女之事看得特别重要,因为那是维系社会稳定与和谐的基础,是幸福生活的根源。因而,如何建立良好的夫妻关系,通过婚姻组建家庭,就成为周代诗人情感抒发的主要内容。春秋以前还是封建礼教不太严密的时代,所以,《诗经》中的爱情诗显得特别活泼,真实地传达了少男少女们互相悦慕的心声,生动地再现了他们相爱相恋的世俗生活,成为中国古代爱情诗中的珍品。《诗经》中的爱情诗,描写了当时男女相恋的各个阶段,从一见钟情到谈婚论嫁,皆有生动传神的表现。写男女的互相悦慕,如《郑风·出其东门》和《叔于田》;写相互的爱恋和约会,如《鄘风·桑中》和《郑风·溱洧》;写恋爱中的相思与惆怅,则有《周南·汉广》和《秦风·蒹葭》。有的诗写男女之间的深情报答,"投我以木瓜,报之以琼琚"(《王风·木瓜》);有的诗写男女之间幽会的欢快,"静女其娈,贻我彤管。彤管有炜,说怿女美"(《邶风·静女》);有的写女子对爱情的渴望,"摽有梅,其实七兮。求我庶士,迨其吉兮"(《召南·摽有梅》);有的写男子失恋后的痛苦,"江有汜,之子归,不我以。不我以,其后也悔"(《召南·江有汜》);有的写男子的单相思,如《陈风·宛丘》;有的写女子的空思恋,如《曹风·候人》。恋爱的最终目的是结婚,《诗经》中也有多首诗写到了结婚时的热闹场景,如《周南·桃夭》和《唐风·绸缪》,也写到了婚后的幸福生活,如《郑风·女曰鸡鸣》。当然也有对婚姻不幸的倾诉,如《卫风·氓》等。如此丰富多彩的诗篇,生动地再现了《诗经》时代的婚恋生活,从一个侧面体现了中华民族童年时期的精神风貌。

**6. 《诗经》写出了那个时代的人生百态**

《诗经》的内容丰富多彩，写出了那一时代的人生百态。如《小雅·常棣》抒写兄弟友爱，《伐木》写宴请亲友聚会，体现了周人对家族血缘亲情的重视。写因为战争和徭役而产生的相思怀归之情，如《豳风·东山》和《王风·君子于役》。《周南·葛覃》写已婚女子准备回家看望父母，《召南·采蘩》《采蘋》写女子采集贡品用于宗庙祭祀，让我们看到了当时贵族女子的日常生活。《邶风·简兮》和《郑风·叔于田》两诗，描写了贵族武士跳舞和狩猎时的雄姿，让我们想见当时的尚武精神。《魏风·伐檀》讽刺那些不劳而获的"君子"，《硕鼠》表达了诗人向往美好生活的心声，《秦风·黄鸟》是对残暴落后的殉葬制度的强烈批判。《邶风·凯风》写有子七人仍不能将养老母，他们为"母氏劬劳"而自责；《小雅·蓼莪》写儿子深情地回忆父母的养育之恩，为自己不能报答其万一而呼天喊地。《唐风·葛生》写对已亡之人的痛切思念，为后世悼亡诗之祖；《秦风·渭阳》一诗，写秦康公送舅父重耳回家的依依不舍，开后世送别诗之先。《王风·黍离》饱含故国之思，《秦风·权舆》感伤今不如昔；《唐风·山有枢》要人及时行乐，《召南·小星》叹命运不公。这些诗篇体现了周人思想情感的复杂，表达了他们在世俗生活中的喜怒哀乐，也使《诗经》成为一部具有百科全书性质的生活经典，开掘不完的文化宝库。

**7. 《诗经》的感情高雅纯正**

《诗经》中的所有诗篇，其内容都质朴纯正。《诗经》是格调高雅的艺术。以爱情诗为例，有的表现一往深情，如《周南·关雎》："求之不得，寤寐思服。优哉游哉，辗转反侧。"有的表达互相敬重，如《卫风·木瓜》："投我以木瓜，报之以琼琚。"有的表现对爱情的专一，如《郑风·出其东门》："出其东门，有女如云。虽则如云，非我思存。缟衣綦巾，聊乐我员。"《诗经》是格调高雅的艺术，还因为内容的严肃高尚。在政治诗中，它表现的是贵族士大夫们对国家的关心，对腐朽现象的批判，如《荡》《桑柔》《雨无正》；在战争诗中，表现的是战士们保家卫国的决心，对入侵之敌的愤恨，如《秦风·无衣》："岂曰无衣？与子同袍。王于兴师，修我戈矛。与子同仇！"在宴飨诗中，表现的是君臣之间、亲属之间和乐的感情，如《小雅·鹿鸣》："呦呦鹿鸣，食野之苹。我有嘉宾，鼓瑟吹笙。"《伐木》："伐木丁丁，鸟鸣嘤嘤。出自幽谷，迁于乔木。"在农事诗里，表现的是对土地、庄稼、田园的热爱，对美好生活的赞美，如《周颂·载芟》《周颂·丰年》等。高尚的生活情趣和人生情感，本身就有教育人的重要作用。

**8. 《诗经》有高超的艺术手法**

《诗经》中常用的艺术手法为"赋""比""兴"。对此，古人有许多解释。通俗地说，赋就是直陈，比就是运用比喻，兴就是借物起兴。这三者的确是最常用的艺术手法，基本上可以概括《诗经》大部分诗篇的情况。直陈者如《氓》："氓之蚩蚩，抱布贸丝。匪来贸丝，来即我谋。"开篇就直述其事。比喻者如《硕鼠》："硕鼠硕鼠，无食我黍！三岁贯女，莫我肯顾。"把不劳而获的统治者比喻为大老鼠。起兴者如《关雎》："关关雎鸠,在河之洲。窈窕淑女,君子好逑。"由河中沙洲上雌雄和鸣的雎鸠,而联想到日夜思念的窈窕淑女。在这里,尤其是"兴"的使用最为引人注目。它有两种情况,一是借句起兴,兴句与后文没有多少意义关联,只有开头或起韵的功能。二是借物起兴,因景生情。这种兴法在《诗经》中使用最为普遍。如《郑风·野有蔓草》,以清晨沾满露珠的青草起兴,来映衬美人清扬宛转的体态容貌,表达自己"邂逅相遇"的快乐:"野有蔓草,零露溥兮。有美一人,清扬婉兮。邂逅相遇,适我愿兮!"有的诗比兴兼用,如《周南·桃夭》:"桃之夭夭,灼灼其华。之子于归,宜其室家。"诗人以繁茂的桃树和鲜艳的桃花起兴,同时也用以比喻新娘子如桃花般美丽,真是既贴切而又生动,可见诗人在写作技巧上已经达到了多么高的水平。其实,《诗经》所使用的艺术手法远不止"赋""比""兴"三种,还有排比、夸张、委婉、象征,等等。诗人立足于周代文化土壤,将艺术的描写和那个时代的文化紧密结合,创造了一幅幅绚丽多彩的生活景象。

### 9.《诗经》是有优美曲调的乐歌

《诗三百》在当时都是可以歌唱的。孔子说:"师挚之始,《关雎》之乱,洋洋乎盈耳哉!"《诗经》文本中还保留了许多歌唱的特征,需要我们从歌唱的角度认识,最典型的就是重章叠唱的形式。《国风》以二章、三章为主,《雅》诗以四章、五章以上为多。重章叠唱的形式多种多样:有的是一个曲调的重复,如《周南·樛木》,有的是一个曲调的后面有副歌,如《召南·殷其雷》,有的是一个曲调的前面用副歌,如《豳风·东山》,有的在一个曲调的几次重复之前,用一个总的引子,如《召南·行露》,有的在一个曲调的几次重复之后,用一个总的尾声,如《召南·野有死麕》,有的是两个曲调各自重复,连成一首歌曲,如《郑风·丰》,有的是两个曲调有规则地交互轮流,组成一首乐歌,如《唐风·采苓》。《诗经》的演唱形式也是多样的,有独唱,有合唱,有对唱。《诗经》中的对唱体有好多种形式,在一首诗中就会出现角色的变换。如《郑风·女曰鸡鸣》第一章是男女对唱,第二章是女子所唱,第三章是男子所唱。《齐风·鸡鸣》每一章都是男女对唱。《魏风·十亩之间》第一章和第二章为男女分唱。《周南·卷耳》第一章用女子口气吟唱,后三章用男子口气吟唱。《召南·野有死麕》前两章为男子所唱,后一章为女子所唱。《召南·采蘋》则每章都是用一问一答的形式对唱。《小雅》中的一些礼仪乐歌也是对唱。可以说,对唱体是《诗经》时代最有特色的一种诗体,在汉乐府中有所继承,也是有别于后世文人诗歌的重要一体。

### 10.《诗经》的语言运用独具特色

《诗经》以四言为主要诗体,虽然也有一些二言、三言、五言、六言、七言等诗句,还有个别的三言诗,但是它最主要的形式的还是四言体。之所以如此,是因为四言诗句式整齐,节奏鲜明,特别便于歌唱。典型的四言诗,每句由两个对称音组成,构成一个四言诗句。由两个四言诗句组合成一组对句,同样具有对称意义。再由两组对句组成非常完美的一章。如:"采采/

卷耳,不盈/顷筐。嗟我/怀人,置彼/周行。"我们今天读起来都感到特别上口。

与便于歌唱的四言体相适应,《诗经》的词汇也独具特色。《诗经》中使用了大量嗟叹词,如《陈风·宛丘》:"子之汤兮,宛丘之上兮。洵有情兮,而无望兮。"唱起来摇曳生情。《诗经》中运用了大量的语助词,以便构成整齐的诗行,如《召南·采蘩》:"于以采蘩?于沼于沚。于以用之?公侯之事。"《诗经》中的名词大多有具象化特征,特别形象生动,如《小雅·皇皇者华》写使臣出征,从第二章开始,每章都以所乘之马不同而开篇,"我马维驹""我马维骐""我马维骆""我马维骃",每个马名都具有形象性,"驹",指小马。"骐",青色而有黑色圆斑的马,白马黑鬣曰"骆",阴白杂毛曰"骃"。《诗经》中多用双声叠韵和重言形容词,用它们来描摹事物的声音与形貌,收到了极好的艺术效果,恰如刘勰所说:"'灼灼'状桃花之鲜,'依依'尽杨柳之貌,'杲杲'为出日之容,'瀌瀌'拟雨雪之状,'喈喈'逐黄鸟之声,'喓喓'学草虫之韵;'皎日''慧星',一言穷理;'参差''沃若',两字穷形:并情貌无遗矣。虽复思经千载,将何易夺?"《诗经》的词汇运用,达到了那个时代最高的艺术水平。

# 第四节 《诗经》的阅读方法

**1. 反复涵泳和背诵**

诗是有节奏有韵律的语言加强形式,中国古典诗歌的美,首先是语言和声音的体现。学习《诗经》的第一要义,是体会它的艺术之美,包括声音之美和意境之美,这些都必须在涵泳中才能有深刻体会。《诗经》又是以抒情为主的艺术,诗中丰富的思想情感,也只有在不断的涵泳中才能理解。"关关雎鸠,在河之洲,窈窕淑女,君子好逑。"这四句诗如果只是一般的读,读者不会有很深的体会。但是在不断的涵泳中,就会在读者的心中生出一种情境,在眼前浮现一幅画面,在心中产生联想,从而更好地理解诗意。诗人听到了关关的雎鸠叫声,它吸引了诗人的目光,于是寻着声音去找,发现它们正成双成对地栖息在河中的沙洲之上。这优美的画面,怎能不让诗人生发感动,由雎鸠的成双成对而想到自己心中思念的淑女,她也正是诗人所求的最好人生伴侣。原来在看似简单的四句诗中,竟有如此丰富的内容,里面竟包含着"起承转合"的写作章法。诗的第一句写听,第二句写看,第三、四句是生发的情感。可见,好诗需要涵咏,诗的语言精炼,形象生动,意蕴丰富,这些都要借助于涵泳而体会。

**2. 重视文字的训诂**

《诗经》又是古老的艺术,它的文辞古奥。哪怕是《国风》中的爱情诗,表面看起来通俗易懂,其实所包含的意义也很有可能和我们今天所理解的不同,更不要说《雅》《颂》了。所以要学好《诗经》,就要在字词章句上下功夫,一字一句,认真地学,不能马虎。还以《诗经》的第一首《关雎》为例。诗中的"君子",一般的人可能只是把它简单地理解为求偶的男子,其实"君子"这一词汇,在《诗经》时代不仅标志着一个人有较高的社会地位,还特指他们的品行高尚,它是那个时代男子的"美称"。它告诉人们,要想求"淑女"为婚,自己首先要做一个"君子"。"淑女"同样指品行美好的女子:"参差荇菜,左右流之。窈窕淑女,寤寐求之。"诗人之所以用采择"荇菜"起兴来写自己的求女,因为在水边采择荇菜,正是女子所应该操持的祭祀活动,也是在暗示这个美丽女子的品行贤淑。诗的第三章写诗人想象与淑女相亲相爱的情景:"琴瑟友之""钟鼓乐之",同样是富有情趣的高雅生活。所以,我们不能简单地把这首诗当作一般的爱情歌曲,它实际表达了周人对理想爱情的追求,对美好的婚姻生活的向往。我们要学习《诗经》,就要认真阅读前人的注释,了解一些关键词语的古字古义。《诗经》中还有一些看似平常的诗句,里面包含着丰富的文化内容,更需要我们掌握多种知识才能理解。如《唐风·绸缪》:"绸缪束薪,三星在天。今夕何夕,见此良人?子兮子兮,如此良人何?"这是一首贺婚诗。诗人为什么要以"绸缪束薪"和"三星在天"作为比兴开端?原来周代社会举行结婚典礼是在晚上,需要把薪柴捆扎起来当作火把,此即"绸缪束薪",它意味着婚礼的隆重。结婚的季节一般都在秋冬,三星即参星,是冬季夜晚天空中最亮的星座,此即"三星在天",意味着结婚的时间。明白了古代的文化习俗,我们才会更好地理解此诗,原来它所写就是当时举行婚礼的真实情景,有着浓郁的生活气息。

**3. 掌握它的乐歌特征**

《诗经》是可以歌唱的乐歌,我们要从乐歌的角度了解它的章法结构,注意它与后代诗歌的不同。乐歌的重要特征是重章叠唱,在重复的章法结构里,对中心词语的理解和把握就显得特别重要。如《周南·芣苢》,一章言:"采采芣苢,薄言采之。采采芣苢,薄言有之。"二章言:"采采芣苢,薄言掇之。采采芣苢,薄言捋之。"三章言:"采采芣苢,薄言袺之。采采芣苢,薄言襭之。"一首诗中只换了"采""有""掇""捋""袺""襭"六个动词,其余都是重复。但是,就是这个六个动词,就把采芣苢的整个劳动过程描述下来,第一章是总括描写。"采"是前去采摘,"有"是采回收藏。第二章写采拾之状。"掇"是从地上拾取,"捋"是以手轻握植物的茎顺势脱取。第三章写采时如何存放。"袺"是兜起衣襟来装,"襭"是将衣襟掖到腰间以便装得更多。可见,在这种看似简单的重章叠唱中,其实包含着高超的技巧,这就是歌的艺术,歌的章法。就这样通过几个中心词语的变换,描绘出一幅生动的画面,给读者提供了丰富的想象空间。清人方玉润说:"读者试平心静气,涵泳此诗,恍听田家妇女,三三五五,于平原绣野、风和日丽中,群歌互答,余音袅袅,若远若近,忽断忽续,不知其情之何以移而神之何以旷。则此诗可不必细绎而自得其妙焉。"掌握了《诗经》的乐歌特征,我们才能更好地理解《诗经》与后世诗歌的不同,更好地欣赏其艺术之美。

所以，反复涵泳体会、重视文字训诂、掌握乐歌特征，就是我们学习《诗经》的基本方法，也是最佳方式。从学习步骤来讲，由于《诗经》文辞古奥，我们最好先选择现代人所著的简明注本，先弄懂大意。然后再仔细阅读，循序渐进，看一些古人的经典注本，比如先看朱熹的《诗集传》。再进一步，要对《诗经》做一点儿研究，就一定要看孔颖达的《毛诗正义》，读一些当代人的研究论著。再进一步，则需要参考阅读先秦两汉的文史经典。相信大家按照这个步骤学习，一定会对《诗经》越来越感兴趣。

## 第五节　《诗经》的版本选择

《诗经》在先秦是"六经"之首，历代研究著述无数，依时代为序，介绍以下几部著作：

1. ［汉］毛亨传，［汉］郑玄笺，［唐］孔颖达疏《毛诗正义》。

这里面其实包括三部著作，一是西汉人毛亨和毛苌所作的"传"，全名叫《毛诗诂训传》。汉代传习《诗经》的学者很多，最著名的有齐、鲁、韩、毛四家。汉代以后，三家《诗经》学逐渐衰落，只有《毛诗》一家完整地传承下来。《毛传》重视对文字的训诂，有关《诗经》文字的古义靠此书得以流传，后人方能读懂，因此这是我们学习研读《诗经》最经典注本。二是东汉人郑玄在《毛诗诂训传》基础上所作的笺注。郑玄推重和发扬《毛诗》之学，同时又吸取了齐、鲁、韩三家的优长，在文字训诂和文物典章制度的训释上对《毛传》多有补充，从此使毛诗取代三家诗而广为流传。三是唐人孔颖达在二者基础上所作的《毛诗正义》，也就是对"传"与"笺"的注释再进行更加细致的解说。《正义》在解释《诗经》方面没有多少独立的见解，但是却搜集了大量的文献资料以补充"传""笺"之说，是唐以前《诗经》学研究的集大成之作。这三者合在一起，是我们今天学习和研究《诗经》的最重要著作。它被收入清人阮元所编的《十三经注疏》之中，现有多种版本传世。如中华书局影印《十三经注疏》本、北京大学出版社新校点本、上海古籍出版社新校点本等。

2. ［宋］朱熹《诗集传》。

这是宋代《诗经》学的代表性著作。以孔颖达《毛诗正义》为代表的唐代《诗经》学著作，虽然保存了大量的古字古义和文物典章制度等资料，但是在《诗经》文本的阐释中也存在着以诗附史、穿凿附会的缺陷，淹没了许多作品的本义。宋人开始对汉唐《诗经》学进行批判，力求恢复《诗经》本义，摆脱烦琐附会的风气，朱熹的这部著作就是其中的代表。他打破了《毛诗》学派的学术阐释体系，重视诗之为诗的文学特质，重新对其进行阐释。同时，他又合理地吸收了汉唐《诗经》学的优秀成果，将后世难明的先秦文物典章制度和语词训释，用简明的语言表述出来,令人耳目一新。因此,朱熹《诗集传》一书,不仅是宋代研究《诗经》的代表性著作,而且还是连接汉唐与后代《诗经》学的津梁。至今仍是我们学习《诗经》的必读文本。现有上海古籍出版社和中华书局等多种新标点本。当然,朱熹的著作中也有明显的时代印记,如对封建礼教的维护和对爱情诗的批评甚至诋毁,需要我们认真辨析。

3. 高亨《诗经今注》。

现当代《诗经》学注本众多,高亨此书注释简明,深入浅出,易于阅读。作者有很高的古文字功底和文化修养,又具有独立思考的精神,能在吸收旧说的基础上提出新见。但有时刻意求新,立论欠稳,在阅读时需要注意。该书由上海古籍出版社于1980年出版。

4. 陈子展《诗经直解》。

此书重视对前人研究成果的吸收,注重学术史的梳理,资料比较丰富。每一首诗由正文、译文、评析、按语和简注五部分组成,另外在每篇题下列有《毛诗序》原文,注重传统与现代的比较,在前人研究成果的基础上时有新见。其优长是立言谨慎,由此而显出的不足之处是有些地方拘泥旧说。该书由复旦大学出版社于1983年出版。

5. 褚斌杰《诗经全注》。

这是一个面向普通读者的简明《诗经》注本。能吸收古今注家之长,并将其通俗化,字词训诂注释简明,诗义阐释立言稳妥。适合一般读者学习阅读。该书由人民文学出版社于1999年出版。更深入的学习,则要在此基础上参看其他著作。

# 第六节 《诗经》经典选文

《诗经》305篇作品内容丰富,题材多样。此处我们选录《国风》《小雅》《大雅》和《商颂》各一首,以略睹其貌。

## 一、关雎①

这是一首抒写男女情爱的诗,写一个男子追慕一位美丽贤淑的女子。他日思夜想,不能忘怀,渴望有一天,能与她成为夫妇,相亲相依,共享和谐美满的幸福生活。

男女情爱是诗歌的永恒主题,古老的中华民族,从传说中的远古时代就开始了男女之情的歌唱。由理想的男女情爱而建立起来的婚姻,也是家庭生活幸福与社会和谐稳定的基础,在以家族血缘关系为基础建立起来的中国古代社会里,其意义更为重要。在两千五百多年前编成的中国第一部诗歌总集里,就把这首诗放在第一的位置,可见古人对它的重视。诗的表达流畅自然,优雅得体,情景描摹尤其生动。全诗分为三章。第一章四句,写诗人见景生情,他看到了河中沙洲上有一对雌雄和鸣的雎鸠,于是就想到了那位美丽贤淑的姑娘,那正是他心中理想的配偶。第二章八句,写诗人追求淑女不得的情景,其寤寐思服、辗转反侧的描写,最为传神。第三章八句,写诗人与淑女琴瑟相乐的和美、钟鼓庆婚的隆重,场景描写又特别温馨、热烈。诗虽简短,却将抒情、描写融为一体,而且构成一个从相思、追慕到相悦、婚庆的完整叙事。既是现实的描摹,又是浪漫的想象,令人回味无穷。

如果将这首诗放入中国文化的层面来看,更有特殊的韵味。它既表达了人类对美好的婚姻爱情的普遍渴望,又寄托了中国人的文化理想。诗中所言君子,在中国文化中特指那些品质高尚的优秀男人,淑女则特指那些符合中国文化理想的美丽贤淑女子。诗中将女子的形象定格在采择荇菜的场景之中。荇菜既是一种可食的植物,更是古代祭祀时必备的祭品。而采择荇菜以供食用和祭祀,正是古代女子的职责所在。所以,用"左右流之""左右采之""左右芼之"来描摹女子采择荇菜的劳动,正暗示着这才是诗人心目中的"窈窕淑女",既美丽贤淑又勤劳持家,这体现了诗人审美观的高尚。这样的女子怎能不叫人"寤寐思服"?同样,"琴瑟"在中国古代文化中也不是一般的乐器,而是君子用以修养身心的高雅器物。诗人想象用"琴瑟友之"的方式与淑女进行心灵的交流,结为知音与好友,这更是一种高境界的爱情表达,是一种高尚的生活理想。与这样的女子结为婚姻,怎能不"钟鼓乐之"!也正因为如此,在特别重视家庭婚姻的周代社会,才把这首诗放在《诗经》篇首,认为它有"正夫妇、厚人伦、美教化、移风俗"的作用。

这首诗在创作构思上也体现了中国诗歌的古老传统。诗人通过眼前所闻所见的雎鸠和鸣而生发联想,抒写自己的相思之情,这种方式在中国传统文化中叫作"兴",这是将自然外物拟人化,反过来又用来进行自我观照的一种特殊文化思维。这使得中国诗歌有一种特殊的"美",丰富的、细腻的人类生活情感,在中国诗歌中往往是通过那些描写客观物象的诗句而得到深刻表现的。《诗经》正是这一传统形成的开始,对后世中国诗歌影响深远。

关关雎鸠[②],在河之洲[③]。窈窕淑女[④],君子好逑[⑤]。

参差荇菜[⑥],左右流之[⑦]。窈窕淑女,寤寐求之[⑧]。求之不得,寤寐思服[⑨]。悠哉悠哉,辗转反侧[⑩]。

参差荇菜,左右采之[⑪]。窈窕淑女,琴瑟友之[⑫]。参差荇菜,左右芼之[⑬]。窈窕淑女,钟鼓乐之[⑭]。

**注**
① 此为《诗经》的第一篇,属于十五国风中的《周南》。
② 关关:雌雄雎鸠的和鸣声。雎(jū)鸠:一种水鸟。相传这种鸟雌雄情意专一。诗以雎鸠和鸣发端,兴起君子对淑女的追慕。
③ 洲:水中陆地。
④ 窈窕(yǎo tiǎo):体态娴美的样子。淑:品行善美。
⑤ 君子:古代对男子的美称。好逑(qiú):爱侣,佳配。逑,配偶。
⑥ 参差(cēn cī):长短不齐的样子。荇(xìng)菜:一种水生植物,可以食用。
⑦ 流:择取。这句形容女子在水中择取荇菜时向左向右的情状。
⑧ 寤寐(wù mèi):醒和睡。这里指男子日夜追慕自己的心上人。
⑨ 思服:思念。
⑩ "悠哉"二句:男子思念不已,在床上翻来覆去而不能安睡。悠,悠长,指情思绵绵不尽。
⑪ 采:采摘。
⑫ 琴瑟(sè):古代的两种弦乐器。友:亲密相爱。这是描写男子在想象中与淑女欢聚的情景。
⑬ 芼(mào):择取。"流""采""芼",皆指采择荇菜的动作。
⑭ "钟鼓"句:敲钟击鼓使她快乐。这是设想钟鼓喧喧的热闹婚礼场面。

## 二、鹿鸣①

**解题**

这是周代社会君王宴享群臣所用之乐歌,也用于周代贵族社会的宴飨礼仪。全诗三章,首章以林野间的鹿鸣起兴。鹿的性情温和,古人认为是仁义之兽,发现丰盛的肥草之时必呼朋引伴。诗人用以为比,说明主人若有好的酒食,也一定会与嘉宾共享。他不但以鼓瑟吹笙的方式欢迎嘉宾,送上礼品,表达了主人对嘉宾之爱,同时也希望能得到喜宾的惠爱,为自己指明正确的方向。第二章重点写嘉宾有美好的品格,第三章写宴饮场景的快乐。宾主之间就在这种互敬互爱、和乐融洽的气氛下宴会畅饮。全诗语言文雅,韵律和谐,情调欢快,韵味深长,鲜明地体现了周代社会的礼乐文化精神。

周代社会特别重视礼乐文化,《诗经》的产生和编辑与当时的礼乐文化紧密相关,特别是雅颂类作品,大都是用于当时各种礼仪活动之中,是配乐演唱的乐歌。《鹿鸣》作为《小雅》的第一首作品,在周代礼乐文化中有特殊重要的地位,是具有代表意义的作品,在后世也影响深远。曹操的《短歌行》就以此诗的四句开头,表现了作者求贤若渴之情。"鹿鸣"也成为中国文化中一个鲜明的文化意象。时至今日,全国各地的好多饭店,常以"鹿鸣""鹿鸣春"等为名。

呦呦鹿鸣,食野之苹②。我有嘉宾③,鼓瑟吹笙。吹笙鼓簧④,承筐是将⑤。人之好我⑥,示我周行⑦。

呦呦鹿鸣,食野之蒿⑧。我有嘉宾,德音孔昭⑨。视民不恌⑩,君子是则是效⑪。我有旨酒⑫,嘉宾式燕以敖⑬。

呦呦鹿鸣,食野之芩⑭。我有嘉宾,鼓瑟鼓琴。鼓瑟鼓琴,和乐且湛⑮。我有旨酒,以燕乐嘉宾之心⑯。

**注**

① 本篇选自《诗经·小雅》,这是君王宴饮群臣宾客的诗。
② 呦(yōu)呦:鹿的鸣叫声。苹:一种野生植物。据说,鹿觅得食物后,即呼叫同类,一起享用。这两句以鹿鸣起兴,表示诚恳招饮之情。
③ 嘉宾:贵客,指群臣。
④ 鼓簧:鼓动笙簧。簧,笙管中发声的舌片。
⑤ 承:用手捧举。筐:指盛币、帛礼品的竹器,亦称作筐。是:此。将:送。这句是说,捧着盛币帛的筐送给宾客。
⑥ 人:指群臣嘉宾。好我:爱我。
⑦ 示:告诉。周行:大道,引申为治国的道理、途径。
⑧ 蒿:青蒿,有香味。
⑨ 德音:美誉。孔:很,非常。昭:昭著。这两句是赞美群臣宾客有光明的品德和言行。
⑩ 视:同"示"。恌(tiāo):同"佻",轻薄,轻浮。
⑪ 则:原则,法则。效:仿效。
⑫ 旨酒:美酒。
⑬ 式:语助词。燕:通"宴",宴饮。敖:同"遨",游玩。
⑭ 芩(qín):蒿类植物。
⑮ 和乐:和谐快乐。湛(chén):深,长久。
⑯ "以燕"句:以宴饮愉悦嘉宾之心。

## 三、生民①

这首诗记述了周民族始祖后稷的诞生及其发明农业的故事,带有浓郁的神话色彩。稷的本义是一种谷物,他的母亲是大地——周民族的发祥地姜水平原,"周"民族的"周"字本义是田畴,可见,关于周人祖先后稷诞生和他发明农业的故事,其实就是周民族早期发展的一个历史缩影。因为农业的发明过于伟大,所以周人便把它神圣化,并由此而塑造成一位民族英雄。讴歌后稷诞生的神奇和他发明农业的功绩,客观上也就赞颂了周民族的勤劳智慧。诗分三大部分,前三章是说后稷降生的神奇,他是大地母亲的孕育,同时也是上帝的恩赐。中间三章说的是后稷发明农业、定居有邰的过程,说明后稷对周民族发展所做出的巨大贡献。最后两章表达了周人对上帝的感谢和对幸福生活的祈祷。全诗描写生动,想象力丰富,具有浓厚的生活气息,同时又充满了浪漫神奇色彩。

厥初生民,时维姜嫄②。生民如何?克禋克祀③,以弗无子④。履帝武敏歆⑤,攸介攸止⑥,载震载夙⑦。载生载育⑧,时维后稷⑨。

诞弥厥月⑩,先生如达⑪。不坼不副⑫,无菑无害⑬,以赫厥灵⑭。上帝不宁,不康禋祀,居然生子⑮。

诞寘之隘巷⑯,牛羊腓字之⑰。诞寘之平林,会伐平林⑱。诞寘之寒冰,鸟覆翼之。鸟乃去矣,后稷呱矣⑲。实覃实訏⑳,厥声载路㉑。

诞实匍匐㉒,克岐克嶷㉓。以就口食㉔。蓺之荏菽㉕,荏菽旆旆㉖。禾役穟穟㉗,麻麦幪幪㉘,瓜瓞唪唪㉙。

诞后稷之穑,有相之道㉚。茀厥丰草㉛,种之黄茂㉜。实方实苞㉝,实种实褒㉞。实发实秀㉟,实坚实好㊱。实颖实栗㊲,即有邰家室㊳。

诞降嘉种㊴,维秬维秠㊵,维穈维芑㊶。恒之秬秠㊷,是获是亩㊸。恒之穈芑,是任是负㊹。以归肇祀㊺。

诞我祀如何?或舂或揄㊻,或簸或蹂㊼。释之叟叟㊽,烝之浮浮㊾。载谋载惟㊿,取萧祭脂㉛,取羝以軷㉜,载燔载烈㉝,以兴嗣岁㉞。

卬盛于豆㉟,于豆于登㊱。其香始升,上帝居歆㊲。胡臭亶时㊳。后稷肇祀。庶无罪悔,以迄于今㊴。

注 ① 选自《诗经·大雅》,这是对周人始祖后稷的颂歌。
② "厥初"两句:起初诞生周民族始祖的是姜嫄。时,这。维,是。姜嫄(yuán),周始祖后稷的母亲。姜是姓,嫄是谥号,亦作"原",取本原之义。
③ 克:能够。禋(yīn)祀:祭天祀神之礼。

④ 以弗无子：祭祀上帝以求生子。弗，借为"祓"(fú)，祭祀以除去不祥。
⑤ 履：踩。帝：天帝。武：脚印。敏：借为"拇"，足大拇指。歆(xīn)：同"欣"，欣然有所动。这句谓姜嫄因踩天帝脚印的大拇指而感应怀孕。
⑥ 攸：于是。介：借为"愒"(qì)，休息。止：止息。
⑦ 载：语助词。震：借为"娠"(shēn)，怀孕。夙：同"肃"，生活肃谨。
⑧ 生：分娩。育：哺育。
⑨ 后稷：周民族的始祖，名弃；他发明农业，故尊称"稷"。稷，谷类。
⑩ 诞：发语词。弥厥月：怀孕足月。弥，满。
⑪ 先生：头胎生。如：同"而"。达：顺达，指胎儿生得很顺利。
⑫ 不坼(chè)不副(pì)：分娩时产门没有破裂。坼，破裂。副，裂开。
⑬ 菑：古"灾"字，此句是说母子都平安。
⑭ 赫：显示。厥：其，指后稷。灵：灵异。
⑮ "上帝"三句：难道上帝不悦，没有安享我的祭祀，让我这样顺利地生了一个儿子？这是姜嫄自疑之辞。不宁，不安，此指不悦。康，安，安享。居然，徒然。
⑯ 诞：发语词。寘：同"置"，弃置。隘巷：狭窄的小巷。
⑰ 腓(féi)：庇护。字：哺乳。
⑱ "诞寘"两句：准备弃之树林，正好碰上有人在砍树，不便丢弃。会，恰好碰上。
⑲ 呱：小儿啼哭声。
⑳ "实覃"句：后稷的哭声又长又宏亮。实：同"是"，这样。覃(tán)：长。訏(xū)：大。
㉑ 载路：哭声闻于路。
㉒ 匍匐：伏地爬行。
㉓ 岐：知意，会解人意。嶷(ní)：识别事物。
㉔ 以就口食：能自己寻找食物。就，趋往。
㉕ 蓺：同"艺"，种植。荏菽：大豆。
㉖ 旆(pèi)旆：枝叶茂盛的样子。
㉗ 禾役：借为"禾颖"，禾穗。穟穟(suì suì)：禾穗沉甸下垂的样子。
㉘ 幪(měng)幪：茂密的样子。
㉙ 瓞(dié)：小瓜。唪(běng)唪：果实累累的样子。
㉚ "诞后稷"两句：后稷收获庄稼有其方法。穑，收获庄稼。相，助。道，方法。
㉛ 茀(fú)：拔除。丰草：长得很茂盛的杂草。

第六章 惟德是辅——《诗经》导读 137

㉜ 黄茂：嘉谷。

㉝ 方：通“放”，刚萌芽出土。苞：禾苗丛生。

㉞ 种（zhǒng）：禾苗出土时短而粗壮。褎（yòu）：禾苗渐渐长高。

㉟ 发：禾茎发育拔节。秀：禾苗吐穗开花。

㊱ 坚：谷粒灌浆饱满。好：谷粒形色美好。

㊲ 颖：禾穗下垂。栗：谷粒繁多。

㊳ 即：就，往。邰（tái）：地名，在今陕西武功西南。家室：安家定居。

㊴ 降：天降，天赐。嘉种：优良的品种。

㊵ 秬（jù）：黑黍。秠（pī）：黍的一种，一个黍壳中育有两个米粒。

㊶ 穈（mén）：谷子的一种，初生时叶赤。芑（qǐ）：一种白粒的高粱。

㊷ 恒之秬秠：田里种满了秬秠。恒，通“亘”，遍，满。

㊸ 获：收割。亩：庄稼收割后堆放在田里。

㊹ 任：抱。负：背。

㊺ 归：把谷物收回家。肇（zhào）：开始。祀：祭祀。

㊻ 或：有人。舂（chōng）：舂米。揄（yóu）：把舂好的米从臼（jiù）中舀出。

㊼ 簸：扬去米中的糠皮。蹂（róu）：通“揉”，揉搓，使米更精细。

㊽ 释：淘米。叟叟（sōu sōu）：淘米声。

㊾ 烝：同“蒸”。浮浮：蒸煮时热气升腾的样子。

㊿ 谋：计划。惟：思虑。

(51) 取萧祭脂：祭祀时以香蒿和牛肠脂合烧，香气缭绕。萧，香蒿，今名艾。脂，牛肠脂油。

(52) 羝（dī）：公羊。軷（bá）：祭祀路神之礼。古人在郊祀上帝前，先祭路神。

(53) 燔（fán）：烧。烈：烤。这句是说，把萧、脂、羝羊放在火上烧烤，以供神享。

(54) 兴：兴旺。嗣（sì）岁：来年。

(55) 卬（áng）：我。豆：一种高脚食器，祭祀时用以盛各种祭品。

(56) 登：一种食器，似豆而浅。

(57) 上帝居歆：上帝安然享受祭品。居，安。歆（xīn），享用。

(58) 胡臭：浓烈的香气。胡，大。臭，气味。亶（dǎn）：确实。时：善，好。

(59) 庶：幸而。迄：至。以上三句是说，后稷始创的祭祀礼仪，幸而没有获罪于天，一直延续至今。

## 四、那①

### 解 题

《诗经》中的《周颂》《鲁颂》《商颂》都是用于宗庙祭祀的乐歌。此为《商颂》第一首,是殷商后裔祭祀先祖成汤的宗庙乐歌。古人举行祭祀的目的,就是通过取悦祖先的方式,祈求得到他们的福佑,带来生活的幸福。所以在祭祀中都要伴有大型的歌舞。据考古发掘,殷商时代已经有大量的乐器产生,非常精美,还有不少专门从事歌舞的乐人。相关的先秦文献也多有记载。这首乐歌就生动地把这一场景展现在我们面前,祭祀者带着恭敬虔诚的心情,祈福于先祖先王,跳着婀娜多姿的舞蹈,手里还摇动着小鼓,磬管齐鸣,钟鼓并作,场面宏大。让我们一睹三千多年前的殷商王朝宗庙祭祀盛况,实属珍贵难得。

猗与那与②!置我鞉鼓③。奏鼓简简④,衎我烈祖⑤。汤孙奏假⑥,绥我思成⑦。鞉鼓渊渊⑧,嘒嘒管声⑨。既和且平⑩,依我磬声⑪。於赫汤孙⑫!穆穆厥声⑬。庸鼓有斁⑭,万舞有奕⑮。我有嘉客⑯,亦不夷怿⑰。自古在昔⑱,先民有作⑲。温恭朝夕⑳,执事有恪㉑,顾予烝尝㉒,汤孙之将㉓。

**注** ① 选自《商颂》,这是一首祭祀殷商开国之王成汤的乐歌。
② 猗那(ē nuó):同"婀娜",美丽多姿的样子。与:同"欤",感叹词。
③ 鞉(táo)鼓:一种有柄的小摇鼓。
④ 奏鼓:击鼓。简简:鼓声。
⑤ 衎(kàn):快乐。烈祖:有功业的祖先。此句为用歌舞取悦先祖,让他们快乐。
⑥ 汤孙:成汤的孙子,诗中的主祭者。奏假:请祖先的神灵降临。
⑦ 绥:通"馈",赐予。思:所思所想,愿望。成:实现。
⑧ 渊渊:形容鼓声深远。
⑨ 嘒嘒:声音清亮。管:管类乐器。
⑩ 既和且平:形容乐声和谐舒畅。
⑪ 依:依从。磬声:玉磬敲打的声音节奏。
⑫ 於(wū):感叹声。赫:显耀。
⑬ 穆穆:乐声和美。
⑭ 庸:借为"镛",大钟。斁(yì):盛大的样子。这句是说钟鼓齐鸣,声音洪大。

⑮ 万舞：古代的大型舞蹈，包括武舞（干舞）和文舞（羽舞）。有：语助词。奕：舞姿美好的样子。

⑯ 嘉客：前来助祭的人。

⑰ 不，通"丕"，大。夷怿：喜悦。

⑱ 自古：自古以来。在昔：指在遥远的过去。

⑲ 先民：远古祖先。作：开始举行祭祀。

⑳ 温恭朝夕：从早到晚都保持温和恭敬。

㉑ 执事：从事祭祀者。恪：恭敬。

㉒ 顾：光顾。顾予：指神灵降临享用祭祀。烝、尝，古代祭祀之名。冬祭为烝，秋祭为尝。

㉓ 将：献祭。

# 第七章 孝为德本——《孝经》导读

刘增光(中国人民大学)

**作者小传:** 刘增光,中国人民大学哲学院副教授、中哲教研室主任,学术兼职有中华孔子学会理事、中国曾子研究会理事。专业为中国哲学,主要研究领域为儒学(尤其是宋明理学)、经学史(尤其是《孝经》学)。获中国人民大学哲学院与比利时根特大学汉学系联合培养双学位博士,曾在复旦大学哲学学院做博士后研究。有专著《晚明〈孝经〉学研究》、译著《〈道德经〉的哲学》(再版更名为《东西之道:〈道德经〉与西方哲学》)。主持国家社科基金项目、教育部人文社科基金项目、博士后基金项目等5项。

# 第一节 《孝经》缘何成为经典

《孝经》很可能是第一部称"经"的经典,汉代时,《孝经》与六经并称"七经";唐代时,《孝经》又为官方的教科书;到了宋代,《孝经》又位列"十三经"之中,而"十三经"的说法一直沿用到现在,与"二十五史"的称呼,一经一纬,构成了我们认识中国传统典籍的基本框架。从先秦至现代,历代都不乏知识分子以《孝经》为经典中之经典的说法。比如东汉大儒郑玄说《孝经》是"六经之总会",近代革命者、思想家章太炎说《孝经》是"经中之纲领"。从《孝经》采取孔子、曾子问答形式来看,很可能是孔子口授曾子之书,虽然后世对于《孝经》的作者问题众说纷纭,但至少在秦汉之际,《孝经》已被视为儒家学派的重要典籍,否则不会以短小之篇幅,能有如此广泛之流传。

《孝经》之所以在历史上成为中国人所共尊的经典,有着多重原因。一、孝为中国文化的核心,是中华民族漫长历史中积淀下来的文化心理。儒家思想塑造了中国几千年的文化传统,而孝正是儒家思想的要义。在儒家思想的浸润之下,孝是中国人评判一个人是否有道德的基本标准也是最高标准,孝也是中国人教育、教化思想的重心所在。而强调孝的基础与核心地位,以及由此阐发德性的养成和教化的效用,应该说《孝经》最为精简而切实。二、《孝经》中体现了中国人历来所向往的理想政治、社会图景,是中国文化中乌托邦情结的体现,此即"以孝治天下",《孝经》中描绘最高统治者一定是大孝之人,能够体贴百姓民生之所需,从而实现"民用和睦""天下和平"、上下欣悦的理想社会。三、《孝经》也承载了中国人的宗教意识与历史意识。《孝经》中说"则天因地",中国人自古认为天地是人的"大父母",父母生我,而天地则是整个人类的父母,人生在世,面朝天,背靠地,孝敬父母也就意味着敬畏天地、善待自然。父母对子女的生养教化,子女对父母的顺承与赡养,正是一种传承,这种传承也就是生命的相续不已,精神的绵绵不绝,中国人正是在此意义上理解生死,生死就是"死生",是"生生不已"。所以《孝经》最后言:"生民之本尽矣,死生之义备矣,孝子之事亲终矣。"总体而言,"孝"最能体现中国文化的世俗化品格,这种世俗化的追求也正是现世人生的理想所在,集"高明"和"中庸"于一体,正是中国文化与思维的特点。

我们今天为什么要学习《孝经》,学习《孝经》的目的是什么?可以用《孝经》首章"立身行道"一语作答。"立身"指个体的修身、成长,"行道"则意味着每个人都不是孤立的个体,而是生活于家庭,身处于社会共同体中,因此,个体价值与社会福祉是互相成就的,正如《中庸》所说"成己成物"。但在成己和成物、个体和社会之间须有一桥梁,即家的存在。唯有通过家庭,个体才能真切体会到人与人之间的情感联结,克服孤独与虚寂,《孝经》崇孝重家,其因在此。每个人都要成家立业,每个人都是"不离家"的存在;不在家、离家是暂时的,回家、在家才是恒久的。以孝立身、成家、立业,贯通个体、家庭与社会,实现个体生命价值的"无入而不自得",这是学习《孝经》的终极目的。

## 第二节 《孝经》流传的历史与故事

《孝经》一书极为特别,从书名上来看,《孝经》是十三经中唯一一部书名中带有"经"字的书。其他的十二经,不论是《易》《书》《诗》《礼》《春秋》《论语》《孟子》,等等,名称中都无"经"字,其有"经"字也是在后世约西汉时为人所添加,比如将《易》称为《易经》,《诗》称作《诗经》,这也成为了我们今天的习惯称呼。因此,从汉代到清代都有知识分子不断指出,《孝经》是最早称经的儒家典籍,要早于六经之称"经"。而之所以称"经",其原因则可在《孝经》文本中找到,《三才章》载孔子说:"夫孝,天之经也,地之义也,民之行也。"天经、地义、民行,取三者中最大的天经为名,即是"孝经"。《孝经》的成书,按照西汉司马迁《史记》的记载,是孔子口授他的弟子曾子所作,而按照东汉班固《汉书》的记载,则是孔子所作,只不过在文体上假借孔子、曾子问答的形式进行叙述。不论是按照哪一种说法,《孝经》都与孔子有关,因此可以毫无疑问地说,《孝经》是儒家学派的作品。

根据《汉书·艺文志》的记载,汉代时流传的《孝经》有两个版本,一是用当时通行的隶书文字书写的《孝经》,一是用春秋战国时期的古文字书写的《孝经》,前者又被称作《今文孝经》,后者为《古文孝经》。《今文孝经》十八章,共一千八百多字,《古文孝经》二十二章,则是二千多字。但是二者内容的差别其实很小,比如《今文孝经》曰:"夫孝,德之本,教之所由生。""死生之义。"《古文孝经》则谓:"夫孝,德之本也,教之所由生也。""死生之谊。"二者最大的差别在于:《古文孝经》的经文多出了第十九章《闺门章》,其内容为:"子曰:闺门之内,具礼矣乎!严亲严兄。妻子臣妾,犹百姓徒役也。"按照常理,《古文孝经》是以春秋战国的古文字写就,那就应该更为可靠和真实,但是在汉代,人们所传习和认可的是《今文孝经》,而非古文,个中缘由在于《古文孝经》的来历非常可疑。据说在秦始皇统一天下后,"焚书坑儒",孔子的第九代孙孔鲋闻知这一举动,迅速将家中祖传的《论语》《孝经》《尚书》等典籍藏在墙壁的夹层中。后来,孔鲋投身反抗秦朝暴政的义军中,忧愤成疾,他病逝后,孔府家宅的壁中藏书也就成了秘密。直到汉武帝时,鲁恭王刘余扩建宫室苑囿,便将孔子的故宅拆毁,拆除这段墙壁时,忽然听到墙中发出丝竹音乐之声,鲁恭王很害怕,便停止了拆除的工作。由此,这批典籍重见天日。但是这批典籍中是否有《孝经》,当时的记载却是有疑问的,所以无法确定《古文孝经》是否为真。西汉刘向曾校对整理当时宫廷的藏书,也是以《今文孝经》为本,我们今天所见《孝经》正是经过刘向校理的。汉代标榜"以孝治天下",除却西汉开国皇帝刘邦和东汉开国皇帝刘秀外,其他帝王的谥号中都有"孝"字,如"孝文帝""孝武帝""孝宣帝"。据此可见,汉代是《孝经》流传的重要时期。有一件看似荒谬的事情恰可以说明《孝经》在当时被人尊崇得无以复加。汉末张角作乱,有一位叫向栩的人提出建议:"不须兴兵,但遣将于河上,北向读《孝经》,贼自消灭。"这就是以《孝经》退兵的典故,读来不由让人捧腹大笑。这一荒诞行为的背后却正是因为《孝经》言及孝的效应是"天下和平,灾害不生,祸乱不作"。因此荒诞背后所含藏的是人们对美好生活与和谐社会的希冀。

自汉至唐,《孝经》的地位不断提升,其中的一个表现便是多位帝王曾为《孝经》作注解,比如梁武帝有《孝经讲疏》,唐玄宗有《孝经御注》,这体现出了《孝经》在高层宫廷内的传播有着相当大的影响力;玄宗为了解决《今文孝经》与《古文孝经》孰优孰劣的问题,还亲自召集群臣儒者讨论,仍然没有定论,最后才自己作注。借助帝王巨大的影响力,《孝经御注》广被天下。这一时期的另外一个特殊现象是佛教与儒家围绕《孝经》展开辩论。佛教主张剃发出家、离开尘世,由此就不免落于"无父无君"的指责,而儒家以及世俗伦常最重忠孝。史书记载,六朝时期的皇侃作有《孝经义疏》:"侃性至孝,常日诵《孝经》二十遍,比拟《观音经》。"正可见佛教与《孝经》思想在发生融合,《孝经》也有着犹如佛典一样的效用。另外,脍炙人口的《兰亭集序》的作者东晋王羲之曾手书《孝经》,这一作品曾为唐玄宗所收藏。而唐代著名诗人贺知章也曾手书《孝经》,这表明《孝经》与当时书法艺术的发展有着密切关系,古人以为德艺相通,因此陈述至德要道的《孝经》也就往往为文人雅士的书法绘画所取材。及至宋元时代,《古文孝经》一跃而为人所推崇,如北宋司马光写作《古文孝经指解》,朱熹写作《孝经刊误》,均以古文为本。宋代儒者之所以尊崇古文,其主要原因在于对唐代政治与思想之不满,玄宗《孝经御注》遵从今文,结果发生了马嵬之变、安史之乱,宋元时代的知识分子普遍认为,这正是玄宗忽视《闺门章》、不注意家庭内的修身,才导致的严重后果。再联系唐太宗的玄武门之变,使得宋元人认为唐人不讲礼义,其行为并不合于孝,因此转而重视《古文孝经》。宋代帝王亦颇重《孝经》,如北宋宋太宗手书《孝经》颁赐臣下,南宋宋高宗曾草书《孝经》。另外,宋代著名画家李公麟曾为《孝经》作画,元代郭居敬则选取二十四个孝亲故事而成"二十四孝",如今在中国的很多旅游景区都能看到二十四孝的图画,以及类似的衍生艺术品,可见其影响之深广。明清时期,《孝经》的流传更加广泛,明太祖朱元璋有"圣谕六言",首句即是"孝顺父母,尊敬长上",这一官方的宣言在士民阶层中掀起了《孝经》传习的高潮,而清代帝王则进一步将"圣谕六言"衍生为"圣谕广训",清初的几位帝王还亲自注解《孝经》,颁示天下;由于清廷为满族出身,为了平定天下,所以尤为重视传统文化中的孝亲思想。清末民初时期,出现了"打倒孔家店""将线装书扔进茅厕"的激进西化论,乃至认为中国"事事不如人",一种强烈的文化自卑心理弥漫于中国社会,《孝经》便被很多人贬为专制政治的帮凶,不能对经典有同情的、客观的理解,反而"言必称西方"。因此,这一时期出现的很多研究《孝经》的著作都是对《孝经》进行批判,乃至以《孝经》为伪书,彻底抹杀其价值,遑论彰显其正面意义。不过,将专制意识形态与孝分割开,也有助于我们今天更加客观地认识和学习《孝经》,而不必戴着意识形态的有色眼镜。从西汉到清代,注解研习《孝经》者不下两千家,充分说明了《孝经》流传之深广,不论是帝王将相,抑或士农工商,不论是佛道二教,还是儒家本身都极重《孝经》。此外,《孝经》不仅仅是中国的《孝经》,也是东亚的《孝经》,尤其是对朝鲜、日本的政治与文化有着重要影响。

## 第三节 《孝经》的阅读价值

《孝经》之为经,经者,常也,恒常之道也。《孝经》中蕴含着不会过时的思想意义和价值,我们可以分为十大要点略作陈述。

**1. 生命本体意识**

《孝经》首章中将孝区分为三个阶段,孝的开端、孝的中间环节以及孝的最终阶段。其中,言及孝的开端说:"身体发肤,受之父母,不敢毁伤,孝之始。"每个人的身体发肤都是来自于父母,子女与父母是一体而分,所以,人的生命并不是孤独的,而从本源上就与父母的生命紧密结合为一体。《礼记》中记载曾子弟子乐正子春在下堂时不小心把脚弄伤了,几个月不出家门,脸上还带着深深的忧虑。弟子问他,乐正子春说:"父母给予我完整的身体,作为子女也应保全自己的身体,这才是孝。君子半步也不敢忘孝,现在我忘了孝道,所以面带忧虑。君子应当做到一举一动、一言一行都不忘记父母。"乐正子春这一对身体、对生命的尊重和敬畏意识,正是源于他的老师曾子。《论语》中就记载曾子在病重将去世的时候对弟子说:"你们看看我的双手,再看看我的双脚,看是否完整,《诗经》中说:'战战兢兢,如临深渊,如履薄冰。'从今以后,我不用担忧我的身体会再受到损伤了。"这样一种对待生命的谨慎态度,是中国古典思想的重要精神,《易经》中就说天地最大的德性就是"生",而《孝经》也说"父母生之,续莫大焉",以父母生子为最大的功绩,所以古人讲"生生不息"。对待人类的生命如此,对待花草树木也是如此,写作《爱莲说》的宋代儒者周敦颐所居住的院子里长满了杂草,别人问他为什么不除草,他说要观草木之生意。

**2. 孝为德性真源**

《孝经》首章《开宗明义章》就说到,孝是德性的根本,是教化、教育得以展开的源头。在儒家思想中,仁爱是最高的德性,仁爱作为一种普遍的爱,与西方文化中的博爱(benevolence)不同。事实上,作为benevolence的中文译词"博爱"正是出自《孝经》。但是博爱却要以爱亲为先,孔子一方面说仁者爱人,另一方面则说入孝出悌是最基本的德性,所以孟子强调仁爱首先是要爱自己的亲人,然后是爱其他人,再然后方为爱人类社会和自然界中的其他事物。孔子弟子有若就说,孝悌是仁爱的根本和基础。如果说仁爱更强调爱的普遍性的话,那么孝亲之爱则是强调爱的真切性、爱的实质。孟子说得很清楚,仁的实质就是事亲孝亲,义的实质就是兄弟和睦,礼的实质就是将孝悌二者做得合宜,智的实质是认识到孝悌的根本性而时刻不要违背,仁、义、礼、智均以孝为根基,换句话说,人世间的一切爱的发生都是要以孝亲为根本,否则爱他人、爱社会便是无源之水、无本之木,我们无法想象一个不爱自己父母的人会去爱他人,会去帮助他人。德性就是爱他人,就是以利他为指向,一个不孝敬父母的人不可能会尊敬其他的老人,一个不爱护自己孩子的人不可能会爱其他人的孩子。如果没有爱的真切性做保证,那么爱的普遍性便是空中楼阁,正因此,明代心学大儒王阳明说,每个人都有良知,而良知最为真诚恻怛的表现即是孝悌。

### 3. 立身行道与自我价值的实现

《孝经》首章中讲孝的开始和孝的终极,其中说:立身行道、扬名于后世,这才是孝的最高阶段。之所以这样说,一是因为孝是人之为人的根本,一个人如果不能做到孝亲,那么连禽兽都不如,就像《论语》中孔子所说,犬马等动物都能做到养亲,兽犹如此,人何以堪,不孝即是不能立身为人。二是因为行道和事亲并不矛盾和冲突,一个人若能做出治理一方甚至平治天下的功业,行道于天下,扬名于后世,即使他不能做到时刻陪在父母身边,这也是孝,而且是大孝。所以汉代时有人将孝分为三种:上孝养志,中孝养色,下孝养体。大孝养志,对于父母而言,子女自我价值的充分实现,是精神上的养亲孝亲,而物质上的养父母的身体则是最低层次的孝,"养色"简单地说就是要对父母和颜悦色,让父母高兴,而不能给父母不好的脸色看。《孝经》之所以将立身行道放置在"忠于事君"之后,正是要强调"道"才是事君的准则。如果违背人间正道以做官事君,那只会给社会造成灾难。因此,只有立身行道才可能真正地名扬天下后世。也因此,孝就并不意味着父权和家长制、君主制,或者是对个体价值的抹杀,相反,《孝经》强调行孝和个体自我实现价值的一体性、一贯性,概括来说就是四个字——身道合一。每个人生而在世,都有天命在身,不要自我小觑,不要自卑,而应"铁肩担道义",让自己的价值在社会上散发最大的光芒。

### 4. 孝为教养的本原

《论语》开篇第一章言"学",第二章言"孝",包含孝即是学、学即是孝的意思。按照《说文解字》的解释,"孝"字是由"老"的省略字与"子"字组成,"子"在"老"下,意味着"老"爱"子","子"承"老","孝"就意味着父母与子女是一体的。"子不教,父之过。"父母是孩子人生的第一任老师。而之所以这样说，即在于中国文化强调道德养成的示范性途径，孩子能否立身成人，在幼年时期其父母是否作出了良好的示范，是最为关键的。在世界各大文化中，中国人最重家庭，最重家庭生活。我们在日常生活中评价一个人是不是有教养，所指的并不是这个人是不是读过书，是不是博士、硕士，而正是在于这个人是否受过良好的家庭氛围的熏陶。《孝经》中说，孝是教养、教化生成的本源和根基，其意即在于此。进一步说，"教"字是由"孝"和"文"组成，这是说本孝为文，文就是文化、教化，所以明代大儒黄道周认为，《孝经》所反映的思想是：后天的教化、人文化成，一定要顺应人的本性，不能违背人的本性。父母与子女的亲子之爱是天性，道德教化的施加即应以此天性为根基，而非违背或损害这一天性。简言之，如果某种教育或政治是毁坏人们的家庭、离散天下的父母子女，那一定是坏的教育、坏的政治，或者说是无根的教育和政治。家庭是教化的第一站，这也意味着，家庭生活相较于政治生活而言有着更为本源的意义。

### 5. 养亲与尊亲

《孝经·纪孝行章》记载孔子认为：大凡有孝心的子女们孝敬他的父母，要做到五点。第一，在平居无事的时候，应尽其敬谨之心，冬温夏清，昏定晨省，早晚问安，衣食起居，多方面注意。第二，在奉养父母的时候，要尽力让父母保持高兴愉快的心情，在父母面前，一定要表现出和悦的颜色，笑容承欢，而不敢使父母感到有点不安的样子。第三，父母生病时，要尽其忧虑之情，急请名医诊治，亲奉汤药，早晚服侍，父母的疾病一日不愈，即一日不能安心。第四，万一父母不幸病故，就要在临终之时，谨慎小心，思考父母身上所需要的，备办一切。不但穿的、盖的和棺材等物，尽力配备，还要悲痛哭泣，极尽哀戚之情。第五，对于父母去世以后的祭祀方面，要尽其思慕之心，庄严肃敬地祭奠。孝道的这五方面内容，囊括了从生到死的整个过程，是行孝的具体化。孔子在说这五点时，连续用了五个"致"字，"致"之一字就意味着，行孝必定是出于孝子内心的至诚，否则就不可能做到这五点。因此，这五点也是判断一个人是否孝的具体标准。养亲与尊亲，意味着养老与尊老，这正是中华民族的传统美德之一。一个在家庭之内做到养亲和尊亲的人，在进入公共领域之后才有可能真正地做到尊敬他人。因此，养亲和尊亲不仅是关涉个人的私德问题，也是衡量一个社会的整体道德水平的重要指标。

### 6. 谏诤以义

自清末以来，很长一段时间内，有一种论调认为《孝经》就是讲"孝顺"和服从。但是《孝经》全文并无"孝顺"二字合用之处。因为，在《孝经》的语境中，孝并不等于顺，尤其不等于一味顺从。《孔子家语》中记载，有一次曾子和他的父亲曾皙在田地里耘瓜苗，曾子不小心将瓜苗的根斩断了，曾皙大怒，挥舞起手杖就打曾子，曾子晕倒在地，过了一会儿才苏醒，醒来后曾子又高高兴兴地跟他父亲道歉，说："由于儿子犯错，让父亲生气了，您都好吧？我身体没事，您不用担心。"而且他为了显示自己身体无碍，回到房间之后，还特意抚琴而歌，让父亲听到他的琴声,知道自己真的无恙。孔子知道此事后,非常生气,他批评曾子说:"你差点陷父于不义,如果你父亲轻轻打你的话,你就挨着;如果他用大杖打你的话,你应该赶紧躲开。若你父亲将你打伤甚至伤了性命,那你父亲也会受到社会的谴责,乃至刑罚的制裁。这不是孝,而是大不孝。"听到孔子的教诲后,曾子意识到了自己的错误。《孝经》中有专门的一章就是《谏诤章》,讨论子女如果一味顺从父母的命令,这不是孝,恰恰违背了孝。《谏诤章》中说,治理天下的天子有直言谏诤的臣子七人,那么,即使天子是个无道的昏君,他也不会失去天下;治理一国的诸侯如果有直言谏诤的诤臣五人,即便自己是个无道君主,他治下的诸侯国也不会混乱乃至灭亡;卿大夫有三位直言劝谏的臣属,那么即使他是个无道之臣,也不会失去自己的领地;普通的士子读书人如果有直言相劝的朋友,那么他的美好名声就不会丧失;做父亲的若有敢于直言力争的儿子,那么父亲就不会身陷于不义的行为或名声中。因此在遇到不义之事时,若是父亲所为,做儿子的不可以不劝争力阻;若是君王所为,做臣子的不可以不直言谏诤。总之,对于不义之事,一定要谏诤劝阻。如果只是一味遵从父亲的命令,又怎么称得上是孝顺呢?就现代社会而言,我们对父母、对领导,对身边的同事、朋友,如果他们有错误之处即应依《孝经》所说,进行谏诤,"忠告而善导之",而非迁就顺从或默不作声。

**7. 以孝治天下的理想政治观念**

　　《孝经》开首就说,古代的时候,道德高尚的王者能够做到顺应天下民心,做到百姓和睦、上下无怨。用三个字概括,就是"顺天下"。清代大思想家阮元便解释说,《孝经》所言为"顺天下",而不是"治天下",即统治天下,或治理天下,正体现了顺应民心民意的民本思想。而如何才能做到顺应民心,其要领就在于,一国之主是否能够做到孝,如果君主不孝敬父母的话,那么他也不会考虑百姓的生活是否富足、是否能够做到仰足以事父母、俯足以畜妻儿,就像孟子说的,敬爱自己的父母,然后推及于敬爱他人的父母。如果君主不孝,那么他治下的社会一定不会是一个好的社会,孔子说"苛政猛于虎",大概即是这样。长此以往,其结果必然是百姓揭竿而起,推翻暴君的统治,暴君身死国灭,暴君的父母也不能得善终。所以,君主的孝行并不仅是事关一己家庭,而是像"蝴蝶效应"一样,有着非常广大的影响。所以《孝经·天子章》说:"能爱敬自己父母的人,就不会厌恶别人的父母;能够尊敬自己父母的人,也不会怠慢别人的父母。以亲爱恭敬的心情尽心竭力地侍奉双亲,而将德行教化施之于黎民百姓,则天下百姓遵从效法,这就是天子所遵行的孝道!"《孝经》称此为"以孝治天下",治理一国如此,治理一个省也是如此,治理一个县、一个村也是如此。比如《礼记》中记载,王者要爱敬"三老五更"——指有道德而又博学的老人,所以王者虽万人之上,但并非一己独尊,他仍要尊老敬老,这是王者体现自己有孝德的制度化设施。另外,汉代有举孝廉以及奖励孝悌力田的制度,顾名思义,举孝廉即是推举孝子入朝为官,而奖励孝悌力田,则是奖励社会上有孝悌之德以及能够勤奋耕作的百姓。之所以要奖励勤奋耕作的人,也正是因为按照《孝经·庶人章》的说法,勉力耕种方能侍奉父母,这正是孝的体现。由此,我们可以想到《尚书》第一篇《尧典》中关于舜的记载,舜本是寂寂无名的平民,他的父亲和弟弟屡次想加害于舜,结果舜死里逃生,《尚书》之所以称舜的父亲为"瞽瞍",正是为了说明他的父亲是有眼无珠。连自己的家人都要置自己于死地,舜可以说是人世间身世最悲惨之人,但舜仍然不改其孝敬父母的赤子之心,终于感化了家人。尧看到舜能做到大孝,便擢升其为冢宰,主管朝廷的百官事务,最后又让舜继承了天子之位。所以孟子说:尧舜之道,一言以蔽之,就是孝悌而已。以孝治天下,正是以德治国的核心。

### 8. 明刑弼教的法度意识

《孝经》强调统治者以孝治天下的根本性,这与孔子强调治国首先要以道德引导、以礼仪教化民众的思想是一致的,柔性的道德引导和礼仪教化之后,方可考虑行政手段和刑罚律令的使用,简言之,道德礼仪在治国平天下方面具有优先性,而行政手段和刑法律令则是辅助的位置,这便是"明刑弼教"。既然是辅助位置,那么就并不是完全否定刑罚的作用。《孝经》中有一章叫《五刑章》,古代的五刑是指墨、劓、剕、宫、大辟五种刑罚,但在五种刑罚底下又细分为三千条目,按照《五刑章》的说法,人世间罪大恶极的行为就是不孝。对此历史上有两种解释,一种说不孝之罪是在三千条目之外的,另一种则说在三千条目之内。不论哪种观点,都将不孝视为至大的罪行。为了社会的道德风化,为了警诫不孝之子,汉代法律就规定,作子女者不可以状告自己的父母,否则即以最高的大辟罪(死刑)论处,这正是通过法律规定来保障为人父母者的权益。唐代的《唐律》也是将如何表彰孝和制止不孝作为制定律令的指导思想。现代社会中不孝行为也发生过,并不因为从古代发展到了现代,人们就变得更加有道德、有孝心。因此,在法律上如何规范和引导子女的孝行,保障为人父母者的权益,是非常必要的。我国有《中华人民共和国老年人权益保障法》,经 1996 年 8 月 29 日八届全国人大常委会第 21 次会议通过,其中规定"赡养人应当履行对老年人经济上供养、生活上照料和精神上慰藉的义务",此后又经历多次修订,2012 年 12 月 28 日,全国人大常委会表决通过新修订的《老年人权益保障法》,附则中有一条规定:与老年人分开居住的家庭成员,应当经常看望或者问候老年人。

### 9. 德位相称的秩序观念

《孝经》在开首详述孝的宗旨之后,自第二章至第六章分别为《天子章》《诸侯章》《卿大夫章》《士章》《庶人章》,依照爵位之高低有无进行排列,显示出文本顺序与政治秩序同致相应的观念,这也正是中国几千年来知识分子所持的德、位相称观念。其意涵大致有二:一者,位愈高,其德行要求愈高,德治首先是对君主自我的要求,故而有圣王的观念;二者,位之高下有赖于礼治秩序,德位相称即德礼相维,故孔子兼举"为政以德"(《论语·为政》)与"为国以礼"(《论语·先进》)。所以儒家虽然强调自天子至于庶人都要修身行孝,却又有五等之孝的区别,简言之,兼济天下、德教广被天下是统治者行孝的体现,不能以此来责备庶人百姓。依照

《孝经》的叙述,普通百姓行孝的表现就是勤奋工作、侍奉父母,照顾好上有老、下有小的家庭。反过来讲,对于天子、诸侯行孝的要求,绝不能仅止于照顾好自己的家庭。这意味着孝虽然是一种普遍的德性,但是道德要求如果对所有人都一视同仁,不分阶层职分的差异,那么道德就会流于空谈,这样的道德是虚伪的道德;道德的普遍性要落实在现实中,体现出差异性,这样的道德方为具体的、真实的道德。

### 10. 敬畏天地与生命不朽的宗教意识

首先,严格来说,中国文化中并没有像西方基督教、伊斯兰教那样的宗教,西方宗教区分此岸与彼岸,将人与神截然分开,分处世俗与超越两个世界,而中国文化则并无这样的区分,所以只有一个世界。宗教主要是解决人的终极关怀问题,终极关怀主要而言就是生死问题。就基督教而言,人带有原罪,最终能否解脱生死,在于是否得到上帝的救赎。而《孝经》则反映出,中国文化从根本上认为,每个人都有着与生俱来的、见父自然知孝、见兄自然知悌的孝悌良知,而非每个人都有原罪。正如《孝经·三才章》所言,天地化生万物,人是其中最为贵重的。在此意义上,人之解脱生死并非希冀彼岸救赎,而是要在现实中将个体所具的孝悌良知扩充至极,以德配天地,所以《孝经·感应章》说:若人以孝事父母,则天地明察、神明彰显。其背后的根据在于,父母是人之生身父母,而天地则是人之大父母,爱敬父母也就必然要敬畏天地,后世之崇拜"天地君亲师"即与此有关。其次,从天地生万物的角度来看,人和其他万物是一体联结的关系,"乌鸦反哺""羔羊跪乳"这样的典故,正是以孝悌人伦来观察天地万物的表现,而万物一体也就使得爱可以超越人类本身,而延及对自然万物的爱。第三,《孝经》言个体可以通过立身行道而扬名于后世,这体现的是中国文化关于生命的不朽意识。"生命"是"生生不已"的。中国人注重血缘亲情,因为血脉的流通就是生命的相续不已,而有价值的、有意义的生命就应当是血脉流传不已,毋庸置疑,最典型的代表正是孔子,孔门后裔开枝散叶、连绵不绝,这既是血脉生命的不朽,也是孔子文化生命的不朽,中国文化中的"圣人"正是以孔子为代表。中国文化崇拜圣人,而非彼岸的神灵,其因在此。《孝经》一方面说孝是德之本,另一方面又说孝是最高的德行,圣人之德也正是孝。在此意义上,每个人都可以通过行孝成为圣人。圣人是人格,而不是神格的典范,而孝悌的生活,也就是理想的生活,人伦也就是天伦,现世的生活也就具有安顿生命的终极意义。

## 第四节 《孝经》的文本结构与阅读方法

《孝经》一书文字短少,我们今天所见基本都是以十八章《今文孝经》为本,这与《今文孝经》在历史上的广泛影响有着密切关系。《孝经》文约义丰，文字少却分为十八章，看似十分琐碎，实则其文本有着严密的结构，前后呼应，上下相贯。《孝经》首章为《开宗明义章》，历叙孝与道德修养、政治教化的关系，以及孝之始、孝之中、孝之终三个层次，为《孝经》的总纲，孝一方面是德行的根本，另一方面又是政治的核心，人类的生活既是道德生活，也是政治生活。德行在内，政治在外，一表一里，正如一枚硬币的两面，合而言之，即是"道德"，故而首章以孝为"至德要道"。

第二、第三、第四、第五、第六章分别为《天子章》《诸侯章》《卿大夫章》《士章》《庶人章》，讲述五个不同阶层的孝的具体内容，为《孝经》的第二部分，不同阶层意味着不同的职业、份位，在古代社会而言即主要是五个阶层，《孝经》在这五章中对不同阶层的人行孝提出了相应的要求。对天子的要求是最高的，要求天子博爱、广敬天下之人。

第七章为《三才章》，第八章为《孝治章》，第九章为《圣治章》，这三章所言均涉及如何依据《孝经》首章所言孝的纲领进行施政治国，以实现一个人人有德、家家孝悌的社会，是《孝经》的第三部分。《三才章》强调孝是天经地义，那么一个国家的治理也自然不能脱离或违背孝；《孝治章》则明确提出"以孝治天下"，这也是中国典籍中首次提出这一命题，孝治意味着治理国家者要博得天下人之欢心，而非逞一己之私欲，天下是天下人之天下，非一人之天下，若统治者以天下为独有，则必然不可能做到孝治。《圣治章》直言"天地之性人为贵，人之行莫大于孝"，与《孝经》首章以孝为"至德要道"的说法正相呼应。饶有意味的是，《圣治章》的章次正处在《孝经》十八章的中间，通读《孝经》全书可知，这一章与首章基本可以断定为《孝经》最为重要的两章。从内容来看，《圣治章》非常详细地叙述了圣人施政是本于人人皆有的孝悌之心，这样的政治是顺应人性的政治，是对人本身有着最小损害的政治，这样的政治生活也就是最符合人性的政治生活，"圣人之教不肃而成，其政不严而治"，无需施加严刑峻法，即可实现理想的社会和谐状态。

第十章为《纪孝行章》，第十一章为《五刑章》，前者从正面陈述如何具体地行孝事亲，后者则是指出什么样的行为是不孝的行为，一正一反，是《孝经》的第四部分；第十二章为《广要道章》，第十三章为《广至德章》，第十四章为《广扬名章》，这三章的标题"广要道""广至德""广扬名"，显然即是在解释首章所言"至德要道""立身行道，扬名于后世"，这是《孝经》的第五部分。《广要道章》中有一句名言："移风易俗莫善于乐，安上治民莫善于礼。"相较于刑罚而言，礼乐是柔性的制度，因为礼乐是本于人类爱亲敬亲的本心而设立。《广至德章》则申发"恺悌君子，民之父母"的观念，一个理想的国家统治者应当是"君子"，"民之父母"意味着统治者与百姓是如同家人的一体关系，在此意义上，君子作为国家、百姓的看护者、管理者，即是"父母"的角色。"民之父母"的观念最能通俗地反映古人对于政治的核心理解。

在这之后的四章，第十五章为《谏诤章》，呼应了第二至第六章所述五等之孝的内容，批评以一味顺从为孝的观念。第十六章为《感应章》(在《古文孝经》中,《感应章》居《广至德章》之后,《广扬名章》之前),则呼应了《三才章》《孝治章》《圣治章》,阐述统治者推行孝治,以德服人,为天下人所化从乃至天地和谐的广泛效应。第十七章为《事君章》,第十八章为《丧亲章》,一言事君,一言事亲,呼应了首章所言"中于事君,终于立身","立身行道,扬名于后世,以显父母。"古人讲"事君",我们今天来看的话,"事君"意味着一个人如何为国家、社会做贡献。《丧亲章》为《孝经》的最终章,详细描述了葬亲、祭亲的过程、仪式与要求,写尽了孝子之悲心与深情。这一章的章末,也即《孝经》全书之末尾说:"生民之本尽矣,死生之义备矣,孝子之事亲终矣。"以孝为生民之本,宋代大儒朱熹幼年时即意识到,人若不孝的话就不是人。"子欲养而亲不在",事亲有终,然而孝心则无尽。《孝经》首章言孝为德之本以及孝之始终,末章言生民之本、事亲之终,于此益可见《孝经》全书内容首尾相应,浑然一体。

## 第五节 《孝经》的版本选择

### 一、古代版本

《孝经》在历史上流传久远,历代版本众多。在唐代之前影响最为广泛的是东汉大儒郑玄的《今文孝经注》,此书在汉唐之间流传广泛,唐以后却从中国失传,直到清代方有日本、中国的学者们开始对郑注进行辑佚,最终恢复其大致面貌,现在流行比较广的是皮锡瑞所辑《孝经郑注疏》,有吴仰湘点校、中华书局版。其实,更为全面的整理本是台湾学者陈铁凡《孝经郑注校证》,这本书参考了敦煌《孝经》文献,最大程度地贴近郑玄此书的全貌。郑玄所取用的《孝经》文本是今文十八章本,每章前均有章名。其注解有两个特点:一是非常简约,二是他非常重视《孝经》中所涉及的礼制,体现出了将孝悌德性与礼乐制度紧密结合在一起的思想特色。依其注解,《孝经》不仅是讲孝悌德性之书,更是讲礼法制度的典籍。

汉末三国时,出现了一本伪托西汉大儒、孔子后裔孔安国的《古文孝经孔传》。此书与郑玄《今文孝经注》的命运相仿,唐代之后在中土遗失不见,清代中期才从日本重新传回国内。《古文孝经孔传》所取文本是二十二章的《古文孝经》,其中有《闺门章》。与郑注的简约不同,《孔传》非常繁琐,其注解往往已经脱离经文本身,而另外阐发出一套与政治乃至刑法相关的义理。这本书尚无便利的点校整理本。

隋代大儒刘炫撰写《孝经述议》,当时郑玄《孝经注》风靡南北,南北方学者大多以此为宗,然而在这种形势下,刘炫却选择《古文孝经孔传》加以表彰,可谓别具慧眼。刘炫并非一味为此书作颂歌,而是兼作批判。刘炫受《周易》以及玄学影响较深,故而书中多有说理的文字,辨析概念非常清晰。这本书内容非常丰富,大约唐代时在中土失传,幸运地是流传于日本,为日本学者林秀一于1954年整理出版,名为《孝经述议复原研究》。

唐玄宗时,学者们争论《孝经郑注》与《古文孝经孔传》的优劣是非,两派各执其辞,入主出奴,最终玄宗决定亲自注解《孝经》,折衷二书,于是有了《御注孝经》,此书在文本上所取为十八章《今文孝经》,但是在注解上却大量参考《古文孝经孔传》,以及阐发《孔传》之义的刘炫《孝经述议》。《御注孝经》借最高统治者之力成为天下通行的《孝经》版本,正是因此,《郑注》和《孔传》都渐渐无闻乃至失传。《御注孝经》是为政治教化的目的而作,所以政治意味浓厚。玄宗令臣下元行冲和其他儒臣本其注解之意作疏解,此即《孝经注疏》,既然是发挥玄宗之意,《孝经注疏》也自然是充满政治教化意味。

到了宋代,出现了另外一个影响甚大的《孝经》版本,此即南宋大儒朱熹的《孝经刊误》。朱熹是历史上第一个对《孝经》进行删改的儒者,他认为《孝经》中的很多内容不是孔子所言,不符合儒家思想,所以,他将《孝经》分为经、传两部分,经的部分是孔子所说,传的部分则是孔子弟子解释孔子之言。另外他又删去了其中的220多个字,因此,这本书名以"刊误"。朱熹《孝经刊误》在文本上选择了《古文孝经》,而非今文,这也是宋代儒者不约而同对《孝经》文本所采取的共同态度,其中一大原因便是,他们对于玄宗以《今文孝经》为劝臣民忠孝的教科书做法,有强烈的批评意见。在他们看来,正因为玄宗阅读的《孝经》是缺少了《闺门章》的《孝经》,所以玄宗不注意修身养性,导致了后来的安史之乱,于此可见,家庭内的修身齐家是多么重要。朱熹虽是理学的集大成者,但他并没有对《孝经》做详细注解。以理学为依据,对《孝经》做完善注解的是元代儒者董鼎,他的《孝经大义》在文本上以朱熹《孝经刊误》为据,在义理上又以朱子理学为本,我们今天阅读朱熹《孝经刊误》,就应当参照董鼎的《孝经大义》,甚至以《孝经大义》为主,也未尝不可。

在董鼎之后,元代另外一位大儒吴澄,也继承朱熹的做法,对《孝经》进行了刊改,他的著作名为《孝经定本》,顾名思义,他认为朱熹刊误之后的《孝经》并非先秦《孝经》的原貌,他自己所刊改的《孝经》才是原貌,所以冠以"定本"之称。虽然吴澄自称"定本",也对《孝经》作了详细注解,但《孝经定本》对于后世的影响,与朱熹未作注解的《孝经刊误》相比,绝不可同日而语。《孝经大义》和《孝经定本》目前还没有添加新式标点的整理本。

明代后期,出现了吕维祺的《孝经大全》和黄道周的《孝经集传》。前者是集合了从先秦到明代的历代学者们论孝,以及注解《孝经》的文字,然后在此基础上作出自己的总结性判断,是一部兼具资料性和学术性的著作。尤其是书后所附的《孝经或问》,对很多关于《孝经》的疑难都作了回答,特别适合今天学习时使用。此书有北大《儒藏》整理本,若能有单行本就更加便于阅读和学习了。黄道周《孝经集传》一书的特色则是,采集《礼记》《仪礼》中的文字为《孝经》

作解，然后自己再作出判断。黄道周的一生充满传奇色彩，他除却是思想家外，也是非常著名的书法家，他曾直言谏诤崇祯皇帝，结果为崇祯下狱，在狱中黄道周手书《孝经》一百多本，以表示自己对国家的忠心和对明朝危亡的忧虑，狱卒知道他的书法作品很值钱，可想而知，狱卒是争先恐后想要得到他写好的《孝经》书法。吕维祺和黄道周均曾在明末抗击清军，是大孝大勇之人，其人格至清代乃至民国都颇为人所称道。关于这二人的《孝经》著作以及整个明代的《孝经》流传和注解，笔者有专著和相关论文可以参看。

## 二、现代版本

今天注译表彰《孝经》的学者很多，此处举三例：

1. 胡平生：《孝经译注》，中华书局1996年出版。

该书开首为《孝经是怎样一部书》，对《孝经》的作者、成书时代以及今古文的纷争、《孝经》的历史影响、海外流播等作了非常深入的、研究性的叙述，尤其是作者能够结合新近出土文献探究《孝经》本身，非常值得参考。另外，作者对《古文孝经》有着非常精专的研究，故这本书在具体的翻译和注解中都时时刻刻在比较《今文孝经》和《古文孝经》的异同，读者可以通过他的注解对于《古文孝经》的内容有清楚的了解。该书书后还附录了《古文孝经》的内容以及八篇历史上的《孝经》序跋，如果读者想了解古人对于《孝经》的主要态度，读这些序跋即可，省去了另外再去查找资料的麻烦。此书为繁体字版。

2. 汪受宽：《孝经译注》，上海古籍出版社2004年出版。

该书首先交待了《孝经》的作者、内容构成以及历史流传和影响，并对《孝经》的现代意义作了简略说明。书后也附录了《古文孝经》的内容以及八篇历史上的《孝经》序跋。此书为简体汉字，比较适合一般初学者阅读。

3. 曾振宇：《孝经今注今译》，人民出版社2018年出版。

该书的最大优点是，在每一章的注解和翻译之后，还附加了作者的长篇"评论"，如《天子章》后的"评论"为"古代'民法'中的孝"，《士章》后的"评论"为"儒家孝道在'五四'与新文化运动中的命运"，等等。这些"评论"体现的是作者以《孝经》为媒介，对儒家思想乃至中国文化的整体观察和理解。该书的这一编排体例，对于初学者而言，可以主要读注解和翻译部分，而对于想要进一步做研究的人来说，则可以深入阅读"评论"部分。

## 第六节 《孝经》经典选文

### 一、开宗明义①章

**解 题**

这一章是全书的纲领,《孝经》从一开始便标明全书的宗旨,阐述了孝的三个层次:初始之孝是侍奉父母,然后是忠君报国,为民众服务,孝的最高境界则是立身行道,做到修身与治国平天下的统一,所谓"扬名于后世",最大的"名"便是造福社会、造福人类。

仲尼②居③,曾子侍④。子⑤曰:"先王⑥有至德要道⑦,以顺天下⑧,民用和睦⑨,上下⑩无怨。汝⑪知之乎?"曾子避席⑫曰:"参不敏⑬,何足以⑭知之?"子曰:"夫⑮孝,德之本也⑯,教之所由生也⑰。复坐⑱,吾语汝。身体发肤⑲,受之父母⑳,不敢毁伤,孝之始也。立身行道㉑,扬名于后世,以显父母㉒,孝之终也㉓。夫孝,始于事亲,中于事君,终于立身。《大雅》㉔云:'无念尔祖㉕,聿修厥德㉖。'"

**注** 
① 开宗明义:开,张开、展示之意。宗,宗旨。明,揭示、显明。义:义理、旨意。
② 仲尼:仲尼,孔子的字。孔子,名丘,为鲁国人。
③ 居:闲坐,一般是在家。
④ 曾子侍:曾子,名参(shēn),字子舆。侍,卑者侍奉在尊者之侧。侍有坐有立,此处当为侍坐在侧。《史记》记载,孔子以曾子为能通孝道,故授业于他,作《孝经》。
⑤ 子:本为古代男子的通用美称,后来则成为对于有德行学问的老师的尊称。此处即是取第二种意思。
⑥ 先王:指古代的圣德之王,历史上对于"先王"的理解有两种,一种是认为三皇、五帝等也是先王,而另一种解释则是认为先王是专指夏、商、周三代的圣王,如夏禹、商汤、周文王、周武王等。就《孝经》而言,当遵从第二种解释,因为夏代开始实行父死子继的王位继承制度,所以就非常注重孝。
⑦ 至德要道:至德,最美好、最高尚的德行,即指孝行。要道,最重要的道理,指

礼乐。

⑧ 顺：因顺，君主治理天下，要因顺天下人之心，如此方能使天下人心顺服。

⑨ 民用和睦：用，因而，由此。和，协调、融洽；睦，相亲。

⑩ 上下：指各种人之间的关系。任何社会都会有等级或者阶层之分，人与人之间有上下等级的区分，在《孝经》中的区分便是天子、诸侯、卿大夫、士、庶人等。

⑪ 汝：你。此处指曾参。

⑫ 避席：离席而立。曾参本侍坐于侧，因孔子问话，曾参为表示对老师的恭敬，因而起身，站立回答。此处是师生礼仪的重要内容。

⑬ 不敏：敏，聪明、睿智。不敏，是曾参自谦之词，谦言自己愚钝、鲁钝。《论语》中记载"参也鲁"。

⑭ 足以：能够。

⑮ 夫：发语词，无实际意涵。

⑯ 德之本也：本，根本、基础。孝是德之本，意味着孝是众多德行的根本，众多德行如仁、义等生发于孝，正如树木的枝叶是以树根为基础一样。后世言"百行孝为先"即是发端于此。

⑰ 教之所由生也：教，指教化。《礼记·祭义》记载曾子说："众之本教曰孝"。孝为教之所由生，意味着教化要顺应人本心中的孝悌。

⑱ 复坐：复，重新。因曾参回答孔子问话后仍然站立着，故孔子让他重新坐下。

⑲ 身体发肤：身，头颈胸腹。体，四肢。发，身上的毛发。肤，皮肤。

⑳ 受之父母：受，接受。指子女的肉体是父母给予的，这意味着父母和子女本是一体，身心相通。

㉑ 立身行道：立，树立、成就。立身，树立自身于天地之间，指崇高的道德和广博的学问，唯此方能成就功名与事业。行道，实行天下的大道。《礼运》言："大道之行也，天下为公。"此处的"道"不同于"至德要道"的"要道"，"要道"是实现"大道"的方式或途径。

㉒ 以显父母：显是显誉、光耀之意。父母和子女一体，因此，子女的荣誉也就是父母的荣誉。

㉓ 终：指孝道的终极阶段、最高要求。

㉔ 大雅：《诗经》有风、雅、颂三部分，其中，"雅"分为"大雅"和"小雅"。《孝经》此处所引诗句出自《大雅·文王》，这正与"先王"所指相应对。按照东汉大学者郑玄的解释，"雅"的意思就是"正"，这意味着《孝经》首章所言是古今都正确的道理。

㉕ 无念尔祖：无，发声词，无实意。念，想念。尔祖，你的先祖。
㉖ 聿(yù)修厥德：聿，语助词。厥，代词，其，指文王。文王是西周王朝的第一个"王"，所以后世要继承文王的德行，将其发扬光大。

## 二、天子章①

**解题**

孝是至德，但是孝在现实社会中的实现，对于不同的人则有不同的要求。因此，《开宗明义章》之后便是《天子章》《诸侯章》《卿大夫章》《士章》《庶人章》，概括来说就是"五等之孝"。天子是统领天下的君主，对天子行孝的要求也是最高的。

子曰："爱亲者，不敢恶于人②；敬亲者，不敢慢于人③。"爱敬尽于事亲，而德教加于百姓，形④于四海。盖⑤天子之孝也。《甫刑》⑥云："一人有庆⑦，兆民赖之⑧。"

**注** 
① 天子章：天子是天下之君，父天母地，故称为天之子。《孝经》全文多言天子以孝道顺治天下之事，而此章则是天子行孝治国的纲领。
② 不敢恶于人：恶，厌恶、憎恨、不喜欢。意为天子作为爱敬自己父母的人，就要如孟子所说，"老吾老以及人之老"，也要爱敬天下人的父母亲。
③ 不敢慢于人：慢，轻侮、怠慢。这句话的意思是天子要广泛地敬重他人。
④ 形：通"型"，法式、典范之意。
⑤ 盖：语气词，多用于句首。
⑥ 甫刑：即《尚书》中的《吕刑》篇，吕是当时一个诸侯国的名字。
⑦ 一人有庆：一人，指天子。庆，善。
⑧ 兆民赖之：兆民，万民，指天下的所有人。古人所说的"兆"，即指一百万，也指十亿，后指一万亿。此处泛言极多，非实数。赖，依靠、凭借、仰赖。

## 三、诸侯章

**解题**

古代选贤任能，分土建国，每个国家的君主就是诸侯。天子爱敬天下，而诸侯则爱敬一国，与天子分担爱敬天下的重任。秦汉以后封建制变为郡县制，各郡县的长官也就相当于古代的诸侯。天子行孝以治天下,诸侯行孝以治一国。

在上不骄①,高而不危②;制节谨度③,满而不溢④。高而不危,所以长守贵也;满而不溢,所以长守富也。富贵不离其身,然后能保其社稷⑤,而和其民人⑥,盖诸侯⑦之孝也。《诗》⑧云:"战战兢兢⑨,如临深渊⑩,如履薄冰⑪。"

注 ① 在上不骄:在上,诸侯为列国之君,身居高位,其爵位在一国臣民之上,故言"在上"。骄,自满、自高自大,不遵守礼仪。
② 高而不危:高即上,言诸侯居于一国最高之位。危,危殆、危害。诸侯若不自高自大,则不会发生危殆。古人有"高以下为基"的说法。
③ 制节谨度:制节,花费节省,主要指经济方面。谨度,指言行谨慎而合乎礼法,主要指政治教化方面。
④ 满而不溢:满,国库充实,钱财足用。溢,过分,此处指生活放荡奢侈。
⑤ 社稷:社是祭祀土神的场所,亦代指土神;稷为五谷之长,是谷神。
⑥ 和其民人:民人,即人民、百姓。"和"即《开宗明义章》"上下和睦"之"和"。
⑦ 侯,君也。诸侯,诸国之君。
⑧ 诗:此处所引诗句,见《诗经·小雅·小旻》。引诗的意思是说君主在做任何事时都要持戒慎守礼的态度。
⑨ 战战,恐惧。兢兢,戒慎。
⑩ 如临深渊:恐坠之意。
⑪ 如履薄冰:恐陷之意。

## 四、卿大夫章

卿大夫,辅佐天子、诸侯推行德教和政令以爱敬百姓。卿与大夫不同,在古代,天子有卿大夫,诸侯也有卿大夫,虽然所属不同,但是职责类似,都是要事君和安亲。

非先王之法服①,不敢服;非先王之法言②,不敢道;非先王之德行③,不敢行。是故非法不言,非道不行。口无择言④,身无择行⑤。言满天下无口过⑥,行满天下无怨恶⑦。三者⑧备矣,然后能守其宗庙⑨。盖卿大夫⑩之孝也。《诗》⑪云:"夙夜匪懈⑫,以事一人⑬。"

注　① 先王之法服:法,指法度、礼仪。先王依照礼仪制定的各种等级的人所适宜的服饰,如冕(miǎn)服、爵弁(biàn)、皮弁、朝服、玄端、深衣等。
② 法言:合乎礼法、法度的言语,《诗》《书》等经典中的言论也是法言。经典之"经"的含义即是永恒的法度。
③ 德行:道德行为,如仁义礼智信忠孝悌等。
④ 择言:择通"殬(dù)",败坏之意,指不合法度、礼仪的言论。
⑤ 择行:败坏的德行或不合法度的行为。
⑥ 言满天下无口过:言满天下,言语传遍天下。口过,口中有失。
⑦ 怨恶:怨恨厌恶。
⑧ 三者:指上文所说合于先王法度的服饰、言语和德行。
⑨ 宗庙:古代祭祀先祖的场所。宗,尊也。庙,貌也。郑玄解释说:"亲虽亡没,事之若生,为作宫室,四时祭之,若见鬼神之容貌。"一般来说,天子有七庙,诸侯有五庙,卿大夫三庙,士一庙。
⑩ 卿大夫:卿,章也,章善明理之意。夫,扶也,大夫的意思是"扶进人"。
⑪ 诗:此处所引诗句,见《诗经·大雅·烝(zhēng)民》。
⑫ 夙夜匪懈:夙,早晨。夜,晚间。匪,同"非",不。懈,怠惰、松懈。
⑬ 一人:天子,君主。

## 五、士章

**解题**

天子诸侯之臣,有卿、大夫、士,士的等级最低。士者,事也,任事之意。士中又分上士、中士、下士。在古代人才出于学校,用孟子的话说是"三代之学皆所以明人伦",所以,要使天下人无不修其孝悌忠信,其中,民之优秀者,由庠序学校而层层递升,以至于大学,因此可以任职居位成为士,进而再成为卿大夫,佐人君博爱广敬于天下。

资①于事父以事母,而爱同;资于事父以事君,而敬同。故母取其爱,而君取其敬,兼之者父也②。故以孝事君则忠,以敬事长则顺。忠顺不失,以事其上,然后能保其禄位③,而守其祭祀④。盖士之孝也。《诗》⑤云:"夙兴夜寐⑥,无忝尔所生⑦。"

注 ① 资：取，凭借之意。
② 兼之者父也：兼是两样俱全之意，即兼具爱敬。但是此处并非说事母就不敬，事君就不爱，只是就侧重不同而有这样的区分。简言之，爱敬合方是孝。
③ 保其禄位：禄即是俸禄，相当于现在的薪资。
④ 守其祭祀：祭，际也，神人相接为祭。祀，似也，言祀者似将见先祖也。古人祭祀的对象包括了天神、地祇(qí)、人鬼。此处所指即是祭祀祖先人鬼。
⑤ 诗：下文所引诗句见《诗经·小雅·小宛》。
⑥ 夙兴夜寐：夙，早。兴，起，起床做事。寐，睡觉。
⑦ 无忝尔所生：无，不要。忝，辱，羞辱。尔所生，生养你的人，即你的生身父母。

## 六、庶人章

**解题**

庶者，众也。庶人，指士农工商四民。行庶人之孝，其上者可进而为士，次者则己无愧为人。庶人皆能谨身节用奉养父母，那么人人亲其亲、长其长，不相恶慢，天下太平。

用天之道①，分地之利②，谨身节用③，以养父母④。此庶人之孝也。故自天子至于庶人⑤，孝无终始⑥，而患不及者⑦，未之有也。

注 ① 用天之道：用，顺应、利用。顺应春、夏、秋、冬四季寒暑冷暖变化的自然规律。
② 分地之利：分，区别、分别。利，利益、好处。指分辨不同土地如高原、丘陵、平原、沼泽等的特性和优势，因地制宜以种植农作物等。
③ 谨身节用：谨，恭敬、谨慎。谨身，即自己的言行要恭敬、谨慎，合于礼法，不做违礼犯法的事。节用，节约俭省，生活不奢侈浪费。
④ 以养父母：以，用来。养，赡养，供养。
⑤ 自天子至于庶人：指上自最为高贵的天子，下至诸侯、卿大夫、士，直至无有爵位的庶人，无论任何等级的人，都要躬行孝道。
⑥ 孝无终始：实行孝道要有始有终，即《开宗明义章》所说"始于事亲，中于事君，终于立身"。

⑦ 患不及者：患为祸患之意，此句意思是如果行孝道用心不纯，用力不专，致使在立身和事亲方面自始至终都没有做好，祸患不降临于其身，是不可能的。

## 七、三才章

**解题**

这一章是继承上五章言说五等之孝，孔子进一步显明孝道之含义。本章尤其是重在阐发君主率先垂范，以德行和礼乐"顺天下"之意。三才，指天、地、人。才即性能之意。孝道之大，不是圣人强行附加在人身上的属性，而是人人自一生下来便具有的，天地生人，每个人都具有能孝能悌的能力和才性，人将此能力彰显出来，效法天地，即可以参赞天地之化育，使得天地万物都各安其所。

曾子曰："甚哉，孝之大也①！"子曰："夫孝，天之经②也，地之义③也，民之行④也。天地之经，而民是则之⑤。则天之明⑥，因地之利⑦，以顺天下⑧，是以其教不肃而成⑨。其政不严而治⑩。先王见教之可以化民⑪也，是故先之以博爱⑫，而民莫遗其亲⑬；陈之以德义⑭，而民兴行⑮；先之以敬让，而民不争。导之以礼乐⑯，而民和睦；示之以好恶，而民知禁⑰。《诗》⑱云：'赫赫师尹，民具尔瞻⑲。'"

**注**

① 甚哉，孝之大也：甚，非常。哉，语气词，表示感叹。大，伟大，此处主要指孝道内涵的广大深奥。

② 经：常也，指永恒不变的道理、规律、原则。孝也是永恒不变的人类行为和生活的法则。

③ 义：宜也，指合宜的法则。天之经和地之义是互文见义，因此下文概括为"天地之经"。俗语言"天经地义"即本于此。地顺承天，而一同养育万物，人之行孝要像地之承天一样孝顺父母。

④ 行：行为，实践。

⑤ 民是则之：是，指示代词，指前所言"天地之经"。则，效法，以之为准则。

⑥ 则天之明：仿效天上的日、月、星辰普照天下，君主之恩泽也要广被天下民众。

⑦ 因地之利：与上一章"分地之利"意思相近。因即是顺应、因地制宜之意。

⑧ 以顺天下：以顺应天下人心，可参考《开宗明义章》的解释。

⑨ 是以其教不肃而成：是以，因此。其，指天子、诸侯。肃，指用刑法等严厉的办

法去强制民众接受。儒家认为治理天下应当"导之以德,齐之以礼",而非一味采用行政命令或刑罚等硬性手段。成,成就、实现。

⑩ 其政不严而治:政,政治、政事。严,即上一句"肃"之意。治,平治,即天下太平、社会安定。

⑪ 先王见教之可以化民:先王,指夏禹、商汤、周文王、周武王等圣王。教,教化,主要指道德和礼乐教化。化,渐变,有潜移默化之意,指民众受统治者德行的感召而逐渐改过迁善。

⑫ 是故先之以博爱:是故,因此。先,率先实行,先于百姓民众,而为民众做出示范、榜样。博爱,仁爱天下、泛爱百姓。

⑬ 民莫遗其亲:遗,遗弃、遗忘。亲,双亲,指父母。

⑭ 陈之以德义:陈,敷陈、广布之意。意思是统治者率先向民众广布道德之美、正义之善。

⑮ 民兴行:兴,兴起。行,实行,主要指孝行。

⑯ 导之以礼乐:导,引导、化导。礼乐与刑罚不同,后者是强制性的规范,前者则是引导性的、柔性的规范。刑罚钳制人性,而礼乐则合乎人性、顺应人心。

⑰ 示之以好恶,而民知禁:示,明示之意,将善的、恶的事物明示于百姓,让百姓知道什么应该做,什么不应该做,而非藏匿起来不让百姓知道,待百姓做了之后却又以刑罚追究百姓的责任。禁,禁止,即不合礼的、不合法之事。

⑱ 诗:出自《诗经·小雅·节南山》。

⑲ 赫赫师尹:赫赫,光明盛大的样子。师尹,周朝三公之一,太师尹氏。

# 第八章 大德受命——《中庸》导读

杨少涵(华侨大学)

**作者小传:** 杨少涵,复旦大学哲学博士,现为华侨大学哲学与社会发展学院教授、博士生导师,华侨大学国际儒学研究院副院长。校理古籍《中庸集说》,出版专著《中庸原论——儒家情感形上学之创发与潜变》(简体字版)、《中庸哲学研究》(繁体字版)、《礼与兵:荀子军事隆礼思想略论》。先后在《哲学研究》《光明日报》等报刊发表学术论文30余篇。入选"福建省高等学校新世纪优秀人才支持计划"(2017)。

《中庸》是儒家思孟学派关于承天立命、尊德崇学的哲学文本,被视为"六经之渊源和儒家之慧根"①。全文虽然只有3560余字,但文简意深,内容丰富,对中华文化与中国哲学产生了巨大影响。《中庸》所提到的"中庸""中道""中和""诚明"等概念与思想,早已化为华人精神生活中的"元语言"与文化土壤。直到今天,"中庸之道"仍然是中华民族奉行持守的最高人生原则,"中和"是中国音乐美学追求的无上境界。甚至还有人说,如果仅有一个汉字列入世界非物质文化遗产,那么这个汉字非"中"字莫属。可以说,与其他传统经典一样,《中庸》及其所蕴含的思想精神,隐藏着中国文化的基因密码。阅读《中庸》,就是在破解中国文化的基因密码。

# 第一节 《中庸》的作者

《中庸》的作者一般认为是孔子的孙子子思。《史记·孔子世家》曾经说子思"尝困于宋作《中庸》"。《孔丛子·居卫》对《史记》的这一说法进行了发挥渲染,并说子思因于宋国得到解脱之后,就仿效周文王困于羑里的时候作《周易》、孔子被困在陈国和蔡国的时候写作《春秋》,"撰《中庸》之书四十九篇"。两宋以前,"子思作《中庸》"这个说法几乎是一个"定论",没有人会怀疑。但是到了宋代,学界兴起了一股疑经之风,在这种风气的影响下,"子思作《中庸》"这一经典说法也遭到置疑,历史上很多学者围绕这一问题展开了各种辩论,其中由《中庸》几个词语引发的三点论争,非常精彩。

第一点是由孔子的字"仲尼"引出来的。孔子名丘,字仲尼。《中庸》第二章、第三十章就直接提到孔子的字"仲尼"。我们知道,中国古代有名讳的文化传统。如果《中庸》的作者是子思,那么作为孔子的孙子,他在称呼他的祖父孔子时应该避讳,不能提名道姓;相反,《中庸》直呼"仲尼",那么《中庸》的作者就不应是子思。南宋的一个儒者王十朋就曾怀疑:"岂有身为圣人之孙,而字其祖者乎?"②针对这种置疑,朱熹指出"古人未尝讳其字"③。因为春秋战国时代,对尊长并不讳称其字,比如在《论语》中,孔门弟子除了敬称孔子为"子""夫子"外,也有直接称孔子之字"仲尼"的。鲁国的大夫叔孙武叔诋毁孔子,孔子的弟子子贡就说:"仲尼不可毁也。"④《论语》中甚至还有弟子直呼孔子之名"丘"的,比如孔子弟子让子路向楚隐士长沮和桀

---

① 王泽应:《新译学庸读本》,台北:三民书局,2016年,第41页。
② 王十朋:《王十朋文集》卷八《策问》。
③ 朱熹:《朱子语类》卷六十三。
④ 《论语·子张》。

溺询问渡口,长沮问子路:"驾车的人是谁?"子路回答说:"是孔丘。"①既然孔门弟子对孔子可以呼名称字,那么子思怎么就不能称孔子的字呢?

第二点是"华岳"问题。这一问题是由《中庸》第二十六章"载华岳而不重,振河海而不泄"一句话所引发出来的。从字面上看:岳是山的意思,那么"华岳"就是"华山"。可问题就出在这里。清代的叶酉认为,古人有一个"论事就眼前指点"的创作原则,根据这个原则,古人在作文论事时,往往就近取材,根据眼前事物加以发挥。华山邻近咸阳、长安,而远离齐鲁大地。子思是鲁国人,泰山在鲁国,《中庸》如果真是子思所作,他最应该称引的是家乡鲁国的泰山,而不是遥远的华山。与叶酉同时的一个经学家卢文弨就曾疑问:"《中庸》如果是子思所作,那他为什么要舍近而求远,不称泰山而引华山呢?"②同理,华山接近秦代的咸阳和汉代的长安,所以称引华山之人,也应该就在华山附近。因此"载华岳而不重"这句话,应该是出自秦汉时期的读书人之手,而不应该是鲁国的子思,这就意味着《中庸》的作者不是子思。叶酉的这个说法一出来,学者们纷纷响应。清代的文学家袁枚是叶酉的朋友,他甚至称赞叶酉的说法"发二千年古人所未有"③。对于叶酉的这种说法,也有人持不同看法,比如清代的樊廷枚就认为,"华岳"与"河海"对举成文,"河、海"是指两条河,那么"华、岳"也应该是指两座山,即"华"是华山,"岳"是岳山。④ 现代新儒家的一位代表人物徐复观,甚至还证明了齐鲁大地原来就有两座山叫华山、岳山,只不过名气太小,被五岳之"岳"所掩盖,"遂淹没不彰"⑤。

第三点是所谓"三同"问题。"三同"是《中庸》第二十八章"今天下车同轨、书同文、行同伦"一句话的简称。最早对这一句话提出置疑的也是王十朋。春秋战国,诸侯纷争,各自为政,"天下曷尝同车书乎?"⑥但《中庸》却说"今天下车同轨、书同文、行同伦",这就不能不让人怀疑《中庸》的作者不是战国时的子思。反过来说,"三同"是秦国兼并六国、统一度量衡之后的盛大景象,这意味着《中庸》的作者更可能是秦代或者其后的人,而不应该是战国时期的人。比如清代的经学家俞樾,就据此认为《中庸》盖秦书也"⑦。针对这种疑问,朱熹曾经有过直接的答复。朱熹认为,各朝各代都有其"三同",周代有周代的"三同",秦代有秦代的"三同",只不过它们的标准不同,周代"三同"的标准不同于秦代"三同"的标准罢了;战国时期虽然海内分裂,但周代"三同"的标准"犹不得变也"⑧。后来很多学者都支持朱熹的说法,并引用《左传》

---

① 《论语·微子》。
② 卢文弨:《经典释文考证》礼记音义四考证。
③ 袁枚:《小仓山房尺牍》卷八。
④ 樊廷枚:《四书释地补》。
⑤ 徐复观:《中国人性论史·先秦篇》第五章。
⑥ 王十朋:《王十朋文集》卷八《策问》。
⑦ 俞樾:《湖楼笔谈》卷一。
⑧ 朱熹:《中庸或问》下。

隐公元年"同轨毕至"、《管子·君臣上》"戈兵一度,书同名,车同轨"等文献,来佐证先秦已经有"三同"的说法。

以上三点论争的双方虽然都有一定的道理,但都不能拿出足以服人的证据。在这种情况下,我们认为,《中庸》的作者不只是子思一个人,而是一个群体性概念。或者说,《中庸》是不同时期的多个人陆续完成的。

## 第二节 《中庸》的升格

《中庸》原来是《礼记》的一篇论文,后来成为《四书》之一。这就是《中庸》由"篇"升格为"书"的总体过程。这一过程同时也是旧的经书系统《五经》,向新的经书系统《四书》转移的过程。这个过程,无论是对中国经学史来说,还是对中国哲学史来说,都是一个令人称奇的过程。

在《中庸》升格为经的过程中,有三个标志性事件。第一件事是东汉的郑玄为《礼记》作注。《礼记》的"记"是相对于《礼经》的"经"而言的。根据儒家的说法,经是圣人制作的原创性文献,而记则是经之补记,是对经的一些补充性材料。汉代以前,"六艺"或"五经"中的《礼经》指的是《仪礼》,那么《礼记》就是《仪礼》的补记或补充性材料。东汉末年,经学大师郑玄同时为《仪礼》《周礼》《礼记》作注,这就是郑玄的《三礼注》。由于郑玄的注释,《礼记》第一次脱离《仪礼》,独立流行于世。作为《礼记》的一篇,《中庸》后来受到广泛关注,也是以此为起点的。

第二件事是《礼记》升格为经。郑玄作注之后,《礼记》开始脱离《仪礼》,魏晋之后还被立于学官,社会地位进一步得到提升。唐朝初期,经学家孔颖达等人撰修《五经正义》,《三礼》中只有《礼记》被收入《五经正义》,而《周礼》《仪礼》则被拒之门外。这意味着《礼记》已经完全脱掉"记"的身份,第一次名正言顺地晋级入"经"的行列,甚至大有超迈《仪礼》《周礼》的势头。随着《礼记》升格为经,《中庸》作为其一篇,自然也水涨船高,打包进入了经书的阵营。在这种情况下,举国上下对《中庸》的关注度也就必然进一步提高。唐代中期以后,科举考试开始从《中庸》里出题,考生答题也广泛引用《中庸》,比如大文豪韩愈在一次科举考试的试卷《省试颜子不贰过论》中,就引用了《中庸》的内容。而且在当时读书人的一般赋论中,也经常以《中庸》的内容为议题,展开理论性的探讨,比如被后人称为"闽学鼻祖"的欧阳詹有一篇论文《自明诚论》,哲学家李翱的著名论文《复性书》,都直接是以《中庸》的内容为讨论的主题。

第三件事是《四书》成为科举考试的必选教材。在科举考试与佛教道教的双重刺激下，北宋的士大夫们纷纷注解《中庸》，胡瑗、司马光、刘敞、张载、二程、游酢、杨时、吕大临、张九成、苏轼、晁说之等人均有专门的著述。到了南宋，朱熹以毕生之力为《论语》《孟子》《大学》《中庸》四书作注，这就是《四书章句集注》。朱熹的努力成功地推动了《中庸》由《礼记》之一"篇"向《四书》之一"书"的转移。这为《四书》取代《五经》的垄断地位奠定了典据基础。

在《中庸》由"篇"独立成"书"，并最终升格为经的过程中，王权的推动也是一个决定性因素。其中宋、元两代的两个仁宗皇帝贡献最为显著。1027年，宋仁宗向当年新及第进士"人赐御书《中庸》篇各一轴"①，并让宰相当众宣读。自此以后，皇帝御赐《中庸》，就成为一项常规制度。这一创举极大刺激了宋代读书人对《中庸》的浓厚兴趣。1313年，元仁宗下诏实行科举取士，考试内容从《四书》中出题，科举考试的教材就是朱熹的《四书章句集注》。于是《四书》正式取代《五经》，成为一种新的经学体系，从而影响中国考试文化近六百年。

## 第三节 《中庸》与佛教、道教

在《中庸》由"篇"升格为"书"的过程中，佛教道教人士对《中庸》的重视与提倡也起到了重要作用。

佛道人士对《中庸》的重视与提倡，始于南北朝时期的戴颙与梁武帝。戴颙出身于南朝刘宋王朝的一个隐逸世家。根据《宋书·隐逸传》的记载，他曾著有《逍遥论》一书，讲述《庄子》大旨，可见戴颙在道家学说上有很高的造诣。戴颙对佛教也有浓厚的兴趣，尤其在佛像雕刻方面，戴颙与其父戴逵都具有极高的艺术水准。当时宋世子刘义符请人铸造了一个精铜佛像，但是面孔显得太瘦，工人又无力修改，就来请教戴颙。戴颙稍加指点，问题立即解决。后世对戴氏父子的佛像雕刻技艺赞叹有加："二戴像制，历代独步。"②就是这么一个兼尚佛教与道教的隐士，《宋书》说他曾撰有《礼记中庸传》。这是史书上个人研究《中庸》的最早记载。

与戴颙的隐士风格相比，梁武帝萧衍可以说是声名显赫。但梁武帝的闻名并非仅仅因为他的文德武功，更是因为他的佞佛谄道。梁武帝与道教的茅山派创始人陶弘景私交甚笃。梁武帝当年起兵叛齐时，陶弘景曾经奉表拥戴。梁武帝登基以后，国家每当遇到吉凶征讨大事，

---

① 王应麟：《玉海》卷三十四。
② 弘赞：《兜率龟镜集》初集。

都会派人前去咨询陶弘景,以至于陶弘景被当时的人们称为"山中宰相"①。梁武帝后来舍道归佛,曾经四次舍身出家,每次都是由朝臣用重金才将他赎回来。梁武帝平日不但自己升座讲经,还下令让王侯弟子都接受佛诫,臣子们奏表上书也必须称他为"皇帝菩萨"②。根据《梁书·武帝纪》与《隋书·经籍志》的记载,梁武帝一生著述颇为可观,以千卷计,其中就有《中庸讲疏》一卷。

唐代初期,《礼记》入选《五经正义》,从而升格为天下士子的科考经书,《中庸》也随之水涨船高,备受关注。到了中唐时期,禅宗与道教高度发达,禅风道气弥漫士林。很多文坛领袖与士林贤达,都把《中庸》作为沟通儒释道三教的一座桥梁。中唐时期的古文运动中有一位先驱人物叫梁肃,少年时就曾跟随天台宗的湛然禅师学佛,并"深得心要"③。他根据天台宗的教义,撰写了《止观统例议》一文。这篇文章会通《中庸》的"诚明"思想与天台宗的止观思想,提出了"复性明静"的哲学思想。前面提到的"闽学鼻祖"欧阳詹,青年时期曾与泉州的著名道士蔡明浚、逸人罗山甫,一起隐居修炼过三年。中唐士人著述中哲学造诣最高的是李翱。李翱是中唐时期排佛健将韩愈的弟子与侄婿,但他同时与僧众也过从甚密。他在问道南禅曹洞宗始祖惟俨时,留下了"云在青天水在瓶"的名句。④ 李翱还曾师事梁肃,他的《复性书》与梁肃的《止观统例议》,无论是在遣词造句,还是在论证方法上,都有很多共同之处。

两宋时期,理学兴盛。北宋儒者普遍重视《中庸》。但宋代最先大力提倡与表章《中庸》的,却不是理学家,而是佛教徒,尤其是智圆与契嵩。智圆是北宋初期佛教天台宗山外一派的义学名僧,终生服膺《中庸》,甚至自号"中庸子",并撰写了一部带自传性质的《中庸子传》,将儒家的《中庸》与佛教的《中论》相提并论。契嵩是禅宗云门宗的第五代嗣法弟子,对儒家经典尤其《中庸》极为重视,曾撰写过一部书叫《中庸解》。智圆与契嵩等佛教徒对《中庸》的大力提倡与孤鸣先发,直接影响了宋代理学家对《中庸》的重视。尤其是智圆,陈寅恪称他是宋代新儒家的先觉者。

佛教与道教人士对《中庸》的重视与提倡,客观上促进了《中庸》的思想传播与地位提升。《中庸》的佛道化解读,也深化了儒家的义理之学。而佛道人士通过《中庸》这一儒家经典,援儒释佛、借儒解道,也增进了其世俗化的广度与深度。可以说,在儒释道三教融合的漫长过程中,《中庸》起到了一种积极的中介作用。

---

① 《南史·陶弘景传》。
② 《魏书·萧衍传》。
③ 《佛祖统纪》卷四一。
④ 《宋高僧传》卷十七《唐朗州药山惟俨传》。

## 第四节 《中庸》的分章与文体

《中庸》原本是《礼记》的三十一章,在独立单行之前,并不分章。郑玄注《礼记·中庸》时也没有分章,只是数句一注,一共一百二十八处注,这些文中夹注将《中庸》的文本分成若干段。孔颖达《礼记正义》的《中庸》部分为两卷,一共三十三节,但孔颖达的分卷更多是出于篇幅的需要,其分节也有很大的随意性。

宋代以后,《中庸》的章节划分方法层出不穷,划分标准也具有更多的义理讲究。北宋程颢、程颐兄弟的《二程集》中有《中庸解》一卷,分为三十六节,晁说之的《中庸传》竟然分为八十二节。不过这些都只是对《中庸》段落划分,仍然没有分章。明确对《中庸》进行分章的是朱熹。朱熹的《中庸章句》分为三十三章,与孔颖达分节的数目相同,但这只是一种"无心之巧合"①。朱熹之后,虽然也有五花八门的章节分法,比如南宋黎立武的《中庸分章》分为十五章、元代吴澄的《中庸纲领》分为七节、清代李光地的《中庸章段》分为十段,但一般来说,仍然以朱熹的三十三章分法广为接受。

从文体上说,晚周秦汉文献约有两种文体:一是记言体,一是议论体。今天看到的《中庸》就明显有两种文体:前半部分(第二至第十九章、第廿章前半)多是平实切用的记言体,后半部分(第一章、第廿章后半、第廿一至第三十三章)则多是隐曲繁晦的议论体。一般而言,同一作者的同一文献,其文体应该大致统一。《中庸》在文体上的割裂,难免让人怀疑它是出自一时一人之手。最早注意到这个问题的是南宋的王柏,他看到《中庸》的"文势时有断续,语脉时有交互",并从《汉书·艺文志》的"《中庸说》二篇"五个字受到启发,于是就断定《中庸》本来分为两部分,一部分是"中庸",一部分是"诚明"。②

王柏的说法对后世理解《中庸》的整体结构有很大的影响。冯友兰就在王柏的基础上,将《中庸》分为前后两部分,前半部分是记言体,是发挥孔子的学说,后半部分是议论体,是发挥孟子的神秘主义倾向。③ 钱穆也根据王柏的说法,直接将《中庸》分为"诚明篇"和"中和篇"两个部分。④ 郭店楚简和上博竹书问世以后,受其文体与思想的启发,梁涛和郭沂两位教授也认

---

① 翟灏:《四书考异》。
② 王柏:《鲁斋集》卷十三《古中庸跋》。
③ 冯友兰:《中国哲学史》第十四章。
④ 钱穆:《中国学术思想史论》(二)《中庸新义》。

为,《中庸》应该划分为"中庸"和"诚明"两篇。①

## 第五节 《中庸》的思想

根据文体特点将《中庸》划分为"中庸"与"诚明"两个部分,是比较符合《中庸》的文本性质的。如果这种划分成立,那么《中庸》的思想也完全可以从这两个部分来介绍。

### 一、中庸

"中庸"一词由"中"和"庸"两个字组成。"中"字很早就出现了,在甲骨文中,就有50多个"中"字。② 这些"中"字的写法可以归约为两种,一是 ⟟,二是 ⟟。从事古文字学的学者们考证,这些"中"字表示意义包括日晷的中针、中军的旗杆、建鼓的中杆或史官的簿书,这些都是日常生活上的实然意义,并无太多形而上的哲学意义。③ 比如被后来的儒者们大加颂扬的"允执厥中"④或"汤执中"⑤的"中"字,实际上是"狱讼簿书之象征",所以"执中"的意思,只不过是"执狱讼之簿书,非执中庸之道"⑥。实然意义上的"中间""中央"之"中",发展为具有哲学意义的"中道""中正"之"中",应该是到了《易传》之后才广泛出现。当然,用具有哲学意义的"不偏不倚""无过不及"来解释"中",是更晚的事了。"中庸"的"庸"原本是一种钟类乐器,即后来的"镛"。在古代,镛钟可以用来记载功禄,所以"庸"又有"功用"之义,又由于"用"有"常"的意义,所以后来的经学家、哲学家又把"庸"解释为"常道"之"常"。⑦

"中庸"一词最早的文献记录见于《论语·雍也》:"子曰:中庸之为德也,其至矣乎!民鲜久矣。"《中庸》第三章引述了孔子的这句话:"中庸其至矣乎!民鲜能久矣!"可见,在孔子眼中,"中庸"是儒学的至上德性。后来的儒者也将"中庸"视作孔子一以贯之的精神旨趣,明末的一位大儒刘宗周就曾说:"孔氏之言道也,约其旨曰'中庸'。"⑧但是,也有很多人对中庸思想

---

① 梁涛:《郭店竹简与思孟学派》第五章第二节;郭沂:《郭店竹简与先秦学术思想》第三章。
② 孙海波:《甲骨文编》。
③ 萧兵:《中庸的文化省察——一个字的思想史·文字篇》。
④ 《尚书·大禹谟》。
⑤ 《孟子·离娄下》。
⑥ 丁山:《刑中与中庸》。
⑦ 萧兵:《中庸的文化省察——一个字的思想史》第二章。
⑧ 刘宗周:《证学杂解》二五。

的理解和认识，不是支离破碎、难窥全豹，就是任意歪曲、乱扣帽子。他们常把中庸思想理解为搞折衷、和稀泥，到了二十世纪七十年代，更是把"违反辩证法"等罪名扣到孔子和《中庸》的头上。这种现象的产生原因，在于不能全面了解《中庸》的思想。根据我们的研究，"中庸"的全面思想应该包括的三层涵义，即"无过不及""无适无莫"和"无可不可"。

中庸的第一层涵义是"无过不及"。这最初是从孔子对他的两个学生的评价中引出来的，这两个学生，一个叫子张，也就是颛孙师，另一个叫子夏，也就是卜商。孔子还有一个很得意的弟子叫子贡，他有一次问孔子："子张与子夏谁更优秀？"孔子回答说："子张过分，子夏不及。"子贡紧接着又问："那么是子张更好一些吗？"孔子最后总结说："过犹不及。"①"过犹不及"的正面意思就是"无过无不及"，简称即为"无过不及"。后来，"无过不及"就成了"中庸"的一个代名词。《中庸》第四章就专门讨论了"过"与"不及"的问题："子曰：道之不行也，我知之矣：知者过之，愚者不及也。道之不明也，我知之矣：贤者过之，不肖者不及也。"孔子的意思是说："中庸之道不能实行的原因，我知道了：自作聪明的人自以为是，认识过了头；愚笨迟钝的人用力不足，不能理解它。中庸之道不能弘扬的原因，我知道了：贤良的人做得太过分，不成器的人又做不到。"

无过不及意味着能做到无过之亦无不及，就算是合乎中庸之道了。但判断无过与不及的标准是什么呢？孔子认为就是礼。这从子张与子夏二人的日常言行就可以看出。子张的日常言行总是于礼过之。孔子说"师也辟"②，子张的性格孤僻、偏激，反映在言行上不免会过激违礼。最明显的一次是子张的"谅阴之问"③。"谅阴"是指古代居丧时的住所。在那个时代，守孝谅阴、三年不语是天下的通礼，子张谅阴之问的目的，是想废除一些古礼。这在孔子看来是不能容忍的过激违礼行为。与子张相反，子夏的平时举止老是达不到礼，格调不高。子夏平日施教的内容，主要是洒扫、应对、进退等生活琐事。为人处事当然要从小礼细节做起，但仅仅以此为限，不免心胸狭滞，气象不大。所以孔子告诫子夏"女为君子儒，无为小人儒"④，勉励他格局要大一些，这样才能跟得上礼。过犹不及，不及亦是过，表面上是不违小节，实质上是不及大礼。《礼记·仲尼燕居》也记载了孔子与子贡谈论子张子夏的过与不及，子贡最后离席而应对说："怎么做才能适中呢？"孔子说："礼乎礼，夫礼所以制中也。"这就说得很明白了，礼就是无过不及的标准，守礼就是制中，守礼才能做到无过不及。

中庸的第二层涵义是"无适无莫"。这一涵义见于《论语·里仁》："君子之于天下也，无适也，无莫也，义之与比。""无适无莫"历来有很多不同的说法。郑玄等人认为，"适"与"敌"的意

---

① 《论语·先进》。
② 《论语·先进》。
③ 《论语·宪问》。
④ 《论语·雍也》。

思相通,所以"適"就是仇敌的敌;"莫"与"慕"的读音相通,所以莫就是贪慕的慕。无適无莫是没有好恶憎慕的意思。义者宜也,"义之与比"的义是合宜性的原则。义之与比就是说无所偏执,一切要合乎义,一切以义为心之所之的对象。《中庸》第八章"择乎中庸,得一善,则拳拳服膺,而弗失之矣"与第二十章"诚之者,择善而固执之者也",说的都是中庸的这一层涵义。

可见,无適无莫是否定地说,义之与比是肯定地说。无適无莫是以否定的形式对中庸所作的一种形式说明,义之与比则是以肯定的形式指出了中庸的内在原则就是义,是仁义的义。在孔子那里,义作为合宜性的原则也就是仁。无適无莫就是不执著于意欲,对于声色利欲无所亲慕,也无有憎恶;义之与比就是全神贯注、一心执守内在的仁。达到这种境界的人浑身上下浸润于道德的光辉,身心内外充盈着理想的向往。达到这种境界的人,二程说他们"满腔子是恻隐之心"①,陆九渊说他们"通身纯是道义"②,按照现在说法,就是一个完全道德化了的仁者。

中庸的第三层涵义是"无可不可"。这句话出自《论语·微子篇》。在这一篇中,孔子将自己与伯夷、叔齐、柳下惠、少连等人对比,最后说"我则异于是,无可无不可。"孔子的意思是说,我与这些人都不同,我是"无可无不可"。"无可无不可"又简称为"无可不可"。《中庸》第二十章所说的"不勉而中,不思而得,从容中道",就是对"无可不可"最好的注释。

柳下惠曾经"为士师,三黜"③,"士师"相当于法官,柳下惠做法官却多次被罢免,但他还是能够根据时运世变,降低志趣,辱没身份,使自己的言语得体,举止中礼。这显然是"无过不及"。伯夷、叔齐兄弟两个志意坚定,守身如玉,不是自己的君主,宁可饿死也不为他做事。这显然是"无適无莫"。柳下惠、少连做到了无过不及,伯夷、叔齐做到了无適无莫,而孔子"则异于是",与他们都不一样。孔子追求的境界更高,是一种"无可无不可"或"无可不可"的境界。无可不可的境界,用孔子的话说是"无得而称焉"④,意思是说无法用言语来形容。《中庸》第二十章说圣人"不勉而中,不思而得,从容中道",不用勉强就能达到,不用思考就获得,自然而然就能合乎大道。所以这种圣人就是达到无可不可境界的人。

总之,"中庸"有三层涵义,第一层涵义是无过不及,第二层涵义是无適无莫,第三层涵义是无可不可。这是"中庸"完整的涵义。

## 二、诚明

"中庸"作为至德,是非常难以达成的。这种情况,《中庸》第九章称之为"中庸不可能也"。

---

① 《程氏遗书》卷三。
② 《陆九渊集》卷七《与严泰伯》三。
③ 《论语·微子》。
④ 《论语·泰伯》。

子曰："天下国家可均也,爵禄可辞也,白刃可蹈也,中庸不可能也。"均国家、辞爵禄、蹈白刃是人所难能又是人所不欲的极端道德行为。首先,它们表示的是极端的行为。有什么比天下国家的权力更大呢?有什么比高官厚禄更诱人呢?有什么比肉体生命更重要呢?其次,它们是人所难能的。有什么比与人平分天下更难呢?有什么比拒绝高官厚禄更难呢?有什么比白刃抵颈而面不改色更难呢?最后也是最重要的,它们是人所不欲的。权倾天下,谁想与人平分?高官厚禄,谁想弃之不顾?刀山火海,谁想飞身而入?均国家、辞爵禄、蹈白刃虽然是难能的,却不是不能的,但"中庸"却是不可能的。

"中庸不可能"还有两种说法。第一种说法是《中庸》第七章"择乎中庸而不能期月守",第二种说法是《中庸》第十一章"遵道而行,半途而废,吾弗能已"。这两章是对"中庸不可能"的具体说法。择而不能守,是知之不明;行而半途废,是行之不力。所以第七章是从知上来说的,第十一章则是从行上来说的。这两种具体说法的相同之处在于,无论是从知上来说,还是从行上来说,中庸之所以不可能的原因,都在于不能长久坚持。那么与此相反,中庸之所以可能,关键就在一个"久"字。宋代的吕大临说:"人莫不中庸,善能久而已。久则为贤人,不息则为圣人。"①颜回能够三月不违仁,择乎中庸,拳拳服膺而弗失之,就是因为颜回能够长久坚持。

无息不已,永久不止,《中庸》称之为"至诚"。《中庸》第二十六章说:"故至诚无息。不息则久,久则征。征则悠远。悠远,则博厚。博厚,则高明。""至诚"又是对"诚"和"诚之"两者的贯通。无论是"诚"还是"诚之",关键都在一个"诚"。"诚"就是至实无间、至纯不贰、无息不已。《中庸》第二十章最后一句话说:"人一能之,己百之;人十能之,己千之。果能此道矣,虽愚必明,虽柔必强。"这就是对诚和诚之的一个综合与总结。这里特别强调一个"能"字。"人一能之,己百之;人十能之,己千之"是说,别人能够择善固执一天,自己却能够坚持一百天,别人能够坚持十天,自己却能够坚持一千天。

"诚"与"诚之"的关系,《中庸》曾用"至诚"与"致曲"的关系来说明。"至诚"一词在《中庸》第二十二章:"唯天下至诚,为能尽其性。能尽其性,则能尽人之性;能尽人之性,则能尽物之性;能尽物之性,则可以赞天地之化育;可以赞天地之化育,则可以与天地参矣。""致曲"一词在《中庸》第二十三章:"其次致曲,曲能有诚。诚则形,形则著,著则明,明则动,动则变,变则化。唯天下至诚为能化。"至诚者之所以能尽人物之性、参赞天地之化育,关键在于其能"诚",在于其无息不已。致曲之所以能成德成圣,"曲能有诚"之所以可能,关键也在于一个"诚"字。诚而又诚,诚之不已,自然"可以赞天地之化育,则可以与天地参",从而达到过往不化的神化之境,这其实也就是中庸的第三层涵义。

---

① 吕大临:《中庸解》。

# 第六节 "《中庸》学"文献的分类

围绕《中庸》所形成的研究,称之为"《中庸》学"。由之所产生的一系列研究文献,称之为"《中庸》学文献"。《中庸》学文献,大致可以分为四类:

一是关于《中庸》的专门注疏。这类文献是指对《中庸》所作的逐章甚至逐句注释的专门著作。这是《中庸》学文献的主体。这类文献很早就有了。《汉书·艺文志》曾载有《中庸说》二卷。《隋书·经籍志》《旧唐书·经籍志》与《新唐书·艺文志》都说南朝宋戴颙有《礼记中庸传》二卷,《隋书·经籍志》载有梁武帝萧衍《中庸讲疏》一卷,还有《私记制旨中庸义》五卷,可能也是萧衍所作①。两宋有不少《中庸》注疏问世,卫湜《礼记集说》对南宋以前的六十余家儒者注疏,进行了集中收录。《四书》体系形成以后,元、明、清三代的《中庸》注疏更是层出不穷。明代以后还出现了几部佛教人士所著的《中庸》注疏,比如德清与智旭的同名著作《中庸直指》、欧阳渐的《中庸传》。

二是关于《中庸》的单篇论文。这类文献是指关于《中庸》的通论性单篇论文。这类文献又可以分为两种,一种是对《中庸》整体思想进行论说,一种是就《中庸》某章某节或某一议题进行论说。前者最早的有中唐李翱的《中庸说》、宋初契嵩的《中庸解》五篇。此外,苏轼《中庸论》三篇、程大昌《中庸论》四篇等,都属于这种论文。后者有中唐欧阳詹的《自明诚论》,北宋初期陈襄的《诚明说》。《中庸》首章是学者集中关注的对象,比如朱熹曾作《〈中庸〉首章说》,明末刘宗周也作有同名论文,王阳明的高足王畿也曾写过一篇《〈中庸〉首章解义》。

三是《礼记》系统内的《中庸》学文献。《中庸》原为《礼记》之第三十一篇,礼学家在研究《礼记》时,就形成了《礼记》系统内的《中庸》学文献。这类文献包括两种,一种是通释性的,即对《礼记》通篇逐章作注,一种是选论性的,即对《礼记》中一些疑难之点进行选择性的论说。前者中,最早也最有影响的当然是郑玄的《礼记注》与孔颖达的《礼记正义》。南宋的卫湜用了二十年时间,广泛征引一百四十余家的说法,日编月削而成《礼记集说》一百六十卷。其中的《中庸》部分十四卷,可以说是宋代《中庸》学的集大成之作。

四是《四书》系统内的《中庸》学文献。南宋以后,围绕着朱熹的《四书章句集注》,形成了一系列《四书》系统内的《中庸》学文献。根据与朱熹《四书》的关系来说,《四书》学文献大致可以分为三种。一是朱熹《四书》之羽翼。最为典型的就是朱熹再传弟子真德秀所编《四书集

---

① 周一良:《论梁武帝及其时代》。

编》。二是朱熹《四书》学之反对或延伸。如元初陈天祥的《四书辨疑》,"专辨《集注》之非"[①]。最为极端的是清初王学护法毛奇龄的《四书改错》,开篇就说"《四书》无一不错"。三是纯粹考证性的《四书》学著作。这方面以清代学者的学术成就最高,如阎若璩的《四书释地》三编、樊廷枚的《四书释地补》、宋翔凤的《四书释地辩证》、王壵的《四书地理考》、周柄中的《四书典故辨正》等,对《中庸》的地名、人名、典章、制度等内容,进行了详细考辨。

## 第七节 阅读《中庸》的版本选择

阅读《中庸》要掌握阅读的次序。朱熹曾经说:"某要人先读《大学》,以定其规模;次读《论语》,以立其根本;次读《孟子》,以观其发越;次读《中庸》,以求古人之微妙处。……《中庸》亦难读,看三书后,方宜读之。"[②]这就是说,与《大学》《论语》《孟子》三书相比,《中庸》讲的是微妙玄理,因此需要在读过其他三书以后,才宜进入《中庸》的阅读。

《中庸》文献繁多,这就涉及阅读材料的选取。在海量的《中庸》学文献中,目前比较适合用来社会阅读与学术研读的本子,可以分为两类,一是古代的注释本,二是今人的注解本。

### 一、古代注释本

古代的注释本主要有以下四种:

一是《礼记正义》的《中庸》部分。《礼记正义》由东汉郑玄注、唐代孔颖达疏。郑玄的注是《礼记》当然也是《中庸》现存最早的注本,孔颖达的疏是对郑玄注的进一步疏解,是汉唐的集大成注本。《礼记正义》在《五经正义》中的成就最高,后来宋人将编其入《十三经注疏》。《礼记正义》有很多版本,其中清代阮元校刻的《十三经注疏》本是现今最为流行的古籍阅读本子,中华书局、上海古籍出版社都有影印出版。阮刻《礼记正义》共六十三卷,其中第五十二、五十三卷是《中庸》的内容,卷后附有阮元的校勘记。《礼记正义》现在也有多种整理本,比如2000年北京大学出版社的《十三经注疏》整理本、2001年台湾新文丰出版公司的《十三经注疏》分段标点本、2008年上海古籍出版社的新版《十三经注疏》整理本、2019年浙江大学出版社的中华礼藏本。后两种是目前比较好的整理本。

---

① 朱彝尊:《经义考》卷二五四。
② 朱熹:《朱子语类》卷十四。

二是朱熹的《中庸章句》。《四书章句集注》是朱熹最具代表性的著作,也是其后半生最为用力之作。《四书章句集注》包括《大学章句》《中庸章句》和《论语集注》《孟子集注》,其中《中庸章句》引用董仲舒、王肃、郑玄、程子、游酢、候仲良、吕大临等八家二十三次,充分阐述了朱熹的天道性命之学。《中庸章句》言简意赅,没有一定的宋明理学基础,往往不得其要,所以阅读《中庸章句》最好与朱熹的《中庸或问》相互比照来读。《四书章句集注》的版本很多,目前最为通用的是中华书局的新编诸子集成本。

三是石憝的《中庸辑略》。朱熹友人石憝在1172年到1173年之间,广搜"北宋四子"周敦颐、张载、二程及程氏门人吕大临、谢良佐、游酢、杨时、候仲良、尹焞共十家之说,集次而成《中庸集解》,又名《十先生中庸集解》,书成后朱熹为之作序。后来朱熹病其"太烦",并于1183年将其删节而为《中庸辑略》。1189年,朱熹序定《中庸章句》,就将《中庸或问》《中庸辑略》附于书后,一并梓行。其后朱熹《章句》孤行,石憝的《集解》反而渐晦不显。明代嘉靖中,才又被刊刻,并成为通行版本。清道光二十八年(1848),莫友芝根据卫湜的《礼记集说》,并用南宋真德秀的《中庸集编》与赵顺孙的《中庸纂疏》等书校补考订,采辑刻成《十先生中庸集解》,现收于中华书局版《莫友芝全集》第一册。

四是卫湜的《中庸集说》。卫湜的《礼记集说》共160卷,其中《中庸》部分14卷。《礼记集说》汇辑了自汉至宋历代144家学者的解释,其中《中庸集说》部分所引诸说包括郑玄、孔颖达、陆德明、王安石、张载、陆九渊、朱熹、杨简、吕大临等六十余家。元代陈澔编撰的《礼记集说》,卷帙简便,内容浅显,适于蒙训。明初科举定制,陈澔《集说》立于学官,成为取士程式,永乐中胡广等纂修《五经大全》时也采用了陈澔的《集说》,陈澔注本因而大显于世,而卫湜《集说》则备受冷遇,几乎淹没。清康熙年间,徐乾学等人用两部抄本作底本,将卫湜《集说》刊入《通志堂经解》,学者才得见此书。卫湜《集说》所依据的典籍,后世亡佚很多,到清初几乎全部失传,因而此书具有很高的文献价值。《中庸集说》已由杨少涵教授抽出整理,2011年由漓江出版社出版。

## 二、今人注解本

今人的注解本,内容比较全面的主要有以下五种:

一是杨祖汉的《中庸义理疏解》。1983年,台湾学者杨祖汉教授应台湾省文复会邀请撰写《中庸》的研习教材,后来又修订补入几篇相关的研究论文,2002年由鹅湖出版社出版。修订本就包括三个部分,一是"《中庸》义理研究",全面介绍了《中庸》的作者、成书及义理思想;二是"《中庸》原文及疏解",按照朱熹的分章,逐章进行注释、疏解;三是附录,将朱熹《中庸章句序》分为八节,分别给以现代略解。此书明白易读,系统性强,对于了解《中庸》的哲学思想具有较大帮助。

二是王泽应的《新译学庸读本》。此书是台湾三民书局策划刊行的"古籍今注新译丛书"的一种，《大学》《中庸》两书合读。此书卷首有一个长长的导读，分别介绍了《大学》《中庸》的作者与版本，《大学》《中庸》对先秦儒家伦理思想的总结与发展以及两书的历史地位。然后是对《大学》《中庸》正文的译释，其中《中庸》部分也是按朱熹分章，并根据每章内容，添加标题，每章分注释、语译、研析三个部分进行现代解读。此书总共 122 页，《中庸》部分 70 余页，简易精当，便于携带阅读。

三是孟子研究院组编的《中庸解读》。2018 年，孟子研究院邀请当今中国哲学界的九位专家：清华大学陈来、孟子研究院王志民、中国社会科学院李存山、北京大学王中江、中国人民大学梁涛、中山大学杨海文、北京交通大学孔德立、湖南大学肖永明、山东大学翟奎凤，对《中庸》进行了系统深入的十次精讲，最后合并出版。此书信息量很大，并能够充分吸收出土文献的最新成果，是了解《中庸》比较好的阅读资料。

四是杜维明的《中庸：儒学的宗教性》。此书原为英文，后译为中文，现收入"杜维明作品系列"。此书分为五章：文本、君子、信赖社群、道德形而上学、论儒学的宗教性，主要是从个人、社群与超越者三个维度，系统论证了儒学不同于基督教那种超绝的宗教，而是具有可经验性的宗教性。此书对了解《中庸》与现代哲学之互勘性具有很好的借鉴意义。

五是杨少涵的《中庸原论——儒家情感形上学的创发与潜变》。此书是杨少涵于 2009 年向复旦大学哲学学院提交的博士论文，原名为《中庸哲学研究》，2013 年曾由台湾花木兰文化出版社出版，2017 年改为现名，并由社会科学文献出版社出版。本书认为，《中庸》作为思孟学派的早期作品，承担着为儒学建立道德本体和寻找道德终极根源的形上课题。在这两个课题中，道德情感都具有本质的意义，所以《中庸》初步建立起来的儒家形上学，可以说是一种情感形上学。

有了以上的知识储备与理论武装，我们就可以进入《中庸》文本的阅读了。当然，与阅读其他文献一样，阅读《中庸》也分专业研读与一般泛读。专业研读需要在《中庸》学文献中选取相关文献，慢慢精读。一般泛读则只需要选取一二今人注解的《中庸》读本，有一定的广泛了解以后，再选取个别古代的读本，进行比较深入的阅读。

## 第八节 《中庸》经典选文

**解　题**

《中庸》原为《礼记》的第三十一篇，后来逐渐独立出来并升格为"四书"之一书，成为影响中国读书人几百年的经典文献。《礼记》各篇内容是对《仪礼》的一些补充解释性材料。汉代经学家郑玄曾将《中庸》归为"通论"的范围,这就意味着,《中庸》虽然也是对《仪礼》的补充解释,但并不是对《仪礼》具体节目的说明注解,而是从总体上论说成德希贤的心性培养方式与精神转化途径。《中庸》后来之所以能够进入"四书",很大程度上就是因为这一点。

《中庸》本文共3568字,原本并未分章,南宋的朱熹将其分为三十三章。这也成为《中庸》最为权威的一种分章。从思想内容上来看,《中庸》三十三章又可以划分为三大部分:

一是第一章。这相当于整个《中庸》的绪论,从总体上论说《中庸》的基本精神和哲学意境。这一部分又分为两层意思,一是"性道教",说明万物本性的终极根源以及戒慎恐惧的心性修养方式;二是"中和",说明心性修养达成的精神境界。

二是"中庸"部分。从第二章到第二十章的前半("不诚乎身"以前),都属于这一部分。这一部分都是引用孔子的话,从文体上看,属于语录体。这一部分旨在说明"中庸"是人伦日用的至上德性,不是索隐行怪的奇言僻行。但是很多人的言行举止无法做到长久符合中庸之道,于是就出现了"中庸不可能"。

三是"诚明"部分。从第二十章的后半("诚者天之道"以后)到第三十三章,都属于这一部分。这一部分的文体是直陈己见的论说体。这一部分回答上一部分的问题"中庸之道何以不可能"以及"如何才能达到中庸之道":中庸之道之所以不可能,是因为人们不能持之以恒、纯亦不已地实践履行;反过来说,只有持之以恒地实践履行,中庸之道自然就可能达成。这种持之以恒、纯亦不已的实践履行,《中庸》称之为"诚",对"诚"的自觉就是"明"。所以"诚明"就是对持之以恒、纯亦不已地实践履行中庸之道,有一种内在的自觉。有了这种自觉的履行,就能达到第一部分所提出的"致中和,天地位,万物育"的天人一体的精神境界。

以下选文即是根据以上内容划分,选取具有代表性的章节,并附以注释说明。①

## 第一章

天命之谓性①,率性之谓道②,修道之谓教③。道也者,不可须臾离也,可离非道也。④是故君子戒慎乎其所不睹,恐惧乎其所不闻。⑤莫见乎隐,莫显乎微,故君子慎其独也。⑥喜、怒、哀、乐之未发谓之中,发而皆中节谓之和。⑦中也者,天下之大本也;和也者,天下之达道也。⑧致中和,天地位焉,万物育焉。⑨

**注** ① 命,是令。性,即是理。天生人物,既与之气以成形,必赋之理以为性,便是天命

---

① 《中庸》的注释译文选用元代理学家、教育家许衡(1209—1281)《中庸直解》的相应内容,参见:许红霞点校:《许衡集》卷五,北京:中华书局,2019年;王成儒点校:《许衡集》卷五,北京:东方出版社,2007年。

令他一般。

② 率,是循。道,是道路。人物各循其性之自然,则其日用事物之间,莫不各有当行的道路。

③ 修,是品节之也。性、道虽是一般,而气禀或异,故不能不失其中。圣人于是因其所当行者而品节之,以为法于天下。

④ 道,是日用事物当行之理,皆性之德而具于心,无物不有,无时不然,如何须臾离得他?若其可离,则是外物,而非率性之道矣。

⑤ 是故,是承上文说。子思说,君子因道不可离,心里常存敬畏,于那目所不睹之处,虽是须臾之顷,亦戒慎而不敢忽;于那耳所不闻之处,虽是须臾之间,亦恐惧而不敢慢。所以存天理之本然,而不使离道于须臾也。

⑥ 隐,是幽暗。微,是细事。独,是人所不知而己所独知之地,就指那隐微说。子思又说,幽暗之中,细微之事,人以为可忽者,殊不知其迹虽未形,而几则已动。人虽不知,而己独知之,则是天下之事,更无有著见明显而过于此者。所以君子之心既常戒惧,而于此幽暗之中,细微之事,虽人所不知而己所独知之地,尤必极其谨慎而不敢忽。所以遏人欲于将萌,而不使其潜滋暗长于隐微之中,以至离道之远也。

⑦ 喜,是喜悦。怒,是忿怒。哀,是悲哀。乐,是快乐。子思说,喜、怒、哀、乐这四件,是人之情。未与物接时,都未发出来,乃是人之性。这性浑然在中,无所偏倚,故谓之中。及其既与物接,这喜、怒、哀、乐发将出来,件件都中节,无所乖戾,故谓之和。

⑧ 子思又说,这未发之中,便是天命之性,天下万事万物之理皆从此出,道之体也,所以为"天下之大本"。这发皆中节之和,便是率性之道,天下古今所共由之路,道之用也,所以为"天下之达道"。

⑨ 致,是推极的意思。位,是安其所。育,是遂其生。子思又说,人能自戒惧而约之,以至于至静之中,无所偏倚,则吾之心正,天地之心亦正。故三光全,寒暑平,山岳奠,河海清,而天地各安其所矣。自谨独而精之,以至于应物之处,无少差谬,则吾之气顺,天地之气亦顺。故草木蕃盛,鸟兽鱼鳖咸若,而万物各遂其生矣。

## 第二章

仲尼曰:"君子中庸,小人反中庸。①君子之中庸也,君子而时中;小人之中庸也,小人而无忌惮也。②"

注 ① 仲尼,是孔子的表字。君子,是能体道的人。中庸,是不偏不倚、无过不及、平常的道理。小人,是不能体道的人。反,是相背的意思。子思引他祖孔子之言说,君子之人于中庸之道身体而力行之,日用常行无不是这道理,故曰"君子中庸"。小人之人于中庸之道不能身体而力行之,日用常行都背着这道理,故曰"小人反中庸"。

② 时中,是随时处中。无忌惮,是无敬忌畏惮的意思。子思解上文说,君子之所以为中庸者,以其能戒谨不睹,恐惧不闻,既有了君子之德而又能随时以处中,故曰"君子而时中"。小人之所以反中庸者,以其有小人之心而又无所忌惮,故曰"小人而无忌惮也"。

## 第三章

子曰:"中庸其至矣乎,民鲜能久矣。"①

注 ① 中庸,即是那不偏不倚、无过不及、平常的道理。子思引孔子之说,天下之理,过则失中,不及则未至。唯有这中庸的道理,不失之太过,不失之不及,所以为"至"。只是百姓每少能尽得这道理,已非是一日了,所以说"民鲜能久矣"。

## 第四章

子曰:"道之不行也,我知之矣:知者过之,愚者不及也。①道之不明也,我知之矣:贤者过之,不肖者不及也。②人莫不饮食也,鲜能知味也。③"

注 ① 道者,天理之当然,即是那中庸的道理。子思又引孔子说,这中庸的道理不行于天下,我知道这缘故。只为那明智的人知之太过,以为道不足行;那愚昧的人知之不及,又不知道之所以行。所以这道理不行于天下。

② 贤者,是有德的人。不肖者,是不贤的人。孔子说,这中庸之道不明于天下,我知道这缘故。只是贤者好行那惊世骇俗的事,既以道为不足知,常过乎中了;不肖者卑污苟贱,既不能行这中道,又不求所以知,常不及乎中了。此道之所以不得明于天下也。

③ 饮食,是譬喻明与行说。味,是譬喻中说。孔子又说,人于日用间谁不饮食?只

是少有能知其滋味者。正恰似这中庸的道理,谁不要明?谁不要行?只是明不到那中处,行不到那中处,所以有太过不及之弊。

## 第六章

子曰:"舜其大知也与。舜好问而好察迩言,隐恶而扬善,执其两端用其中于民,其斯以为舜乎!"①

注 ① 舜,是虞帝。知,是知之明。问,是访问。察,是审察。迩,是浅近的言语。隐,是不宜露的意思。恶,是不好的言语。扬,是不隐匿的意思。善,是好的言语。执,是执持。两端,如小大、厚薄之类。中,是中道。子思引孔子之言说,有虞帝舜,他是大知的圣人。他凡遇事物之来,好要访问,虽闻浅近的言语,也好要审察。若所言不好的,便隐而不发;若言语好的,便称扬于众。不但如此,于那好言语中间,又执持两端,自家度量,取其合着中道的用之。这是大舜不自用其知,取众人之知以为知,此知之所以无过不及,而道之所以行也。

## 第七章

子曰:"人皆曰予知,驱而纳诸罟擭陷阱之中,而莫之知辟也;人皆曰予知,择乎中庸而不能期月守也。"①

注 ① 知,是聪明的意思。驱,是逐。罟,是网。擭,机槛。陷阱,是掘的坑坎。都是掩取禽兽者。期月,是满一月。子思引孔子之言说,天下之人,个个都说自己明知,然日用之间,祸机在前,便当辟去。今乃被人驱逐,如禽兽落在网罟机槛之中,陷在陷阱坑坎之内,不知辟去,如此岂得为知乎?天下之人,个个都说自己明知,然处事之时,辨别众理,择得个中庸,便当谨守不失。今乃不能满一个月,便已失去,如此又岂得为知乎?言知祸而不知辟,譬喻能择而不能守,皆不得为知也。

## 第八章

子曰:"回之为人也,择乎中庸,得一善则拳拳服膺而弗失之矣。"①

注 ① 回,是孔子弟子颜回。择,是辨别的意思。拳拳,是奉持的意思。服,是著。膺,是胸。子思引孔子之言说，回之为人，于天下事物。都辨别个中庸的道理。但得了一件善道，便拳拳然奉持在心胸间，守得坚定，不肯须臾失了。这是颜回知得中庸道理明白，故择之精而守之固如此。此行之所以无过不及，而道之所以明也。

## 第九章

子曰："天下国家可均也，爵禄可辞也，白刃可蹈也，中庸不可能也。"①

注 ① 均，是平治。孔子说，天下国家，是至难平治的，然资禀之近于知者，能均得。爵禄是至难推却的，然资禀之近于仁者，能辞得。白刃是至难冒犯的，然资禀之近于勇者，能蹈得。三者虽若至难，其实容易。至于中庸，是不偏不倚、无过不及而平常之理，虽若容易，然非义精仁熟而无一毫人欲之私者，不能到得。所以说"中庸不可能也"。

## 第十章

子路问强。子曰："南方之强与？北方之强与？抑而强与？①宽柔以教，不报无道，南方之强也，君子居之。②衽金革，死而不厌，北方之强也，而强者居之。③故君子和而不流，强哉矫。中立而不倚，强哉矫。国有道不变塞焉，强哉矫。国无道至死不变，强哉矫。④"

注 ① 子路，是孔子弟子，姓仲，名由，字子路。抑，是语辞。而，是汝。子路好勇，故以强为问。孔子答他说，汝之所问者，乃是南方之所谓强与？北方之所谓强与？抑是汝之所当强者与？其说详见下文。

② 宽，是宽容。柔，是柔巽。无道，是横逆不循道理。孔子说，如何是南方之强？人能宽容柔巽以教诲人之不及，人或以横逆不循道理的事来加我，我亦直受之，不去报复他，这便是"南方之强"。盖南方风气柔弱，故以含忍之力胜人为强，此则君子之道，故曰"君子居之"。

③ 衽，是席。金，是刀枪之类。革，是盔甲之类。孔子又说，如何是北方之强？那刀枪、盔甲，是征伐时所用的凶器，人所畏怕的，今乃视之如卧席一般，虽至于死，而无厌悔之意，这便是"北方之强"。盖北方风气刚劲，故以果敢之力胜人为强，此则强者之事，故曰"强者居之"。

④ 君子,是成德之人。和,是和顺。流,是流荡。强,是强勇。矫,是强貌。强哉矫,是赞叹之辞。倚,是偏著。变,是改变。塞,是未达。孔子说,人若和顺,易至于流荡。君子虽与人和顺,而不至于流荡,其强之矫矫者。人若中立,易至于偏倚,君子能卓然中立,而不至于偏倚,其强之矫矫者。君子当国家有道之时,达而在上,不改变了未达之所守,其强之矫矫者。当国家无道之时,虽至于死,不改变了平生之所守,其强之矫矫者。这四件是君子之强,乃学者之所当勉。孔子以是告子路,所以抑其血气之刚,而进之以德义之勇也。

## 第十一章

子曰:"素隐行怪,后世有述焉。吾弗为之矣。①君子遵道而行,半途而废,吾弗能已矣。②君子依乎中庸,遁世不见知而不悔,唯圣者能之。③"

注 ① 素字,当作索字,是求也。隐,是隐僻。怪,是怪异。述,是称述。孔子说,有等人深求隐僻之理,要知人之所不能知;过为诡异之行,要行人之所不能行。这等所为,足以欺世而盗名,故后世或有称述之者。此知之过而不择乎善,行之过而不用其中,不当强而强者也。圣人岂肯为此事哉? 所以说"吾弗为之矣"。

② 遵,是依。途,是路。废,是弃。已,是止。孔子说,君子能择乎善,遵依此道而行,然用力不足,行到半途中却废弃了。此其知虽足以及之,而行有不逮,当强而不强者也。圣人自谓我却遵道而行,行必到尽处,自不肯半途而废了。非勉焉而不敢废,盖至诚无息,行必到那尽处,自有所不能止,所以说"吾弗能已矣"。

③ 依,是循。遁,是隐遁。悔,是怨悔。孔子又说,君子不为素隐行怪,则依乎中庸之道而行,又不肯半途而废,是以隐遁于世,人不见知亦无怨悔,此中庸之成德,正吾夫子之事,而谦不自居,所以说"唯圣者能之"。

## 第十四章

君子素其位而行,不愿乎其外。①素富贵行乎富贵,素贫贱行乎贫贱,素夷狄行乎夷狄,素患难行乎患难。②君子无入而不自得焉。③在上位不陵下,在下位不援上。正己而不求于人则无怨,上不怨天,下不尤人。④故君子居易以俟命,小人行险以侥幸。⑤子曰:"射,有似乎君子,失诸正鹄,反求诸其身。⑥"

注 ① 素,是见在。位,是地位。愿,是愿慕。子思说,君子之人,但因见在所居之位而为其所当为，无有慕外之心。

② 富贵，是有爵禄的。贫贱，是无爵禄的。夷狄，是外国。患难，是困苦。君子见在富贵，便行那富贵所当为的事；见在贫贱，便行那贫贱所当为的事；见在夷狄，便行那夷狄所当为的事；见在患难，便行那患难所当为的事。这是说素位而行的意思。

③ 自得，是安舒的意思。子思说，君子于富贵、贫贱、夷狄、患难之间，惟为其所当为，随其身之所寓，坦然安舒，无所入而不自得。这是承上文"素其位而行"说。

④ 陵，是陵虐。援，是攀援。怨，是怨愤。子思又说，君子居人上以临下，则安于在上之位，不肯陵虐那下面的人，居人下以事上，则安于在下之位，也不敢攀援那上面的人。惟正其身而不求于人，自然无有个怨愤的心，上面不敢怨愤于天，下面也不敢过尤于人。这是承上文"不愿乎其外"说。

⑤ 易，是平地。俟，是等候命，是天命。险，是不平稳的去处。幸，是不当得而得的。子思说，君子素位而行，随其所寓，都安居在平易的去处，一直听候着天命，无有慕外的心；小人却常行着险阻不平稳的去处，以求理所不当得者。君子、小人之不同如此。

⑥ 射，是射箭。射㓸里面画布叫作正，栖皮叫作鹄。子思又引孔子之言说，射箭的人，与那君子人相似。君子凡事正己而不求人，射箭的人，若是不正中那正鹄，只责自家射的不好，不怨尤他人，岂不有似君子乎？这是通结上文的意思。

## 第十七章

子曰："舜其大孝也与。德为圣人，尊为天子，富有四海之内，宗庙飨之，子孙保之。① 故大德必得其位，必得其禄，必得其名，必得其寿。② 故天之生物，必因其材而笃焉。故栽者培之，倾者覆之。③《诗》曰：'嘉乐君子，宪宪令德。宜民宜人，受禄于天。保佑命之，自天申之。'④ 故大德者必受命。⑤"

注 ① 宗庙，是祭祀祖先的去处。子思引孔子之言说，古之圣君帝舜，其可谓之大孝也与。何以见之？以言其德，则德之盛，至于为圣人；以言其位，则位之尊，至于为天子；以言其富，则兼四海之内而皆有之。由是上而有宗庙之建，则祖考歆飨其祭祀；下而有嗣续之传，则子孙保守其胤祚。帝舜德位福禄，件件都到那至极处，此其所以为孝之大也。

② 位、禄、名、寿，是大德的征验。子思又引孔子之言说，人君有盛大之德，必然得

天下至尊之位；必然得天下至厚之禄；必然得美好的声名；必然得长远的寿数。盖有其德必有其验，如舜有大孝，能得禄、位、名、寿便是。

③ 材，是材质。笃，是厚。培，是培养。覆，是覆败。孔子又说，上天生物，必因他材质而加厚他。凡物之栽植的，有生长之理，便降雨露以滋养他；物之倾仆的，有覆败之理，便降霜雪以覆败他。所以明舜之有德，必得位、禄、名、寿，乃是天道自然如此。

④ 《诗》，是《大雅·假乐》篇。嘉乐，是可嘉可乐。宪字，本是显字。令德，是美德。宜，是合。民，指百姓说。人，指百官说。保佑，是眷顾的意思。申，是重。孔子引诗说，可嘉可乐的君子，有显显之美德。在外合乎百姓的心，在内合乎百官的心，故能受天之禄，而为天下之主。天既从而眷顾之，又从而申重之，即是天因其材而笃之的意思。

⑤ 受命，是受天命为天子。孔子又总结上文之意说，有大德于己者，必受上天之命而为天子。如舜有大德，而得禄、位、名、寿便是。

## 第二十章

……诚者，天之道也。诚之者，人之道也。①诚者，不勉而中，不思而得，从容中道，圣人也。诚之者，择善而固执之者也。②博学之，审问之，慎思之，明辨之，笃行之。③有弗学，学之弗能也，弗措也。有弗问，问之弗知，弗措也。有弗思，思之弗得，弗措也。有弗辨，辨之弗明，弗措也。有弗行，行之弗笃，弗措也。人一能之，己百之。人十能之，己千之。④果能此道矣，虽愚必明，虽柔必强。⑤

注 ① 诚，是真实无妄之谓。天赋与人的道理，本来真实无妄，无一些人为，这便是"天之道也"。诚之，是未能真实无妄，要用力到那真实无妄的地步，人事当得如此，这便是"人之道也"。

② 勉，是勉强。思，是思索。从容，是自然的意思。择，是拣择。执，是执守。诚者，安而行之，不待勉强，自然中道；生而知之，不假思索，自然合理。此乃浑然天理的圣人，则亦是"天之道也"。诚之者，未能不思而得，则必辨别众理，以明乎善；未能不勉而中，则必坚固执守，以诚其身。此乃未至于圣，而用力修为的，则所谓"人之道也"。

③ 博，是广博。审，是详审。慎，是谨慎。明，是分明。笃，是笃实。孔子又告哀公说，人君诚其身，有五件条目。第一要博学。如达道、达德与凡天下事物之理，

都须学以能之。既学了,又要审问之于人,以订其所疑。既问了,又要谨思之于心,而求以自得。既思了,又要分明辨析以尽公私义利之真。学、问、思、辨既有所得,必皆着实见于践履而躬行之。这五件便是"诚之"之目。学而知,利而行者也。

④ 措,是舍置的意思。孔子又说,为学之道,不学则已,学则必须到那能处,不至于能,绝不肯舍了。不问则已,问则必须到那知处,不至于知,绝不肯舍了。不思则已,思则必须到那自得之处,不至于得,绝不肯舍了。不辨则已,辨则必须到那明白处,不至于明,绝不肯舍了。不行则已,行则必须到那笃实处,不至于允蹈实践,也绝不肯舍了。他人只用一倍功夫,便能知能行,我则加以百倍功夫,必要到那去处。这一段是说困知勉行的事。

⑤ 此道,指上文百倍功夫说。愚,是昏昧。明,是明白。柔,是懦弱。强,是刚强。孔子又说,人于那学、问、思、辨、笃行五件事上,果然能用百倍功夫,气质虽是昏愚,必能变化做个明白的人;气质虽是懦弱,必能变化做个刚强的人。

## 第二十一章

自诚明谓之性,自明诚谓之教。诚则明矣,明则诚矣。①

注 ① 子思说,自其德无不实而明无不照,这是圣人之德。天性本来有的,所以叫作性。若未能无所不实,必先明乎善,而后能实其善,这是贤人之学,由教而入的,所以叫作教。那德无不实的,自然无有不明,先明乎善的,也可到那诚的地步,故曰"诚则明矣,明则诚矣"。

## 第二十二章

唯天下至诚为能尽其性,能尽其性则能尽人之性,能尽人之性则能尽物之性。①能尽物之性,则可以赞天地之化育。可以赞天地之化育,则可以与天地参矣。②

注 ① 至字,解做极字。天下至诚,是说圣人之德,真实无妄,举天下人莫能过他的意思。性,是指天命的道理说。人,是众人。物,是万物。子思说,唯天下至诚的圣人,德无不实,故无人欲之私,于那天命的道理,无有毫发不尽处,故曰"唯天下至诚为能尽其性"。人之性与我的性,只是一般。圣人既能尽其性,便能使天下之人,一个个都复其本然的道理,这便是"能尽人之性"。物之性与人的性,也只是一般。圣人既能尽人之性,便能使天下之物,一个个都遂其自然的道理,这便是"能尽物之性"。

② 赞,是助。化育,是造化生育。与天地参,谓与天地并立而为三。子思又说,人物之性,固皆天地之所赋。然天能与人物以性,不能使他皆尽其性。圣人既能尽物之性,则凡天地造化生育之功有不到处,一件件都能赞助他,这便是"赞天地之化育"。圣人既能赞助天地之化育,则天位乎上,地位乎下,圣人成位乎其中,以一人之身,与那天地并立而为三才,这便是"与天地参矣"。

## 第二十三章

其次致曲,曲能有诚。诚则形,形则著,著则明,明则动,动则变,变则化。唯天下至诚为能化。①

注 ① 其次,是说大贤以下,凡诚有未至的人。致,是推致。曲,是一偏。形,是形见。著,是显著。明,是光明。动者,诚能动物。变者,物从而变。化,是泯于无迹的意思。子思前章说至诚尽性,于此又说,其次的人,必须从那善端发见的一偏处,推而致之,以至其极。曲无不致,则其德无有不诚实处,故曰"曲能有诚"。德既实了,自然充积于中而发见于外,故曰"诚则形"。既发于外,便显著而不可掩蔽,故曰"形则著"。既显著了,便又有光辉发越之盛,故曰"著则明"。既光明了,自然能感动得人,故曰"明则动"。既动得人了,自然能使人改变不善以从于善,故曰"动则变"。既能使人变,自然能使人化,泯然不见改变之迹了,故曰"变则化"。这化的地步不容易到,独有天下至诚的圣人乃能如此。今自致曲积而至于能化,则其至诚之妙,也与圣人一般了。所以又说"唯天下至诚为能化"。

## 第二十五章

诚者,自成也。而道,自道也。①诚者,物之终始,不诚无物。是故君子诚之为贵。②诚者,非自成己而已也,所以成物也。成己,仁也。成物,知也。性之德也,合内外之道也,故时措之宜也。③

注 ① 诚,是实理。自成,是自然成就。道,是人所当行的道理。自道,是说人当自行。子思说,天地以实理生成万物,如草木自然便有枝叶,如人自然便有手足,不待安排。故曰"诚者,自成也"。若人伦之道,却是人去自行。如为子的,须是自家行那孝亲之道;为弟的,须是自家行那敬兄之道。故曰"而道,自道也"。

② 子思又说,天下之物,彻头彻尾都是实理所为。如草木春来发生,便为物之始;秋来凋落,便为物之终。故曰"诚者,物之终始"。若就人心说,为子不诚实孝亲,便无父子之伦;为弟不诚实敬兄,便无兄弟之伦。故曰"不诚无物"。此君子之所贵者,惟在诚实此心而已。故曰"君子诚之为贵"。

③ 仁,是心德,乃体之存。知,是知识,乃用之发。子思说,人能尽得这实理,不但可以成就自家,别人因我而感发兴起,也都尽得这个实理,是即所以成物。以成己言之,心德纯全,私欲净尽,这便是仁。以成物言之,知识高明,周于万物,这便是知。仁与知虽若不同,皆是天命与我的道理,何尝有外内之分?如今既得于己,则见于外者,随所设施,各得其当而合乎时中之宜也。

## 第二十七章

大哉,圣人之道。①洋洋乎发育万物,峻极于天。②优优大哉,礼仪三百,威仪三千。③待其人而后行。④故曰:苟不至德,至道不凝焉。⑤故君子尊德性而道问学,致广大而尽精细,极高明而道中庸,温故而知新,敦厚以崇礼。⑥是故居上不骄,为下不倍。⑦国有道,其言足以兴国;无道,其默足以容。⑧《诗》曰:"既明且哲,以保其身。"其此之谓与。⑨

**注** ① 大哉,是赞叹之辞。圣人之道,即是率性之道。道虽人所共行,非圣人不能尽得,故独举而归之圣人。子思赞叹说,大矣哉,圣人之道。这一句是包下文两节说。

② 洋洋,是流动充满的意思。发育,是发生长育。峻,是高大。子思说,圣人之道洋洋乎流动充满。万物虽多,都是这道发生长育。无所不有。天虽至高。这道却能充塞于天,无所不至。这一节是说道之极于志大而无外处。

③ 优优,是充足有余的意思。礼仪,是经礼,如冠、婚、丧、祭之类皆是。威仪,是曲礼,如升降、揖逊之类皆是。子思又赞叹说,圣人之道,悠悠人充足有余,何其大哉! 以礼仪言之,有三百条之多,都是这道所在。以威仪言之,有三千条之多。也都是这道所在,就一节是说道之入于至小而无间处。

④ 其人,是圣人。子思说,道有大小,必待圣人然后行得。所谓道不虚行。这一句是总结上两节。

⑤ 至德,是指圣人说。至道,是指上两节说。凝,是凝聚。子思又说,道必待人而行。若无有这等至德的圣人,并不能凝聚这等至道。故曰"苟不至德,至道不凝焉"。

⑥ 尊,是恭敬奉持的意思。德性,是人所受于天的正理。道,是由。问学,是询问讲学。子思承上文说,君子若要修德凝道,必须于那所受于天的正理,恭敬奉持,不可有一毫放失。又须于那古今事物之理,询问讲学,不可有一些忽略。尊德性,所以存心而极乎道体之大;道问学,所以致知而尽乎道体之细。这两件事是修德凝道的大纲领。致,是推致。广大、高明,是说心之本体。精微,是说理之精细微妙。道字,解做由字。中庸,是说事之行得恰好处。子思说,人心本自广大,君子不以一毫私意自蔽,以推致吾心之广大,而于析理,又到那精微处,不使有毫厘之差。人心本自高明,君子不以一毫私欲自累,以推极吾心之高明,而于处事,又必由那中庸处,不使有过与不及之谬。温,是温习。故,是已知的。敦,是敦笃。厚,是已能的。崇,是谨的意思。子思又说,君子于所已知的,必温习涵泳之,而于礼义,能日知其所未知。于所已能的,必敦笃持守之,而节于文,能日谨其所未谨。这以上四句,是君子存心致知,所以修德凝道的功夫。

⑦ 骄,是矜肆。倍,是背叛。子思承前面说,君子既能修德凝道,于那道之大小,无有不尽。所以居在人上,必能谨守其身,而无矜肆之心;处在人下,必能忠爱其上,而无背叛之念。

⑧ 兴,是兴起在位。默,是不言语。子思说,君子能修德凝道,当国家有道之时,可以出仕,其言语发将出来,足以裨益政治而兴起在位。当国家无道之时,可以隐去,其默而不言,足以避免灾害而容其身。这是修德凝道的效验。

⑨ 《诗》,是《大雅·烝民》之篇。明,是明于理。哲,是察于事。保,是保全。子思又引《诗经》中言语说,人能既明得天下之理,又察得天下之事,则日用之间,凡事顺理而行,自然灾害不及,所以能保全其身于世。《诗经》之言如此,前面说修德凝道之君子,不骄不倍,有道足以兴,无道足以容,即《诗经》中所言之意。

## 第三十二章

唯天下至诚,为能经纶天下之大经,立天下之大本,知天地之化育,夫焉有所倚?①肫肫其仁,渊渊其渊,浩浩其天。②苟不固聪明圣知达天德者,其孰能知之?③

**注** ① 经纶,皆治丝之事。经,是理其绪而分之。纶,是比起类而合之。大经,是父子、君臣、夫妇、长幼、朋友五品之人伦。大本，是所性之全体。化育，是造化生育万物。倚，是靠着的模样。子思说，独有天下极诚无妄的圣人，于那五品之人伦，如治丝一般，分别其等，比合其类，各尽其当然之则，而皆可以为天下后世法，故曰"经纶天下之大经"。于所性之全体，无一毫人欲之伪以杂之，而天下之道千变万化，皆从此出，故曰"立天下之大本"。于天地之化育，阴阳屈伸，形色变化，皆默契于心，浑融而无间，故曰"知天地之化育"。这经纶大经、立大本、知化育三件事，都从圣人之心上发出来，乃至诚无妄，自然之功用，不须倚靠他物而后能，故曰"夫焉有所倚"。

② 肫肫，是恳至貌。渊渊，是静深貌。浩浩，是广大貌。子思说，圣人经纶天下之大经，恳切详至，浑然都是仁厚之意在里面，故曰"肫肫其仁"。圣人立天下之大本，其德静深有本，就是那渊水之不竭一般，故曰"渊渊其渊"。圣人知天地之化育，其功用广大，就是那天之无穷一般，故曰"浩浩其天"。

③ 固，是着实的意思。聪明圣知，是圣人生知之质。达，是通。天德，即是天道。孰字，解作谁字。知之，是知至诚之功用。子思又总结上文说，至诚之功用，极其神妙如此。若不是着实有那聪明圣智之质、通达天德的圣人，其谁能知得这功用之妙？可见唯圣人然后能知圣人也。

# 第九章 德全不危——《黄帝内经》导读

张其成（北京中医药大学）

**作者小传：** 张其成，北京大学哲学博士，北京中医药大学博士后。北京中医药大学国学院首任院长，教授、博士生导师。第12届、13届全国政协委员。先后任国际易学联合会常务副会长、中华炎黄文化研究会副会长、中华中医药学会中医药文化分会主任委员、世界中联中医药文化专委会会长等。

# 第一节 《黄帝内经》缘何成为经典

在我国的历史传说中,中医学的起源和三皇是分不开的,伏羲制作九针,神农尝遍百草,黄帝讲解医道,所以历代都尊奉伏羲、神农、黄帝为医神。

早在远古洪荒时代,先民们在劳动中不断摸索,制造出砭石和骨针等医疗器具来治疗疾病。后来慢慢发明艾灸、推拿、酒剂、汤剂和导引等治病方法。从远古一直到周代以前,医疗技术主要掌握在巫师手里。巫师用各种巫术给人治病,所以最早的"医"字,下面就是一个"巫"(毉)。可见早期巫和医是不分的。

到了西周时期,医师已经从巫师里分离出来。经过春秋战国到了西汉时代,《黄帝内经》诞生了。《黄帝内经》在中国文化历史中的地位可以用三个"第一"的概括。

**第一部中医学的经典**。

《黄帝内经》的诞生标志中医学的形成。在这之前的简帛医书都是讲治法和药方的,中医学作为一个理论体系是从《黄帝内经》开始的,所以《黄帝内经》被认为是中医学的奠基之作,排在中医四大经典的首位。这部著作第一次系统讲述了人体的生理、病理、疾病、治疗原则和方法,几千年来护佑着中华民族战胜疾病灾难。

**第一部养生学的宝典**。

《黄帝内经》第一次系统讲述了养生理念,不仅讲了怎样治病,而且讲了怎样不得病。就是在没有得病的时候就预防它,最终能够不得病,这就是"治未病"。

**第一部生命的百科全书**。

除了医学外,《黄帝内经》还讲了天文、历法、物候、地理、心理、社会等各方面,是一部围绕"生命"展开,充满人生哲理,并且教人快乐健康长寿的生命百科全书。

《黄帝内经》的文化地位可以用两把"钥匙"来进一步说明。

**第一,《黄帝内经》是解开生命密码的钥匙**。

《黄帝内经》把人体生命和宇宙自然看成一个整体,提出"气-阴阳-五行"模型,为我们提供了一把解开生命密码的钥匙。这个模型将人体的生理病理与天文地理有序地联系在一起,我们既可以从天地自然推测人体内在生命的秘密,又可以从人体生命活动推测天地自然的秘密。

**第二,《黄帝内经》是打开中华文明宝库的钥匙**。

《黄帝内经》提出了"阴阳五行,调和致中"的中医思维方法,这一思维方法不仅是对《易经》"阴阳中和"思想的继承和发展,而且与儒释道文化融通互补。现在很多人也许已经不了解儒释道文化了,但中医文化一直最接地气传承到今天,仍然活在人们的日常生活中。从《黄帝内经》可以发现先秦儒家道家及汉以前人文科技文明之光,进而打开中华文明的宝库。

时至今日,《黄帝内经》奠定的中医学已经成为中华民族的文化符号和形象标识。2011年5月,《黄帝内经》入选联合国教科文组织《世界记忆名录》。从2012年开始,中国外文局对外传播研究中心连续开展的中国国家形象全球调查结果显示,中医与中餐被海外受访者认为是最能代表中国形象的文化符号。

## 第二节 《黄帝内经》的成书、流传和传播

《黄帝内经》是不是黄帝写的呢?当然不是!因为黄帝距今五千年左右,那个时候还没有成熟的文字,不可能亲手写出这么洋洋十多万字的书。但是为什么书名中有"黄帝"二字呢?这是后人托名的。托名"黄帝"是想表示这部医书产生的时间很早,也很有权威。

那么《黄帝内经》究竟是什么时候形成的呢?考察书中用字和音韵,可以发现这本书不是一时之言,也不是出自一人之手。虽然有形成于战国时期的篇章,但最后汇编成书是在西汉时期。

《黄帝内经》最早是被汉代《汉书·艺文志》收录,和《黄帝内经》一起被收录的还有《黄帝外经》等七部医经,可惜的是《黄帝外经》后来失传了。到了西晋,有个叫皇甫谧的人第一次提出《黄帝内经》包括《素问》和《针经》(也就是《灵枢》)两个部分,两部分各为九卷,加起来是十八卷。

这两个书名是什么意思?先看《素问》,"素问"就是对生命本质的追问。"素"就是"太素",有素质、本质的意思。"问"就是问答,这本书主要采用黄帝和岐伯对话问答的形式,非常亲切轻松,仿佛两个人在聊天。《素问》主要是讲人体生命的基本问题,包括养生预防、阴阳五行、脏象经络、疾病表现、脉象诊断、治则治法、五运六气,等等。

再看《针经》,就是讲针刺、针灸的经典。《针经》从唐代开始叫《灵枢》,"灵"繁体字上面是一个"雨"字,下面一个"巫"字,中间三个"口"字,本义是指能与天神沟通求雨的巫师,后来神与灵连用成"神灵",用在人体就是神灵之气;"枢"是主宰生命的枢纽,也就是神灵之气运行的通道,这个通道就叫经络。所以,《灵枢》主要讲针灸经络方面的内容。

晋代以后,《素问》和《灵枢》的流传命运实在是太坎坷了,甚至流亡海外,差一点散失。

先看《素问》,从汉代一直到南北朝时期,《素问》依然流行在民间。南北朝时期有一个叫

全元起的医家还给《素问》作过解释,但是到了唐代《素问》已经残缺不全了。幸亏在唐玄宗时代出了一位喜好《易经》、老庄和医学的大学者王冰,他从他的老师那里得到了一个秘本,于是用了十二年的时间校注整理成为《素问》24卷。王冰对运气学说很有研究,特地把《运气》七篇大论补入《素问》中,合为81篇。这个版本经过了北宋官方设立的校正医书局整理,就是我们今天看到的《素问》的通行版本。

《灵枢》的命运就不那么幸运了,到了北宋时期这本书在中国已经失传了。好在这本书保存在高丽国(朝鲜),当时高丽国提出一个条件,可以把这本书进献给我国,但必须和我国交换购买一本叫《册府元龟》的大书,《册府元龟》是一部非常重要的政治历史百科全书,居宋代四部大书之首。高丽国的这个条件太苛刻了,所以遭到礼部尚书、大文豪苏东坡的反对,他还写了一个奏本给当时的皇帝宋哲宗看。我们得感谢宋哲宗没有采纳苏东坡的意见,《灵枢》终于回归了中国,否则我们可能再也见不到《灵枢》了。到了南宋初年,还得感谢一个人,他叫史崧,幸亏他家里秘藏了这个《灵枢》版本,他不仅下功夫进行校对整理,而且公布于世,后来史崧的原刻本也不存在了,好在元代和明代一些刻书家根据史崧的版本又进行翻刻,这样《灵枢》才得以保存下来。

除了《素问》和《灵枢》,再介绍一个版本叫《黄帝内经太素》,这是唐代初年杨上善编撰的《黄帝内经》另一个早期传本,他将《素问》和《灵枢》两部分的内容按照不同的主题作了重新分类注释,但是也没有逃脱书在国内失传的命运。感谢唐代高僧鉴真和尚,他在66岁高龄且双目失明的情况下,终于第6次东渡到了日本,他随身带去的书籍中就有《黄帝内经太素》。这本书一直藏在日本京都的皇家寺院——仁和寺里,直到19世纪中叶才被发现。一个叫杨守敬的中国人,从日本花重金买了这本书的影印本带回了中国。

讲完《黄帝内经》流传的故事,再看《黄帝内经》这本书里面记载的另外一些有趣故事。前面讲了,这本书采用对话体,黄帝和岐伯、伯高、雷公等六位满腹经纶的医药大臣进行对话,主要是黄帝和岐伯对话,黄帝提问,岐伯回答。所以后来人们就用岐伯和黄帝这两个名字的开头两个字"岐黄"来代称中医,以"岐黄之书"代称《黄帝内经》。

岐伯是一个什么样的人呢?他是当时最优秀的中医专家,从小喜欢琢磨天文地理和山川土木,尤其对人体生命结构功能十分了解。为了给人解除病痛,岐伯曾经遍尝百草体会药效。黄帝虽然贵为君主,但还是恭恭敬敬地求教于岐伯。

黄帝是个爱民如子的好君主。他打败了蚩尤,战胜了炎帝,二十岁登上天子之位。为了保护人民身体健康,他西行岐山学习医疗保健方法,向岐伯求教,收雷公为徒,跟少俞和少师学习决脉结筋起死回生之术,还向伯高请教气血运行原理。黄帝和大臣讨论了几百个关乎人民生命健康的问题,这些思想智慧经过世代相传、整理和补充,通过《黄帝内经》记载下来。所以《黄帝内经》实际上展示了中华民族几千年以来对人体生命的理解,凝聚着中华民族哲学智慧和健康养生理念,以及宝贵的实践经验,至今仍用在中医理论研究和临床实践上,指导着普通大众的健康生活方式。

# 第三节 《黄帝内经》的阅读价值

## 一、天人合一

"天人合一"是中国古代哲学思想中最根本的观念,也是《黄帝内经》的指导思想。天人合一的整体观是《黄帝内经》最基本的特征,不仅贯穿于人由出生到死亡的整个生命过程,而且贯穿生理、病理、诊治、养生等所有层面。《素问·咳论》提出"人与天地相参"的命题,"天人相参""天人相应"是《黄帝内经》"天人合一"思想的另一种表述方式,具体表现在三个方面:天人同构,天人同序,天人同德。

1. 天人同构。《黄帝内经》把人体形态结构与天地万物一一对应起来,两者结构是相雷同的,譬如天有日月,人有两目;天有九星,地有九州,人有九窍;大地有十二经水,人体有十二经脉。《素问·阴阳应象大论》说:"天有四时五行,以生长收藏,以生寒暑燥湿风。人有五藏,化五气,以生喜怒悲忧恐。"

2. 天人同序。人体生理功能变化节律与天地自然四时变化的节律是一致的,随着自然界时间的变化而发生相应的变化,人体的生理周期与病理周期与自然界的周期节律也是相关联的。如《灵枢·顺气一日分为四时》说:"春生,夏长,秋收,冬藏,是气之常也,人亦应之,以一日分为四时,朝则为春,日中为夏,日入为秋,夜半为冬。"所以按照自然运动规律可以推测出人体生命运动规律。

3. 天人同德。人的伦理行为应该与天地自然保持一致,要"淳德全道""天地合德",要因时而动,顺其自然,与天地自然构成和谐统一的关系,这样人才能健康长寿。《素问·上古天真论》提出:"法于阴阳,和于术数,食饮有节,起居有常,不妄作劳,故能形与神俱,而尽终其天年,度百岁乃去。"强调人的日常生活、行为方式要按照天地自然规律来进行。

## 二、气为本原

《黄帝内经》认为"气"是宇宙万物包括人体生命的本原。日月星辰的运动,寒来暑往的变化,天地万物的生化,都与"气"密不可分。《素问·宝命全形论》篇说:"人以天地之气生,四时之法成。"人是由于禀受天地之气而产生,又依靠天地四时之法则而成就。人生在天地之间,必须要依赖天地阴阳二气的运动和滋养才能生存。《素问·六节藏象论》说:"天食人以五气,地食人以五味。"五气五味,水谷饮食,入于脾胃,达于肌表,使气血畅通,五脏协调,人体就充满生机。

"气"是《黄帝内经》中出现频率最高的一个词。按照气在人体的不同部位和不同功能,可以分为元气、宗气、营气、卫气、脏腑之气、经络之气,等等。人体生命最根本的是"气",还有"精"和"神"。精气神被称为人身三宝。"精"是构成人体生命的基本物质,"神"是人体生命的活力,而"气"则是生命的能量,它既是"精"和"神"的中介,又充满了"精"和"神"。正是由于"气"的作用,所以才使精神合一、形神合一。

## 三、阴阳五行

《黄帝内经》用阴阳五行的思维方法构建了中医学的理论体系。《黄帝内经》有一句名言:"治病必求于本。"这个根本就是阴阳,阴阳其实就是两种气——阴气和阳气,阴阳是生命与治病的根本。一个健康人的状态就是阴阳调和,也就是阴阳的平衡状态;一个人生病就是阴阳失调,也就是打破了这种平衡状态;医生治病就是调和阴阳,也就是将失调的阴阳恢复到调和平衡的状态。"阴阳"能够简洁明快地说清人体的生理结构功能和病理变化,还有疾病的诊断治疗,药物的属性分类,等等。

五行是对"阴阳"的进一步分类。五行就是木、火、土、金、水五种自然界基本物质,其实代表的是五种不同功能属性,如木有生长舒展的属性,火有炎热向上的属性,土有平稳守中的属性,金有肃杀收敛的属性,水有寒凉向下的属性。用五行可以将天地万物都分成五大类,而每一类之间的关系可以用五行的相生相克来说明。比如,《黄帝内经》用五行把时间、空间、食物和药物等分为五时、五方、五谷、五色、五味、五气等;用五行将人内在的功能结构分成五脏、五体、五窍、五华、五声、五志、五神等;用五行相生和五行相克说明人体正常的生理现象,用五行的相乘相侮(过分的生克)说明人的病理情况。

## 四、五脏六腑

脏象学说是《黄帝内经》的核心理论。"脏"就是藏于体内的内脏;"象"就是表现在外的生理功能和病理现象。内脏就是五脏和六腑。五脏就是肝、心、脾、肺、肾。六腑就是指胆、胃、大肠、小肠、膀胱和三焦。五脏和六腑是阴阳表里关系,《黄帝内经》十分有趣地把脏腑比喻成君王、宰相、将军,以此来对应说明五脏六腑的生理功能。特别要注意,中医脏腑是从生理功能角度来确定的,和现代解剖学中的脏器是不能完全等同的。

《黄帝内经》以五脏为中心,通过经络的沟通,配合六腑,联系筋、脉、肉、皮、骨及目、舌、口、鼻、耳等组织,构成一个人体有机的整体。脏腑在体内,经络在体表。以心为例,心好比一个国王,主管人的神志,心与小肠相络属,"其华在面",心的功能反映在面部色泽上;"其充在血脉",心主管血脉,心的功能表现在血脉跳动上;"开窍于舌",心的功能从舌象表现出来。

## 五、经络系统

经络是中国人的一大发明。《黄帝内经》第一次系统记载了经络系统。经络是运行气血的通道,把体内的脏腑和体表的各部分以及四肢末节联系起来,是人体功能的调控系统。《黄帝内经》说经络有三大作用,"决生死,处百病,调虚实",所以"不可不通",一定要通畅,如果不通畅就会生病。

经络是经脉和络脉的总称。"经"是经络系统中的主干,"络"是经脉的分支。《黄帝内经》将人体的"正经"分为十二条(手三阳经、手三阴经;足三阳经、足三阴经),再加上督脉和任脉,构成十四条主干经脉。人的络脉有十五条。

## 六、七情五志

《黄帝内经》按照五行原理将人的情志活动作了一个分类,将七情(喜、怒、忧、思、悲、恐、惊)归结为五志(怒、喜、思、忧、恐)。五志和五脏密切相连,情志太过了就会伤害相对应的脏腑:怒伤肝,喜伤心,思伤脾,忧伤肺,恐伤肾。在五脏中因为心是国王,所以心在情志致病过程中起主导作用。五脏和情志都有关系,情志异常可以导致五脏生病,而五脏的病变也可以导致情志病,也就是精神病变。

《黄帝内经》特别重视情志对人体健康的作用,指出"怒则气上,喜则气缓,悲则气消,恐则气下,惊则气乱,思则气结"。情绪的异常变化会引起气的反常,从而发生相应的疾病。

## 七、诊断治疗

《黄帝内经》诊断疾病的方法可以概括为四诊,也就是"望、闻、问、切"四个组成部分。望诊主要是观面色,辨舌苔。闻诊主要是听声音,闻气味。问诊是询问病人发病的情况以及生活经历、饮食嗜好、劳逸起居等。切诊主要是运用手指按压病人脉象获得诊断信息。这些都是通过由表及里的方法认识体内病变情况,做到对疾病的原因、部位、病情以及预后给予正确的判断。

怎么治疗疾病？《黄帝内经》提出一个基本原则叫"治病求本"，也就是要在复杂的各种临床表现中，找出疾病的根本原因，然后采取解决这个根本原因的正确方法。治疗疾病的核心方法是辨证施治，通过脏腑辨证、经络辨证、八纲辨证与六经辨证给出中药配伍、针灸配穴以及各种合适的治疗方案，最终达到阴阳的中和协调。

## 八、病因病机

《黄帝内经》重视对病因病机的分析。病因就是疾病发生的原因。导致疾病的因素是很多的，《黄帝内经》的病因可以概括为三大类。一类是"六淫"（风寒暑湿燥火）致病，这是外因；一类是"七情"（喜怒忧思悲恐惊）致病，这是内因；还有一类是饮食、起居不当引起的疾病，这叫不内外因。

病机就是疾病发生和变化的机理。总的来说可以从气化不正常、阴阳失去平衡来探讨疾病发生变化的机理。疾病的变化是复杂的，正邪双方力量的较量决定着疾病的发生与发展。《黄帝内经》以阴阳为总纲，分析疾病的寒热、虚实、表里的变化情况。

## 九、养生预防

《黄帝内经》中讲到了怎样治病，但更重要的是讲怎样不得病。《黄帝内经》有一个非常重要的思想，叫"治未病"，也就是在没有生病的时候就注意预防，从而不生病。这就需要"养生"。《黄帝内经》十分重视养生。《素问》第一篇《上古天真论》就提出养生的总原则，"法于阴阳，和于术数"，就是要效法阴阳的变化规律，找到适合自己的养生方法。

然后讲养生有四个重要方法，那就是"食饮有节"，饮食要节制，要合理搭配；"起居有常"，起床、睡觉等日常活动要有规律，要跟大自然的规律一致；"不妄作劳"，运动与劳动要适度，不能太过分；"形与神俱"，外形与精神要结合起来，尤其要保持精神安宁、情志平和。

## 十、五运六气

五运六气是《黄帝内经》的一种重要的学说，也叫运气学说，这是一种推测气候变化规律以及和人体健康疾病关系的学说。《素问》七篇大论有详细记载。简单地说，就是运用天干地支、阴阳五行来推论气候变化规律及其对人体健康和疾病的影响。根据一年的天干推算木火土金水"五运"，以一年的地支推算——风、火、暑、湿、燥、寒"六气"。

运气学说涉及天文、地理、历法、医学等各方面的知识，反映了《黄帝内经》重视时间、重视气候的整体观念。

# 第四节 《黄帝内经》的阅读方法

《黄帝内经》分《素问》和《灵枢》两大部分，一共是 162 篇，其中《素问》81 篇，《灵枢》也是 81 篇。各篇基本上采用黄帝与岐伯等医臣问答的对话体，由于成书时间跨度长，又不是一人所作，所以各篇文风不太一致。下面将《素问》和《灵枢》分开来进行介绍。

## 一、《素问》

按照王冰的版本，《素问》分为 24 卷。每一卷的篇数是不同的，基本上是按照内容分卷的。总的来说《素问》是对养生、脏腑、经络、疾病、诊断、治疗、运气的论述。

第一卷有四篇：《上古天真论》《四气调神大论》《生气通天论》《金匮真言论》，基本上是讲养生的，其中《上古天真论》讲了养生的一大原则："法于阴阳，和于术数。"养生四大方法：饮食有节，起居有常，不妄作劳，形与神俱。《四气调神大论》讲了春夏秋冬四季调神养生，提出"治未病"的概念。

第二卷有三篇：《阴阳应象大论》《阴阳离合论》《阴阳别论》，主要是讲阴阳五行的。其中《阴阳应象大论》很重要，它告诉我们人体生命现象和自然界的现象都是按照阴阳五行的规律相互感应、相互联通的。

第三卷有四篇：《灵兰秘典论》《六节藏象论》《五藏生成篇》《五藏别论》，主要讲人体的五脏六腑。其中《灵兰秘典论》以官职比喻脏腑很有意思，譬如心是君主，肺是宰相，肝是将军。

第四卷有五篇：《异法方宜论》《移精变气论》《汤液醪醴论》《玉版论要篇》《诊要经终论》，主要是讲治疗方法的。

第五卷和第六卷各有两篇：《脉要精微论》《平人气象论》《玉机真藏论篇》《三部九候论》，都是讲脉象诊断的。

第七卷有四篇：《经脉别论》《藏气法时论》《宣明五气篇》《血气形志篇》，主要讲经脉气血运行、五脏之气的不同表现。

第八卷有六篇：《宝命全形论》《八正神明论》《离合真邪论》《通评虚实论》《太阴阳明论》《阳明脉解篇》，主要讲诊断疾病的方法，最后两篇重点讲脾经和胃经的生理病理情况。

第九卷到第十三卷，一共有十九篇，从《热论》开始，到《脉解篇》为止，都是讲各种疾病的，包括热病、疟病、痛病、风病、痹病、痿病、奇病，等等。

第十四卷，有《刺要论》《刺齐论》《刺禁论》等六篇，都是讲针刺的，包括针刺的规律和法则、针刺的深浅限度、针刺治疗的禁忌等。

第十五卷到第十八卷，一共有十篇，其中《皮部论》《经络论》讲怎么通过皮肤和经络来诊断疾病，《气穴论》《气府论》讲穴位系统，其他各篇基本上都是讲怎么选取经络穴位治疗疾病以及针刺、艾灸要注意的事项。

第十九卷到第二十二卷，就是讲五运六气的七篇大论：《天元纪大论》《五运行大论》《六微旨大论》《气交变大论》《五常政大论》《六元正纪大论》《至真要大论》。

第二十三卷有四篇：《著至教论》《示从容论》《疏五过论》《徵四失论》，记载黄帝和雷公讨论医道问题，包括行医最重要应该具备的三才知识和象数思维，还有治病中应该避免的五种过错、四种失误。

第二十四卷有三篇：《阴阳类论》《方盛衰论》《解精微论》，主要讲一些特殊病症的病因病机和诊断治疗。

## 二、《灵枢》

按照史崧的版本，《灵枢》81篇，分为12卷。每一卷的篇数也不相同，同一卷的内容大多有相关性。总的来说《灵枢》是对针刺、经脉、穴位与疾病的论述。

第一卷有四篇：《九针十二原》《本输》《小针解》《邪气藏府病形》，主要讲九种针具、十二原穴、五输穴以及针刺治疗。

第二卷有五篇：《根结》《寿夭刚柔》《官针》《本神》《终始》，主要讲经脉的根穴与结穴以及针刺的方法。其中《寿夭刚柔》讲了从阴阳体质预测寿命的长短，《本神》讲了人各种精神活动的产生过程以及精神失常的表现与治疗。

第三卷有三篇：《经脉》《经别》《经水》，分别讲十二经脉与十五络脉分布与循行路线、十二经别循行路线、大自然十二经水与人体十二经脉的对应。

第四卷有七篇：《经筋》《骨度》《五十营》《营气》《脉度》《营卫生会》《四时气》，主要讲十二经筋的循行与病变治疗、二十八脉运行五十周的规律以及长度测量、营气和卫气的运行规律等。

第五卷有《五邪》《寒热病》《癫狂》等九篇，主要讲各种疾病的临床表现和针刺治疗。

第六卷有《师传》《决气》《肠胃》《平人绝谷》《海论》等十二篇，主要讲人体脏腑、特殊部位气机紊乱而致病，要根据不同情况进行针刺。其中《师传》提出治病和治家、治国一样，关键在于"顺",就是顺应发展规律。

第七卷有《阴阳系日月》《病传》等七篇,主要讲人体生理变化、疾病传变和年月日的变化有对应关系。

第八卷有《禁服》《五色》《论勇》等九篇,讲了针灸治疗的禁忌、针刺的方法、特殊部位的特殊穴位等,其中《天年》讲了寿命长短的原因及各个生命阶段生理盛衰的情况。《五味》讲了饮食五味与五脏六腑的对应。

第九卷有《水胀》《贼风》等八篇,主要介绍水胀等疾病的病因及其针刺治疗。其中《阴阳二十五人》按照阴阳五行将人首先分为五行人,然后细分为二十五种人格体质类型。

第十卷有《五音五味》《百病始生》等八篇,主要讲外部邪气入侵和内部正气虚弱导致各种疾病,以及针刺治疗的方法。其中《通天》按照性格、生理和体态三维度描述了五态人。

第十一卷有《官能》《论疾诊尺》等五篇,主要介绍用针的原理和方法、诊断尺肤的望诊方法等。

第十二卷有《九针论》《岁露论》《大惑论》《痈疽》四篇,介绍了九针的起源和用途、天文气象对人体健康的影响、登高眩晕的原因以及痈疽的病因诊治。

# 第五节 《黄帝内经》的版本选择

## 一、《黄帝内经》古代版本

1. 《黄帝内经素问》王冰本。这是唐代王冰的补注本,是《素问》现存最早的版本。经过宋代林忆、高保衡等人的考证、校对,确定书名为《增广补注黄帝内经素问》,分为24卷,81篇。

2. 《灵枢经》史崧本。这是南宋初年史崧的校正版本,是《灵枢》现存最早的版本。分为12卷,81篇。原版本已经不存,现存的是元代和明代根据史崧本重新翻刻的版本。

3. 《黄帝内经》古林书堂本。这是目前保存的早期最完整的版本,元代后至元五年(1339)胡氏古林书堂刻本,《素问》和《灵枢》各12卷。这个版本现藏于中国国家图书馆。2011年5月,经过联合国教科文组织的专家投票,《黄帝内经》成功列入《世界记忆名录》。

4. 《黄帝内经》赵府居敬堂本。这是明嘉靖年间赵康王朱厚煜居敬堂刻本,《素问》和《灵枢》各12卷。这个版本比明代任何刻本都俊美爽目。清初傅山对它进行批注。这个版本现藏于中国国家图书馆、中国中医科学院图书馆、北京中医药大学图书馆等。

5. 《素问》和《灵枢》分开来的版本还有很多,比较好的有明代顾从德翻宋版刻本《素问》,

明代嘉靖年间仿宋刻本《灵枢》等。还有很多注释《黄帝内经》的版本,比如明代马莳《黄帝内经注证发微》,吴昆《黄帝内经素问吴注》,清代张志聪《黄帝内经素问集注》《黄帝内经灵枢集注》等。

## 二、《黄帝内经》现当代版本

1.《黄帝内经素问》《灵枢经》:人民卫生出版社1963年出版。分别以顾从德本和赵府居敬堂本为底本,经过校勘、标点排印的。因这套书封面印有梅花而被学界统称为"梅花本"。由于所选版本精良,句读清晰,校勘精准,在中医界产生了深远影响。后来多次重刊。

2.《黄帝内经素问译释》《黄帝内经灵枢译释》:南京中医学院中医系编著,上海科学技术出版社1959年出版。参考历代医家注释,用现代语加以语译和注释,每一篇有题解,有按语,最后还有本篇要点,使学习者易读易懂,流传甚广。后来多次修订出版。

3.《黄帝内经素问校注语译》《黄帝内经灵枢校注语译》:郭霭春著,天津科学技术出版社1981年出版。全书分原文、校勘、注释和语译四项内容。著者充分发挥自己在文献考据方面的专长,选取多种善本,校勘时做到每一判断都有文献依据;注释凡疑必注,凡注必确;语译力求精准通俗,便于读者阅读。

4.《王洪图内经讲稿》,王洪图著,人民卫生出版社2008年出版。这是作者四十年为大学本科生和本硕连读学生讲课的讲稿,经过不断修改而成书出版。本书对《黄帝内经》进行分类讲解与诠释。上篇介绍了《黄帝内经》的成书与流传及其学术体系;下篇对《黄帝内经》的经文进行选读,分为阴阳五行、脏象、经络、病因病机、病证、诊法、论治、养生八个部分,每篇讲解都有题解、原文诵读、串讲、理论阐释、临证指要。

# 第六节 《黄帝内经》经典选文

## 一、《素问·上古天真论》

**解 题** 开篇几句话出自《史记·五帝本纪》。《史记》从黄帝写起,所以说我们是炎黄子孙。这几句话看起来是在描述黄帝,其实是说我们每一个人的生命过程。

《黄帝内经》主要是黄帝与他的导师岐伯的问答,这里黄帝替我们问了第一个问题,上古之人都能活过100岁吗?为什么今天的人到了50岁就衰退了?这是什么原因?岐伯回答了这个问题,他提出了养生的两大问题。第一,养生的一大总原则就是知道"道"是什么,概括起来就是"法于阴阳,和于术数";第二,养生的四大方法即食饮有节、起居有常、不妄作劳、形与神俱。上古的人按照这些方法来做,所以能够"尽终其天年,度百岁乃去"。今天的人由于纵欲而违背这四个方法,使得自己的精气神不够,因而半百而衰。而且岐伯还告诉大家,得病是内因和外因共同作用的结果。一句话,只有返璞归真,保持心安,才可以做到德全不危。所以,从《黄帝内经》中可以反映出的是:身体健康和心理健康并重,才可以度百岁。

昔在黄帝,生而神灵,弱而能言,幼而徇齐①,长而敦敏②,成而登天。

乃问于天师曰:余闻上古之人,春秋③皆度百岁,而动作不衰;今时之人,年半百而动作皆衰者,时世异耶?将人失之耶④?

岐伯对曰:上古之人,其知道者,法⑤于阴阳,和⑥于术数,食饮有节,起居有常⑦,不妄作劳,故能形与神俱⑧,而尽终其天年,度百岁乃去。今时之人不然也,以酒为浆⑨,以妄为常,醉以入房,以欲竭其精,以耗散其真⑩,不知持满,不时御⑪神,务快其心,逆⑫于生乐,起居无节,故半百而衰也。

夫上古圣人之教下也,皆谓之虚邪贼风⑬,避之有时,恬淡虚无⑭,真气从之,精神内守,病安从来。是以志闲而少欲⑮,心安而不惧,形劳而不倦,气从以顺,各从其欲,皆得所愿。故美其食,任其服,乐其俗,高下不相慕,其民故曰朴。是以嗜欲不能劳其目,淫邪不能惑其心,愚智贤不肖不惧于物,故合于道。所以能年皆度百岁,而动作不衰者,以其德全⑯不危也。

**注**
① 徇(xùn)齐:指行动迅速、快捷。"徇",通"迅",即迅速。"齐",通"疾",即快捷。
② 敦敏:敦厚敏锐。
③ 春秋:指年龄。
④ 将人失之耶:还是人失去了养生之道?将,此处为"还是""或者"的意思。
⑤ 法:效法、仿效,引申为遵循、顺应。
⑥ 和:适中,恰到好处。
⑦ 食饮有节,起居有常:指进食、饮酒有节制,起居有规律。节,节制,适度。常,规律。
⑧ 形与神俱:形体与精神健全协调。俱,"共同"的意思。
⑨ 以酒为浆:指饮酒没有节制。浆,较浓稠的液体,如羹汤、果汁等,也可理解为水。

⑩ 以欲竭其精,以耗散其真:用欲望、嗜好消耗正气,使得精气穷竭、真气散失。竭,竭尽。"耗",通"好",此处可解释为"嗜好"。

⑪ 御:驾御,驰御。

⑫ 逆:通"溺",意思为"沉溺、沉迷"。

⑬ 虚邪贼风:泛指四时不正之气,即致病的邪气。

⑭ 虚无:心无杂念。

⑮ 志闲而少欲:指节制情志,减少奢欲。闲,《说文》:"阑也,从门中有木。"引申为限制、控制。

⑯ 德全:指践行修身养性之道。

## 二、《素问·四气调神大论》

**解 题** 《四气调神大论》分四个季节对我们如何顺应天气进行了明确详细的描述,并且告诉我们违逆天气的后果,提醒大家要顺应天气、顺应自然的变化规律来养生。春天是人的神志和情志生发的时候,所以不要压抑,要抒发。夏天重在养心,心在志为喜,心气容易亢奋,所以夏天更要注意不要大喜伤心,要保养心气。秋天要心境宁静、收敛神气,养阴养肺。冬天则要情志隐藏,养肾进补。

春三月①,此谓发陈②,天地俱生,万物以荣,夜卧早起,广步于庭③,被发④缓形,以使志生,生而勿杀,予而勿夺,赏而勿罚,此春气之应,养生之道⑤也。逆之则伤肝,夏为寒变,奉长者少。

夏三月,此谓蕃秀⑥,天地气交,万物华实⑦,夜卧早起,无厌于日,使志无怒,使华英成秀,使气得泄,若所爱在外,此夏气之应,养长之道也。逆之则伤心,秋为痎疟⑧,奉收者少,冬至重病。

秋三月,此谓容平⑨,天气以急,地气以明,早卧早起,与鸡俱兴,使志安宁,以缓秋刑⑩,收敛神气,使秋气平,无外其志,使肺气清,此秋气之应,养收之道也。逆之则伤肺,冬为飧泄⑪,奉藏者少。

冬三月,此谓闭藏⑫,水冰地坼⑬,无扰乎阳,早卧晚起,必待日光,使志若伏若匿,若有私意,若已有得,去寒就温,无泄皮肤⑭,使气亟夺,此冬气之应,养藏之道也。逆之则伤肾,春为痿厥⑮,奉生者少。

**注**

① 春三月：即阴历的正月、二月、三月，立春至立夏之间，夏三月、秋三月、冬三月同理。

② 发陈：推陈出新。发，生发。陈，陈旧。

③ 广步于庭：在庭院中大踏步走。

④ 被(pī)发：披散开头发。"被"，通"披"。

⑤ 养生之道：调养人体生发之气的大法则。

⑥ 蕃秀：繁荣秀丽，茂盛华美。

⑦ 天地气交，万物华实：天地之气开始上下交合，万物开花结果。"华"，通"花"，即"开花"。"实"，即"结果实"。

⑧ 痎(jiē)疟：指疟疾，症状表现为寒热往来。痎，二日一发的疟疾。

⑨ 容平：安定平静。

⑩ 秋刑：秋天肃杀之气。

⑪ 飧(sūn)泄：指食物未完全消化导致的腹泻。飧，原意为"傍晚吃东西"，后引申为"完谷不化"，即吃进去的食物排出时是完整的，不消化。

⑫ 闭藏：潜伏封藏。

⑬ 水冰地坼(chè)：河水结冰，大地冻裂。坼，裂开。

⑭ 无泄皮肤：不要让皮肤开泄出汗。

⑮ 痿厥：手脚软弱无力，四肢末端寒冷。痿，痿弱无力。厥，气血厥逆，表现为四肢末端寒冷。

## 三、《素问·阴阳应象大论》

**解题** 阴阳和五行是中医哲学最重要的概念，是打开中国文化、打开生命科学的钥匙。"应象"的应是对应、感应的意思，"象"是形象、现象。这个题目告诉我们，可以以阴阳为核心将天地万物和人体生命的所有现象、形象——对应；同时还告诉我们，人体生命的活动规律、生命现象可以与自然界阴阳四时五行的消长变化现象相感应、相通应，也就是说，天地之阴阳、万物之阴阳，与人生之阴阳——所有的现象、意象、形象是相互对应、相互感应的。所以阳气积聚于上就成了天，阴气积凝于下就成了地。阴主静，阳主动，"躁"就是动。阳主生发，阴主收藏。阳能化生气，阴能构成行体。寒到极点就会生热，热到极点就会生寒。寒气可以产生浊阴，热气可以产生清阳。清气在下面，如果得不到上升，就会产生完谷不化的腹泻病；浊阴在上，如果不能下降，就会生胃脘胀满病，这就是违反了阴阳运动的规律而导致发病，导致不正常的道理。

黄帝曰：阴阳者，天地之道①也，万物之纲纪，变化之父母，生杀之本始②，神明之府也。治病必求于本③。故积阳为天，积阴为地。阴静阳躁，阳生阴长，阳杀阴藏。阳化气，阴成形④。寒极生热，热极生寒；寒气生浊，热气生清⑤；清气在下，则生飧泄，浊气在上，则生䐜胀⑥。此阴阳反作⑦，病之逆从也。

注
① 道：本意是道路，后引申为规律。
② 生杀之本始：生长消亡的根本。生，即生长。杀，即消亡。本始，即根本、起始。
③ 本：指阴阳。
④ 阳化气，阴成形：阳能化生气，阴能构成形体。
⑤ 寒气生浊，热气生清：寒气可以产生浊阴，热气可以产生清阳。
⑥ 清气在下，则生飧(sūn)泄，浊气在上，则生䐜(chēn)胀：清气若居于下，不能上升，就会因食物不消化导致腹泻；浊阴若居于上，不能下降，就会导致胃脘胀满。飧泄，即大便夹有不消化的食物残渣，又称完谷不化。䐜胀，即胃脘胀满。
⑦ 阴阳反作：违反了阴阳运动的正常规律。

## 四、《素问·灵兰①秘典论》

**解题** 黄帝问岐伯，人身体的十二个脏器它们之间是如何互相关联的？岐伯把我们的身体比喻为一个国家，这个国家里面有国王，有宰相，有将军，还有其他大臣，各负其责，各司其职。各个部门、各个官员把自己的工作做好，把自己应该完成的任务完成好，彼此之间的协调和谐、有序，那么这个国家就能够抵御外邪的侵略，就强大，就健康长寿；否则，敌人就会攻入体内，就会生病，严重的就国破家亡。

这十二个器官，虽然分工不同，但它们的作用是彼此协调而不能相互脱节。六脏六腑十二种官职，在心这个国王的领导下，把身体这个国家治理得井井有条，这个国家就是一个功能齐全的网络系统，牵一发而动全身。岐伯进一步解释了，小到一个人的修身养生，大到治国之道，都开始于精微之处。黄帝赞同，听到了如此精要明白的道理，这真的是圣人才能建立的事业。如此宣畅明白的宏大理论，如果不诚心诚意沐浴斋戒，选择良辰吉日，实在不敢接受，所以黄帝就选择了良辰吉日，把这些著作珍藏于灵台兰室，以便很好地保存，流传后世，所以这一篇就叫做《灵兰秘典论》。

黄帝问曰：愿闻十二藏②之相使，贵贱何如？

岐伯对曰：悉乎哉问也！请遂言之。心者，君主之官也，神明③出焉。肺者，相傅之官，治节④出焉。肝者，将军之官，谋虑出焉。胆者，中正之官，决断出焉。膻中者，臣使之官，喜乐出焉。脾胃者，仓廪⑤之官，五味出焉。大肠者，传道之官，变化⑥出焉。小肠者，受盛之官，化物⑦出焉。肾者，作强⑧之官，伎巧出焉。三焦者，决渎之官，水道出焉。膀胱者，州都之官，津液藏焉，气化则能出矣。凡此十二官者，不得相失也，故主明则下安，以此养生则寿，殁世不殆⑨，以为天下则大昌；主不明则十二官危，使道闭塞而不通，形乃大伤，以此养生则殃，以为天下者，其宗大危。戒之戒之！

至道在微，变化无穷，孰知其原？窘乎哉！消者瞿瞿⑩，孰知其要？闵闵之当⑪，孰者为良？恍惚之数，生于毫厘，起于度量，千之万之，可以益大，推之大之，其形乃制。

黄帝曰：善哉！余闻精光之道，大圣之业，而宣明大道。非斋戒择吉日，不敢受也。黄帝乃择吉日良兆，而藏灵兰之室，以传保焉。

注　① 灵兰：兰台灵室，是古代帝王收藏典籍的地方。
　　② 藏：读为"脏"，藏于体内，故称为藏。
　　③ 神明：指精神意识思维活动。
　　④ 治节：治理、调节。
　　⑤ 仓：古代储存未去壳谷物的地方。廪：古时储存去壳谷物的地方。
　　⑥ 变化：指糟粕变化成粪便。
　　⑦ 化物：指小肠有泌别清浊的功能，将水谷分别成精微和糟粕。
　　⑧ 作强：指肾就像工匠创造器物那样创造生命，具有创造力，是生命的源动力。
　　⑨ 殁(mò)世不殆：终生不懈息。
　　⑩ 消者瞿瞿(qú)：消者，贤能的人；"消"通"肖"。瞿瞿，勤奋的样子。
　　⑪ 闵闵(mǐn)之当：闵闵，深远的样子。当，妥当。

## 五、《素问·五藏别论》

**解题**　岐伯回答黄帝对不同脏器分类不同的问题：五脏六腑和奇恒之腑的区别。心、肝、脾、肺、肾等五脏，大体上是指内部充实的器官，它们的共同点是"藏而不泻，满而不实"，即贮藏精气而不外泄，精气是充养脏腑、维持生命活动不可或缺的物质。胆、胃、大肠、小肠、膀胱、三焦等六腑,大体上是指中空有腔的器官,空腔脏器,它们的共同点是"泻而不藏,实而不满",主要与饮食的消化有关,是消化食物,吸收营养,排泄糟粕的物质。脏和腑主要是根据形态和功能特点来区分的。

黄帝问曰:余闻方士,或以脑髓为脏,或以肠胃为脏,或以为腑。敢问更相反,皆自谓是。不知其道,愿闻其说。

岐伯对曰:脑、髓、骨、脉、胆、女子胞,此六者,地气之所生也,皆藏于阴而象于地①,故藏而不泻,名曰奇恒之府②。夫胃、大肠、小肠、三焦、膀胱,此五者,天气之所生也,其气象天,故泻而不藏,此受五藏浊气,名曰传化之腑。此不能久留,输泻③者也。魄门④亦为五藏使,水谷不得久藏。所谓五脏者,藏精气而不泻也,故满而不能实⑤。六腑者,传化物而不藏,故实而不能满也。所以然者,水谷入口,则胃实而肠虚;食下,则肠实而胃虚,故曰实而不满,满而不实也。

帝曰:气口何以独为五藏主?

岐伯曰:胃者,水谷之海,六腑之大源⑥也。五味入口,藏于胃,以养五藏气;气口⑦亦太阴也,是以五脏六腑之气味,皆出于胃,变见于气口。故五气入鼻,藏于心肺;心肺有病,而鼻为之不利也。凡治病必察其下,适其脉,观其志意,与其病也。

拘于鬼神者,不可与言至德;恶于针石者,不可与言至巧;病不许治者,病必不治,治之无功矣。

注
① 象于地:指取法于地道。
② 奇恒之府:异于平常的脏腑。奇,奇异;恒,恒常。
③ 输泻:输送、排泄。
④ 魄门:指肛门。"魄"通"粕"。
⑤ 满:指充满,贮藏精气,偏于无形。实:指充实,装满食物,偏于有形,有时充盈,有时空虚。
⑥ 六腑之大源:指胃是六腑的源泉。
⑦ 气口:指手腕横纹外侧桡动脉搏动处,属于手太阴肺经,是诊脉的常用部。

## 六、《素问·异法方宜论》

**解题** 这一篇涉及地理,是从地理生态的角度探讨生命问题和医学问题的。从题目中就可以看出,这是讲根据不同的方位采取各自合适的方法。这一篇其实就是最早的环境医学、地理医学、生态医学。

这一篇说明了东、南、西、北、中央五方的地理环境和自然气候的差异,以及人们生活习惯的不同,这些都会对人体的生理活动和疾病的发生造成影响。在此基础上,提出了砭石、毒药、艾灸、九针、导引按摩等各种不同的治疗方法,并强调医生在临床上要"杂合以治,各得其所宜",根据地土方宜而施治,综合掌握应用多种多样的治疗方法,全面分析病情,结合具体情况,因时、因地、因人制宜,最终达到"得其所宜"的效果。

黄帝曰:医之治病也,一病而治各不同,皆愈,何也?

岐伯对曰:地势使然也。故东方之域,天地之所始生也,鱼盐之地,海滨傍水。其民食鱼而嗜咸,皆安其处,美其食。鱼者使人热中,盐者胜血,故其民皆黑色疏理①,其病皆为痈疡,其治宜砭石。故砭石者,亦从东方来。

西方者,金玉之域,沙石之处,天地之所收引也。其民陵居②而多风,水土刚强,其民不衣而褐荐③,其民华食而脂肥,故邪不能伤其形体,其病生于内,其治宜毒药。故毒药者,亦从西方来。

北方者,天地所闭藏之域也,其地高陵居,风寒冰冽。其民乐野处而乳食,藏寒生满病④,其治宜灸焫⑤。故灸焫者,亦从北方来。

南方者,天地所长养,阳之所盛处也,其地下,水土弱,雾露之所聚也。其民嗜酸而食胕,故其民皆致理而赤色,其病挛痹⑥,其治宜微针。故九针者,亦从南方来。

中央者,其地平以湿,天地所以生万物也众⑦。其民食杂而不劳,故其病多痿厥⑧寒热,其治宜导引按蹻⑨。故导引按蹻者,亦从中央出也。

故圣人杂合以治⑩,各得其所宜。故治所以异而病皆愈者,得病之情,知治之大体也。

注　① 疏理:皮肤纹理疏松。
　　② 陵居:住在高处,依山而居。
　　③ 褐荐:褐,粗布衣服。荐,草席。
　　④ 藏寒生满病:脏腑受寒,容易生脘腹胀满一类的疾病。
　　⑤ 灸焫(ruò):艾火灸烤。

⑥ 挛痹：筋脉拘急，肢体麻痹。
⑦ 天地所以生万物也众：指中央物产丰富，食物种类繁多。
⑧ 痿厥：痿，肌肉萎缩或肌腱不能发力。厥，厥逆，气血倒流，到不了四肢，四肢逆冷。
⑨ 导引按蹻（qiāo）：导引指导引术。按蹻指按摩。
⑩ 杂合以治：兼用多种治疗方法，根据实际情况灵活应用。

## 七、《素问·宝命全形论》

**解题** 本段主要是讲述了人是天地阴阳两气相感的产物，是自然界物质变化的结果。人与自然息息相关，一切都是相通的，因此人体内在疾病的变化也和自然界的现象一样，会通过外在的症状表现出来，医者在诊断治病时，就可以根据这些症状来判断不同的病情。黄帝作为当时的统治者，具有深厚的仁爱之心，向岐伯询问疾病的应对之法，岐伯的回答，体现了《黄帝内经》中非常重要的天人相应的思想，以及对"天""人"的认识。人与天地在虚实阴阳等方面的相互关系，概括起来就是三个方面，一是天人相似，二是天然相动，三是天人相通。因此对于针刺的保命全形之法岐伯的回答非常有趣，黄帝问病因，并没有局限于人体，而是涉及阴阳、天地、九野、四时、月份、日子、万物，而岐伯的回答也不是直接讲述治病的方法，而是先论述了五行相克的道理，金克木，水克火，木克土，火克金，土克水，说明万事万物都是一样的道理，并由此引出针灸的五个原则：治神、知养身、知毒药为真、制砭石大小、知肺脏血气之诊。同时也讲述了用针之道，详细讲解了针刺方法，包括针刺前的准备、针刺的时机、病情的把握、针刺时得气的感觉，还强调医生需要先安定自己的心神，排除外物干扰，定五脏之脉，备九候之诊，只有通过仔细的观察、详细的诊断，病情的虚实了然于心后，才能进针施以治疗，应机决策，毫厘不差。黄帝又问，对疾病的虚实应该如何治疗的问题，中医治病讲究实则泻之，虚则补之。针刺取气要靠医生尽心尽意的体会和感悟。

黄帝问曰：天覆地载，万物悉备，莫贵于人。人以天地之气生，四时之法成①，君王众庶，尽欲全形，形之疾病，莫知其情，留淫日深②，著于骨髓，心私虑之。余欲针除其疾病，为之奈何？

帝曰：余念其痛，心为之乱惑，反甚其病，不可更代，百姓闻之，以为残贼③，为之奈何？

岐伯曰：夫人生于地，悬命于天，天地合气，命之曰人。人能应四时者，天地为之父母；知万物者，谓之天子。天有阴阳，人有十二节④；天有寒暑，人有虚实。能经天地阴阳之化者，不失四时；知十二节之理者，圣智不能欺也；能存八动之变，五胜更立⑤，能达虚实之数者，独出独入，呿吟至微，秋毫在目⑥。

帝曰：人生有形，不离阴阳，天地合气，别为九野，分为四时，月有大小，日有短长，万物并至，不可胜量，虚实呿吟，敢问其方？

岐伯曰：木得金而伐，火得水而灭，土得木而达⑦，金得火而缺，水得土而绝⑧。万物尽然，不可胜竭。故针有悬布天下者五，黔首共余食，莫知之也。

一曰治神⑨，二曰知养身，三曰知毒药为真⑩，四曰制砭石小大，五曰知府藏血气之诊。五法俱立，各有所先。今末世之刺也，虚者实之，满者泄之，此皆众工所共知也。若夫法天则地，随应而动，和之者若响，随之者若影，道无鬼神⑪，独来独往。

帝曰：愿闻其道。岐伯曰：凡刺之真，必先治神，五脏已定，九候⑫已备，后乃存针；众脉不见，众凶弗闻⑬，外内相得，无以形先，可玩往来，乃施于人。人有虚实，五虚勿近，五实勿远，至其当发，间不容瞚。手动若务，针耀而匀⑭，静意视义，观适之变。是谓冥冥，莫知其形，见其乌乌，见其稷稷，从见其飞，不知其谁，伏如横弩，起如发机⑮。

帝曰：何如而虚？何如而实？岐伯曰：刺虚者须其实，刺实者须其虚；经气已至，慎守勿失。深浅在志，远近若一，如临深渊，手如握虎，神无营于众物⑯。

**注**
① 人以天地之气生，四时之法成：人依赖天地精气生存，遵循四时阴阳变化的规律而生长。
② 留淫日深：邪气久留，日渐深入。
③ 残贼：残忍粗暴。
④ 十二节：左右手足十二个大关节。
⑤ 八动之变：指八节之风的变化。五胜更立：五行相胜交替主时。
⑥ 呿吟至微，秋毫在目：极轻微的声音也能听到，极细小的事物也能看清。呿（qū），开口呼喊。吟，闭口低哼。
⑦ 达：穿透。
⑧ 绝：阻断。
⑨ 治神：调养精神。

⑩ 知毒药为真：了解药物的真伪。

⑪ 道无鬼神：道理没有什么神秘。

⑫ 九候：即三部九候，为古代脉诊方法之一。切脉部位有上（头部）、中（手部）、下（足部）三部，每部各分天、地、人三候，共九候。

⑬ 众脉：各种死脉，真脏脉。众凶：各种表明病人无法治愈的凶兆。

⑭ 手动若务，针耀而匀：针刺时手的动作要专一协调，针要洁净而均匀。

⑮ 是谓冥冥，莫知其形，见其乌乌，见其稷稷，从见其飞，不知其谁，伏如横弩，起如发机：好像鸟一样集合，气盛之时，好像稷一样繁茂。气之往来，正如见鸟之飞翔，而无从捉摸它形迹的起落。

⑯ 如临深渊，手如握虎，神无营于众物：像面临深渊那样小心，像手中握着猛虎那样坚定有力，全神贯注，心无杂念。

## 八、《灵枢·九针十二原》

**解题**　《九针十二原》是《灵枢》的第一篇，该篇讲了两个问题，一个是九针，九种针具。一个是十二原，十二个原穴。作为一个仁慈的领导者，黄帝不忍心百姓们服苦药用砭石，只想用细小的针刺他们的肌肤，疏通经脉，调养气血，使他们的气血逆顺运行通畅。并希望把这个针法流传下来留给后代，所以就制定出了《针经》。岐伯指出九针的诀窍：一般的医生，只懂得在患者形体的穴位上下功夫，而高明的医生却非常注重神志的专一。"上守神"就是要求医生和患者都聚精会神，专心致志，这是《黄帝内经》针法所特别强调的内容。除了要求医生心神合一，思想专注外，也要求患者通过首设，使消散的真气渐渐收回，使聚结的神气重新分布。患者守神要从生活环境、精神情绪、所用的针刺手法等诸多方面来进行，只有这样，才利于患者生理功能的恢复。同时还指出了大体在针刺时，正气虚弱的时候应该用补法，而邪气盛实的时候应该用泻法。针刺的时候，有气血瘀结的情况，用破法放血，有邪气盛实的情况就用攻下法使邪气外泄。这种补和泻的手法应用起来，是一种有感觉但是好像又没感觉的感受。要仔细察觉气的到来，由此来判断是留针还是去针，总而言之，不论用补法还是泻法，但要使病人感受到补若有所得，泻若有所失。

黄帝问于岐伯曰：余子万民，养百姓而收其租税；余哀其不给①，而属有疾病②。余欲勿使被③毒药，无用砭石，欲以微针通其经脉，调其血气，荣其逆顺出入之会。令可传于后世，必明为之法，令终而不灭，久而不绝，易用难忘，为之经纪，异其章,别其表里,为之终始④。令各有形,先立针经。愿闻其情。

岐伯答曰:臣请推而次之,令有纲纪,始于一,终于九焉。请言其道。小针之要,易陈而难入⑤。粗守形,上守神。神乎神,客在门⑥。未睹其疾,恶知其原?刺之微在速迟。粗守关,上守机,机之动,不离其空。空中之机,清静而微。其来不可逢,其往不可追。知机之道者,不可挂以发。不知机道,扣之不发。知其往来,要与之期。粗之闇乎⑦,妙哉,工独有之。往者为逆,来者为顺,明知逆顺,正行无问。迎而夺之⑧,恶得无虚?追而济之⑨,恶得无实?迎之随之,以意和之,针道毕矣。

凡用针者,虚则实之,满则泄之,宛陈⑩则除之,邪胜则虚之。大要曰:徐而疾则实,疾而徐则虚⑪。言实与虚,若有若无。察后与先。若存若亡。为虚与实,若得若失。

**注**
① 不给:生活不能自给。
② 属有疾病:接连不断生病。属:(zhǔ),连续。
③ 被:遭受。
④ 为之经纪,异其章,别其表里,为之终始:建立纲纪,分别章节,辨明表里关系,确定气血终而复始的循行规律。
⑤ 小针之要,易陈而难入:使用小针的要领,说起来容易,可是要达到高妙的水准就不容易了。小针亦称微针,即现代所用的毫针。
⑥ 神乎神,客在门:人身上的神虽然没有形体,但是无处不在,在人体所有门户自由出入。
⑦ 粗之闇(àn)乎:粗浅的医生不能明了。闇,愚昧,昏乱。
⑧ 迎而夺之:朝着经气来的方向进针,和它的来势相逆是泻法。
⑨ 追而济之:顺着精气走向进针是补法。
⑩ 宛陈:指血郁积日久。"宛",同"郁"。
⑪ 徐而疾则实,疾而徐则虚:缓慢进针快速出针属于补法;快速进针而缓慢出针属于泻法。

## 九、《灵枢·本神》

**解题** 《黄帝内经》十分重视人的精神作用,《本神》可以说是讲解人的精神活动最系统、最深刻的一篇。本篇详尽分析了人类精神活动的内涵,重点阐述了与精神有关的十大名词术语。以浅显易懂的语言娓娓道来,并利用无行把这些精神活动和脏腑联系起来,建立了一个有机的系统,进而论述了精神活动失常的表现,以及相应的诊治法则。本篇的基本观点——无论是人的生命还是治病养生,都应该是"本于神"。岐伯对中医领域的常用名词进行了连续性的定义,通过这些定义可以看出,当时的医家对于人的精神活动已经有了十分细致的观察,并对这些活动进行了总结与归纳,将其整合到了中医理论体系当中。岐伯所描述的情志无度所引发的各种病症,首先应该知道五行—五脏—五志—七情的对应关系,依据五行相乘的制定原则,如肾属水,主恐与惊,故怵惕思虑所伤的是属火的心神;肺属金,主悲。故悲哀动中所伤的是属木的肝魂。人有七情六欲,这些情绪可以藏在心里,但是老藏在心里,也会引起情志和身体的毛病,所以要合理适当地发泄出来。岐伯强调了五脏所藏精微物质不可伤,伤则可能出现与七情相关的症状,并对这些症状进行了白描。传统医家正是通过这些症状与五行、五脏的对应关系来一一辨证论治的,由此可见,所谓的中医"黑箱"诊断并不神奇,只要熟练掌握了其中的对应规律,并善于观察患者的外在表现,便能作出合理的推断。

黄帝问于岐伯曰:凡刺之法,先必本于神。血、脉、营、气、精神,此五脏之所藏也。至其淫泆离脏①则精失、魂魄飞扬、志意恍乱、智虑去身者,何因而然乎?天之罪与?人之过乎?何谓德、气、生、精、神、魂、魄、心、意、志、思、智、虑?请问其故。

岐伯答曰:天之在我者德②也,地之在我者气也。德流气薄而生者也。故生之来谓之精;两精相搏③谓之神;随神往来者谓之魂;并精而出入者谓之魄④;所以任物⑤者谓之心;心有所忆谓之意;意之所存谓之志;因志而存变⑥谓之思;因思而远慕⑦谓之虑;因虑而处物谓之智。

故智者之养生也,必顺四时而适寒暑,和喜怒而安居处,节阴阳⑧而调刚柔。如是,则僻邪⑨不至,长生久视。

是故怵惕思虑者则伤神,神伤则恐惧流淫⑩而不止。因悲哀动中者,竭绝而失生⑪。喜乐者,神惮散⑫而不藏。愁忧者,气闭塞而不行。盛怒者,迷惑而不治。恐惧者,神荡惮⑬而不收。

肝藏血,血舍魂,肝气虚则恐,实则怒。

脾藏营,营舍意,脾气虚则四肢不用,五脏不安,实则腹胀,经溲⑭不利。

心藏脉,脉舍神,心气虚则悲,实则笑不休。

肺藏气,气舍魄,肺气虚,则鼻塞不利,少气,实则喘喝,胸盈,仰息。

肾藏精,精舍志,肾气虚则厥,实则胀。五脏不安。必审五脏之病形,以知其气之虚实,谨而调之也。

**注**
① 淫泆离脏：淫,过度紊乱。"泆"古同"逸",指离开五脏。离藏,五脏的精气耗散。
② 德：相当于道,指上天的自然规律。
③ 搏：交结,指阴阳二气交结。
④ 随神往来者谓之魂;并精而出入者谓之魄：随神气往来活动的,叫做魂;遵从精的先天本能,叫做魄。
⑤ 任物：主宰生命活动。
⑥ 因志而存变：借助志的意图灵活变通,求得变化。
⑦ 远慕：借助思而遥想未来目标。
⑧ 节阴阳：调节阴阳刚柔。
⑨ 僻邪：致病的外邪。
⑩ 恐惧流淫：恐惧使精气流散不止。
⑪ 竭绝而失生：精气耗尽,失去生机。
⑫ 惮散：涣散。
⑬ 荡惮：心神游荡。
⑭ 溲（sōu）：小便。

## 十、《灵枢·决气》

**解题** 黄帝在本篇中问出了所有人在学习中医时都会提出的问题——"既然精、气、血、津、液、脉都是一样的,为什么要用六种名字来区分它们呢？""决气"就是对气进行辨别。岐伯说精是两"神"相搏而产生的,阴阳两种生命的力量一融合,就产生了"精",它的出现是早于身体的,也就是说,"精"是构成生命最原始的物质基础,结合了阴阳两种生命的力量还没有生化时的原始状态;气,就是上焦散布出来的五谷的精微物质,濡养皮肤、身体和毛发,好像灌溉一样,也就是说,滋养是离不开气的,津就是腠理发泄出的液体,比如汗水;液就是往身体深层走的液体,深入骨髓的液体;血,就是中焦得到了气而产生的红色的液体;脉,就是把营气限制在固定位置的管道。本篇对精、气、津、液、血、脉的顺序进行排列是有意义的。对于每个人来说,都最先形成原始的精,随着生命活动的开始逐步接受五谷之气,气又化生津、液、血。在中医眼中,"脉"是功能性的,有规范物质运动位置的作用,不单纯是循环西医学中系统管道的概念。

黄帝曰:余闻人有精、气、津、液、血、脉,余意以为一气耳,今乃辨为六名,余不知其所以然。岐伯曰:两神相搏,合而成形,常先身生,是谓精。何谓气?岐伯曰:上焦开发,宣五谷味①,熏肤、充身、泽毛,若雾露之溉,是谓气。何谓津?岐伯曰:腠②理发泄,汗出溱溱③,是谓津。何谓液?岐伯曰:谷入气满,淖④泽注于骨,骨属⑤屈伸,泄泽⑥补益脑髓,皮肤润泽,是谓液。何谓血?岐伯曰:中焦受气取汁,变化而赤,是谓血。何谓脉?岐伯曰:壅遏⑦营气,令无所避,是谓脉。

**注**

① 五谷味:五谷所化生出的精微之气。
② 腠(còu)理:皮肤、肌肉的纹理。
③ 溱溱(zhēn):描述汗多的样子。
④ 淖(nào):本意为泥沼,引申为浓稠的精微物质。
⑤ 骨属(zhǔ):骨所附属的组织,指关节及所附属的部分。
⑥ 泄泽:流动而滋润。泄,溢满流动。泽,润泽。
⑦ 壅遏:约束。

## 十一、《灵枢·天年》

**解题** 黄帝与岐伯的这段对话,讲的是人是怎么形成的:一个人的出生是以父母提供的精血为基础,血气、荣卫、五脏、神气、魂魄都具备以后,才能成为人。而且黄帝观察到人的寿命有长有短,询问岐伯其中的原因,因而岐伯讲解了长寿的原理,即五脏、六腑,血脉、肌肉、皮肤、营卫、呼吸、津液都各自按照常规来运作,这个人就能长寿。对长寿的人来说,五脏坚固,血脉和调,肌肉调达,皮肤致密,营卫周行有常,呼吸微徐并且节律规整,水谷运化正常,津液散布诸窍,人中沟深而长,面相饱满圆润,骨肉丰满,这样的人才会长寿。岐伯还讲述了人从生到死的过程,一般以十年为一个生理的周期,按照每个阶段的行动特征,一共分成十个阶段来分别介绍,即10岁好跑,20岁快走,30岁慢走,40岁好坐,50岁眼花,60岁好卧,70岁皮肤枯,80岁容易说错话,90岁精气空虚,100岁神气去而终。而且一些人不能终其天年而提前去世的原因,大抵与长寿者相反;即五脏不坚固,使道不长,喘息急促,血脉短少,骨削肉少,屡受外邪。

黄帝问于岐伯曰:愿闻人之始生,何气筑为基,何立而为楯①,何失而死,何得而生?岐伯曰:以母为基,以父为楯;失神者死,得神者生也。

黄帝曰:何者为神?岐伯曰:血气已和,营卫已通,五脏已成,神气舍心,魂魄毕具,乃成为人。

黄帝曰:人之寿夭各不同,或夭寿,或卒死,或病久,愿闻其道。岐伯曰:五脏坚固,血脉和调,肌肉解利,皮肤致密,营卫之行,不失其常,呼吸微徐,气以度②行,六腑化谷,津液布扬,各如其常,故能长久。

黄帝曰:人之寿百岁而死,何以致之?岐伯曰:使道隧以长③,基墙高以方④,通调营卫,三部三里起⑤,骨高肉满,百岁乃得终。

黄帝曰:其气之盛衰,以至其死,可得闻乎?岐伯曰:人生十岁,五脏始定,血气已通,其气在下,故好走⑥;二十岁,血气始盛肌肉方长,故好趋⑦;三十岁,五脏大定,肌肉坚固,血脉盛满,故好步;四十岁,五脏六腑十二经脉,皆大盛以平定,腠理始疏,荣华颓落,发颁斑白,平盛不摇,故好坐;五十岁,肝气始衰,肝叶始薄,胆汁始减,目始不明;六十岁,心气始衰,若忧悲,血气懈惰⑧,故好卧;七十岁,脾气虚,皮肤枯;八十岁,肺气衰,魄离,故言善误;九十岁,肾气焦⑨,四脏经脉空虚;百岁,五脏皆虚,神气皆去,形骸独居而终矣。

黄帝曰:其不能终寿而死者,何如?岐伯曰:其五脏皆不坚,使道不长,空外以张⑩,喘息暴疾;又卑基墙薄,脉少血,其肉不石,数中风寒,血气虚,脉不通,真邪相攻,乱而相引,故中寿而尽也。

注 ① 楯(shǔn):本意是栏杆,引申为防护,护卫。指阳气在外护卫阴气。
② 度:常规、法度。
③ 使道隧以长:人中沟又深又长。
④ 基墙高以方:面部的轮廓的骨高肉厚而且端正。
⑤ 三部三里起:即三庭饱满隆起。上庭是从额头发髻到眉毛,为天。中庭是眉毛到鼻子,为人。下庭是鼻子到下巴,为地。
⑥ 走:跑。

⑦ 趋：快走。

⑧ 懈惰：运行迟缓。

⑨ 肾气焦：肾精枯竭。

⑩ 空外以张：鼻孔外翻。

# 第十章 至德为本——《礼记》导读

曾亦(同济大学)

**作者小传：** 曾亦，1969年生，湖南新化人。1987—1991年，复旦大学政治学专业本科。1994—2000年，复旦大学中国哲学专业硕士、博士。同年，留校于社会学系任教。2012年起，任同济大学哲学系教授、博士生导师。先后于香港中文大学、台湾大学高研院从事访问学者研究。2012年被聘为台湾大学高研院客座研究员，2017年被聘为湖南大学岳麓书院客座教授。主要学术兼职有中国哲学史学会理事、中华孔子学会常务理事、上海儒学会副会长、复旦大学儒学院副院长兼秘书长、上海市炎黄文化研究会理事等。

# 第一节 《礼记》的地位及其价值

《礼》作为"五经"之一,其实有《仪礼》《周礼》与《礼记》三种礼书,古代称为"三礼"。"三礼"之名,最迟见于东汉末年。当时最负盛名的经学家郑玄遍注《仪礼》《周礼》与《礼记》,并且还撰写了《三礼目录》,此后,三种礼书就并称为"三礼"。

不过,《仪礼》《周礼》与《礼记》这三种礼书的性质并不相同。其中,《仪礼》本称《士礼》,因为《仪礼》前九篇记载了古代士这一阶层所行的礼,故称为《士礼》。除士礼外,《仪礼》还记有卿大夫及诸侯之礼,然而颇有遗失,因此,汉代学者通常依据士礼而推求其余相关的礼仪。《仪礼》真正被视作经,成为古代中国所推崇的经典,应该始于汉武帝。当时武帝建立"五经"博士,独尊儒术,而《仪礼》作为"五经"之一,于是被尊为《礼经》。至于《周礼》《礼记》,这一时期尚未取得经的地位,故不能称为《礼经》。

其后又有《周礼》。《周礼》一书,汉代经学中的古文家最为推崇,视为"周公致太平之书"。东汉时,《周礼》的地位逐渐上升,到了曹魏初年,朝廷建立十九博士,其中已有《周礼》,这标志着《周礼》正式成为经,因此,后来有人亦称《周礼》为《礼经》。

《仪礼》和《周礼》被尊崇为"经",这是因为其多少跟古代的圣人有关系,即古人通常认为《仪礼》是孔子所作,而《周礼》则是周公所作。至于《礼记》,大部分是孔子的弟子及其后学所作,其性质主要是解释《仪礼》的单篇文字,经由汉代学者的汇编而成书。可见,《礼记》的这种性质,决定了其地位本来就不如《仪礼》和《周礼》,因此,《礼记》获得经典的地位也最晚。直到唐初贞观年间,太宗李世民诏令孔颖达为"五经"作正义,其中,"三礼"中仅为《礼记》一书作正义,这标志着《礼记》正式取代《仪礼》与《周礼》,获得了《礼经》的地位。尤其到了宋朝以后,《礼记》中的两篇,即《大学》与《中庸》被单独抽出来,与《论语》与《孟子》合编为"四书",这意味《礼记》在儒家经典中的地位更加崇高,而对中国社会的影响也更为深远广泛。

# 第二节 《礼记》的成书与流传

"三礼"之中,后世所见的《仪礼》共有十七篇,关于其成书,古文家与今文家的看法完全不同,古文家认为是周公所作,今文家则认为是孔子或其弟子所作。至于《周礼》,直至汉武帝时,河间献王发现了《周礼》,并献给朝廷,不过因为其藏在皇家图书馆,当时的礼家都没有机会进行研究。

《礼记》有《大戴礼记》与《小戴礼记》之分,西汉晚期,戴德、戴圣这两位礼学家将当时流行的一些关于礼的单篇论文汇集起来,因为戴德是叔,而戴圣为侄,故后人将他们各自汇编的《礼记》称为《大戴礼记》与《小戴礼记》。《大戴礼记》原有八十五篇,佚四十六篇,今存三十九篇。《小戴礼记》则较为完整,共四十九篇。

关于礼的专门研究,大概始于汉代。然早在文帝、景帝时,虽已经建立诸经博士,不过仅限于《诗》《春秋》而已。直至武帝崇尚儒术,建立五经博士,而当时立于学官的《礼经》,即高堂生所传的《仪礼》十七篇。至于汇编《礼记》的戴德与戴圣,本是《仪礼》学者,他们在当时的学术地位非常高,其学问都曾立于学官。到了东汉,经学家们大多博古通今,今、古文之间的界限也不像西汉那么壁垒森严。当时著名的礼学家,如郑众、贾逵、马融等,都曾为《周礼》作注;至于《礼记》,因为成书较晚,只有马融、卢植曾为其中部分篇章作注,直到汉末集大成的经学家郑玄出现,才在前人的基础上,遍注三礼。然而,郑玄仅为《小戴礼记》作注,致使《大戴礼记》逐渐被废弃,仅三十九篇保存至今。后世研究《礼记》的学者,通常限于《小戴礼记》。

汉人治经,以阐明经义为主。唐人既须明经,又当明注,卷帙浩繁,且解释纷纭,故唐太宗诏国子祭酒孔颖达等撰《五经正义》,凡一百七十卷,至高宗永徽四年(653),正式颁布使用。《五经正义》于三礼中独收《礼记》,成《礼记正义》六十三卷。至此,《礼记》获得了超拔《仪礼》《周礼》之上的地位,遂成《礼记》学独盛的局面。《礼记正义》全录郑注,以六朝时皇侃《礼记讲疏》为底本,而以熊安生《礼记义疏》补其未备,融合了汉以后《礼记》研究的诸家成果,成为后世学者治《礼记》的渊薮,清代四库馆臣对此书有极高的评价。

清代礼学昌盛,成就卓著,名家辈出,其中,最有代表性的礼家有江永、戴震、凌廷堪、胡培翚、黄以周、孙诒让等人,礼学方面的著述极为丰富。不过,清人在"三礼"中不大重视《礼记》,故清人注《十三经》,独于《礼记》无新疏。即便如此,当时关于《礼记》的研究著述着实不少,竟有上百种之多,其中,最有代表性的为纳兰性德的《陈氏礼记集说补正》三十八卷和孙希旦《礼记集解》六十一卷。除了这两部著述外,尚有杭世骏续《续礼记集说》、朱彬《礼记训纂》、朱轼《校补礼记纂言》、程晋芳《礼记集解》、吴廷华《礼记疑义》等,较为重要。

# 第三节 《礼记》的相关内容及其现代价值

《礼记》四十九篇,大多文辞简奥,独有《檀弓》一篇,多记载了春秋至战国时孔门师弟以及

时贤关于礼的故事和讨论,曾有数篇收入中学语文课本,颇具可读性,且义理精深。今稍举数例以作分析如下:

其一,不食嗟来之食。中学语文课本曾收录此章,其用意在于肯定狷介之士宁愿饿死也不失气节的优秀品质。不过,课本却漏掉了原文中最重要的一句话,也就是孔子的弟子曾子对此事的评价:"微与!其嗟也可去,其谢也可食。"在曾子看来,黔敖最初失礼于饿者,故饿者以其无礼而不食,值得肯定;然而,黔敖随后致歉,而饿者依然不食而去,对此,曾子颇不以为然,认为饿者的态度不符合礼的中道精神,不值得效法。可以说,最初是黔敖失礼,最终则是饿者拘泥于黔敖的失礼而不知变通,遂不食而死。由此可见,中学课本删掉曾子的评价,根本反转了本段的意图,无法体现《檀弓》强调礼应当与时俱进的精神。

其二,苛政猛于虎。中学语文课本也曾收录此章,意在批评苛政之害甚于猛虎。不过,依据这种理解,则似乎与《檀弓》关于礼的讨论没有关系,不应该收录于此。按照古人关于"苛"的理解,通常取烦苛之义。那么,依据这种理解,孔子所批评的"苛政",指朝廷用政令和刑律的手段来治理国家,其害有甚于猛虎之凶暴。可见,《檀弓》编纂者的目的是为了强调以礼治国的重要性,而只是依靠政令刑律的办法,则不免苛碎烦琐,使百姓无所措手足。

其三,传子制度。殷商的时候,普遍实行兄终弟及的继承制度,到了西周以后,中国继承制度发生了根本性的变化,而采取父死子继的办法。《檀弓》中记载了这样一件事情:鲁国大夫公仪仲子去世时,因其嫡子已经先死,按照周礼,应当立嫡子之子即仲子之嫡孙为后,以为公仪仲子的继承人;然而,当时却采用了殷人兄终弟及的办法,而立仲子的另一个儿子继承,且引周文王不立伯邑考之子而立武王,以及宋微子不立嫡孙腯而立庶子衍这两个故事为依据,意在表明公仪氏立弟的做法是有道理的。对此,孔子的弟子子游亦颇为疑惑,遂询问了孔子的看法,孔子则明确主张应该遵循周礼,即嫡子先死,不当立弟,而当立嫡孙为后。孔子的这种主张,从而在经典中再次确立父死子继的制度,影响中国后世达两千余年之久,即不仅对于天子诸侯层面的君位继承,而且对于士大夫乃至庶人之家,当父亲去世以后,其财产和爵位应当由儿子继承。我们发现,即便到了今天,父母死后,子女依然是第一顺序的继承人,相对于第二顺序的兄弟姊妹,具有优先性。

其四,孔子三世出妻。《檀弓》相关记载有数条,即第4条"子上丧母"、第28条"伯鱼母死"、第81条"子思服母丧"、第200条"子思哭于庙"等,因篇幅较多,兹不赘述。据此,汉唐学者认为,孔子、伯鱼、子思三世都有出妻之事。不过,宋以后,不少学者对此产生了疑问。因为按照古礼"七出"之条,妇人如果有无子、淫佚、不事舅姑、口舌、盗窃、妒忌、恶疾七项过错,丈夫可以休掉自己的妻子,其中,除无子、恶疾外,其余五项都是指妻子有失德之事。因此,有不少学者认为,圣人作为人伦之表率,却不能教导好自己的妻子,以致于出妻,本身就意味着圣人不能齐家。显然,圣人出妻,有违中国古人对圣人的推崇。尤其到了清代,更有学者否定相关记载的真实性,甚至认为《檀弓》乃儒家的反对者所伪造。

其五,孔子葬父。《檀弓》中相关记载有两条,即第6条"孔子修墓"、第10条"殡于五父之衢"。据古人通常的说法,叔梁纥七十余岁而生孔子,不久父死而孔子孤,由母亲颜徵在抚养孔子成人。据《檀弓》记载,孔子当其母亲颜氏去世时,欲将其父母合葬,然而不知父墓所在,不得已而将母棺殡于五父之衢;其后问于郰曼父之母,得知父墓所在,于是得以将其父母合葬于防。《檀弓》又认为,古人葬死者有墓而无坟,至孔子合葬,乃筑土为坟,高四尺,大概便于孔子后来祭扫;然而,当时天降大雨,以致新筑的坟墓崩塌。后来学者颇多怀疑《檀弓》这段记载,以为孔子在母亲生前不能预先访求父墓所在,死后又修墓不谨慎,致使墓崩,有不孝之嫌,不符合圣人的形象,可见,这段记载并非事实,乃后人虚构。

其六,申生之死。除《檀弓》外,相关记载亦见于《左传》《穀梁传》和《国语》,文字稍有不同,故事性非常强。晋献公晚年宠幸骊姬,骊姬欲立其子即位,乃设计诬蔑太子申生图谋毒害献公,献公于是要杀申生。当时公子重耳劝申生至献公前自我分辩,然而申生以为,如此不免致骊姬于死而伤献公之心,可谓不孝,故不愿这么做;重耳又劝申生出逃,申生以为,如此不免背负弑君的恶名,天地之大,弑君者岂有容身之地!于是申生自杀而死,其后被谥为"恭世子"。后儒论及此事时,认为申生致使献公有杀子的恶名,并且导致晋国长达数十年的内乱,故不可称为"孝",只能称为"恭"。

《檀弓》上述记载,不仅记事详赡,且义理深远,体现了孔子在面对世变时如何折衷行礼的现实考量,而不是一味遵循西周旧礼,体现了儒家与时俱进的精神。

《礼记》中又有《礼运》一篇,主要对上古时期的大同和小康社会进行了描述,从而构建了一个儒家关于理想社会的完整论述。《礼运》借孔子与其弟子子游(即书中的言偃)之间的对话来表述其思想,然自宋以来,颇有学者怀疑其思想近似老庄,以为是汉初学者附会孔子迎合当时黄老风气的伪书。下面我们分别讨论书中关于大同和小康的思想:

其一,大同与儒家理想社会的构建。按照《礼运》的描述,大同社会是这样一幅景象:"大道之行也,天下为公,选贤与能,讲信修睦。故人不独亲其亲,不独子其子,使老有所终,壮有所用,幼有所长,矜寡孤独废疾者,皆有所养。男有分,女有归。货恶其弃于地也,不必藏于己;力恶其不出于身也,不必为己。是故谋闭而不兴,盗窃乱贼而不作,故外户而不闭,是谓大同。"

按照这段话的说法,大同社会最重要的特点在于"天下为公",这包括两方面的意思:一是"选贤与能",就是说,要让有贤德和才能的人担任社会的公职,而尧、舜、禹之间的禅让正是这种原则的体现。然而到了后世,出现了王莽篡汉、司马氏代魏这类现象,却都假借禅让之名,而行篡夺之实,可谓虚伪之极,这是因为后来的中国社会不再是"公天下",而只是"家天下"了。一是"讲信修睦",那时候大概处于母系制向父系制过渡的时代,家庭尚未形成,这个时候尚无公私之分,个人亦无利己之心,所以才能做到"不独亲其亲,不独子其子",彼此能保持一种相亲相爱的关系。换言之,无私方能讲信修睦,这也是墨子"兼爱"之说所表达的基本内涵。

其二,小康与儒家的现实目标。那么,小康社会是怎样一幅景象呢?《礼运》对之描述道:"今大道既隐,天下为家,各亲其亲,各子其子,货力为己,大人世及以为礼,城郭沟池以为固。礼义以为纪,以正君臣,以笃父子,以睦兄弟,以和夫妇,以设制度,以立田里,以贤勇知,以功为己。故谋用是作,而兵由此起。禹、汤、文、武、成王、周公,由此其选也。此六君子者,未有不谨于礼者也。以著其义,以考其信,著有过,刑仁讲让,示民有常。如有不由此者,在埶者去,众以为殃,是谓小康。"按照这里的描述,小康社会的根本特征便是"天下为家",不仅统治者自私为家,而且老百姓也是自私为家,于是出现公私之分,彼此有了自私利己之心。

按照《礼运》的说法,家庭不仅仅在小康社会才出现,也是大同社会的基本单位,那么,为什么大同社会有家却能为公,而到了小康社会,却纯粹是为家为私呢?《礼运》没有对之作出说明,但却描述了私心导致的消极后果。这个结果便表现为:一、选贤与能制的废除,而代之以传子制和世卿制,也就是这里所说的"世及以为礼",于是卿大夫为了保护自己的利益,便"城郭沟池以为固"。二、这时人们已很难做到"不独亲其亲,不独子其子",而代之以"各亲其亲,各子其子",可见,古人那种兼爱精神丧失了,而出现了私心。所谓"货力为己",也就是按劳分配的意思。但是,这个社会较之后来的乱世还是好得多,百姓虽然有私心,但并没有想到要侵陵他们的利益,整个社会仍能维持一种和谐的状态。这个时候就需要圣人出来制定一系列礼制,以维护小康社会的状态,按照《礼运》的说法,多少承认了等级制下的和谐是必然的。相对于乱世来说,小康社会实为一相当理想的社会,所以儒家推崇小康社会以作为通往大同社会的必要步骤。

《礼运》中的这些思想非常重要,对后世影响极其深远。尤其到了晚清之时,康有为发挥了《公羊》三世说与《礼运》中的大同思想,以作为其维新变法的理论依据。康有为还撰写了《大同书》,其中构建了一套更为详尽、细致的大同社会蓝图,从而指明了现代中国革命的基本方向,进而为共产主义传入中国,在理论上作了先导和铺垫。自20世纪80年代以来,中国共产党人以务实的态度重新构想了中国道路,并将小康社会落实为中国改革的现实目标。可见,《礼运》中的大同、小康思想对20世纪以来的中国思想产生了巨大而深远的现实影响。

此外,《礼记》中又有《乐记》一篇,五千余字,共十一篇,据说是孔子弟子公孙尼子所作。该篇主要讨论了如下问题:一、关于乐的起源和本质,即认为音乐是人心感于物而动的结果。二、以乐为教。古人治理国家尤重教化,至于教化的手段,礼、乐、刑、政皆可为教,都有节制人们情欲的功能。《乐记》则尤其强调乐教的重要作用,其中说道:"治世之音,安以乐,其政和。乱世之音,怨以怒,其政乖。亡国之音,哀以思,其民困。声音之道,与政通矣。"就是说,一个社会流行的音乐有治世、乱世与亡国之音的不同,从中反映了不同的政治现实。因此,《乐记》进而说道:"是故先王之制礼乐也,非以极口腹耳目之欲也,将以教民平好恶,而反人道之正也。"在《乐记》的作者看来,圣人所以制订礼乐,不是为了满足人们的口腹耳目之欲,而是为了回到"人道之正",也就是出于教化的需要。此外,《乐记》中又有"存天理,灭人欲"的说法,对后来宋明儒学的影响非常深远,成为一种普遍的道德修养功夫。

## 第四节 《礼记》的结构与阅读方法

今本《礼记》指《小戴礼记》,有四十九篇。其中,《曲礼》《檀弓》与《杂记》三篇各有上下,实际当为四十六篇。此四十六篇,一般认为出自孔子弟子及其后学之手,不过,有些篇被认为出自老庄之徒。无论如何,《礼记》四十六篇并非出自一人之手,亦非出自一时之作,乃战国至秦汉之际众多礼家著述的汇编。

编纂《礼记》的戴德、戴圣乃今文家,但具体考察《礼记》各篇,则有今、古不同。清末廖平认为,大、小戴《礼记》既有先师经说,也有子史杂钞,最为驳杂,可以说,采自今学的篇目为今学家言,采自古学的篇目为古学家言。廖氏据礼制以区别今、古学的不同,在他看来,属于今学的有《王制》《冠义》《昏义》《乡饮酒义》《射义》《燕义》《聘义》《祭统》《丧服四制》,属于古学的则有《玉藻》《深衣》《祭法》《曲礼》《檀弓》《杂记》《祭义》《内则》《少仪》《礼运》《礼器》《郊特牲》《明堂位》《投壶》《奔丧》《曾子问》《丧大记》《问丧》《丧服小记》《大传》《服问》《间传》《三年问》,至于今古混杂者有《文王世子》《中庸》《乐记》《月令》,今古同者有《大学》《学记》《经解》《缁衣》《坊记》《表记》《儒行》《仲尼燕居》《孔子闲居》《哀公问》。

《礼记》各篇作者不同,据邵懿辰《礼经通论》所说,《乐记》作者有子贡、公孙尼子、荀子、战国贤士诸说,《儒行》作者有荀子、子游门人、子夏门人、战国贤士诸说,《礼运》与《檀弓》则为子游所作。此外,《中庸》中"今天下车同轨,书同文,行同伦"一章,乃至后半部分,被认为是秦始皇时子思后学敷衍《中庸》而作。《学记》,清人陆奎勋以为系汉人所作。至于《大学》,俞正燮《癸巳存稿》以为汉代作品,其中修身、齐家、治国、平天下说取自《孟子》,诚意说袭自《中庸》,格物致知说胚胎于《哀公问》,正心则似出于董仲舒。今人高明认为,《檀弓》可能是与齐襄王同时的仲梁子一派的记录,与子游、子张、子夏、曾子都有关。《曾子问》可能是曾子一派的记录。《礼运》《礼器》《郊特牲》可能是子游一派的杰作。《哀公问》《仲尼燕居》《孔子闲居》三篇相承,可能都出于子游的记录。《坊记》《中庸》《表记》《缁衣》四篇相承,沈约以为皆取自《子思子》,而陆德明以为《缁衣》是公孙尼子所制。《冠义》《昏义》《乡饮酒义》《射义》《燕义》《聘义》

六篇相承，必是七十二了或其后学所记。《月令》是周末秦国的儒者摭拾旧作而成。《王制》作于秦汉之际。《大学》《中庸》是和孟子一派相承的作品。《三年问》《儒行》《学记》《乐记》，当是与荀子相关的儒者所作。

今人姜义华则强调《礼记》编者在编辑四十九篇时的内在意图，即认为每篇在《礼记》中的位置与上下篇的关系并非任意的。基于这一原则，他把《礼记》分为五编：

第一编：包括《曲礼》《檀弓》《王制》《月令》《曾子问》《文王世子》及《礼运》《礼器》《郊特牲》。其中，《曲礼》列述各项礼仪的具体规定；《檀弓》以历史人物的具体行为说明礼制的变革；《王制》列述封建、授田、巡守、朝觐、丧祭、田猎、学校、刑政等制度；《月令》则按十二个月依次说明为政、祭祀、行礼等方面何者当行，何者不当行，与《王制》一横一纵，犹如《曲礼》与《檀弓》为姊妹篇；《曾子问》与《文王世子》也有相类似关系，前者通过曾子、子游、子夏与孔子的问答，说明吉、凶、冠、昏诸礼遇到特殊情况时如何变通，后者重点说明在正常情况下诸礼如何举行；《礼运》与《礼器》两篇相为表里，可视为此编综述诸礼在理论上的升华与总结，前者重点说明礼如何产生、如何演变及其地位和作用，后者重点说明礼所贵者或多或少、或大或小、或高或下、或文或素，俱各适其用；《郊特牲》常被视为《礼器》的下篇，谈祭祀较多，亦杂记冠、昏、朝觐、燕飨之礼，说明五礼的义理所在。此编可视作礼的通论。

第二编：包括《内则》《玉藻》《明堂位》《丧服小记》《大传》《少仪》《学记》《乐记》《杂记》《丧大记》《祭法》《祭义》《祭统》。其中，《内则》叙述子事父母、妇事舅姑、男女居家生活的种种规矩；《玉藻》记天子、后妃至平民衣服、饮食、居处之法；《明堂位》特记鲁国君袭用天子衣服、器物之事；《丧服小记》专述丧事中服饰的特殊要求；《大传》讨论祭祀、宗法及丧服中的相关道理；《少仪》叙述少事长、贱事贵的各项礼节；《学记》讲述教人、传道、授受的程序、方法及其得失；《乐记》阐述音乐的起源及乐教的精神；《杂记》与《丧大记》专述居丧之礼；《祭法》《祭义》与《祭统》从纵横与大纲等不同角度说明祭祀之礼及其本义。

第三编：《经解》《哀公问》《仲尼燕居》《孔子闲居》四篇乃孔子论礼，《坊记》《中庸》《表记》《缁衣》四篇乃子思论礼。

第四编：《奔丧》《问丧》《问丧》《服问》《间传》《三年问》补述有关丧礼的各种规定；《深衣》补述服饰之制；《投壶》补述主客宴饮及讲论才艺之礼。此七篇皆有补逸的性质。

第五编：包括《儒行》《大学》以及《冠义》《昏义》《乡饮酒义》《射义》《燕义》《聘义》《丧服四制》九篇。《儒行》讨论儒者如何成为社会的中坚力量；《大学》论述如何通过博大的学问使德治、礼治成为生活的现实；《冠义》至《聘义》，依次说明冠礼、婚礼、乡饮酒礼、讲论才艺取士之礼、君臣宴饮礼、诸侯间交聘之礼的根本精神；《丧服四制》凸显恩、理、节、权四者为制订丧服的基本依据。

## 第五节 《礼记》古今版本介绍

自两汉以来,诸家为《礼记》作注解的学者,以郑玄注、孔颖达疏最为重要,而现存《礼记正义》完整保存了郑注、孔疏的内容。清代阮元据宋刻本而重为之校勘,乃今人阅读和研究《礼记》的最佳善本。21世纪以来,先后有北京大学出版社和上海古籍出版社的整理本出版,尤便于今天的研究者和爱好者研读。

其次有南宋卫湜的《礼记集说》,该书汇集了唐宋学者关于《礼记》的各种注解,且因相关学者的著述大都失传,故此书对于了解当时礼家关于《礼记》的研究成果,弥足珍贵。该书卷帙浩繁,共160卷,今唯有文渊阁四库全书本可资参看。

又有元代陈澔的《礼记集说》,该书杂采汉唐宋元学者关于《礼记》的注解,既不废汉唐注疏,又兼采宋儒义理之说,虽有"喜浅近之说"之病,然元明以后成为科举考试的定本,颇便于今人一般阅读的需要。该书历代皆有刻本,今天则有凤凰出版社的点校本刊行。

此外,尚有清代孙希旦的《礼记集解》,该书首取郑注孔疏,去其繁芜,掇其枢要,下及宋、元以来诸家之说,苟有未当,则裁以己意。全书凡一百万字,六十一卷。该书现在已由中华书局点校出版,便于一般研究者参看。

至于现代学者关于《礼记》研究的读本,主要有姜义华《新译礼记读本》(台湾三民书局,1997)、王文锦《礼记译解》(中华书局,2001)、杨天宇《礼记译注》(上海古籍出版社,2004)、曾亦《礼记导读》(中国国际广播出版社,2009),诸书性质相同,皆于历代礼家的注解有取舍折衷,既有字词、名物的训释,又有章句段落的白话译文,考释精当,颇便于现代读者入门阅读的需要。

## 第六节 《礼记》经典选文

### 一、传子与传孙

**解题** 此篇选自《礼记·檀弓》。公仪仲子是鲁国大夫,檀弓则是他的朋友。仲子临终时,因其嫡子已先去世,故放弃了他的嫡孙,而立其庶子为继承人。对此,檀弓在吊丧时提出了疑问,而另一个鲁国大夫子服伯子却引周文王立武王、宋微子立其庶子衍为例,表明仲子不立嫡孙而立庶子的合理性。后来,孔子的弟子子游就此请教于孔子,孔子主张应该立嫡孙为继承人。通过此篇内容,我们一方面看到周代实行了嫡长子继承的制度,以及儒家在此问题上的基本立场;而另一方面,又不难发现春秋时因为周礼的崩坏,此种制度未得到普遍遵守的现实。

  公仪仲子之丧,檀弓免焉①。仲子舍其孙而立其子②。檀弓曰:"何居?我未之前闻也。"③趋而就子服伯子于门右,曰:"仲子舍其孙而立其子,何也?"④伯子曰:"仲子亦犹行古之道也。昔者文王舍伯邑考而立武王,微子舍其孙腯而立衍也。夫仲子亦犹行古之道也。"⑤子游问诸孔子,孔子曰:"否。立孙。"⑥(《礼记·檀弓》)

注
① 故为非礼,以非仲子也。《礼》:"朋友皆在他邦,乃袒免。"免(wèn):以布一寸,从项中而前,交于额上,又却向后绕于髻。
② 此其所立非也。公仪盖鲁同姓。《周礼》嫡子死,立嫡孙为后。
③ 居(jī):齐鲁之间语助也。前:犹故也。
④ 去宾位,就主人兄弟之贤者而问之。子服伯子:盖仲孙蔑之玄孙子服景伯。蔑:鲁大夫。
⑤ 伯子为亲者隐耳,立子非也。文之立武王,权也。微子嫡子死,立其弟衍,殷礼也。
⑥ 据周礼。

## 二、不食嗟来之食

**解题**  此篇选自《礼记·檀弓》。齐国曾经发生饥荒,有一个叫黔敖的富人在道路旁准备了食物,以救济灾民。然而,某个饿者因为黔敖的傲慢而拒绝了他的嗟来之食,最终因此受饿而死。显然,饿者在此表现了宁死不屈的高尚节操。不过,后来曾子听说了此事,却认为黔敖的态度虽然无礼,既然后来已经向饿者道歉了,饿者就应当接受黔敖的馈食。可以说,曾子的看法,更体现了儒家循道守礼的中道精神。

  齐大饥,黔敖为食于路,以待饿者而食之。有饿者蒙袂辑屦,贸贸然来①。黔敖左奉食,右执饮曰:"嗟,来食!"扬其目而视之,曰:"予唯不食嗟来之食,以至于斯也。"②从而谢焉,终不食而死③。曾子闻之曰:"微与!其嗟也可去,其谢也可食。"④

注 ① 蒙袂(mèi):不欲见人也。辑(jí):敛也。辑屦(jù):力惫不能屦也。贸贸:目不明之貌。
② 嗟来食,虽闵而呼之,非敬辞。
③ 从:犹就也。
④ 微:犹无也。微与:止其狂狷之辞。

## 三、苛政猛于虎

**解题** 此篇选自《礼记·檀弓》。孔子曾经路过泰山,发现一个妇人在山脚下的坟墓边哭泣,就让其弟子子路去询问缘由。妇人说此地常有猛虎出没,她的公公、丈夫和儿子都为猛虎所害,不过,她说自己不愿离去,因为此地没有苛政。对此,孔子深有感慨,提出了"苛政猛于虎"。在《檀弓》的编纂者看来,如果只是依靠政令刑律的办法,则不免苛税烦琐,使百姓无所措手足,比老虎造成的危害更凶猛。可以说,此篇揭示了以礼治国的重要性。

孔子过泰山侧,有妇人哭于墓者而哀。夫子式而听之①,使子路问之,曰:"子之哭也,壹似重有忧者。"而曰:"然。昔者吾舅死于虎,吾夫又死焉,今吾子又死焉。"②夫子曰:"何为不去也?"曰:"无苛政。"夫子曰:"小子识之,苛政猛于虎也。"

注 ① 怪其哀甚。
② 而,犹乃也。夫之父曰舅。

## 四、孔子三世出妻

**解题** 此数篇选自《礼记·檀弓》。据此处文献记载,孔子本人以及其子伯鱼、孙子思都曾经休妻。汉唐时的儒家学者基本上相信此说,不过到了宋代以后,开始有学者认为出妻之事有损于圣人的形象,因为圣人作为人伦的轨范,怎么可能教育不好自己的妻子,而最终以离婚收场呢?尤其到了清代,许多学者更是否定相关记载的真实性,甚至认为《檀弓》是儒家的反对者所伪造。

子上之母死而不丧①,门人问诸子思曰:"昔者子之先君子丧出母乎?"曰:"然。"②"子之不使白也丧之,何也?"子思曰:"昔者吾先君子无所失道,道隆则从而隆,道污则从而污③。伋则安能④?为伋也妻者,是为白也母。不为伋也妻者,是不为白也母。"故孔氏之不丧出母,自子思始也⑤。

注 ① 子上:孔子曾孙,子思伋之子,名白,其母出。
② 礼,为出母期。父卒,为父后者不服耳。
③ 污(wā):犹杀也。有隆有杀,进退如礼。孔疏曰:"道犹礼也,言吾之先君子无所失道,道有可隆,则从而隆。谓父在,为出母宜加隆厚,为之著服。道污者,污犹杀也,若礼可杀则从而杀。谓父卒,子为父后,上继至尊,不敢私为出母,礼当减杀,则不为之著服。"
④ 自予不能及。
⑤ 记礼所由废,非之。

伯鱼之母死,期而犹哭①。夫子闻之曰:"谁与哭者?"门人曰:"鲤也。"夫子曰:"嘻,其甚也。"②伯鱼闻之,遂除之。

注 ① 伯鱼:孔子子也,名鲤。犹:尚也。
② 嘻(xī):悲恨之声。

子思之母死於卫①,柳若谓子思曰:"子,圣人之后也。四方于子乎观礼,子盖慎诸。"②子思曰:"吾何慎哉?吾闻之:'有其礼,无其财,君子弗行也③。有其礼,有其财,无其时,君子弗行也。'④吾何慎哉?"⑤

注 ① 子思:孔子孙,伯鱼之子。伯鱼卒,其妻嫁於卫。
② 柳若:卫人也。见子思欲为嫁母服,恐其失礼,戒之。嫁母齐衰期。
③ 谓时可行,而财不足以备礼。
④ 谓财足以备礼,而时不得行者。
⑤ 时所止则止,时所行则行,无所疑也。丧之礼如子,赠襚之属,不逾主人。

子思之母死于卫①,赴于子思,子思哭于庙。门人至,曰:"庶氏之母死,何为哭于孔氏之庙乎?"②子思曰:"吾过矣,吾过矣。"遂哭于他室。

> **注** ① 嫁母也,姓庶氏。
> ② 门人:弟子也。嫁母与庙绝族。

### 五、孔子葬父

> **解题** 此篇选自《礼记·檀弓》。按照通常的说法,叔梁纥七十余岁而生孔子,不久父亲就去世了,由母亲颜徵在抚养孔子成人。颜徵在去世以后,孔子打算将其父母合葬,却不知道其父亲葬在何处,于是临时将其母棺殡于五父之衢。后来孔子从耶曼父之母那里得知父墓所在,遂得以将其父母合葬于防。然而,在孔子合葬父母那天,碰巧天降大雨,结果新修的坟墓崩塌了。对此,孔子自言其修墓的做法是不符合古礼的。

孔子既得合葬于防①,曰:"吾闻之,古也墓而不坟②。今丘也,东西南北之人也,不可以弗识也。"于是封之,崇四尺③。孔子先反④,门人后。雨甚,至⑤。孔子问焉,曰:"尔来何迟也?"曰:"防墓崩。"⑥孔子不应⑦。三⑧,孔子泫然流涕曰:"吾闻之,古不修墓。"⑨

> **注** ① 言既得者,少孤不知其墓。
> ② 墓:谓兆域,今之封茔也。古:谓殷时也。坟:土之高者。
> ③ 东西南北:言居无常处也。聚土曰封,封之,周礼也。《周礼》曰:"以爵等为丘封之度。"崇:高也。高四尺,盖周之士制。
> ④ 当修虞事。
> ⑤ 后,待封也。
> ⑥ 言所以迟者,脩之而来。
> ⑦ 以其非礼。
> ⑧ 三言之,以孔子不闻。
> ⑨ 修:犹治也。

孔子少孤,不知其墓①。殡于五父之衢②,人之见者,皆以为葬也③。问于郰曼父之母,然后得合葬于防④。

注 ① 孔子之父郰叔梁纥与颜氏之女徵在野合而生孔子,徵在耻焉,不告。
② 欲有所就而问之。孔子亦为隐焉,殡於家,则知之者无由怪己,欲发问端。五父:衢名,盖郰曼父之邻。
③ 见柩行于路。其慎也,盖殡也。慎,当为引,礼家读然,声之误也。殡引,饰棺以輤,葬引,饰棺以柳翣。孔子是时以殡引,不以葬引,时人见者,谓不知礼。
④ 曼父之母,与徵在为邻,相善。

## 六、申生之死

**解题** 此篇选自《礼记·檀弓》。晋献公烝于其父武公之妾齐姜,生太子申生。晚年则宠幸骊姬,而骊姬生子奚齐,欲立为太子,乃设计诬蔑申生图谋毒害献公,献公于是要杀申生。当时公子重耳劝申生至献公前自我分辩,然申生以为,如此不免致骊姬于死,而伤献公之心,可谓不孝;于是重耳又劝申生出逃,申生则以为,如此不免背负弑君的恶名,天地之大,弑君者岂有容身之地!于是申生自杀而死,其后被谥为"恭世子"。在后世看来,申生的行为只能称得上"恭",然陷父有杀子之恶,且导致晋国数世之乱,实在是不可取的。

晋献公将杀其世子申生,公子重耳谓之曰:"子盖言子之志于公乎!"①世子曰:"不可,君安骊姬,是我伤公之心也。"②曰:"然则盖行乎?"世子曰:"不可,君谓我欲弑君也。天下岂有无父之国哉!吾何行如之?"③使人辞于狐突曰:"申生有罪,不念伯氏之言也,以至于死。申生不敢爱其死④。虽然,吾君老矣,子少,国家多难⑤。伯氏不出而图吾君⑥,伯氏苟出而图吾君,申生受赐而死。"⑦再拜稽首,乃卒⑧。是以为恭世子也⑨。

注 ① 盖皆当为盍。盍(hé):何不也。志:意也。重耳欲使言见譖之意。重耳:申生异母弟,后立为文公。
② 言其意则骊姬必诛也。骊姬:献公伐骊戎所获女也。申生之母蚤卒,骊姬嬖焉。
③ 言人有父,则皆恶欲弑父者。

④ 辞：犹告也。狐突：申生之傅，舅犯之父也。前此者，献公使申生伐东山皋落氏，狐突谓申生欲使之行。今言此者，谢之。伯氏：狐突别氏。

⑤ 子：骊姬之子奚齐。

⑥ 图：犹谋也。不出为君谋国家之政。然则自皋落氏反后，狐突惧，乃称疾。

⑦ 赐：犹惠也。

⑧ 既告狐突，乃雉经。雉经，如雉之自经也。

⑨ 言行如此，可以为恭，于孝则未之有。

## 七、大同与小康

**解题** 此篇选自《礼记·礼运》。《礼运》相传为子游门人所作，按照东汉末学者郑玄的说法，《礼运》记载了五帝、三王相变易及阴阳旋转之道。至于本篇所选的内容，主要描述了中国上古时期的大同和小康社会，从而构建了一个儒家关于理想社会的完整论述。《礼运》借孔子与其弟子子游（即书中的言偃）之间的对话来表述其思想，阐述了小康时代以后以礼治国的重要性。然自宋以来，不少学者怀疑其思想近似老庄，认为是汉初学者迎合当时黄老风气的伪书。

昔者仲尼与于蜡宾①，事毕，出游于观之上，喟然而叹②。仲尼之叹，盖叹鲁也。言偃在侧，曰："君子何叹？"③孔子曰："大道之行也，与三代之英，丘未之逮也，而有志焉。"④

**注** ① 蜡（zhà）：祭名。索也，岁十二月合聚万物而索飨之，亦祭宗庙。夏曰清祀，殷曰嘉平，周曰蜡，秦曰腊。时孔子仕鲁，在助祭之中。与（yù）。

② 观（见 guàn）：阙也。孔子见鲁君于祭礼有不备，于此又睹象魏旧章之处，感而叹之。

③ 言偃（yǎn）：孔子弟子子游。

④ 大道：谓五帝时也。英：俊选之尤者。逮：及也，言不及见。志：谓识古文。不言鲁事，为其大切广言之。

"大道之行也，天下为公，选贤与能，讲信修睦①。故人不独亲其亲，不独子其子②。使老有所终，壮有所用，幼有所长，矜寡孤独废疾者，皆有所养③。男有分④，女有归⑤。货恶其弃于地也,不必藏于己;力恶其不出于身也,不必为己⑥。是故谋闭而不兴,盗窃乱贼而不作⑦。故外户而不闭⑧,是谓大同。"⑨

**注** ① 公:犹共也。禅位授圣,不家之。睦:亲也。
② 孝慈之道广也。
③ 无匮乏也。
④ 分(fèn):犹职也。
⑤ 皆得良奥之家。
⑥ 劳事不惮,施无吝心,仁厚之教也。
⑦ 尚辞让之故也。
⑧ 御风气而已。
⑨ 同:犹和也,平也。

"今大道既隐①,天下为家②。各亲其亲,各子其子,货力为己③。大人世及以为礼,城郭沟池以为固④。礼义以为纪,以正君臣,以笃父子,以睦兄弟,以和夫妇,以设制度,以立田里,以贤勇知,以功为己。故谋用是作,而兵由此起⑤。禹、汤、文、武、成王、周公,由此其选也⑥。此六君子者,未有不谨于礼者也。以著其义,以考其信,著有过,刑仁讲让,示民有常⑦。如有不由此者,在埶者去,众以为殃⑧。是谓小康。"⑨

**注** ① 隐:犹去也。
② 传位于子。
③ 俗狭啬。
④ 乱贼繁多,为此以服之也。大人:诸侯也。
⑤ 以其违大道敦朴之本也。教令之稠,其弊则然。《老子》曰:"法令滋章,盗贼多有。"
⑥ 由:用也,能用礼义以成治。
⑦ 考:成也。刑:犹则也。
⑧ 埶(shì):埶位也,本亦作势。去:罪退之也。殃:犹祸恶也。
⑨ 康:安也。大道之人以礼,于忠信为薄,言小安者失之,则贼乱将作矣。

## 八、音乐与政治

**解题** 此篇选自《礼记·乐记》。相传《乐记》为公孙尼子所作,其主旨在于讨论"乐之义",共有十一篇,即《乐本》《乐论》《乐施》《乐言》《乐礼》《乐清》《乐化》《乐象》《宾牟贾》《师乙》《魏文侯》。此处所选内容,主要涉及古人关于乐的起源和本质的讨论,以及关于音乐政教功能的阐述。在《乐记》的作者看来,圣人所以制订礼乐,不是为了满足人们的口腹耳目之欲,而是为了回到"人道之正",也就是出于教化的需要。此外,《乐记》中又有"存天理,灭人欲"的说法,对后来宋明儒学的影响非常深远,并成为一种普遍的道德修养功夫。

凡音之起,由人心生也。人心之动,物使之然也。感于物而动,故形于声①。声相应,故生变②,变成方,谓之音③。比音而乐之,及干戚、羽旄,谓之乐④。

**注** 
① 宫、商、角、徵、羽杂比曰音,单出曰声。形:犹见也。
② 乐之器,弹其宫则众宫应,然不足乐,是以变之使杂也。《易》曰:"同声相应,同气相求。"《春秋传》曰:"若以水济水,谁能食之?若琴瑟之专一,谁能听之?"
③ 方:犹文章也。
④ 干:盾也;戚:斧也,武舞所执也。羽:翟羽也;旄(máo):旄牛尾也,文舞所执。《周礼》舞师、乐师掌教舞,有兵舞,有干舞,有羽舞,有旄舞。《诗》曰:"左手执籥,右手秉翟。"

乐者,音之所由生也,其本在人心之感于物也。是故其哀心感者,其声噍以杀。其乐心感者,其声啴以缓。其喜心感者,其声发以散。其怒心感者,其声粗以厉。其敬心感者,其声直以廉。其爱心感者,其声和以柔。六者非性也,感于物而后动①。是故先王慎所以感之者。故礼以道其志,乐以和其声,政以一其行,刑以防其奸。礼、乐、刑、政,其极一也②,所以同民心而出治道也③。

**注**
① 言人声在所见,非有常也。噍(jiāo):踧也。啴(chǎn):宽绰貌。发:犹扬也。粗:麁也。
② 极:至也。
③ 此其所谓"至"也。

凡音者,生人心者也。情动于中,故形于声。声成文,谓之音。是故治世之音,安以乐,其政和。乱世之音,怨以怒,其政乖。亡国之音,哀以思,其民困。声音之道,与政通矣①。

**注** ① 言八音和否,随政也。《玉藻》曰:"御瞽几声之上下。"

宫为君,商为臣,角为民,徵为事,羽为物。五者不乱,则无怗懘之音矣①。宫乱则荒,其君骄。商乱则陂,其官坏。角乱则忧,其民怨。徵乱则哀,其事勤。羽乱则危,其财匮。五者皆乱,迭相陵,谓之慢。如此,则国之灭亡无日矣②。

**注** ① 角(jué)。徵(zhǐ)。五者:君、臣、民、事、物也。凡声浊者尊,清者卑。怗(zhān)懘(zhì):敝败不和貌。
② 君、臣、民、事、物,其道乱,则其音应而乱。荒:犹散也。陂(bì):倾也。《书》曰:"王耄荒。"《易》曰:"无平不陂。"

郑、卫之音,乱世之音也,比于慢矣①。桑间、濮上之音,亡国之音也,其政散,其民流,诬上行私而不可止也②。

**注** ① 比(bì):犹同也。
② 濮(pú)水之上,地有桑间者,亡国之音,于此之水出也。昔殷纣使师延作靡靡之乐,已而自沉于濮水。后师涓过焉,夜闻而写之,为晋平公鼓之,是之谓也。桑间在濮阳南。诬:罔也。

凡音者,生于人心者也。乐者,通伦理者也①。是故知声而不知音者,禽兽是也。知音而不知乐者,众庶是也。唯君子为能知乐②。是故审声以知音,审音以知乐,审乐以知政,而治道备矣。是故不知声者,不可与言音。不知音者,不可与言乐。知乐,则几于礼矣。礼乐皆得,谓之有德。德者,得也③。是故乐之隆,非极音也。食飨之礼,非致味也④。《清庙》之瑟,朱弦而疏越,壹倡而三叹,有遗音者矣。大飨之礼,尚玄酒而俎腥鱼。大羹不和,有遗味者矣⑤。是故先王之制礼乐也,非以极口腹耳目之欲也,将以教民平好恶,而反人道之正也⑥。

**注**
① 伦：犹类也。理：分也。
② 禽兽知此为声耳，不知其宫商之变也。八音并作，克谐曰乐。
③ 几(jī)：近也。听乐而知政之得失，则能正君、臣、民、事、物之礼也。
④ 隆：犹盛也。极：穷也。食(sì)。
⑤ 《清庙》，谓作乐歌《清庙》也。朱弦：练朱弦，练则声浊。越：瑟底孔也，画疏之，使声迟也。倡：发歌句也。三叹：三人从叹之耳。大(tài)飨：袷祭先王，以腥鱼为俎实，不腝熟之。大(tài)羹：肉湆，不调以盐菜。和(hè)。遗：犹余也。
⑥ 反：通"返"。教之使知好恶也。

人生而静，天之性也。感于物而动，性之欲也①。物至知知，然后好恶形焉②。好恶无节于内，知诱于外，不能反躬，天理灭矣③。夫物之感人无穷，而人之好恶无节，则是物至而人化物也。人化物也者，灭天理而穷人欲者也④。于是有悖逆诈伪之心，有淫泆作乱之事。是故强者胁弱，众者暴寡，知者诈愚，勇者苦怯，疾病不养，老幼孤独不得其所，此大乱之道也⑤。

**注**
① 言性不见物则无欲。
② 至：来也。知(zhì)知，每物来，则又有知也，言见物多则欲益众。形：犹见也。
③ 节：法度也。知：犹欲也。诱：犹道也，引也。躬：犹己也。理：犹性也。
④ 穷人欲，言无所不为。
⑤ 泆(yì)：古同"逸"。知(zhì)：同智。

是故先王之制礼乐，人为之节①。衰麻哭泣，所以节丧纪也。钟鼓干戚，所以和安乐也。昏姻冠笄，所以别男女也。射、乡食飨，所以正交接也②。礼节民心，乐和民声，政以行之，刑以防之。礼、乐、刑、政，四达而不悖，则王道备矣。

**注**
① 言为作法度，以遏其欲。
② 衰(cuī)。男二十而冠，女许嫁而笄，成人之礼。射、乡：大射、乡饮酒也。

# 第十一章 道-德之间——《庄子》导读

郭美华(上海财经大学)

**作者小传:** 郭美华,1972年生,四川富顺人,哲学博士。上海财经大学人文学院教授、博导,华东师范大学现代思想研究所研究员,主要从事中国哲学的教学与研究。2004—2005年美国加州州立大学北岭分校访内学者,2016—2017年波士顿大学访内学者。中华孔子学会理事、中国哲学史学会理事、上海儒学研究会常务理事。著有《与朱熹王阳明对话》《熊十力本体论哲学研究》《古典儒学的生存论阐释》等。

## 第一节 《庄子》之为"庄子"

现代哲学家金岳霖先生说"道是中国哲学的最高概念",里面蕴含着中国哲学家的形上情感。正因此,文学家鲁迅先生说"中国文化的根底全在道家"。德国哲学家雅思贝尔斯(Jaspers)曾把公元前800—公元前200年之间的古代中国、古希腊、古印度以及古犹太文化抵达其自身自觉的思想创造与思想突破时期,称为"轴心时代"。先秦作为中国文化的"轴心时代",诞生了道、儒、墨、法等为主的诸子百家。在辉煌灿烂的多元思想争鸣中,"道"作为中国文化及其哲学的终极性根基,尽管为诸子百家所共同承继,但是,将道作为捍卫天地万物及人自身真实存在的根本原则,却只在道家思想及其历史展开中,得到最为深刻的辩护与呵护。

亚里士多德说,人是政治的动物。在这个意义上,孔孟肇始的儒学认为,人是伦常的存在物或仁-义存在物,老庄道家认为,人是道-德存在物。道德与仁义的区别,彰显了道家与儒家最为基础的分野。在今天西方现代学科分类影响下,我们认为,儒家是道德哲学,道家是形上哲学,这个错误的区分湮没了中国思想与哲学的原味。实际上,孔孟儒家是仁-义哲学,老庄道家才是道-德哲学。在儒家仁义化了的世界里,人是政治-仁义-教化三者一体化的存在物,即人是被"角色或位份"之条条框框所拘禁的存在物。老庄哲学则坚持认为,仁义与政治一体化的世界,潜蕴着对人自身真实存在的遮蔽与扭曲,只有在"道-德之间"、自由而自在的关联中,而不是仁义与政治的樊篱中,人的真实存在才有可能。

道家的创始人老聃以道为存在之基,他突出"道法自然"与"道生德畜",认为道体现为每个存在物的自在实现,即如其自身而然,是在天地整体及其法则之道,与人自身之德之间的、自由而自在的往来;悖于此而走向仁、义乃至礼,则是"忠信之薄"和"乱之首",也就是真实存在的扭曲和堕落。庄子坚持了老聃"道法自然"与"道德之间"的基本路向,认为生命存在首先在于自由而不陷于樊篱之囚笼,《养生主》写道:"泽雉十步一啄,百步一饮,不蕲畜乎樊中。"意思是说,沼泽上行走的野鸡要走十步才能啄到食物,走百步才能喝到水,可是它不会想要被养在笼里。基于"道-德之间",庄子认为,真实存在超越仁义-政治的樊篱,他要突出的,是逍遥自由之生命,强调齐物公正之存在,由此才能真正养护生命的存在。

以"道-德之间"为视角,真实存在作为《庄子》的主旨,在其前三篇就得到了醒目的彰显。《逍遥游》指出逍遥之自由,是"乘道"与"御辩"的统一。道即天地之正或万物普遍的法则,辩即变,指变化着的一切物。乘道与御辩的统一,也就是遵从普遍法则与依从万物自然差异的统一。在抗拒流俗束缚的鲲鹏神话想象中,带领我们抵达"广袤之野",还有"无何有之乡",从而实现自由的存在。《齐物论》讨论齐物之公正,经由自我的否定,与天地整体的开启,抵达自身有限性和人生如梦的双重领悟。《养生主》讨论如何养护生命存在,通过划定自身认识有限性的界限,通过自由劳作,逃逸樊笼的囚禁,进而领悟命运,实现对生命的真正主宰。

道作为天地整体及其法则,是无边广袤与无限幽深的自在;德作为有限而开放的个体,是自主而自觉的存在物。在道与德之间的无碍往来流通,就是没有遮蔽、没有扭曲的自由而真实的存在。这是《庄子》这部书和"庄子"这个人给予人的哲学慧思。

以如此哲学慧思为基础,《庄子》也体现为冲决世俗束缚的神话与诗性想象,开篇《逍遥游》便是磅礴的鲲鹏意象,继之以《齐物》宏阔的天籁,续之以《养生主》自由的解牛之道……恢诡谲怪的语言表达、蕴意隽永的神人之名、隐曲幽深的玄理思辨、发人深省的寓言故事……

存在需要使用语言,自由的存在需要诗性地使用语言。在神话、诗思与哲学的交融中,《庄子》将人引领进入自然而真实的存在。学习《庄子》,可以学以成人,帮助我们成为真实的人,因此,《庄子》值得好好阅读。

# 第二节 《庄子》其书与"庄子"其人及其历史

历史与现实中有无数的人,不过,历史与现实也总是遮蔽了无数的人,梁启超曾说,中国过去的历史,就是皇帝的私家史。很多平凡的人,曾经存在过,但是,用某种特定价值视角书写与流传的所谓历史,却不见平凡人的踪迹。《庄子》这本书,对平凡而不平庸之人,可以引导他们,通往不为世俗价值所淹没的自身真实存在。在这个意义上,作为《庄子》作者的"庄子",本身就是潜隐的。"庄子"这个人,把自己书写在《庄子》这本书当中,司马迁《史记·老子韩非列传》有寥寥几笔关于庄子的记载,其实就是来自《庄子》这本书里的记述。

《庄子》这本书说,"庄子"这个人很穷,曾经去向人借米下锅,受人嘲笑说等收割了庄稼就借给他,他回以涸辙之鲋表达其愤懑:路边干涸了的车辙里的小鱼需要庄子用水来救命,庄子却说等他到南方去把江水引来救它。庄子深明"人间世"的生存智慧,但他并不以为,自己的生命之真实就在这个狭隘的仁义-政治世界之中。庄子有个好朋友叫惠施,很能辩,很有名,做了魏国国相,庄子去看他,惠施担心他抢了自己的位子,庄子告诉他,凤凰不会抢猫头鹰的腐鼠。楚国国君派使者去请庄子出来当卿相,许以厚禄,庄子自嘲说,他宁做污浊水沟中自由的泥鳅,也不做庙宇里裹上丝绸、被人当做祭拜神物的死乌龟壳,他要表明,自己不愿意为权贵所羁绊。庄子也有爱和家庭,但是,他以自然而平实的心态,对待妻子的死亡,甚至"鼓盆而歌",以表达视死如归的态度——死亡,不过就是生命的回归。他的眼光看得很远很广,与惠施站在小溪边上,慨叹"鱼之乐",当他说起"鱼儿游得真快乐",惠施却诘问他,你不是鱼,你怎么可能知道鱼的快乐?庄子说,自己一开始站在桥上就知道了,在庄子看来,人在大地上、天穹下、水边、岸上都可以诗意地与鱼儿在天地整体中一起快乐。

就历史材料看,庄子,姓庄名周,大约生活在战国中期,是蒙这个地方的人,也就是今天山东、安徽、河南交界处,现在三个省都在争庄子故里。他与梁惠王和齐宣王同时,与儒家的孟子也可能同时,但他们各自的书里,都没有提到对方。在中国哲学史上,庄子和孟子,这两个同时代的大哲学家,互相都不提及对方,是一个很有意思的问题,后来很多儒者,总想用孟子来解释庄子,把庄子儒家化,他们好像就看不得庄子不活在那个狭隘的仁义世界里。西汉时期,为避汉明帝之讳,曾把庄子改称严周,号"南华",唐玄宗在天宝元年下诏,封庄周为"南华真人",相应地,《庄子》书名,也被改作《南华真经》。这也表明,《庄子》成为了道教信仰的一部经典。

在先秦诸子之书中,《庄子》算是很厚很重的一部了。《老子》五千字、《论语》一万多字、《孟子》不到四万字,《庄子》洋洋洒洒十多万字。《老子》《论语》《孟子》读起来,不管明白不明白深意,但初读总是能让人觉得有所领会。可是《庄子》不同,我们初读,可能在文句和词语上都很懵懂,所以需要换一种不同于一般理解的视角,才能进入《庄子》。但是,一般人的思想和生活由于怠惰和习惯而难以自我更新,所以很多人以为,庄子哲学不过就是失意之人的"出世"安慰之思,对积极"入世"之人来说,则是"大而无用",大家都觉得不必理会。在魏晋之前,庄子的学说显得较为沉寂,这种沉寂到魏晋玄学兴起之后才被打破。魏晋时期,《庄子》与《周易》《老子》一起被称为"三玄",成为作为玄学思潮的重要源泉。

基本上,《庄子》在先秦时期就已成书。《汉书·艺文志》中录的《庄子》是五十二篇,唐朝著名经学家陆德明在其著作《经典释文》中认为,《汉书·艺文志》中所说的五十二篇本的《庄子》,是晋人司马彪及孟氏所注的版本。此外,按陆德明的辑录,五十二篇本之外,还有崔譔的二十七篇本,向秀的二十六篇本(一说二十七篇,一说二十八篇)、李颐的三十篇本、郭象的三十三篇本。不同的版本篇目有差异,整体上看,内篇内容较为一致,外、杂篇的情况则各个不同。由于郭象对庄子思想的阐释功力精深,为世人推重,因此郭象所注释、删定的《庄子》三十三篇本,成为一种经典版本而流传至今。

郭象以自己的旨趣解释而删定的《庄子》三十三篇本,分为内篇、外篇、杂篇三部分,其中内篇七篇:分别为《逍遥游》《齐物论》《养生主》《人间世》《德充符》《大宗师》《应帝王》,内篇篇名都是三个字,都是对篇章主旨的精炼概括,这个篇目取名在先秦诸子文献中,是较为特殊的;外篇十五篇,分别为《骈拇》《马蹄》《胠箧》《在宥》《天地》《天道》《天运》《刻意》《缮性》《秋水》《至乐》《达生》《山木》《田子方》《知北游》;杂篇共十一篇,分别为《庚桑楚》《徐无鬼》《则阳》《外物》《寓言》《让王》《盗跖》《说剑》《渔父》《列御寇》《天下》;外篇与杂篇一样,篇名取自开篇文句中的两个字或三个字，这与《论语》《孟子》各篇篇名的取名规则是一致的。一般认为，《庄子》内篇是庄子本人所作，而外篇和杂篇则是庄子门人及其后学的作品，其中有人，比如苏轼就认为，《让王》《盗跖》《说剑》《渔父》四篇诋毁孔子、思想浅薄，是伪作。但我们通常还是把《庄子》作为一个整体来加以阅读和理解。

历史上，郭象《庄子》注，对同时代向秀注有吸收和采用。《世说新语·文学》中说，向秀的《庄子》注在当时众家中极为出众，有人认为，郭象注在义理上与向秀注多有相近之处；甚至有人认为，郭象注是对向秀注的抄袭与剽窃。但是，据说向秀去世前，整个注释还没有完成，加之向秀的儿子当时年纪还小，向秀的注文，虽然经过其他人转述，而有所流传，但最后却散逸不明了。其实，郭象的注究竟有没有抄袭、剽窃向秀的注，早就是庄子学史上难以遽下决断的一桩公案。《世说新语》以为，郭象是"窃以为己注"，也就是说，郭象剽窃了向秀的注，当作自己的注，《晋书·郭象传》与《晋书·向秀传》也近似认为，向秀拈出了一个主旨来贯穿解释《庄子》全书，郭象不过是"述而广之"，也就是转述向秀的说法，并有所推广而已。但是，由于向秀注后来散逸不见了，后人也就不太清楚他注《庄子》的主旨究竟是什么，而反观郭象的注，可以说在"自然足性""任运独化"等主旨下，对《庄子》作了一个贯通的诠释，其注释本身，就可以看作一个相对独立于《庄子》本文的哲学体系，而且其注释本身，也早已成为哲学史上的"经典"。

# 第三节 《庄子》的思想世界

在一定意义上，阅读《庄子》是一场艰苦卓绝的精神之旅。进入《庄子》的思想世界，并非一件轻飘洒脱之事，我们得勇于不断地否定自己的现状，勠力地不断重新开启自己的生存之旅，坚韧地跃入无比深邃与无穷广袤之中，去进行精神的跋山涉水。只有我们勇于使用我们的精神，我们才配得去进入《庄子》的思想世界。这个思想世界，奠基于"道-德之间"，展开为"逍遥游""齐物论""养生主"以及"自然""生死玄同与任化""人生如梦""浑沌无为""转识成智""无用之用"等多方面。

## 一、道-德之间

在某种意义上，存在的源初绽放既不是道，也不是德，而是"之间"。这有些不好理解。尽管我们似乎可以去"抽象"地认为，道作为最高哲学概念，是事物的来源、存在的根据、万物的法则、以及天地的整体，并借此解释个别物的产生与存在，但是，这显然是一种理智的造作，而非存在的真实开始。

源初是涌现,是绽放,是动的存在或存在之动,如《逍遥游》开篇,鲲之化而为鹏那样的"化",如《齐物论》一开始,南郭子綦隐几而卧,仰天而嘘那样的"卧嘘",而不是某种理智抽象的不动实体,比如"自我"或"天"之类。只有从"化"与"嘘"的源初存在之动出发,才能由"动"而牵引、显现出"之间"及其两端。

由存在之动牵引而出的"之间",进而昭示出两端,一端是有限性的德,即有限而个别的存在;一端是无限性的道,即无限整体及其法则。这个道与德的关系,《老子》认为是"道生而德畜"与"尊道而贵德",即每一有限物在无限之中自有其得,且在自我珍视之际,保持自身对于道的敬畏与开放。这也就是"道法自然",即无限之道,以每一有限物如其自身而实现自身的方式,显现自身为道。如此,无限之道,就展现在无数有限之物的自身实现过程之中。它意味着,无限之道本身,不可被任一有限物所拘限或僭越,而据为己有,从而使得有限之德与无限之道的"之间",体现为一种自由的通达往来。庄子则在更宽阔的视域深化了"之间"性以及由此而来的自由生存。

## 二、逍遥游

《逍遥游》并非是心灵的闲适。它首先绽放为"之间",即鲲之转而为鹏的源初之"化"。如此转化,有三个基本的方面:其一,是《庄子》本身对于语言的使用,将世俗视为"小"的"鲲",鲲的本义是小鱼卵,转而为"不知其大"的"鲲";其二,是将生活于水的鲲,视为向翱翔于天的大鹏转化;其三,鲲化而为鹏,从北往南飞。如此三重向着当下自我反面的转化,意味着存在的源初绽放,就是一种自我否定。逍遥游的本意,就是一种不息的转化,并没有给出一个不变的自我作为逍遥而游的担当者。

随着从地面向天空、从北面向南面的转化,天地与南北经由"化"与"飞"联结成为一个整体。在这个整体中,庞大的鲲鹏与渺小的麻雀共同生存其中。鲲鹏的自我转化,因为牵连出"之间及其两端"而成整体,让它能够理解小鸟与自身在整体中的一起存在。但没有自我转化的小鸟,则不能将鲲鹏的世界与自己的世界领悟为同一个整体世界,从而既不能理解自己的存在,也不能理解鲲鹏的存在。实际上,《逍遥游》首先给出的不是游的"主体",而是给出"游"本身及游之所以可能的"场所"(天地整体)。

作为逍遥之游得以可能的天地整体,首先要摆脱世俗的局限,才可能无己、无功、无名,开启一个超越世俗的"藐姑射之山",并在世俗与藐姑射之山构成的整体世界之中,在两者之间自由往来。从而能够"乘天地之正而御六气之辩",即在无限的整体世界之中,与无数有限物共存而在。这就是"逍遥"之为"游",也就是无待之自由。

## 三、齐物论

就现实的呈现而言,这个世界是多样性事物与多元性意见的统一。在这个意义上,"齐物论"指向"齐物"与"齐论"两个不同的方面。不过,如果不从"之间"出发,我们可能会陷入一种错误的"齐"之理解,即以为一个人可以获得对于终极性真理的认识,然后以其完满性智慧消解差异性的万千事物和多元性的万千观点而等同视之。

《齐物论》首先将那个可能获得终极性真理的"我"加以消解,它以南郭子綦"吾丧我"的方式,表达出"生命涌现自身",但并非是一个坚凝的"我"的生命。如此"非我"的生命之展开,昭示出一个如天籁一般,包含着无穷事物的整体——大风吹拂的世界,并没有一个风神作为吹者,而是天地整体及其万物"共同参与而成风"。风的意象表达出一种整体性境域,以及一种新的生存意境,这就是天籁之境。在天地及万物的整体中,一方面是相互作用而成整体,一方面是在整体中自己作为自己存在的原因。

借助自然之天籁的比喻,《齐物论》认为,每一物与其他事物相区别而成其为自身,并且承认其他事物与自身的区别,同时自我与差异性的万物共同存在于一个整体之中。每一个事物并不认为自己就是绝对的唯一,而是把整体看作超越自身的无限,把自身视为在整体中与无数差异性事物共存的一个存在者。相应地,世间有无穷的是非观念,但并没有一个断定何以为是、何以为非的绝对标准;万物之不同与观念之差异,本身就是现实生活中的实情,齐物或齐论要做的,并不是给出一个截长补短的海盗船作为绝对性标准。希腊神话故事说,一个海盗,抓来船员,放到床上,比床长的人就截短,不够床长的就拉长。相反,齐之为齐,是将自身或自身的观念,放到所有与自己不同的事物或观念构成的整体境域之中,开放自身,接纳差异,与不同的它物平等地共处。这就是齐之为齐的基本意涵。

《齐物论》中,有一个尧与舜关于"战争"的对话,深刻地揭示出,齐物之境排斥那种基于权力以虚假仁义辩护的"征伐",以为自己是真理的化身,而消灭与自己不同的其他存在者。《齐物论》以庄周梦蝶的故事为结尾,认为齐物最终就是要实现梦和觉之间的"物化"。所谓梦觉之间的物化,是说要将人生视为一个整体,生命整体之中具有无穷的构成环节和可能,齐物的生存之境,要将这些无穷的环节和无数的可能视为生命整体的同等构成部分。

## 四、养生主

"主"是一个会意字,意即灯上之火。在此意义上,"养生主"大约指养护生命之光作为主宰。《养生主》认为养生之主,首先要领悟"人生有涯而知无涯",即以领悟人自身认识能力的有限性为前提才能养生。有限认识能力与无限知识,二者就有一个"之间"。《养生主》以庖丁解牛的寓言故事,阐明一个养护生命之光的基本道理:在世俗利益纠结如牛身骨节之严密的处境中,无己而寻得一个有缝隙的"之间",以让自身虽处身人世间很长时间,却能保持住源初的生命之朴,即用刀虽久却"若新发于硎",一直保持着好像刚刚磨好的刀那样的锋利。如此"之间"的生命养护与实现,一方面承受世俗网罗挤压的命运,一方面逃脱世俗樊笼而求自由。从而,生死玄同而自由任化,在肉体的有限性之中,实现精神之光的无限性延续,即薪尽火传,木柴虽然燃尽了,但火光本身绵延不绝。

## 五、自然

"自然"在老、庄哲学中的基本意蕴都是"自己如此",摒弃外在力量使之如此。庄子以自然为人与物的"本性",从四个意义上来理解"自然"。

一是在与人为相对的意义上理解自然。庄子举例说,牛和马天然四足无羁无绊在草地上摇尾、漫步、饮水、吃草,但人却为了自身的目的,人为地给马蹄钉上铁掌以跑远路,给牛套上辔头以耕地,这完全是"以人灭天",戕害了牛马的自然天性。

二是认为自然就是不在天性之上多事。"凫胫虽短,续之则忧;鹤胫虽长,断之则悲",鸭子的腿虽然短,但给它接上一段就会使它痛苦,鹤的腿虽然长,但切掉一节也会造成悲哀。

三是认为自然表达着让每一物如其自身而实现,自身不能以自己的主观愿望来加以妨碍。庄子以鲁侯养鸟为喻说,鲁国国都郊区飞来一只神奇而美丽的鸟,鲁侯以为是祥瑞之兆,便以自己所喜欢的音乐奏响给它听,以自己喜欢的美味给它吃,结果不久这只鸟就死了。庄子认为这是"以己养养鸟"而非"以鸟养养鸟",即没有依照鸟自身的需求去养鸟,而是把自身的主观成见强加给鸟。

四是自然是一种混沌状态,如果以世俗理智与利益之心来对待生命,生命的整体及其真实就会丧失,这就是所谓混沌开了七窍之后就死了。

## 六、生死玄同与任化

生死是每个人必须要面对和思索的哲学问题,从生物学的角度上,人的寿命是有限的,没有人能长生不老,死亡是生命的必然。庄子认为,生死只是人之存在自然变化整体过程中的两种形态与两个不同阶段。这样的生死观,是基于一种气化的世界观。庄子认为,天地及其万物,都是气的凝聚与弥散,气聚成形而物生,气散无形而物灭,但气本身的聚散之化永不停歇。山河大地不停地流转，人却想着为自己不断老化趋死的生命，永久地占有土地或财产。人因为自身的贪念，而妄图扼断气化之流，是愚昧之举。

人是气聚成形而有生命，本身是气化过程的阶段性表现。因此，人不必为生欢呼雀跃，也不必为死哀伤忧惧。老聃死的时候，他的朋友秦失去吊唁，哭了三声就出来了，他认为不可以哭得过分哀恸，因为那样不合于老子安时处顺的生死观。庄子的妻子死的时候，起初庄子悲伤不已，后来庄子领悟到，生死只是气化自然而然的变化过程，生是顺应自然而生，死也是顺应自然而去，都是自然而然的事情，所以也就不再悲伤。在反讽的意义上，庄子认为，死亡是回归本原，他不再为妻子的死亡哀伤，反而鼓盆而歌，以表达欢送之意。

气化流行的整体，是人有限的生命所不能认识的。因此，死亡作为不可知的彼岸，在苏格拉底看来，对于未知之死亡的恐惧，乃是理智的耻辱。这当然有某种过于强烈的理智主义倾向。在庄子看来，死亡作为不可知的彼岸，是一个可以反过来对眷恋有限生命进行怀疑的参照——也许，死去的人，在彼岸的世界里，非常后悔其曾经在世俗生命中的贪生怕死。甚至，也许死亡之境较之生命之境，有更大的快乐。《庄子》中有个故事说，庄子一次在野外路遇一具骷髅，他感叹这具骷髅是不是因为某种悲剧性意外，而死在荒郊野岭，设问骷髅是否愿意重新回到人间，结果等他枕着骷髅入睡，在梦中，骷髅投梦告诉庄子，死后的世界没有世俗的蝇营狗苟、尔虞我诈，快乐无边，劝庄子别留恋人生，赶紧进入死亡的世界。这当然可以视为一种对于世俗生命扭曲的批判，但它首先基于一种玄同生死的生命观。

## 七、人生如梦

人生如梦的意思，不是说人生之中有梦，使得人生整体就像梦境一样，而是说，人生本质上就是一个梦。庄子感慨说，有的人白天醒着田猎而笑，晚上梦中悲伤而哭；有的人夜里梦中饮酒而乐，白天醒来伤心而泣，根本无法区分，梦境中的喜怒与醒觉中的悲欢，究竟哪一个更为真实。他认为，一个人在梦境中，还可以梦中套着另一个梦境，"梦中有梦"，人根本就不可能确定地知晓是否为梦。从哲学上说，一方面，正确的认识要基于清晰的感知或观念，但是，我们实际上根本无法得到一个毫无模糊之点的清晰性，也就是说，我们根本不能区分睡梦与觉醒；另一方面，判断某种情景是否属于模糊而不清晰的梦境，需要一个后续的意识阶段，来对前一意识阶段加以反省，但是，就生命整体而论，当生命结束之后，根本就不可能有一个后续意识来对之加以反省。简言之，我们世俗生命的整体是无法反省的，因此，在本质上，世俗人生就是一个梦。

但庄子并不以为，人生如梦是一种悲哀的生存状态，相反，基于气化人生观与认识有限性，庄子将梦与觉的交织相融，视为一种诗性存在之美。"庄周梦蝶"就是一个审美存在之境。

庄子说,梦到自己变成了蝴蝶,上下翻飞,生动自然,"栩栩然蝴蝶也";突然之间,庄周一下醒来,发现自己躺卧之姿。对此,不像一般人的怅然若失,庄子的自我诘问:究竟是先前庄周做梦,梦到自己变成了蝴蝶?还是现在蝴蝶做梦,梦到自己变成了庄周?如此诘问,将人生梦觉浑然的美学意境彰显出来。世俗以庄周为觉而真,以蝴蝶为梦而假;庄周则将梦之蝴蝶,与觉之庄周,在事物的迁延变化当中,化为打通生与死、睡梦与觉醒的生命整体之中的诗性因素,让后人领略出无限的美感。

## 八、浑沌无为

《庄子》的世界,是一个"道-德"之境,而不是一个"仁-义"之域。道-德之境就是混沌之境,是一个每一物保持自身整体性与质朴性的世界;仁-义之域则是一个条分缕析之域,是每一物丧失自身整体性与质朴性的世界。

仁-义作为某种价值宣扬与辩护,与权力政治有着密切的关联,形成一个仁义-政治相互纠合的领域。权力政治基于利益的占有与争夺,而利益的占有、争夺需要理智的清楚算计,所以把天地万物清楚明白地加以分割。混沌作为人之存在的整体与质朴,在仁义-政治之域必然丧失自身而死亡。庄子在《应帝王》中以浑沌之死的政治寓言来表达出这个意思:南海之地的帝王叫儵,北海的帝王为忽,中央之地的帝王为浑沌。儵与忽两个人一起到浑沌那里做客,浑沌很好地款待了他们。儵与忽就想回报浑沌的美意,认为每个人都有七个窍,两眼用来观看、两耳用来聆听、嘴用来吃东西、两个鼻孔用来呼吸,而浑沌却没有。两人就帮浑沌开凿七窍,每天凿一窍,七天开凿好七窍而浑沌却死了。

在仁义-政治之域,格致、诚正、修齐、治平、立心、立命,以高蹈的仁义价值宣扬,掩盖对于利益与权力的私人占有,将天地万物及人类存在的自然真实戕害、消解了。庄子继承了《老子》绝圣弃智的无为政治哲学,以浑沌作为现实政治的对立面。庄子式浑沌无为的政治哲学认为,即便在世俗世界中,政治治理似乎不可或缺,但为了确保每个人以及所有人的浑沌和自然质朴的存在,就必须限制治理者不合于自然之道的肆意妄为。

## 九、转识成智

转识成智是一个佛学词汇,基本意思是将世俗知识转化为智慧。《老子》有关于"为学日益、为道日损"的知识与智慧之区分,但他在知识与智慧之间划出鸿沟,有割裂二者之嫌。《庄子》哲学的转识成智,尽管没有直接性的阐述,但是,从人的生存来理解,逍遥之在与齐物之境,作为"之间"的存在状态,实际上有着一个辩证的认识理解,即自知有限性而获得逍遥-齐物的自由存在。知识作为一种对象化认识,理解自身的有限性及其界限,让存在自身不被有限性认知所局限,从而迈向自身的自由,并让他者得到自由,这就是智慧,即《庄子》中真知与真人统一的存在状态。

因此,转识成智不仅是一个观念领域的内在转化问题,而是知识性认知向觉悟性生存的跃进问题。无论是逍遥之游、齐物之在还是生命主宰的养护,《庄子》都以人不能把握终极性真理、不能获得最高知识状态为基础。如此,对于每一人自身而言,生命存在有着不可知的渊深奥秘之可能性;对于他者而言,由于其不可知性,而葆有着其自身的自在性与自由之可能;对于天地整体及其秩序而言,其不可认知性,体现了其自在性与超越性,使得自我与他者能自由自在地共同存在于无限深邃、无边广袤的整体境域之中。

## 十、无用之用

《庄子》开篇讲逍遥游,气势恢宏磅礴,但是,庄子的朋友惠施说,庄子说的这些话都大而无当,跟现实毫不相关,也就毫无作用。我们从哲学智慧的角度来读《庄子》,哲学的一个基本问题便是,"智慧对于现实人生有用吗?"其实,这个问题,一般都是没有进入哲学之门的哲学门外汉才可能有的问题,正如鸡与蛋谁先谁后也是一个哲学之外的假哲学问题一样。

《庄子》的策略,有两个方面:一方面,从世俗之用的角度来理解,所谓"求用",必然会带来"螳螂捕蝉黄雀在后"的悖谬,即无法确定终极性的功用究竟何在。比如对于不龟手之药的用处,世世代代浣纱的家族,只能卖药方一百金,而买药方的商人则能通过辅助吴王冬天水战,打败越国而裂地封侯;可是吴王经过一段历史时期,又被越国所败,越国后来又被楚国所灭;楚国以及其他诸侯国最后被秦国所灭;秦国又被陈胜吴广起义所灭……"求用"的历史,就没有一个最终的功用担当者。另一方面,从超越世俗生存可能的角度来看,对于惠施所说魏王送他的大樗树种子长出来的树,树干臃肿,小枝卷曲,毫无用处,只好扔掉,庄子让他种在"无何有之乡、广袤之野",如此"彷徨乎无为其侧,逍遥乎寝卧其下",在大樗树边没有主观目的地漫步,在大樗树下没有功利之心地自然入睡。庄子之意就是说,对于任何物,只有摆脱世俗之用的眼光,才能敞开一个新的可能世界。

陷在世俗求用的世界里,任何一物的存在都是困难的。一棵材质不好的树木长在路边,让人觉得没有用,所以木匠就不会去砍伐它,而它就得以存活下来;一只残疾不下蛋的鸭子,主人抓来杀了款待客人,就是因其无用,而丧失了生命。无用也好,有用也罢,在人世间,要活着太不容易了。庄子给出了一种生存在"人间世"的智慧,一棵材质不好的树,尽管没有什么用处,但是也有可能因为妨碍了别的有用之物,而被砍伐。因此,一棵无用之树,需得显出某种用处,才能真正不被砍伐,而存活下来。比如栎社树,一方面,它无用,所以没人砍伐它来做家具;另一方面,它却长在神社边上,显露出某种信仰上的意义,所以没人因为其妨碍别的有用之物,就去砍伐它。这就是无用之用。

栎社树的无用之用,其实还是在世俗生存范围之内的说法。更深一步,《庄子》所谓无用之用,是要让人理解,世俗的有用得以可能的原因,恰好是不能产生实际效用的道的作用。庄子说,一个人站立在大地上,以为有用的地方就是两脚所踩在上面的那一小块;然而,两足所踏的那一小块地方,其实是以整个大地作为基础,才使得站立得以可能,如果将两脚所占据的那一小块地方之外的其他地方,挖掘而至于无底深渊,人就根本站不住了。可见,作为整体性的根基,能够帮助人们立足的大地,就是庄子所谓道的无用之大用。

## 第四节　如何阅读《庄子》

《庄子》文本思想的深刻性与开放性,在历代的注庄者手中有着不同的呈现。庄子学的发展过程中,专注于《庄子》义理发挥的重要注本,除了注重玄理发挥的郭象《庄子注》外,还有唐朝西华法师成玄英依据郭象注所作的《南华真经疏》。成玄英的疏解是对郭象注的一次补充和延伸,在玄旨之外,为《庄子》带来了一抹佛理的色彩。唐朝经学家陆德明作的《庄子音义》,则侧重在文本音义及版本考证上,为理解《庄子》文本字词音义提供了重要参考。

两宋时期,庄子学著述丰富,如王雱在继承并超越了其父王安石庄子学思想所作的《南华真经新传》;再如林希逸出入佛老最终以儒学为指向所作的《庄子口义》;刘辰翁开创了《庄子》评点先河,作《庄子南华真经点校》。这些都是宋朝庄子学史上重要的作品。其后,明朝较为有特色的庄子学作品有:僧人释德清以佛理诠释庄子思想的《庄子内篇注》;陆西星用道教与佛教理论共同印证庄子思想《南华真经副墨》;焦竑汇集大量前人成果并进行评说的《庄子翼》;方以智以易学炮制庄子思想所作的《药地炮庄》;王夫之着力廓清庄子思想原来面貌、注重庄子思想整体脉络的《庄子解》和《庄子通》。

清代的庄子学中,注重庄子思想义理发挥的,则主要是林云铭的《庄子因》、宣颖的《南华经解》、孙嘉淦的《南华通》,及章炳麟的《庄子解故》等。民国时期,考据学进一步发展,诸多关于《庄子》的考据成果出现,如奚侗的《庄子补注》、马叙伦的《庄子义证》、刘文典的《庄子补正》等。

历朝历代的注庄作品,为阅读理解《庄子》提供了丰富的参考材料,这些材料也是众多注庄者以自身独特的视角对庄子思想的"以意去取",用自己的观念来诠释庄子,究竟如何才能贴近庄子原意，如何才能更好地进入并徜徉于庄子的思想世界之中，需要对《庄子》的文本内容及文本结构有所了解。

在中国思想史与文学史的发展中，《庄子》有着难以超越的影响。《庄子》文风"恢诡谲怪""汪洋宏肆"，内容广博，涉及对社会、政治、人生及宇宙各方面的思索与认识。其中最终极的"道"存在于世界的每个角落，有情的人、无情的草木瓦砾都是"道"的承载者，事事物物中、每时每刻中，"道"从不退场、永不止歇。人及世间万事万物的生死变化，都是以"道"为根基的，生命的终极意义在于徜徉于广阔宏肆的大道之中，随变任化、逍遥来去。但是现实是残酷的，政治名利、是非对错、情绪好恶无时无刻不在割裂人自身与大道浑然一体的关系，于是人在精神的困苦与形体的疲弊中不得自由，难以解脱。庄子将世人的生存情态喻为"游于羿之彀中"，后羿是射箭的高手，百发百中，处于后羿射程之中的众人，生死皆不由自己掌握。这种比喻是犀利的，遽然就将生命的无奈与困苦，命运的必然与生存的荒诞揭露出来。庄子将这种不得自由、疲敝困苦的生命情状称作"倒悬"，我们的生命所要追求的就是将自身从这种"倒悬"的状态中解脱出来。

在权力支配社会的状态下，忠正直言的史官叙事在政治的胁迫下难以继续，连孔子都要依靠"微言大义""春秋笔法"来隐晦地表达自己的批判。庄子借用"三言"，以恢诡谲怪的文风，将自身对人生的思考及现实的批判呈现给世人。理解了庄子独特言说方式背后的深刻原因，就需要在面对这种委婉奇诡的言说方式后，发掘演说者隐藏在文字里的道理。

所谓"三言"，指的是寓言、重言和卮言相结合的方式。所谓寓言，是将要说的道理借用形象性的表达来呈现，重言则是借重古人的言论来佐证自己的观点，卮言则是随着文势而生发的补充性言论，即"以卮言为曼衍，以重言为真，以寓言为广"（《庄子·天下》），三者的结合，加之庄子独特的用语，就形成了中国文学史上独特的文章风格。

《庄子》这一充满哲理与诗性的经典，在阅读方法上，我们要注意以下几点：

首先，既要有诗性的想象力，又要有哲学的理解力，在诗性意境中领悟哲学的义理。"三言"的表达方式，使得庄子的表达呈现出迂回的特色，因此，对所有解读庄子思想之人，都需要跟随庄子迂回地进入其思想王国。这种迂回，首先强调的是注重文字背后的隐喻，注重整体性的理解，而非字字追求文字表面的辞典学意义。

其次，将自身生命体验与问题意识，与仔细咀嚼《庄子》本文相结合。人都不是一块白板，阅读任何一本书之前，每个人都有自己的前见，并对阅读有一种期待。好的阅读，就是要将自身的前见与期待，在实际的阅读过程，充分地实现出来。自我理解与《庄子》本文的意义，在现实的阅读过程中，是互相生成的。

再次，阅读《庄子》要注意整体性理解，加强前后观照、对应。《庄子》分为内、外、杂篇三个部分，其中内篇七篇的内容为历来解庄注庄者所重，是庄子思想的核心内容，也是庄子思想的精髓所在。外、杂篇内容是内篇内容的延伸和补充,同时记录了庄子的一些行迹,是辅助全面了解庄周思想的重要文本依据。成玄英在其《南华真经疏序》中指出,"内则谈于理本,外则语其事迹。事虽彰著,非理不通;理既幽微,非事莫显",即内篇是《庄子》的思想本旨所在,外篇是对本旨的发挥,两者须互为参照,不可割裂。因此,在阅读《庄子》的过程中,必须将内篇与外杂篇结合,相互生发。

最后,对于初学者而言,《庄子》是一本很难的书,阅读它,需要循序渐进,更需要坚持。思想是一个伴随生命始终的精神活动,阅读《庄子》就是一个思想的历险,一曝十寒的阅读方式,反而可能适得其反。

# 第五节 《庄子》的古今版本

## 一、传统《庄子》注本

1. [晋]郭象(注),[唐]成玄英(疏),《南华真经注疏》,中华书局。

郭象在过往五十二篇本的基础上对《庄子》篇目进行了删定,并进行注解,自此三十三篇本《庄子》文本内容基本固定下来,成为传世的通行版本。郭象对庄子思想进行了整体梳理及玄学化注解,是庄子学中的经典。成玄英在郭象注的基础上进行作疏,对郭象的庄子思想有承继也有发展,其疏对文本词句内容进行了细致的补充,融会了一些佛学色彩在庄子的解读中。该本《南华真经注疏》整体义理精深、文词典丽,是最重要的注庄作品之一。比较适合有一定思辨能力,古文基础较好的读者。

2. [宋]褚伯秀,《南华真经义海纂微》,中华书局。

该本是了解宋朝庄子学的重要参考书,辑录了两宋时期重要的治庄内容,如吕惠卿、陈祥道、陈景元、王雱、赵以夫、林希逸等十三家学说,使得这些著述得以保存下来,免于亡佚。除辑录他人的作品外,褚伯秀也在"管见"部分给出自己的见解,对文本内容和传注作出自己的断定与评判。由于该书,两宋多家庄子学说得以流传下来,是了解两宋庄子学的重要依据。书中涉及十多家注庄内容,卷帙较多,对文言文阅读水平要求较高,也需要对注疏体例有很好的了解,对两宋庄子学感兴趣者可作拓展参考。

3. [清]王夫之(著),《老子衍·庄子通·庄子解》,中华书局。

《庄子通》是王夫之的读书札记,主要是他关于庄子思想的感悟与体会,篇幅较为短小,针对《庄子》三十三篇各有一段体会,全部内容合为一卷。《庄子解》的创作时间稍晚于《庄子通》,每篇有题解概括篇章大意与主旨,在《庄子》原文间隙中附上注解,每段之后有结语式的文字,表达其对本段的评议。全书共三十三卷,体例严谨,内容精炼,见解独到。且王船山本人十分博学,著述丰富,其对庄子思想的发挥与理解严谨深刻,能在字里行间品味出深沉的社会批判与人生体悟,是明清以来不可多得的庄子学佳作。

4. [清]郭庆藩(撰),《庄子集释》,中华书局。

《庄子集释》成书于清朝晚期,与褚伯秀着重于收集解庄的义理性作品不同,郭庆藩不仅收录了庄子学音义方面的成果,也注重对义理性文本的筛选、收录,并着重拣选较为重要的著述内容,能够使读者全面了解《庄子》文本的内容和主旨,也是了解庄子思想必备的参考书。

## 二、 现代《庄子》注本

1. 陈鼓应《庄子今注今译》。

《庄子今注今译》从现代人的角度看待庄子思想,对《庄子》原文作了现代汉语注释,每篇开篇以平实的语言介绍篇章主旨,及出自该篇的成语。每段原文后,有相关的字词注解,及白话文译文。全本内容平实简易,解读精炼,现代化的视角和语言能够照顾到现今读者的阅读习惯,也较好地保留了古文经典的原貌。适合青少年培养经典阅读兴趣,辅助青少年理解和接受《庄子》文本及其义理。

2. 章启群《庄子新注》。

《庄子新注》是在肯定了《庄子》文本的思想价值,及继承前人校注成果的基础上进行的,全文注重考据校对,更注重《庄子》文本的现代传播与普及。因此在内容安排上,每篇有"题解",简要介绍篇章大意。每段《庄子》原文后,有详细校注,既包括字词音义的校注,也包含义理的说明,并以"案"的形式,附上作者的解读。全书校注细致,行文平和。较曹础基《庄子浅注》更加详实,适合基础较好的读者进行文言积累及《庄子》文本大意梳理。

3. 曹础基《庄子浅注》。

以浅显易懂的语言对《庄子》进行介绍,开篇简短地介绍篇章主旨,每段原文下,给出重点文言字词的现代解释及生字难字的音和义。比较适合文言阅读水平较低,初次接触古文经典的读者阅读。

当然,还有其他一些注本,比如,杨柳桥《庄子译注》、马恒君《庄子正宗》、张松辉《庄子译注与解析》,都可以参考。每个人都可以依据自己的兴趣采用不同的注本,但不管选取什么注本来阅读庄子,一个更为基本的方面是自己必须有所想且愿意更深入地思考。

# 第六节 《庄子》经典选文

## 一、选文一

**解题** 选自《庄子·逍遥游》。《逍遥游》开篇以鲲化为鹏,从存在的源初之动牵引出鲲鹏之间的转化,喻示着自我否定是逍遥的前提,挣脱源初困境,走向自身之自由存在。

北冥①有鱼,其名为鲲②。鲲之大,不知其几千里也③。化而为鸟,其名为鹏。鹏之背,不知其几千里也;怒④而飞,其翼若垂天之云⑤。是鸟也,海运⑥则将徙于南冥。南冥者,天池⑦也。

**注** ① 北冥:"冥",通溟,指海。
② 鲲:大鱼。
③ 鲲之大,不知其几千里也:"大"字是一篇之纲。
④ 怒:振奋,鼓动翅膀。
⑤ 垂:通陲,边际。
⑥ 海运:谓海风动。
⑦ 天池:天然的大池。

## 二、选文二

**解题** 选自《庄子·逍遥游》。庄子先对知行德能四者自身之世俗功用的否定,接着对宋荣子否定流俗世界的拒斥,开启了一个超越世俗的藐姑射之山的场域。在此万物交汇的场域中,列子的"御风而行"透露出"逍遥"之为"游"的存在者出离世俗又返回世俗,领悟自身与他者之在,即在无限的整体世界之中,与无数有限物共存而在。

故夫知效一官,行比①一乡,德合一君,而征②一国者,其自视也,亦若此矣③。而宋荣子④犹然⑤笑之。且举世而誉之而不加劝,举世而非之而不加沮,定乎内外之分,辩乎荣辱之境,斯已矣。彼其于世,未数数然⑥也。虽然,犹有未树也。夫列子⑦御风而行,泠然⑧善也,旬有五日而后反⑨。彼于致福者,未数数然也。此虽免乎行,犹有所待⑩者也。若夫乘天地之正⑪,而御六气之辩⑫,以游无穷者,彼且恶乎待哉⑬!故曰:至人无己⑭,神人无功,圣人无名。

注 ① 比:适合、符合。
② 征:取信,证明于。
③ 其自视也,亦若此矣:"其"指上述三等人,"此"指上文鹌、蜩、学鸠。
④ 宋荣子:为稷下早期人物。
⑤ 犹然:神态轻松的样子。
⑥ 数数然:汲汲然,表急促。
⑦ 列子:即列御寇。
⑧ 泠(líng)然:轻妙之貌。
⑨ 反:同"返"。
⑩ 有所待:有所依靠。
⑪ 天地之正:天地之道。
⑫ 六气之辩:六气的变化。辩,变也。辩变古通用。
⑬ 恶乎待哉:没有可依赖的。
⑭ 无己:顺物。

## 三、选文三

**解题** 选自《庄子·逍遥游》。庄子借肩吾与连叔之间的对话,引出流俗之世界不能理解的"神人"形象,为流俗之世界和"神人"居住的藐姑射之山毅然划界。此划界意味着,在庄子的世界里,必须通过自我领悟,跋涉一段艰辛的历程,才到抵达"藐姑射之山"。

肩吾问于连叔①曰:"吾闻言于接舆②,大而无当,往而不返。吾惊怖其言,犹河汉而无极也;大有径庭③,不近人情④焉。"

连叔曰:"其言谓何哉?"

"曰:'藐⑤姑射之山⑥,有神人居焉,肌肤若冰雪,绰约⑦若处子⑧;不食五谷,吸风饮露;乘云气,御飞龙,而游⑨乎四海之外。其神凝⑩,使物不疵疠⑪而年谷熟。'吾以是狂⑫而不信也。"

连叔曰:"然!瞽者⑬无以与乎文章之观,聋者无以与乎钟鼓之声。岂唯⑭形骸有聋盲哉?夫知亦有之。是其言也⑮,犹时女⑯也。之人也,之德也,将旁礴⑰万物以为一,世蕲乎乱⑱,孰弊弊焉以天下为事!之人也,物莫之伤,大浸稽天⑲而不溺,大旱金石流、土山焦而不热。是其尘垢秕糠⑳,将犹陶铸尧舜者也,孰肯以物为事。"

> 注
> ① 肩吾、连叔:假设之人。
> ② 接舆:楚国隐士。
> ③ 大有径庭:与常理不一样。
> ④ 不近人情:非世俗所常有。
> ⑤ 藐:遥远的样子。
> ⑥ 姑射之山:传说中的神山。
> ⑦ 绰约:姿态轻盈柔美。
> ⑧ 处子:处女。
> ⑨ 游:遨游。
> ⑩ 神凝:精神专一。
> ⑪ 疵疠(lì):指灾害。
> ⑫ 狂:通"诳"、谎言。
> ⑬ 瞽(gǔ)者:眼瞎之人。
> ⑭ 岂唯:难得只有。
> ⑮ 是其言也:指上文"关于聋盲"之论。
> ⑯ 时女:时,是;女,汝,指肩吾。
> ⑰ 旁礴:混同。
> ⑱ 世蕲乎乱:蕲,求;乱,治。
> ⑲ 大浸稽天:浸,水;稽,至。
> ⑳ 尘垢秕糠:言其粗迹。

## 四、选文四

> 解题  选自《庄子·逍遥游》。魏王赠送惠施大瓠之种,庄子借"不龟手"之药的不同

使用,指出惠施拙于用大,意在表明只有摆脱世俗之用的眼光,真实的世界与真实的自我才能"自由绽放"。

惠子①谓庄子曰:"魏王②贻我大瓠③之种,我树之成④而实五石,以盛水浆,其坚不能自举也;剖之以为瓢,则瓠落⑤无所容。非不呺然⑥大也,吾为其无用而掊之。"

庄子曰:"夫子固拙于用大矣。宋人有善为不龟手⑦之药者,世世以洴澼䌟⑧为事。客闻之,请买其方⑨以百金。聚族而谋曰:'我世世为洴澼䌟,不过数金;今一朝而鬻技百金,请与之。'客得之,以说⑩吴王。越有难⑪,吴王使之将,冬与越人水战,大败越人,裂地⑫而封之。能不龟手,一也;或以封,或不免于洴澼䌟,则所用之异也。今子有五石之瓠,何不虑以为大樽⑬而浮乎江湖,而忧其瓠落无所容?则夫子犹有蓬之心⑭也夫!"

**注**

① 惠子:姓惠名施,宋人,先秦名家重要人物。
② 魏王:即魏惠王,因魏都迁大梁,所以又称梁惠王。惠是谥号。
③ 瓠(hù):户,葫芦。
④ 成:葫芦结成。
⑤ 瓠落:廓落,形容极大。
⑥ 呺(xiāo)然:虚大的样子。
⑦ 龟手:气候严寒,手皮冻裂。
⑧ 洴(píng)澼(pì)䌟(kuàng):漂洗丝絮。
⑨ 方:不龟手的药方。
⑩ 说(shuì):游说。
⑪ 越有难:"难",乱事,越国发难,攻打吴国。
⑫ 裂地:割地。
⑬ 樽:形如酒器,可缚在腰上浮水过河。
⑭ 蓬之心:被蓬草蔽塞之心。

## 五、选文五

**解题** 选自《庄子·逍遥游》。惠施的众所同去的大樗树与庄子的树之于无何有之乡对比,昭示无用之用。庄子认为,作为整体性根基,能够帮助人们立足于大地,是道的无用之大用。

惠子谓庄子曰:"吾有大树,人谓之樗①。其大本拥肿②而不中绳墨,其小枝卷曲而不中规矩,立之涂,匠者不顾。今子之言,大而无用,众所同去也。"

庄子曰:"子独不见狸狌③乎?卑身而伏,以候敖者④;东西跳梁⑤,不辟⑥高下;中于机辟⑦,死于罔罟。今夫斄牛,其大若垂天之云。此能为大矣,而不能执鼠。今子有大树,患其无用,何不树之于无何有之乡,广莫之野,彷徨⑧乎无为其侧,逍遥⑨乎寝卧其下。不夭斤斧,物无害者,无所可用,安所困苦哉!"

注 ① 樗(chū):落叶乔木,本质粗劣。
② 拥肿:木瘤集结,肥短不端正。
③ 狸狌(shēng):狸,即猫;狌,俗名黄鼠狼。
④ 敖者:游玩的小动物。
⑤ 跳梁:跳跃。
⑥ 辟:同避,避开。
⑦ 机辟:捕兽工具。
⑧ 彷徨:徘徊,悠然自得。
⑨ 逍遥:悠游自在。

## 六、选文六

**解题** 选自《庄子·齐物论》。子綦"吾丧我"的出场,是一种非主体方式的某种涌现,"非我"之生命展开,是成就其大千世界之天籁的关键。天籁之境是齐物之所以为齐的奥妙:每一物与其他事物相区别而成其为自身,并且承认其他事物与自身的区别,同时自我与差异性的万物共同存在于一个整体之中。

南郭子綦①隐机②而坐,仰天而嘘③,荅焉④似丧其耦⑤。颜成子游⑥立侍乎前,曰:"何居⑦乎?形固可使如槁木,而心固可使如死灰乎?今之隐机者,非昔之隐机者也⑧。"

子綦曰:"偃,不亦善乎,而⑨问之也!今者吾丧我⑩,汝知之乎?女闻人籁⑪而未闻地籁,女闻地籁而未闻天籁夫!"

子游曰:"敢问其方。"

子綦曰:"夫大块⑫噫气⑬,其名为风。是唯无作,作则万窍怒呺⑭。而独不闻之翏翏⑮乎?山林之畏佳⑯,大木百围之窍穴,似鼻,似口,似耳,似枅⑰,似圈⑱,似臼,似洼⑲者,似污⑳者;激㉑者,謞㉒者,叱者,吸者,叫者,譹㉓者,宎㉔者,咬㉕者,前者唱于而随者唱喁。泠风㉖则小和,飘风则大和,厉风㉗济则众窍为虚。而独不见之调调之刁刁乎㉘?"

子游曰:"地籁则众窍是已,人籁则比竹㉙是已。敢问天籁。"

子綦曰:"夫天籁者,夫吹万不同,而使其自已也,咸其自取,怒者其谁邪㉚!"

注
① 南郭子綦(qí):子綦,人名。居住城郭南端,因以为号。
② 隐机:凭靠几案。
③ 嘘:呵气。
④ 苔(tà)焉:相忘貌。
⑤ 似丧其耦:丧,失,犹忘。耦,匹对。丧其耦,表示精神超脱身体达到忘我的境界。
⑥ 颜成子游:南郭子綦的弟子,颜成是复姓。
⑦ 何居:何缘由。
⑧ 今之隐机者,非昔之隐机者也:遗物与应物之时。
⑨ 而:同尔,汝。
⑩ 吾丧我:摒弃虚假之我而彰显真实的我。
⑪ 籁:箫。
⑫ 大块:大地。
⑬ 噫气:天地吐气。
⑭ 呺:通"号",大声也。
⑮ 翏翏:长风声。
⑯ 畏佳:形容山势的高下盘回。
⑰ 枅:木制的酒瓶。
⑱ 圈:杯圈。
⑲ 洼:深池,指深窍。
⑳ 污:小池,指浅窍。

㉑ 激：急流声。

㉒ 謞：飞箭声。

㉓ 叱：嚎哭声。

㉔ 吸：沉吟声。

㉕ 叫：哀切声。

㉖ 泠风：小风。

㉗ 厉风：烈风。

㉘ 调调、刁刁：树叶摇摆的样子。

㉙ 比竹：箫管之类。

㉚ 咸其自取，怒者其谁邪：万窍怒号之声皆源自天地整体及每一物与万物之自然，而没有外在使动者。

## 七、选文七

**解题** 选自《庄子·齐物论》。此节对"齐之为齐"所否定的视域作了深刻的阐明：齐物之境排斥仁义——政治之域。舜以"德进于日"为尧之征伐作虚假仁义的辩护，以为自己是真理的化身，扭曲了齐之为齐的真正本质。

故①昔者尧问于舜曰："我欲伐宗、脍、胥敖②，南面而不释然③。其故何也？"舜曰："夫三子者④，犹存乎蓬艾之间⑤。若⑥不释然，何哉？昔者十日并出⑦，万物皆照，而况德之进⑧乎日者乎！"

**注** ① 故：发语词，作用同"夫"。

② 宗、脍(kuài)、胥敖：上古时代的三个小国名。

③ 不释然：耿耿于怀。

④ 三子者：指三国的国君。

⑤ 存乎蓬艾之间：生存于蓬蒿艾草中间。

⑥ 若：你。

⑦ 十日并出：譬喻光明广大，普照万物。

⑧ 进：超过。

## 八、选文八

**解题** 选自《庄子·齐物论》。本节通过瞿鹊子对孔子的否定,长梧子又对瞿鹊子的否定,进而谈论事物之流变过程,揭示齐自我的生存之境:人生是一个整体,生命整体之中具有无穷的构成环节和可能,要将这些无穷的环节和无数的可能视为生命整体的同等构成部分,不可偏爱人生的某一阶段。

瞿鹊子问乎长梧子①曰:"吾闻诸夫子②:'圣人不从事于务③,不就利,不违害,不喜求,不缘道;无谓有谓④,有谓无谓⑤,而游乎尘垢之外。'夫子以为孟浪⑥之言,而我以为妙道之行也。吾子以为奚若?"

长梧子曰:"是黄帝之所听荧⑦也,而丘也何足以知之!且汝亦大早计,见卵而求时夜⑧,见弹而求鸮炙⑨。

"予尝为女妄言之,女以妄听之奚?旁日月,挟宇宙,为其吻合⑩,置其滑涽⑪,以隶相尊⑫。众人役役,圣人愚芚,参万岁而一成纯⑬。万物尽然,而以是相蕴⑭。

"予恶乎知说生之非惑邪!予恶乎知恶死之非弱丧⑮而不知归者邪!丽之姬,艾封人⑯之子也,晋国之始得之也,涕泣沾襟;及其至于王所,与王同筐床,食刍豢,而后悔其泣也。予恶乎知夫死者不悔其始之蕲生乎!

"梦饮酒者,旦而哭泣;梦哭泣者,旦而田猎。方其梦也,不知其梦也。梦之中又占其梦焉,觉而后知其梦也。且有大觉而后知此其大梦也。而愚者自以为觉,窃窃然⑰知之。君乎,牧乎,固哉!丘也与女,皆梦也;予谓女梦,亦梦也。是其言也,其名为吊诡。万世之后而一遇大圣,知其解者,是旦暮遇之也。"

**注** ① 瞿鹊子问乎长梧子:人名为杜撰。
② 夫子:指孔子。
③ 务:世务。
④ 无谓有谓:没说话也是说了。
⑤ 有谓无谓:说了也等于没说。
⑥ 孟浪:夸诞,漫无边际。
⑦ 听荧:疑惑。

⑧ 时夜：即司夜，指鸡。

⑨ 鸮（xiāo）炙（zhì）：烤吃鸮鸟。

⑩ 为其吻合：无分别貌。

⑪ 置其滑涽：置，任也；滑，乱也。

⑫ 以隶相尊：一于贵贱也。

⑬ 参万岁而一成纯：参，糅合；万岁，指古今无数变异。

⑭ 相蕴：互相蕴含。

⑮ 弱丧：弱，幼也；丧，失也。

⑯ 艾封人：艾地守封疆者。

⑰ 窃窃然：察察然，自知的样子。

## 九、选文九

**解题** 选自《庄子·齐物论》。世俗以庄周为觉而真，以蝴蝶为梦而假；庄周则将梦之蝴蝶，与觉之庄周，在事物的迁延变化当中，化为打通生与死、睡梦与觉醒的生命整体之中的诗性因素，让后人领略出无限的美感。

昔者①庄周梦为胡蝶，栩栩然②胡蝶也，自喻适志与③！不知周也。俄然觉，则蘧蘧然④周也。不知周之梦为胡蝶与，胡蝶之梦为周与？周与胡蝶，则必有分矣。此之谓"物化"⑤。

**注** ① 昔者：犹夜也。

② 栩栩然：即翩翩。形容蝴蝶飞舞的样子。

③ 自喻适志与：自快得意。

④ 蘧蘧然：惊动的样子。

⑤ 物化：万物的转化。

## 十、选文十

**解题** 选自《庄子·养生主》。庖丁解牛的故事揭示了养护生命之光的基本道理：在世俗利益纠结如牛身骨节之严密的处境中，无己而寻得一个有缝隙的"之间"，以让自身虽处身人间世很长时间,却能保持住源初的生命之朴,即用刀虽久却"若新发于硎",一直保持好像刚刚磨好的刀那样的锋利。

庖丁①为文惠君②解牛,手之所触,肩之所倚,足之所履,膝之所踦③,砉④然然,奏刀騞⑤然,莫不中音;合于《桑林》⑥之舞,乃中《经首》⑦之会⑧。文惠君曰:"嘻,善哉!技盖至此乎?"

庖丁释刀对曰:"臣之所好者道也,进乎⑨技矣。始臣之解牛之时,所见无非全牛者。三年之后,未尝见全牛也。方今之时,臣以神遇而不以目视,官知止而神欲行⑩。依乎天理⑪,批大郤⑫导大窾⑬因⑭其固然,技经肯綮⑮之未尝微碍,而况大軱⑯乎!良庖岁更刀,割也;族庖⑰月更刀,折⑱也。今臣之刀十九年矣,所解数千牛矣,而刀刃若新发于硎⑲。彼者有闲,而刀刃者无厚;以无厚入有闲,恢恢乎其于游刃必有余地矣。是以十九年而刀刃若新发于硎。虽然,每至于族⑳,吾见其难为,怵然为戒,视为止㉑,行为迟㉒。动刀甚微,謋㉓然已解,牛不知其死也,如土委地。提刀而立,为之四顾,为之踌躇满志,善刀㉔而藏之。"

文惠君曰:"善哉!吾闻庖丁之言,得养生焉。"

**注** ① 庖丁:厨师。

② 文惠君:梁惠王。

③ 踦(yǐ):抵住。

④ 砉(huā):解牛的声音。

⑤ 騞:音近"获",声大于砉。

⑥ 《桑林》:商汤乐名。

⑦ 《经首》:尧乐《咸池》之乐章名。

⑧ 会:韵律,节奏。

⑨ 进乎:超过。

⑩ 神欲行:随心所欲。

⑪ 天理:自然的生理结构。

⑫ 批大郤:批,击。郤,指筋骨的间隙。

⑬ 导大窾(kuǎn):导,引刀而入;窾,指骨节空处。

⑭ 因:顺着。

⑮ 技经肯綮(qìng):技经,犹言经络;肯:附在骨头上的肉;綮:筋骨连结的地方。

⑯ 大軱：音孤，大骨。

⑰ 族庖：指一般的庖丁。

⑱ 折：犹斫。

⑲ 发：磨出；硎：磨石也。

⑳ 族：骨头聚结的地方。

㉑ 视为止：喻眼神专注。

㉒ 行为迟：运动缓慢。

㉓ 謋：音霍，形容牛体被解开时的声音。

㉔ 善刀：善，犹拭，言好好收拾刀。

## 十一、选文十一

**解题** 选自《庄子·应帝王》。庄子以浑沌作为现实政治的对立面，即便在世俗世界中，政治治理似乎不可或缺，但为了确保每个人以及所有人的浑沌和自然质朴的存在，就必须限制治理者不合于自然之道的肆意妄为。

南海之帝为儵①，北海之帝为忽，中央之帝为浑沌。儵与忽时相与遇于浑沌之地，浑沌待之甚善。儵与忽谋报浑沌之德，曰："人皆有七窍②以视听食息，此独无有，尝试凿之。"日凿一窍，七日而浑沌死。

**注** ① 儵（shū）："儵"与下文"忽""浑沌"，皆是寓言中假设的名字。

② 七窍：指一口、两耳、两目、两鼻孔。

## 十二、选文十二

**解题** 选自《庄子·秋水》。楚国国君派使者去请庄子出来当卿相，许以厚禄，庄子自嘲说，他宁做污浊水沟中自由的泥鳅，也不做庙宇里裹上丝绸、被人当作祭拜神物的死乌龟壳，他要表明，自己不愿意为权贵所羁绊。

庄子钓于濮水①，楚王使②大夫二人往先焉，曰："愿以境内累矣！"

庄子持竿不顾③，曰："吾闻楚有神龟，死已三千岁矣，王巾笥④而藏之庙堂之上。此龟者,宁其死为留骨而贵乎? 宁其生而曳⑤尾于塗中乎?"

二大夫曰:"宁生而曳尾途中。"

庄子曰:"往矣! 吾将曳尾于塗中。"

注 ① 濮水:在山东濮县南。
② 使:派遣。
③ 不顾:不回头。
④ 笥:竹箱。
⑤ 曳:摇曳。

# 第十二章 忠信德义——《春秋左传》导读

曾亦(同济大学)

**作者小传：** 曾亦，1969年生，湖南新化人。1987—1991年，复旦大学政治学专业本科。1994—2000年，复旦大学中国哲学专业硕士、博士。同年，留校于社会学系任教。2012年起，任同济大学哲学系教授、博士生导师。先后于香港中文大学、台湾大学高研院从事访问学者研究。2012年被聘为台湾大学高研院客座研究员，2017年被聘为湖南大学岳麓书院客座教授。主要学术兼职有中国哲学史学会理事、中华孔子学会常务理事、上海儒学会副会长、复旦大学儒学院副院长兼秘书长、上海市炎黄文化研究会理事等。

# 第一节 《左传》的地位及其价值

《春秋》乃"五经"之一,既有经,也有传。孔子以前,各国官修史书也称为《春秋》,直至后世,无论私家著述,抑或后世史官,多取"春秋"以名其书。不过,只有孔子所作的《春秋》,才有资格称为"经"。那么,孔子所作的《春秋》与作为列国史书的《春秋》是什么关系呢?通常认为,孔子依据《鲁春秋》而加以笔削,遂作《春秋》经;又有一种说法,认为孔子到周朝的京师,得以观看"百二十国宝书",也就是列国的官修史书,遂据以作《春秋》。

然《春秋》文辞简略,犹如"流水账簿",表面上似无义理可寻。因此,后世又出现了解经的"传",即《公羊》《穀梁》《邹》《夹》之类,更后又有《左氏》。然而,《邹》《夹》两书早在汉以前已经失传,故后世以《公羊》《穀梁》与《左氏》并称"三传"。"三传"的内容虽各自不同,然皆托于孔门七十子及其后学之徒,以为得孔子作《春秋》的本意。至汉武帝以后,建立五经博士,而《公羊》《穀梁》以及严、颜二家之说,被视为解释《春秋》的权威性著述,故得以相继立于学官。可以说,汉代的《春秋》学,实以研究"三传"为主。

不过,站在《公羊》《穀梁》的角度,《左氏》是否解释《春秋》经,始终是成问题的,故数千年来,今文家与古文家颇为之聚讼不已。在古文家看来,《左氏》为孔子同时的左丘明所作,且孔子也有称道左丘明之语,故可视为解释孔子《春秋》的"传",称为《春秋左氏传》;然而,对于今文家而言,《左氏》仅为记述历史事实的著述,与《吕氏春秋》《虞氏春秋》性质相同,故当称为《左氏春秋》。至于更为激进的今文学者,干脆指斥《左氏》乃出于西汉刘歆的伪撰。

# 第二节 《左传》的成书及其流传

按照古文家的说法,《左传》乃左丘明所作。左丘明其人,最早见于《论语·公冶长篇》,大概是孔子同时人,后世有学者认为是鲁国的太史。到了司马迁的《史记》那里,则明确认为,"鲁君子左丘明惧弟子人人异端,各安其意,失其真,故因孔子史记具论其语,成《左氏春秋》",这是左丘明作《左氏春秋》的最早记载,也成为后来古文学者抬高《左氏》地位的重要依据。

不过,《史记》的说法并未明确将《左氏春秋》与孔子《春秋》联系起来。直至后来的班固

《汉书》，则认为左丘明为《春秋》经作"传"。其《汉书·艺文志》说道："丘明恐弟子各安其意，以失其真，故论本事而作传，明夫子不以空言说经也。"这段话明确认为《左氏》是对孔子《春秋》的解释。此外，其《汉书·刘歆传》又说道："歆以为左丘明好恶与圣人同，亲见夫子，而公羊、穀梁在七十子后，传闻之与亲见之，其详略不同。"此段话更是认为《左氏》对《春秋》的解释，其详略优于《公羊传》与《穀梁传》。

围绕《左氏》是否解释孔子《春秋》，导致了今文学与古文学的差异。对今文学家来说，自从成帝时以来，西汉博士就主张"《左氏》不传《春秋》"，直到东汉初年的博士范升，也持类似主张，并且声称"《左氏》不祖于孔子而出于丘明"，到了西晋的王接，更是认为"《左氏》赡富，自是一家书，不主为经发"。可见，汉晋时的今文学家虽承认《左氏》乃丘明所作，只是否认孔子跟《春秋》有关系而已，而不可视为《春秋》经的"传"。此后到了唐代赵匡那里，更是提出了一个新观点，即认为作《左氏春秋》的左氏与《论语》中提到的左丘明并非同一人，其后，宋代的王安石、陈振孙、郑樵皆接受了这种说法。上述学者的这些说法，成为清代学者攻击古文经学的重要依据。

关于《左传》的研究，今文学家认为"师徒相传，又无其人"，换言之，自从左丘明撰成《左传》之后，后来并没有学者进行研究，更没有形成有系统的传承脉络。不过，到了《汉书·儒林传》，开始将《左氏》授受源流向上追溯到汉初的张苍、贾谊。其后，贾谊传贯公，贯公传其子长卿，长卿传张禹，张禹传尹更始。自尹更始以后，《左氏》的传承有两条脉络：其一，尹更始授其子咸及翟方进、胡常，胡常一支传贾护，贾护传陈钦，陈钦传其子元及王莽；其二，尹咸、翟方进一支则传刘歆。可见，西汉后期，研究《左氏》的学者皆本于贾护、刘歆。

到了唐初陆德明的《经典释文·叙录》，更是将传授脉络向上追溯到春秋时的曾申、吴起，从而构造了一条《左传》传授的清晰脉络，即："左丘明作《传》以授曾申，申传卫人吴起，起传其子期，期传楚人铎椒，椒传赵人虞卿，卿传同郡荀卿名况，况传武威张苍，苍传洛阳贾谊，谊传至其孙嘉，嘉传赵人贯公，贯公传其少子长卿，长卿传京兆尹张敞及侍御史张禹。"这种说法大概本于伪刘向《别录》。由此可见，《左氏》学的传授，在刘歆以前是不可信的。

不仅如此，《左传》一书的发现，也颇成疑问。因为汉初《左氏》未曾立于学官，仅仅流行于民间而已。到了哀帝的时候，刘歆校中秘书，发现了古文《左氏》，非常喜爱，于是企图建立《左氏》于学官。自此以后，《左氏》研究开始受到学者的重视，并渐成显学。然而，《左氏》本身的真伪，两千年来，都成了莫衷一是的疑问。大致来说，关于《左氏》的发现，大概有三种说法：其一，藏于秘府，为刘歆所发现。其二，北平侯张苍所献。其三，鲁恭王坏孔子宅得之。

刘歆发现了《左氏》，并对之加以研究，此后，《左氏》学开始形成明确的传承脉络。先是刘歆传贾徽与郑兴,贾徽传其子逵,而郑兴传其子众,世称郑、贾之学。郑、贾之后,《左氏》学逐渐兴盛,相关研究者越来越多,其中,最重要的成果莫过于服虔的《左氏》注,六朝时得以立于学官。

曹魏时,《左传》得以立于学官,而研究《左传》的学者众多,而以王肃最为有名。西晋承曹魏之旧,亦设置了十九博士,其中,《左氏》学有服虔、王肃与杜预三家注。东晋时,因永嘉南渡,诸事草创,博士设置减省到了九家,《左氏》仅仅保留了服、杜二家注,王肃注就被废弃了。杜预(222—284),字元凯,京兆杜陵人。晋初,杜预为征南将军,曾率大军平吴,不久,即撰成《春秋左氏经传集解》三十卷,也就是今日所见的《左传正义》注。

南北朝时,服、杜二注并行于世。北朝经学之盛,与朝廷的提倡有莫大关系。北魏太祖、太宗、世祖、高祖、世宗诸帝,都非常重视经学。此种局面,延至北齐、北周亦然。南朝经学则大致沿袭了东晋时的旧观,不过,宋、齐时的经学,无有可观,直至梁武帝天监以后,稍稍恢复东晋时的旧貌。两北朝经学的特点,有很大区别,按照《北史·儒林传》的说法,"北学深芜,穷其枝叶","南人约简,得其英华",大概是说北朝经学相对繁琐,而南朝经学较为简明。至于就《左传》学而言,南朝流行杜预注,而北朝则流行服虔注。

其后,隋代周而灭陈,政治上实现了大一统,而经学上也渐趋一统。不过,政治与学术的统一却有不同的特点,大概而言,政治上是北方统一南方,而经学上则是南方统一北方。若就《春秋》学来说,则体现为北方服虔之学被南方杜预之学所取代。南北经学的统一,到了唐初而最终得以完成。其中,颜师古《五经定本》与孔颖达《五经正义》,可为统一的标志性著作。当时唐太宗以儒学多门,章句繁杂,诏国子祭酒孔颖达与诸儒共同撰定《五经》义疏,凡一百七十卷,名曰《五经正义》,令天下传习。其中,《左传正义》凡三十六卷,以杜预注为宗,又多吸收六朝时人的义疏成果。唐中晚期以后,学风大变,当时研究《春秋》的学者,以啖助、赵匡、陆淳最为重要,此后宋、明时期的《春秋》学,多上承啖、赵、陆的学风,皆非《左氏》专家,而以"折衷三传",乃至"舍传为经"为学问宗旨。

清人治《左传》,大致分成两个时期。前期以批评胡安国《春秋传》为主,以便逐渐回归三传,尤其重视对《左传》的研究。这一时期的学者,多对杜预注进行抨击,甚至视杜预为《左传》的罪人,并对杜预的道德和人品多加贬斥。其中,尤以刘文淇《左传旧注疏证》最为有名,此书以批评杜注入手,进而上溯至《左传》汉代学者旧注的搜集,即立足于贾逵、服虔注而为《左氏》进行新的疏解。道光、咸丰以后,随着《公羊》学的勃兴,刘逢禄、魏源、康有为等,极力攻击《左氏》之伪。与此相应,此时治《左传》者,亦颇有门户意识,种种议论文字,主要针对今文学者而发。其中最为著名者,莫过于章太炎、刘师培。刘师培研究《左传》,基本上站在贾、服旧注立场,而章太炎则以发明杜注为主,可谓《左传》墨守之学。

## 第三节 《春秋》与《左传》的关系

《左氏》本来并不解释《春秋》经,然而,自刘歆以后,为了将《左氏》立于学官,于是引《左氏》中的文字与《春秋》相配合,以达到解经的目的,其目的在于成立《左氏》为《春秋》之"传"。不过,汉代今文学家大都反对这种做法,理由大致有如下几个方面:

其一,经传终始之异。三传的经文不完全同,尤其以《左氏》与《公羊》《穀梁》二传的经文差别较大。相对于《公羊》与《穀梁》,《左氏》既有续经,亦有续传。因为《公羊》与《穀梁》的经与传皆至鲁哀公十四年为止,共记载了二百四十二年的历史事实,而《左氏》续经至鲁哀公十六年,多两年,而续传则至鲁哀公二十七年,更续至悼公四年,较之《春秋》本经,多出十七年。可以说,《左传》与《公羊》《穀梁》记事年数之差异,遂成为当时今文家批评《左氏》不解经的重要理由。

其二,《左氏》不解释《春秋》。班固《汉书》最初认为《左氏》为《春秋》的传,然而依据《汉书·楚元王传》的记载,刘歆"治《左氏》,引传文以解经",则不可避免出现经、传不能完全配合的情况,换言之,在我们现在看到的《左传》那里,有些《春秋》经文下面没有传文,而有些《左传》文字却没有对应的《春秋》经文。正是因为《汉书》的这种说法,导致公羊家以此攻击《左传》。晚清以降,刘逢禄、康有为、皮锡瑞等,皆怀疑《左氏》解释《春秋》之说,甚至直接以为刘歆伪造《左氏》,尤其到了康有为那里,更是认为刘歆遍伪群经,以便为《左氏》提供解经的证据。

其三,《三传》与经传之别合。我们现在看到的《春秋》,经不再单行,而是各自系于《公羊》《穀梁》《左氏》传文之前。然而,按照孔颖达《左氏疏》的说法,最初《春秋》的经与传是分别刊行的,三传都是如此。

《公羊》《穀梁》经与传的配合,不知始于何人。《四库提要》怀疑《公羊》经传的配合始于徐彦,而《穀梁》经传的配合大概始于范甯。至于《左氏》经与传的配合,最早或可追溯至刘歆。当时的儒者对刘歆大加攻击,如师丹"奏歆改乱旧章",公孙禄则谓"国师嘉新公颠倒五经,毁师法",可见,刘歆改乱旧章、颠倒五经,正是在从事配合经、传的工作。至于《公羊》《穀梁》,传文的解经非常明显,只是阅读不方便而已,反而没有此种配合经传的必要,因此,二传的配合在时间上要更晚出现。

刘歆引传文以解经,此种思路的完成则体现在杜预的《经传集解》中。然而,《左氏传》中经与传的配合却不那么严密,时有阙文。且《左氏》经有十二篇,这是以鲁国十二个国君各为一篇的缘故。至于《公羊》《穀梁》的经都是十一卷,而将闵公合于庄公为一卷。

## 第四节 《左传》的主要内容及其阅读价值

《春秋》记载了鲁隐公元年至哀公十四年的历史,至于《左传》,则续至鲁悼公四年,较《春秋》多了十七年的历史记载。不仅如此,《左传》记事经常与《公羊》《穀梁》不同,而对相关史事的解释也不同,由此发明的义理也颇有差异。汉章帝时,《左传》学者贾逵为了攻击《公羊》,以谋夺博士地位,举了三十七件事来证明《左氏》义理优于《公羊》,尤其是在祭仲行权、纪季入齐、伍子胥复仇、叔术让国这四件史事的评论上,双方立场更是完全相反,贾逵试图以此表明,"《左氏》义深于君父,《公羊》多任于权变",就是说,《左传》的立场是主张君臣大义,而《公羊》则多讲权变。下面,我们先就此四事而加以讨论。

其一,祭仲行权。按照《春秋》经的记载,"桓十一年,秋,九月,宋人执郑祭仲。郑忽出奔卫"。当时郑庄公去世不久,世子忽应当即位,而祭仲作为郑国的执政上卿,在某次返国的途中被宋人所拘执,于是祭仲被迫答应了宋人的要求,而驱逐了世子忽,改立公子突为君。显然,祭仲这种废君立君的行为,非臣子所当为,实有悖于君臣大义。然而《公羊传》却认为,祭仲能够权衡国与君的轻重,虽然有逐君之罪,却有存国之功,所以肯定了祭仲的做法,认为这是"行权"。

《左传》对于祭仲一事,似乎没有明确的褒贬态度。然而,贾逵认为,"若令臣子得行,则闭君臣之道,启篡弑之路",换言之,后世臣子若效仿祭仲这种做法,不仅有悖于君臣之道,而且使臣子以此为借口而行篡弑之实。

其二,纪季入齐。按照《春秋》的记载,"庄三年,纪季以酅入于齐。四年,纪侯大去其国"。因为纪国国君曾向周天子进谗言,导致齐国的远祖哀公被烹杀,到了春秋时期,齐襄公便以此为借口,举兵伐纪。纪季乃纪侯之弟,当此国家存亡的关头,纪季不仅没有举兵抗击齐军,反而携酅地而先降于齐国。对此,《公羊传》肯定了纪季的这种行为,认为其功在于通过降齐而保全了宗庙,使先祖得以世世在酅地得到祭祀。然而,对于纪季入齐一事,《左传》似乎没有褒贬态度,后来杜预为《左传》作注,也赞同了《公羊》的说法。大概对于封建时代来说,国家的概念不同于后世,不仅包括土地、人民,而且还包括宗庙社稷,三者共同构成了国家这个整体。因此,纪国为齐国所灭,虽然不再能保全自己的土地、人民,但是,通过纪季的投降,却使宗庙社稷保存下来,换言之,纪季降齐乃最大限度地使国家得以保存下来。显然,这种观念不仅不符合现代民族国家的基本观念,而且,即便对于秦汉以后的大一统中国来说,如果有人效仿纪季的行为,几乎难逃叛国之罪。

然而,贾逵则据此事批评《公羊》,其理由于《后汉书》李贤注,以为"纪季不能兄弟同心以存国,乃背兄归仇,书以讥之",换言之,在贾逵看来,齐、纪两国有九世之仇,纪季不能与纪侯同心御敌,反而降齐,可谓"背兄归仇"。可见,即便对于《左传》学者来说,对此问题也有不同看法。

其三,伍子胥复仇。据《春秋》记载,"定四年,蔡侯以吴子及楚人战于伯莒,楚师败绩"。楚平王时,伍子胥因为其父兄无罪被诛,于是逃奔到吴国,最后借助吴国的力量伐楚,几乎灭掉了楚国。对此,《公羊传》赞同伍子胥这种复仇行为。因为对于封建时代来说,臣有离开国君的道理,而且,《春秋》重视亲亲之道,所以把父子之情看得较君臣之义为重,《公羊传》正是出于这种观念而赞同伍子胥这种诛其君而为父兄复仇的做法。然而,对于秦汉以后的大一统时代来说,臣之事君,犹子之事父,而且有臣子移孝作忠的伦理要求,毫无疑问,伍子胥这种不顾一切甚至是倾覆自己祖国的复仇方式,不可能得到后世中国人的认同,这与吴三桂引清兵入关并无根本的区别。

然而,《左传》借伍子胥之口,提出了复仇的另一理由,即"亲戚为戮,不可以莫之报也",换言之,楚平王不仅诛其父兄,而且戮其宗族,故伍子胥必须报仇。可以说,在封建时代,宗族对于族人的价值,相当于后世国家对于个人的价值,故伍子胥的复仇,尚有为宗族复仇的因素。至于贾逵的批评,则是纯粹站在大一统时代而论,认为伍子胥向君王复仇,有悖于"君臣之正义"。尤其到了今天,伍子胥这种为了宗庭而向国家复仇的做法,人们肯定会视作某种汉奸行为。

其四,叔术让国。按照《春秋》的记载,"昭三十一年,黑肱以滥来奔。叔术乃邾娄国君颜公之弟,后继任为君"。这事发生在《春秋》之前,当时邾娄颜公在鲁国因为淫乱而被诛杀,而其夫人长得非常漂亮,宣称谁能为颜公报仇就下嫁,后来叔术为颜公报仇而娶了颜夫人,并继任为君。不过,叔术最后却没有将君位传给自己的儿子,而是让给了颜公的儿子。《春秋》经提到的黑肱,正是叔术的后人,滥是他在邾娄国的封地,昭公时黑肱携滥地而逃奔到了鲁国。在《公羊传》看来,叔术既犯王命,杀鲁贤臣,又妻其嫂,可谓罪莫大焉,然而,叔术有感于其子与颜公之子争夺食物,于是将君位传给颜公的儿子,故《公羊》认为叔术有让国之德,并且按照"功过相除"的原则,免除了叔术这些犯命、杀贤与妻嫂的大罪。不仅如此,到了昭公三十一年,黑肱以滥来奔,按照周礼,犯有窃邑之罪,然而,《春秋》念因先祖叔术有让国的贤德,进而免除了其子孙的窃邑之罪。可以说,《公羊传》的这种态度,盖惩于末世人们的争权夺利,故褒君王之让国,以为君王无上的品格,甚至能功过相抵,免除叔术以及子孙的种种大罪,足见孔子对让国这种政治道德的推崇。

《左传》虽然未记载叔术让国这件史事,然而对于黑肱的行为,则直接视为叛君之罪。清代学者陈澧甚至认为,叔术实有诸多罪恶,"狂悖如此,或谓之贤者让国乎？此《公羊》之谬,孰能墨守之乎"。可见,《公羊》对叔术的褒奖,是很难得到后世儒家学者的认同的。

除上面所举四事以外,《左传》对许多史事的记载及议论,都不同于当时占据主流地位的《公羊传》,体现了《左传》独特的义理立场和思想倾向。我们再举几件史事以讨论于下：

其一,郑庄克段。据《春秋》记载,"隐元年,郑伯克段于鄢"。三传关于此事都有记载,以《左传》最为详细,故中学语文课本曾经完整收录了《左传》这篇文字。案,郑武公娶武姜,生庄公及共叔段,然武姜因为庄公是寤生的缘故,只喜爱幼子共叔段,并屡屡在武公面前进言,欲立其为君。武公卒后,庄公得以即位,武姜又屡屡言于庄公,请求封段以大邑。后来共叔段如愿封在京这个地方,然而却始终包藏异心,最后在武姜的怂恿下发动叛乱,失败后,段被迫出逃,而武姜本人亦被庄公幽禁。不难发现,在此整个事件中,武姜与其少子段的过错是显而易见的,关键在于如何看待庄公的过错,对此,三传的说法稍有不同。

《公羊》认为,庄公实际上杀死了其弟共叔段,而主张段即便有罪,应当交由相关司法人员去处理,至于庄公本人,不应当亲自举兵诛杀其弟。因为庄公置其弟于死地的做法,可谓狠心,违背了儒家主张的亲亲之道,即庄公不仅狠心杀害了自己的同胞亲弟,而且也狠心违逆了其母亲的心意。《穀梁》则不仅批评庄公杀段,以为犹如"取之其母之怀中而杀之",这种说法更加凸显了庄公的狠心和残忍,《穀梁》甚至认为,庄公杀弟是"处心积虑"。至于《左传》,对庄公的批评似乎稍轻,认为庄公只是"失教"而已,其过错不过是没有尽到管教其弟的责任,且认为,庄公虽有杀弟之心思,但事实上并未杀弟。三传的说法虽有不同,但有一点是共同的,即宣扬了儒家的亲亲精神,认为兄弟手足相残都是大恶。

其二,宣缪让国。据《春秋》记载,"隐三年,八月,庚辰,宋公和卒。冬,十二月,癸未,葬宋缪公。"案,宋宣公去世时,以其弟缪公继位；而缪公去世时,以宣公之子继位,是为殇公,而将自己的亲生儿子庄公冯驱逐到了郑国。其后宋、郑两国连年交战,最后庄公弑殇公而篡位。可以说,宋宣公不立其子,而让国于其弟缪公,而缪公亦不立其子,将君位又传回给殇公,都符合《春秋》所推崇的让国之德,这不是一般君王所能做到的。然而,《公羊》在此事上却批评宣公让国的做法,认为"君子大居正。宋之祸,宣公为之也"。所谓居正,就是主张在君位继承的问题上,应该遵循父死子继的原则,因此,宣公传弟而不传子,违背了居正的原则,《公羊传》于此不仅没有褒奖宣公让国的政治品德,反而将随后宋国长达十余年的内乱归咎于宣公。

然而,《左传》的看法不同,而是站在缪公能反正的角度,即将君位再传回给宣公一系,而肯定宣公"知人"。不过,这种看法多为后儒所鄙薄,因为宣公信任缪公,最终不过出于一己之私心,实无足称道。

其三，庆父之乱。关于此事的前后原委，涉及《春秋》中多条记载，兹不赘述。鲁庄公即位二十余年，一直未立夫人，唯宠幸其妾孟任而已，生有一子，名般。至庄公二十三年，始娶妻于齐，也就是哀姜。哀姜无子，一同陪嫁的妹妹生有一子，后来即位为闵公。其间，哀姜与庄公之弟公子庆父、公子牙都发生了私情，故庄公将要去世时，哀姜、公子牙想要立庆父继位。然而，庄公另有一个同母弟，即公子季友，认为公子牙立庆父为君，是企图作乱，于是鸩杀了公子牙。庄公去世后，庆父弑杀了子般，而闵公即位。次年，庆父又弑杀了闵公，于是不为国人所容，而被迫逃到莒国，哀姜则逃到了邾国。其后，齐桓公诛杀了哀姜，庆父则自杀于莒国，而庄公的庶子僖公即位，至此鲁国的内乱才平定下来。

关于整个事件，无论是三传，还是后世儒家，对于季友鸩杀公子牙与纵使庆父逃逸的不同做法，议论纷纷，莫衷一是。大概而言，公子牙虽然打算立庆父为君，但毕竟没有弑君的实际行为，而季子竟然用鸩酒毒杀了他，然而按照《公羊传》的说法，这是因为"君亲无将，将而诛焉"。换言之，公子牙只要有弑君之心便是死罪，而不必有实际的弑君行为；至于季友采取鸩杀的方式，则是欲隐匿其罪恶，这符合儒家主张的"亲亲之道"。其后，庆父相继弑杀子般、闵公，其罪远甚于公子牙，然而，季友对于庆父弑子般，则归罪于他人，而不使牵连到庆父，《公羊》以为符合"亲亲之道"；其后庆父再弑闵公，季子则"缓追逸贼"，而使庆父得以逃逸到莒国，然而，《公羊》再次肯定这种做法符合"亲亲之道"。可见，《公羊传》在这个问题上的态度，与汉儒认为"《春秋》尚质"的整体思想倾向是一致的，即站在"亲亲之道"的立场，肯定了季友处理此事件的一系列做法。《左传》的意见则不同，只是详细记载了事件的本末，对于季子杀公子牙、庆父的做法未有明确评论，不过肯定了季友是贤人。

其四，赵盾弑君。据《春秋》记载，"宣二年，晋赵盾弑其君夷皋"。鲁文公六年，晋襄公去世，其子灵公继位为君，而赵盾以中军元帅执掌晋国朝政。当时灵公年幼，经常有种种不符合君王要求的行为，对此，赵盾屡加劝谏，致使灵公欲杀之而后快。于是赵盾出逃于外，不久，其堂弟赵穿弑杀了灵公，赵盾才得以回来。当时晋国的太史董狐记载此事，书"赵盾弑其君"，认为赵盾"为正卿，亡不越竟，反不讨贼"，因此，赵盾也必须承担弑君的罪责。

三传对此事的态度相同，都认为赵盾出逃不远，回国后又不治赵穿的罪，显然有弑君之嫌，故晋史书"赵盾弑其君"，以为赵盾有弑君的罪责。《左传》且引用了孔子的话，曰："董狐，古之良史也，书法不隐。惜也，越竟乃免。"在《左传》看来，如果赵盾出逃越境，即便后来返国，则因君臣之义已绝，就没有讨贼的责任，亦不担负弑君的罪名。

其五，卫辄拒父。据《春秋》记载，"定十四年，秋，卫世子蒯聩出奔宋。哀二年，夏，四月，丙子，卫侯元卒。晋赵鞅帅师纳卫世子蒯聩于戚。三年，春，齐国夏、卫石曼姑帅师围戚"。案，卫灵公的夫人南子与宋朝有私情，秽名远播，世子蒯聩深以为耻，于是想要杀掉南子，失败后就逃到了宋国。灵公去世后，蒯聩之子辄即位，也就是卫出公，而此时蒯聩得到晋国赵鞅的支持,企图回国谋夺君位。而出公辄得到了齐国的支持,遂发兵抵抗。在整个事件中,南子虽有淫乱的坏名声,而蒯聩作为人子,亦不应当杀母;失败后逃奔到外国,也不符合人子之道。其后,其子辄受命于灵公而即位,按照宗法制的精神,算是祖父灵公的继承人,而不是其父蒯聩的继承人。即便如此,蒯聩乃辄的生身之父,辄之拒父毕竟不符合子道。对此,《公羊传》以为,辄受灵公命而即位为君,乃"以王父命辞父命","以王事辞家事";至其发兵拒父,乃奉方伯之命,可以称为"伯讨",都具有一定程度的正当性。不过《论语》中也谈到孔子对此事的看法,即当聩、辄父子发生冲突时,孔子并不做左右袒。因此,汉末何休在为《公羊传》作注时,认为卫辄拒父"是王法行于诸侯,虽得正,非义之高者",换言之,在公羊家看来,卫辄拒父的做法,虽然符合王法,但在道德上却并不甚可取。

至于《左传》,在此问题上并无明确态度。其后杜预为《左传》作注,则认为聩、辄父子争夺君位,不可视蒯聩为"叛人",因此,出公辄派遣大夫卫曼姑拒父的做法实属"不义",故书"齐国夏、卫石曼姑",而以齐国为首。

## 第五节 《左传》的研究版本

自汉以来,为《左传》进行注解的学者颇多,其中先后立于学官者,唯服虔、王肃与杜预三家,然而完整保存下来的成果只有魏晋时的杜预注,即《春秋左氏经传集解》。其后,唐孔颖达为之作疏,成《春秋左传正义》,成为目前所存最完整的《左传》注疏本。清阮元据宋本而重新为之校勘,乃今人阅读此书的最佳善本。21世纪以来,先后有北京大学出版社和上海古籍出版社的整理本出版,便于今天的研究者和爱好者研读。

清代研究《左传》的学者极多,然多对杜预注持批评态度。先有洪亮吉(1746—1809)的《春秋左传诂》,搜采汉儒贾逵、服虔的旧注,以及魏晋唐宋诸家之说,并兼采清代汉学家的研究成果,而撰成此书。此书已由中华书局整理出版,可资阅读。其后,最有代表性的《左传》研究成果莫过于刘文淇(1789—1854)的《春秋左传旧注疏证》,此书以搜集杜预以前的汉人古注为主,然而,穷尽刘氏三代之力,迄未完稿,有志者可寻访该书以备参考。

现代学者关于《左传》的注解本也有数种,其中最权威者莫过于杨伯峻的《春秋左传注》,全书共四册,已由中华书局出版,便于今天初学者阅读,且对于研究者来说,亦颇具参考价值。又有曾亦、郭晓东撰写的《春秋公羊学史》,已由华东师大出版社出版,对先秦以来历代学者关于《春秋》的研究历史,作了详细的介绍,可供今人参考。

# 第六节 《左传》经典选文

## 一、郑伯克段于鄢

**解 题** 本篇选自《左传·鲁隐公元年》。鲁隐公元年（前722），郑国宫廷发生了一场权力斗争。《春秋》载："夏五月，郑伯克段于鄢"，《左传》以七百余字详细交代了事件的前因后果。文章开头追叙郑庄公出生时因难产使母亲姜氏受到惊吓，因此姜氏厌恶他而更喜爱小儿子段。姜氏一再请求国君郑武公立段为太子，武公没有答允。庄公即位后，姜氏为段请封到富庶的京地，段到京地后逐渐将势力扩展至西鄙、北鄙、廪延、鄢地，意图与姜氏里应外合，谋取郑国君主之位。庄公对段的扩张置若罔闻，看似对段姑息纵容，实则是令段多行不义以自毙的长远谋划。这场斗争，最终以段逃奔共国、姜氏被囚于城颍作结。后庄公又在颍考叔的帮助下，与姜氏"遂为母子如初"。《春秋》一字寓褒贬，一"克"字讥刺兄弟之间竟然似两国相争，弟不悌而兄失教。庄公雄猜阴狠，视同气如寇仇，必欲置之死地而后快。共叔段有恃无恐，贪得无厌，以贱妨贵，以少陵长，终至弃国出奔。姜氏贪婪无度，昏聩狭隘，亲手制造了这场宫廷斗争。《左传》用简洁生动的语言叙述了事件跌宕起伏的过程，展现了庄公、姜氏、共叔段的性格特征，揭示了春秋时期"君义臣行，兄爱弟敬"的道德观念的破坏。归有光称此文是"左氏笔力之最高者"。

初，郑武公娶于申①，曰武姜②，生庄公及共叔段③。庄公寤生④，惊姜氏，故名曰寤生，遂恶之。爱共叔段，欲立⑤之。亟⑥请于武公，公弗许。及庄公即位，为之请制⑦。公曰："制，岩邑⑧也，虢叔⑨死焉。他邑唯命⑩。"请京⑪，使居之，谓之京城大叔⑫。祭仲曰⑬："都⑭，城过百雉⑮，国之害也。先王之制：大都，不过参国之一⑯；中，五之一；小，九之一。今京不度⑰，非制也，君将不堪⑱。"公曰："姜氏欲之，焉辟害⑲？"对曰："姜氏何厌之有⑳？不如早为之所，无使滋蔓㉑！蔓，难图也。蔓草犹不可除，况君之宠弟乎？"公曰："多行不义，必自毙，子姑待之。"

既而大叔命西鄙、北鄙贰于己㉒。公子吕曰㉓："国不堪贰，君将若之何？欲与大叔㉔，臣请事之；若弗与，则请除之，无生民心。"公曰："无庸，将自及㉕。"大叔又收贰以为己邑㉖，至于廪延㉗。子封曰："可矣。厚将得众㉘。"公曰："不义，不暱㉙，厚将崩。"

大叔完、聚㉚,缮甲、兵㉛,具卒、乘㉜,将袭郑,夫人将启之㉝。公闻其期,曰:"可矣。"命子封帅车二百乘以伐京㉞。京叛大叔段。段入于鄢㉟。公伐诸鄢。五月辛丑,大叔出奔共。

书曰㊱:"郑伯克段于鄢。"段不弟㊲,故不言弟;如二君,故曰克㊳;称郑伯,讥失教也㊴:谓之郑志。不言出奔,难之也㊵。

遂寘姜氏于城颍㊶,而誓之曰:"不及黄泉,无相见也!"既而悔之。

颍考叔为颍谷封人㊷,闻之,有献于公。公赐之食。食舍肉㊸。公问之。对曰:"小人有母,皆尝小人之食矣;未尝君之羹,请以遗之㊹。"公曰:"尔有母遗,繄我独无㊺!"颍考叔曰:"敢问何谓也?"公语之故,且告之悔。对曰:"君何患焉?若阙地及泉,隧而相见㊻,其谁曰不然?"公从之。公入而赋:"大隧之中,其乐也融融。"姜出而赋:"大隧之外,其乐也泄泄㊼。"遂为母子如初。君子曰:"颍考叔,纯孝也,爱其母,施及庄公㊽。《诗》曰:'孝子不匮,永锡尔类。'㊾,其是之谓乎!"

杨伯峻编著《春秋左传注》,中华书局1990年版。

**注**

① 申:国名,伯夷之后,姜姓。故城在今河南省南阳市。
② 武姜:武是郑武公的谥号,姜为其姓。
③ 共(gōng)叔段:郑庄公的弟弟,排行叔,名段,后来逃亡到共国,所以称之共叔段。
④ 寤(wù)生:难产,胎儿出生时脚先出来。
⑤ 立:立为太子。
⑥ 亟(qì):屡次。
⑦ 制:郑地,位于今河南荥阳。请制:请求把制作为领地。
⑧ 岩邑:险邑。
⑨ 虢(guó):东虢,被郑所灭。虢叔:东虢的国君。
⑩ 他邑唯命:其他城邑唯命是听。
⑪ 京:郑邑,位于今河南荥阳东南。
⑫ 大(tài)叔:大同"太",一说太叔是共叔段的封号,二说古人称位列之前者为太。
⑬ 祭(zhài)仲:郑国大夫,其食邑在祭邑,即今河南中牟县。
⑭ 都:都邑。

⑮ 城：城墙。雉，一丈高三丈长，百雉即一丈高三百丈长。

⑯ 参：同"三"。大都两句：大都邑，不超过国都墙垣长度的三分之一。

⑰ 不度：不合法度。

⑱ 不堪：不能承受。

⑲ 焉：何处。辟：同"避"，逃避。

⑳ 厌：满足。

㉑ 滋蔓：滋长蔓延，喻势力滋长扩大。

㉒ 西鄙、北鄙：郑国西部、北部的边境地区。贰：有二心。

㉓ 公子吕：字子封，郑国大夫。

㉔ 欲与大叔：想把国君之位让给太叔。

㉕ "无庸"两句：用不着，太叔将自及于祸。

㉖ 贰：此处用作名词，有二心（既属郑，又属己）的城邑。

㉗ 廪延：郑邑，在今河南延津县。

㉘ 厚：势力雄厚。

㉙ 暱：通"昵"，黏连。不义两句：不义则不能团结人心。

㉚ 完、聚：坚固城郭、屯聚粮食。

㉛ 缮甲、兵：修理武器。

㉜ 具卒、乘：准备好步兵、车兵。步兵曰卒，车兵曰乘。

㉝ 启：开，此处为开城门。

㉞ 乘（shèng）：一辆战车，有甲士十人。

㉟ 鄢：郑邑。

㊱ 书：指《春秋》。

㊲ 不弟：不像兄弟。

㊳ 如二君两句：郑庄公和共叔段之战如两个国君相战，庄公战胜，故称"克"。

㊴ 称郑伯两句：称郑伯（不言兄），是讥讽郑庄公没有尽到为兄的教导之责。

㊵ 不言出奔两句：不言出奔（言克），是因为难以下笔。因为如果言出奔，则过错在共叔段，而《春秋》作者认为郑庄公亦有过错。

㊶ 寘：同"置"。城颍：郑地，今河南省临颍。

㊷ 封人：镇守边境的地方官。

㊸ 舍：置。食舍肉：吃饭时将肉放在一边。

㊹ 遗（wèi）：送。

㊺ 繄（yī）：语助词。

㊻ 阙：掘。隧：挖隧道。

㊼ 泄泄(yì)：舒散貌。

㊽ 施(yì)：延及。

㊾ 孝子不匮，永锡尔类：出自《诗经·大雅·既醉》，大意为孝子的孝心延绵不尽，将孝道永久地赐予您的族类。匮：尽。锡：赐。

## 二、晋公子重耳之亡

**解题**　晋公子重耳流亡列国的经历，见载于《左传》僖公二十三年、僖公二十四年，篇名为拟题。故事开始于僖公五年（前655），晋公子重耳年十七岁，其父晋献公听信宠妃骊姬的谗言，派人到蒲城追杀重耳，重耳不得不携贤士狐偃、赵衰、颠颉、魏武子、司空季子等人逃亡。此后，历经十九年，重耳过狄、卫、齐、曹、宋、郑、楚、秦八国，最终在秦穆公的帮助下返回晋国夺取政权。本文涉及史事甚多，总体上以重耳流亡、归国为线索，展现了重耳由贵族公子演变为政治家的成长史。流亡初期，重耳乞食不得时欲鞭卫人，被迫离齐后以戈逐狐偃，一位未经世事、不思进取的公子形象跃然纸上。后来，重耳为国土与楚王斡旋、向怀嬴降服自囚以获取秦国支持、投璧于河得臣子忠心，种种迹象显示，重耳已成长为一位极具气度与智慧的政治家。重耳的成长与围绕在他身边的贤士与女性不无关系，聪敏的狐偃、有文采的赵衰、通达的季隗、果敢的齐姜、刚毅的怀嬴，等等，都促使重耳在返回晋国即位的路途上更进一步。归国后，重耳面临着如何处置国内不安势力的问题，他宽容昔日敌人寺人披，使吕甥、郤芮叛乱得到平定，接见头须使举国心安，自此得以团聚民心，逐渐成为一代霸主。文章涉及国家、人物众多，作者能娓娓道来，叙事谨严有致，是《左传》中的名篇。

晋公子重耳之及于难也①，晋人伐诸蒲城。蒲城人欲战，重耳不可，曰："保君父之命而享其生禄②，于是乎得人。有人而校③，罪莫大焉。吾其奔也。"遂奔狄④。从者狐偃、赵衰、颠颉、魏武子、司空季子⑤。狄人伐廧咎如⑥，获其二女，叔隗、季隗，纳诸公子。公子取季隗，生伯儵⑦、叔刘，以叔隗妻⑧赵衰，生盾。将适齐，谓季隗曰："待我二十五年，不来而后嫁。"对曰："我二十五年矣，又如是而嫁，则就木焉⑨。请待子。"处狄十二年而行。

过卫，卫文公不礼焉⑩。出于五鹿⑪，乞食于野人，野人与之块⑫。公子怒，欲鞭之。子犯曰："天赐也。"稽首，受而载之⑬。

及齐，齐桓公妻之，有马二十乘⑭。公子安之。从者以为不可。将行，谋于桑下。蚕妾在其上⑮，以告姜氏⑯。姜氏杀之，而谓公子曰："子有四方之志，其闻之者，吾杀之矣。"公子曰："无之。"姜曰："行也！怀与安⑰，实败名。"公子不可。姜与子犯谋，醉而遣之⑱。醒，以戈逐子犯⑲。

及曹，曹共公闻其骈肋⑳，欲观其裸。浴，薄而观之㉑。僖负羁之妻曰㉒："吾观晋公子之从者，皆足以相国。若以相，夫子必反其国㉓。反其国，必得志于诸侯。得志于诸侯，而诛无礼，曹其首也。子盍蚤自贰焉㉔！"乃馈盘飧，寘璧焉㉕。公子受飧反璧。

及宋，宋襄公赠之以马二十乘。

及郑，郑文公亦不礼焉。叔詹谏曰㉖："臣闻天之所启㉗，人弗及也。晋公子有三焉，天其或者将建诸㉘，君其礼焉！男女同姓㉙，其生不蕃㉚。晋公子，姬出也，而至于今㉛，一也。离外之患㉜，而天不靖晋国㉝，殆将启之，二也。有三士，足以上人，而从之，三也。晋、郑同侪㉞，其过子弟固将礼焉，况天之所启乎！"弗听。

及楚，楚子飨之㉟，曰："公子若反晋国，则何以报不谷㊱？"对曰："子、女、玉、帛㊲，则君有之；羽、毛、齿、革，则君地生焉。其波及晋国者㊳，君之余也；其何以报君？"曰："虽然，何以报我？"对曰："若以君之灵，得反晋国。晋、楚治兵㊴，遇于中原，其辟君三舍㊵。若不获命㊶，其左执鞭、弭㊷，右属櫜、鞬㊸，以与君周旋㊹。"子玉请杀之㊺。楚子曰："晋公子广而俭㊻，文而有礼。其从者肃而宽㊼，忠而能力。晋侯无亲㊽，外内恶之。吾闻姬姓唐叔之后，其后衰者也，其将由晋公子乎！天将兴之，谁能废之？违天，必有大咎㊾。"乃送诸秦。

秦伯纳女五人㊿，怀嬴与焉(51)。奉匜沃盥，既而挥之(52)。怒，曰："秦、晋，匹也(53)，何以卑我？"公子惧，降服而囚(54)。

他日，公享之。子犯曰："吾不如衰之文也(55)，请使衰从。"公子赋《河水》(56)。公赋《六月》(57)。赵衰曰："重耳拜赐！"公子降(58)，拜，稽首，公降一级而辞焉(59)。衰曰："君称所以佐天子者命重耳，重耳敢不拜？"

二十四年春，王正月，秦伯纳之(60)。

及河，子犯以璧授公子，曰："臣负羁绁从君巡于天下(61)，臣之罪甚多矣(62)。臣犹知之，而况君乎？请由此亡。"公子曰："所不与舅氏同心者，有如白水(63)！"投其璧于河。

济河，围令狐，入桑泉，取臼衰(64)。二月甲午，晋师军于庐柳(65)。秦伯使公子絷如晋师⑯。师退,军于郇⑰。辛丑,狐偃及秦、晋之大夫盟于郇。壬寅,公子入于晋师。丙午,入于曲沃⑱。丁未,朝于武宫⑲。戊申,使杀怀公于高梁⑳。

吕、郤畏偪㉑,将焚公宫而弑晋侯。寺人披请见㉒。公使让之㉓,且辞焉,曰:"蒲城之役,君命一宿,女即至㉔。其后余从狄君以田渭滨㉕,女为惠公来求杀余,命女三宿,女中宿至㉖。虽有君命,何其速也?夫袪㉗犹在,女其行乎!"对曰:"臣谓君之入也,其知之矣㉘。若犹未也,又将及难。君命无二,古之制也。除君之恶,唯力是视㉙。蒲人、狄人,余何有焉㉚?今君即位,其无蒲、狄乎!齐桓公置射钩,而使管仲相㉛。君若易之,何辱命焉㉜?行者甚众,岂唯刑臣㉝?"公见之,以难告㉞。三月,晋侯潜会秦伯于王城㉟。己丑晦,公宫火。瑕甥、郤芮不获公,乃如河上,秦伯诱而杀之。晋侯逆夫人嬴氏以归㊱。秦伯送卫于晋三千人,实纪纲之仆㊲。

初,晋侯之竖头须㊳,守藏者也㊴,其出也,窃藏以逃,尽用以求纳之㊵。及入,求见。公辞焉以沐㊶。谓仆人曰:"沐则心覆㊷,心覆则图反㊸,宜吾不得见也。居者为社稷之守㊹,行者为羁绁之仆㊺,其亦可也,何必罪居者?国君而仇匹夫,惧者其众矣。"仆人以告,公遽见之。

狄人归季隗于晋,而请其二子㊻。文公妻赵衰㊼,生原同、屏括、楼婴㊽。赵姬请逆盾与其母㊾,子馀辞㊿。姬曰:"得宠而忘旧,何以使人?必逆之!"固请,许之。来,以盾为才,固请于公,以为嫡子,而使其三子下之;以叔隗为内子[101],而己下之。

晋侯赏从亡者,介之推不言禄[102],禄亦弗及。推曰:"献公之子九人,唯君在矣。惠、怀无亲,外内弃之。天未绝晋,必将有主。主晋祀者,非君而谁?天实置之,而二三子以为己力[103],不亦诬乎?窃人之财,犹谓之盗,况贪天之功以为己力乎?下义其罪[104],上赏其奸;上下相蒙[105],难与处矣!"其母曰:"盍亦求之[106]?以死,谁怼[107]?"对曰:"尤而效之,罪又甚焉[108]。且出怨言,不食其食。"其母曰:"亦使知之[109],若何?"对曰:"言,身之文也。身将隐,焉用文之?——是求显也。"其母曰:"能如是乎?与女偕隐。"遂隐而死。晋侯求之不获。以绵上为之田[110],曰:"以志吾过,且旌善人[111]。"

杨伯峻编著《春秋左传注》,中华书局1990版。

**注** ① 及于难也:《左传·僖公四年》载,此年十二月,骊姬诬陷太子申生意图毒害晋献公,进而逼迫申生自缢而死。之后,骊姬又诬陷公子重耳、夷吾也知晓申生的阴谋,重耳不得不出奔到守地蒲城,夷吾奔至屈城。第二年(僖公五年),晋人又派寺人披攻打蒲城,从此重耳出奔列国。

② 保：依靠。生禄,犹言养生之禄。

③ 校(jiào)：抵抗。

④ 狄,当时晋国北部的部落。《史记·晋世家》："重耳母,翟(狄)之狐氏女也。"狄是重耳的母国。重耳奔狄,在鲁僖公五年。

⑤ 狐偃、赵衰(cuī)、颠颉(jié)、魏武子、司空季子：跟随重耳出奔的贤士,后来都成为晋国大夫。狐偃,重耳的舅父,又称子犯、舅犯。

⑥ 廧(qiáng)咎(gāo)如：赤狄的别种,隗姓。

⑦ 伯鯈(chóu)：名鯈,排行伯。

⑧ 妻(qì)：嫁给。

⑨ 就木：进入棺材,比喻死亡。

⑩ 礼：以礼待之。

⑪ 五鹿：卫地,在今河南濮阳。

⑫ 块：土块。

⑬ 稽首：古人最重的礼节。子犯稽首,拜天赐土块(国土)。

⑭ 乘(shèng)：四匹马。二十乘即八十匹马。

⑮ 蚕妾：养蚕的侍女。

⑯ 姜氏：重耳妻,齐桓公女。

⑰ 怀与安：留恋妻室、贪图安逸。

⑱ 姜与子句：姜氏与子犯商量后,将重耳灌醉,趁机把他送走了。

⑲ 以戈逐子犯：重耳拿着戈追击子犯。

⑳ 骈肋：肋骨排列相近就像一块骨头。

㉑ 薄：帷薄,如帘。

㉒ 僖负羁：曹国大夫。

㉓ 夫：指示词,那。

㉔ 蚤：同早。自贰：表示对曹国有贰心,心向重耳。

㉕ 飧(sūn)：晚饭。寘(zhì)：同"置"。乃馈盘飧两句：于是送去一盘晚饭,在饭内放置了一块玉璧。因为按礼法,臣无境外之交,所以藏璧于饭中,不欲让人知道。

㉖ 叔詹：郑国大夫。

㉗ 启：开，赞助。
㉘ 其、或者：表示推测的副词。建：立。
㉙ 同姓：古代认为男女同姓结婚，子孙不会昌盛。
㉚ 蕃：茂盛，此指子孙昌盛。
㉛ 姬出也：姬姓女所生也。姬出也两句意：重耳父母同为姬姓，但他一直活到今天。
㉜ 离：同"罹"，遭受。
㉝ 靖：安定。
㉞ 侪：等辈。
㉟ 飨(xiǎng)：设盛礼招待宾客。
㊱ 不谷：不善，古代诸侯自称的谦词。
㊲ 子、女：男女奴隶。
㊳ 波及：散及。
㊴ 治兵：教练武事，此为外交辞令，即交战。
㊵ 辟：同"避"。舍：三十里。
㊶ 不获命：外交辞令，意为没有得到楚王退兵的命令。
㊷ 弭(mǐ)：弓。
㊸ 櫜(gāo)：盛箭的器皿。鞬：盛弓的器皿。
㊹ 周旋：即交战。
㊺ 子玉：楚国令尹。
㊻ 广而俭：志广而体俭。
㊼ 肃：敬。
㊽ 晋侯：晋惠公，当时主政晋国。
㊾ 咎：过失、罪过。
㊿ 秦伯纳女五人：秦穆公送给重耳五个女子。
㉛ 怀嬴：秦穆公女，嬴姓，先嫁与晋怀公（重耳的侄子子圉）为妻，故称怀嬴。
㉜ 匜(yí)：古代盛水洗手洗面的器皿。奉匜两句：怀嬴捧着匜浇水给重耳洗手。重耳洗后，不等怀嬴授巾就挥干手上余水，这是十分无礼的。
㉝ 匹：对等。
㉞ 降服而囚：重耳脱掉上衣，拘囚自己以谢罪。
㉟ 文：有文辞。
㊱ 《河水》：应为《诗经》中的《沔水》，"河"是"沔"字之误。重耳借诗中叙述沔水流

向大海的语句，暗示自己如果能返回晋国，愿意心向秦国。

(57) 《六月》：《诗经》中歌颂尹吉甫辅佐周宣王征战的诗歌。秦穆公借此表示重耳若返回晋国为君，一定能称霸诸侯，辅佐周王室。这一记载反映了当时外交宴会中“赋诗”以见己意的情况。

(58) 降：降阶一级。

(59) 公降一级：秦穆公降阶一级辞谢重耳的降、拜。

(60) 秦伯纳之：秦穆公护送重耳回国即位。

(61) 羁绁(xiè)：马络头与马缰。负羁绁：从行者的套语。

(62) 臣之罪：我的罪过，如前文重耳“以戈逐子犯”。

(63) 有如白水：有白水为证。誓词。

(64) 令狐、桑泉、臼衰：皆为晋地。

(65) 晋师军于庐柳：晋怀公的军队驻扎在庐柳。

(66) 公子絷(zhí)：秦国公子。

(67) 郇(xún)：晋地，在今山西临猗。

(68) 曲沃：地名，武宫位于此。

(69) 武宫：晋武公的神庙。晋国君主即位，必来此朝拜。

(70) 高粱：晋地。

(71) 吕、郤(xì)：吕甥(又作饴甥、瑕甥)、郤芮，晋国大夫。此前，晋国卿大夫里克等人准备迎立公子重耳时，晋郤芮使夷吾重赂秦以求入，他俩一起拥立夷吾做了国君，即晋惠公；晋惠公死后，又拥立太子圉即位，即晋怀公。此时自感罪恶深重，想先下手，杀掉重耳。

(72) 寺人披：寺人是宫内供使令的小臣，披为名，又名履鞮、勃鞮。

(73) 让：责备。

(74) 女：同“汝”。君命两句：晋献公一夜后达到，你马上就到了。

(75) 田：同“畋”，打猎。

(76) 中宿：第二夜。

(77) 夫袪(qū)犹在：那被你砍断的袖管还在。寺人披在蒲城之役中曾砍断重耳的袖管。

(78) 知：知为君之道。

(79) 唯力是视：只能竭尽全力。

(80) 余何有焉：和我有什么关系呢？寺人披意在说自己到蒲、狄追杀重耳只是奉从君命。

(81) 齐桓公两句：齐桓公把中钩的事放在一边，任命管仲为相。齐桓公与公子纠争位时，纠的谋士管仲射中齐桓公，齐桓公即位后不计前嫌，任用管仲为相。

(82) 君若易之两句：如果您的做法和齐桓公不同，我自己就会离开，哪里还需要您下命令呢？

(83) 刑臣：受过刑（宫刑）之臣，寺人披自称。

(84) 以难告：把吕、郤谋划焚宫的事情告诉晋文公。

(85) 王城：秦地。

(86) 逆：迎接。

(87) 纪纲之仆：得力的仆从。

(88) 竖：未成年的宫中小吏。头须：人名。

(89) 藏（zàng）：财物。

(90) 其出也三句：晋文公重耳出奔时，头须偷走财物逃走，（之后应又返回晋国）用这些财物支持重耳重回晋国。

(91) 沐：洗发。

(92) 覆：反。洗发时头朝下，故云“心覆”。

(93) 图：所想的。

(94) 居者：如头须等留在晋国的人。

(95) 行者：如狐偃等跟随晋文公出行的人。

(96) 请其二子：请求把季隗的两个儿子伯儵、叔刘留在狄。

(97) 这句意：晋文公嫁女与赵衰。

(98) 原同：赵同，采邑在原。屏括：赵括，采邑在屏。楼婴：赵婴，采邑在楼。

(99) 赵姬：赵衰之妻，晋文公之女。盾与其母，即赵盾与其母叔隗。

(100) 子馀：赵衰字子馀。

(101) 内子：嫡妻。

(102) 介之推：跟随晋文公重耳流亡的人。

(103) 二三子：那些受赏的从亡者。

(104) 下义其罪：在下的从亡者把自己的罪行当作正义。

(105) 蒙：欺。

(106) 盍：何不。

(107) 以死两句：因为（穷困，且未受赏）而死，又能怨恨谁呢？

(108) 尤而效之两句：明知是错误的，还去效仿，罪过就更大了。

(109) 使知之：让晋文公知道这件事。

⑩ 以绵上为之田：将绵上封为介之推的祭田。绵上：在今山西介休。
⑪ 旌：表扬。

### 三、晋楚城濮之战

**解题** 本篇选自《左传·僖公二十八年》。春秋初期，楚国国力日渐强盛，大有称霸中原之意味；晋国由在外流亡十九年的重耳执政后，发展生产、增强军力，以图谋霸业，城濮战役实是晋楚两国争夺中原霸主地位的一场较量。鲁僖公二十七年（前633）冬，楚国及其盟国围攻宋国，宋求救于晋，晋文公听取先轸提出的"喜赂怒顽"计策，拉拢齐、秦，激怒楚国，使城濮之战一触即发。这场战争最终以晋胜楚告结，作者指出，晋国的胜利源于"能以德攻"。战争开始前，晋国君臣认真备战，军队"少长有礼"，连楚成王都称赞晋文公"备尝险阻艰难，尽知民之情伪"，是不可敌的有德者；而楚国方面，成王与大臣子玉矛盾尖锐，子玉因治军残暴受人诟病，他竟然从个人利益出发，期待以此战"间执谗慝之口"。战场上，晋文公借信守昔年承诺晋楚交兵"退避三舍"，避敌锋芒，诱使对方冒进，接连击溃楚国右、左二军，迫使楚人退兵，取得城濮之役的最终胜利，并借此朝觐周王、赢得中原诸侯附从，实现了"报施救患，取威定霸"的政治目标。而子玉则愈发狂妄自大，盲目进攻，最终导致失败。文章叙事详略得当，不重描写战场厮杀，而重在交代战争的前因后果，详写晋国政事，略写楚国朝廷，将晋国之所以胜楚的原因——"能以德攻"阐述得深婉有致；同时，按照时间顺序叙述了晋军依次击破楚军右师、左师的过程。文章极尽开合之变。如"齐、秦未可"则一开，宋人之赂则一合；楚子入申则一开，伯棼请战则一合；宛春告释又一开，曹、卫告绝又一合；子玉怒，从晋师，竟可合矣，又退三舍着实一开。使读者一闪一闪急不得就，方才落到次于城濮，以为今而后可以写战事矣。忽然接写晋侯听诵而疑，则又开；再写梦博而惧，则又开。然后跌落斗勃请战，晋侯观师，着实一合，而以叙战终焉。一路无数峰峦，层层起伏。实乃文章之巨观。（参冯李骅《春秋左绣》）

宋人使门尹般如晋师告急①。公曰②："宋人告急，舍之则绝，告楚不许③。我欲战矣，齐、秦未可，若之何？"先轸曰④："使宋舍我而赂齐、秦，藉之告楚。⑤我执曹君，而分曹、卫之田以赐宋人。楚爱曹、卫，必不许也⑥。喜赂、怒顽⑦，能无战乎？"公说⑧，执曹伯，分曹、卫之田以畀宋人。

楚子入居于申⑨，使申叔去穀⑩，使子玉去宋，曰："无从晋师⑪！晋侯在外，十九年矣，而果得晋国⑫。险阻艰难，备尝之矣；民之情伪⑬，尽知之矣。天假之年，而除其害，天之所置，其可废乎？《军志》曰⑭：'允当则归。'⑮又曰：'知难而退。'又曰：'有德不可敌。'⑯此三志者，晋之谓矣。"子玉使伯棼⑰请战，曰："非敢必有功也，愿以间执谗慝之口⑱。"王怒，少与之师，唯西广、东宫与若敖之六卒实从之⑲。

子玉使宛春告于晋师曰⑳："请复卫侯而封曹，臣亦释宋之围。"子犯曰："子玉无礼哉！君取一，臣取二，不可失矣。"㉑先轸曰："子与之！定人之谓礼㉓，楚一言而定三国㉔，我一言而亡之。我则无礼，何以战乎？不许楚言，是弃宋也；救而弃之，谓诸侯何？楚有三施㉕，我有三怨，怨雠已多，将何以战？不如私许复曹、卫以携之㉖，执宛春以怒楚，既战而后图之。"公说。乃拘宛春于卫，且私许复曹、卫，曹、卫告绝于楚。

子玉怒，从晋师㉗。晋师退。军吏曰："以君辟臣㉘，辱也；且楚师老矣㉙，何故退？"子犯曰："师直为壮㉚，曲为老，岂在久乎？微楚之惠不及此，退三舍辟之，所以报也㉛。背惠食言㉜，以亢其雠㉝，我曲楚直，其众素饱㉞，不可谓老。我退而楚还，我将何求？若其不还，君退、臣犯，曲在彼矣。"退三舍，楚众欲止，子玉不可。

夏四月戊辰，晋侯、宋公、齐国归父、崔夭、秦小子憖次于城濮㉟。楚师背酅而舍㊱，晋侯患之。听舆人之诵曰㊲："原田每每，舍其旧而新是谋㊳。"公疑焉。子犯曰："战也！战而捷，必得诸侯。若其不捷，表里山河，必无害也㊴。"公曰："若楚惠何？"栾贞子㊵曰："汉阳诸姬，楚实尽之㊶。思小惠而忘大耻，不如战也。"晋侯梦与楚子搏㊷，楚子伏己而盬其脑㊸，是以惧。子犯曰："吉，我得天㊹，楚伏其罪，吾且柔之矣㊺。"

子玉使斗勃请战㊻，曰："请与君之士戏㊼，君冯轼而观之㊽，得臣与寓目焉㊾。"晋侯使栾枝对曰："寡君闻命矣。楚君之惠，未之敢忘，是以在此。为大夫退㊿，其敢当君乎㊿？既不获命矣㊿，敢烦大夫，谓二三子㊿：'戒尔车乘，敬尔君事，诘朝将见㊿。'"

晋车七百乘，韅、靷、鞅、靽㊿。晋侯登有莘之虚以观师㊿，曰："少长有礼㊿，其可用也。"遂伐其木，以益其兵㊿。

己巳，晋师陈于莘北，胥臣以下军之佐当陈、蔡㊿。子玉以若敖之六卒将中军，曰："今日必无晋矣。"子西将左㊿，子上将右㊿。胥臣蒙马以虎皮，先犯陈、蔡。陈、蔡奔，楚右师溃。狐毛设二旆而退之㊿。栾枝使舆曳柴而伪遁㊿，楚师驰之，原轸、郤溱以中军公族横击之㊿。狐毛、狐偃以上军夹攻子西，楚左师溃。楚师败绩。子玉收其卒而止，故不败。

晋师三日馆、谷⑥，及癸酉而还。甲午，至于衡雍⑥，作王宫于践土⑥。

乡役之三月⑧，郑伯如楚致其师⑨。为楚师既败而惧，使子人九行成于晋⑩。晋栾枝入盟郑伯。五月丙午，晋侯及郑伯盟于衡雍。

丁未，献楚俘于王：驷介百乘⑦，徒兵千⑦。郑伯傅王，用平礼也⑦。己酉，王享醴⑦，命晋侯宥⑦。王命尹氏及王子虎、内史叔兴父策命晋侯为侯伯⑦，赐之大辂之服、戎辂之服⑦，彤弓一、彤矢百⑦，玈弓矢千⑦，秬鬯一卣⑧，虎贲三百人⑧，曰："王谓叔父⑧，'敬服王命，以绥四国⑧，纠逖王慝⑧。'"晋侯三辞，从命，曰："重耳敢再拜稽首⑧，奉扬天子之丕显休、命⑧。"受策以出。出入三觐⑧。

卫侯闻楚师败，惧，出奔楚，遂适陈⑧，使元咺奉叔武以受盟⑧。癸亥，王子虎盟诸侯于王庭，要言曰⑨："皆奖王室⑨，无相害也！有渝此盟⑨，明神殛之⑨，俾队其师⑨，无克祚国⑨，及而玄孙，无有老幼⑨。"君子谓是盟也信，谓晋于是役也，能以德攻⑨。

初，楚子玉自为琼弁、玉缨⑨，未之服也⑨。先战⑩，梦河神谓己曰："畀余！余赐女孟诸之麋⑩。"弗致也。大心与子西使荣黄谏⑩，弗听。荣季曰："死而利国，犹或为之，况琼玉乎？是粪土也。而可以济师，将何爱焉？"弗听。出，告二子曰："非神败令尹⑩，令尹其不勤民⑩，实自败也。"既败，王使谓之曰："大夫若入，其若申、息之老何？"⑩子西、孙伯⑩曰："得臣将死，二臣止之，曰：'君其将以为戮。'"⑩及连谷而死⑩。

晋侯闻之而后喜可知也，曰："莫余毒也已⑩。蒍吕臣实为令尹⑩，奉己而已，不在民矣⑪。"

杨伯峻编著《春秋左传注》，中华书局1990年版。

**注** ① 门尹般：宋国大夫。
② 公：晋文公重耳。
③ 告楚不许：请求楚国撤兵，楚国一定不答应。
④ 先轸(zhěn)：晋国大臣。
⑤ 使宋舍我两句：让宋国舍弃我们，去贿赂齐、秦两国，假借他们的力量请求楚国撤兵。
⑥ 必不许也：楚国一定不答应齐、秦的请求。曹、卫与楚国交好，而晋国把曹、卫的土地分赐给宋国，楚国被激怒，拒绝齐、秦的调停，同时也使齐、秦与楚国

结怨。

⑦ 怒顽：被楚国不愿退兵的顽固激怒。

⑧ 说：同"悦"。

⑨ 楚子：楚成王，北方诸侯称楚王为子。申：地名，今河南南阳一带。

⑩ 申叔：申公叔侯，楚国大夫。穀，地名，位于今山东阳谷县。

⑪ 从：进逼。

⑫ 晋侯在外三句：晋文公在外流亡十九年。详见《晋公子重耳之亡》篇。

⑬ 情伪：真假。

⑭ 军志：古代兵书。

⑮ 允当则归：适可而止。

⑯ 有德不可敌：有德者无法战胜。

⑰ 伯棼：楚国大夫。

⑱ 间执：堵塞。谗慝：说坏话的人，指蒍贾，据《左传·僖公二十七年》记载，子玉治军残暴，喜用酷刑，蒍贾曾说："子玉刚而无礼，不可以治民，其不能以入矣。"

⑲ 西广：楚国军队分两部，每部军的名称为"广"。东宫：太子的军卫队。若敖：楚国先君熊仪的名号，此指楚国宗族亲军。卒：三十乘，六卒即一百八十乘。

⑳ 宛春：楚国大夫。

㉑ 君取一，臣取二：国君晋文公仅得"释宋之围"，臣子玉却得以"复卫侯而封曹"。不可失矣：不可失去战斗的机会。

㉒ 子与之：您还是答应他的请求吧。

㉓ 定人之谓礼：使人民安定就是礼。

㉔ 楚一言句：楚国一句话就使宋围得释，曹、卫得复。

㉕ 三施：对宋、曹、卫三国有恩惠。

㉖ 携：离间。

㉗ 从晋师：子玉进逼晋军。这与楚成王原意相违。

㉘ 辟：同"避"。

㉙ 楚军去年冬天即围攻宋国，至此年春天已经历数月，故曰"楚师老矣"。

㉚ 直：正义。

㉛ 这句指《左传·僖公二十三年》记载之事，晋文公对楚成王说："晋楚治兵，过于中原，其辟君三舍。"

㉜ 食言：违背诺言。

㉝ 亢：抗。其雠：此指宋国。

㉞ 素：向来。

㉟ 宋公：宋成公。归父：齐国大夫。崔夭：齐国贵族。小子慭（yìn）：秦穆公之子。城濮：卫地，位于今山东鄄城。

㊱ 酅（xī）：丘陵险阻名。舍：休息。

㊲ 舆人：众人。

㊳ 原田每每：高田上青草茂盛。这是古代的休耕地。舍其旧而新是谋：舍弃已耕种过的土地，寻找已休耕过的土地。

㊴ 表里山河：晋国外有黄河，内有太行山，一定不会有害处。

㊵ 栾贞子：晋国将领。

㊶ 汉阳诸姬两句：汉水之北的姬姓诸侯国，都已经被楚国消灭了。晋亦属姬姓。

㊷ 搏：搏斗。

㊸ 盬（gǔ）：吸饮。这句说，楚王伏在晋文公身上吸饮他的脑浆。

㊹ 我得天：晋文公面朝天，故云“得天”。

㊺ 柔：服。

㊻ 斗勃：楚国大夫。

㊼ 戏：角力。

㊽ 冯：同“凭”，依靠。

㊾ 得臣：子玉名成得臣。寓目：注目。

㊿ 为大夫退：为，同“谓”，这句说以为大夫已经退兵了。

(51) 其：岂。君：指晋文公。

(52) 不获命：没有得到您退兵的命令。《左传·僖公二十三年》载晋文公对楚成王语：“其辟君三舍。若不获命，其左执鞭弭，右属櫜鞬，以与君周旋。”

(53) 二三子：几位将领。

(54) 诘朝：明天早晨。

(55) 韅、靷、鞅、靽：指晋军装备齐全。韅（xiǎn）：马背的皮甲。靷（yǐn）：引轴，此应为“靳”之误，束于马胸的皮甲。鞅（yāng）：束于马颈的皮套。靽（bàn）：系于马足的绳子。

(56) 莘：古代“有莘国”，在今山东曹县。虚：同“墟”。

(57) 少长：军士的长、幼。

(58) 兵：兵器。

(59) 胥臣句：晋军下军副将胥臣抵挡陈、蔡的军队。陈、蔡：楚国的盟军。

(60) 子西：斗宜申，楚师左军将领。

㉖ 子上：即斗勃，楚师右军将领。

㉒ 狐毛：晋上军将领。斾（pèi）：前军。这句说，狐毛设立两队前军继续击退楚师右军。

㉓ 使舆曳柴：让战车尾拖着树枝，扬起尘土，佯装战败。

㉔ 原轸、郤（xì）溱：分别是晋中军主将、副将。中军公族：此指中军中的晋室子弟。

㉕ 馆：在楚营休息。谷：吃楚军留下的粮食。

㉖ 衡雍：地名，属郑国。

㉗ 践土：地名，属郑国。晋军在践土为周襄王修建王宫。

㉘ 乡（xiàng）役：城濮战役前。

㉙ 郑伯：郑文公。这句说，郑文公把军队交给楚国以助战。

㉚ 子人九：郑国大夫，姓子人名九。子人九是郑厉公弟语的后人，语字子人，子孙以其字为氏。

㉛ 驷：套着四匹马的车。驷介：四匹披战甲的马驾着的战车。

㉜ 徒兵：步兵。

㉝ 这句说，郑文公辅佐周襄王，（在行献俘礼时）用的是当年周平王接待郑文侯的礼仪。

㉞ 享醴：天子设宴。醴（lǐ）：小麦酿造，如今之甜酒。

㉟ 宥：同"侑"，意为晋侯在周襄王敬酒之后奉命回敬。

㊱ 尹氏、王子虎、叔兴父：周王室大臣。策命：书面任命。侯伯：诸侯之长。

㊲ 辂（lù）：天子的车，可赠与诸侯。戎辂：戎车。

㊳ 彤：红色。

㊴ 旅（lú）：黑色。

㊵ 秬（jù）鬯（chàng）：黑黍香酒。卣（yǒu）：盛酒器。

㊶ 虎贲（bēn）：勇士。

㊷ 叔父：周王室与晋室同姓，周天子称同姓诸侯王为"叔父"。

㊸ 绥（suí）：安定。四国：四方诸侯国。

㊹ 纠逖（tì）：纠而远之。

㊺ 敢：表示敬意的副词，无意义。

㊻ 丕：大。显：光明。休、命：赐予、策命。

㊼ 觐（jìn）：诸侯北面而见天子。

㊽ 出奔：逃亡。适：往。出奔句：卫侯先逃到楚国，之后又到陈国。

⑧⑨ 元咺(xuān)：卫国大夫。叔武：卫侯之弟。

⑨⓪ 要(yāo)：约。

⑨① 奖：助。

⑨② 渝：变、违背。

⑨③ 殛(jí)：杀死。

⑨④ 俾：使。队：同"坠"。此句意，让他的军队覆灭。

⑨⑤ 克：能够。祚(zuò)：福。大意是，不能够享有国运。

⑨⑥ 玄孙：此为远孙之通称。及而玄孙两句意，厄运会殃及子孙，不论老少。

⑨⑦ 能以德攻：晋文公能以德教民，进行讨伐。《左传·僖公二十七年》载："晋侯始入而教其民，二年，欲用之。子犯曰：'民未知义，未安其居。'于是乎出定襄王，入务利民，民怀生矣。将用之。子犯曰：'民未知信，未宣其用。'于是乎伐原以示之信。民易资者，不求丰焉，明征其辞。公曰：'可矣乎？'子犯曰：'民未知礼，未生其共。'于是乎大蒐以示之礼，作执秩以正其官。民听不惑，而后用之。出谷戍，释宋围，一战而霸，文之教也。"此处"释宋围，一战而霸"即指城濮之战。

⑨⑧ 琼弁(biàn)：用琼玉做马冠。玉缨：为马鞅饰以玉。

⑨⑨ 未之服也：还未用得上。

⑩⓪ 先战：战事发生以前。

⑩① 孟诸：宋国的沼泽地。麋：湄，水草之交。

⑩② 大心：子玉之子。荣黄：名黄，楚国大臣，与下文荣季为同一人。

⑩③ 败：使之败。

⑩④ 勤民：以民事为重。

⑩⑤ 这句说，如果让你回来，那么如何向申、息的父老交代呢？

⑩⑥ 孙伯：大心。

⑩⑦ 此句意，子玉本想自杀，我们(子西、孙伯)阻止了他，对他说"且等君王治你的罪"。

⑩⑧ 连榖：楚地。这句大意是，子玉到达连榖时，就因羞愧而自杀了。《左传·文公十年》载："城濮之役，王思之，故使止子玉曰：'毋死。'不及。"可见，楚王先派使者欲子玉死，又派使者令子玉勿死，而子玉在到达连榖后还没有接到赦命，就已经自杀了。

⑩⑨ 这句说：没有人能危害我了。

⑪⓪ 蒍(wěi)吕臣：楚国大夫。

⑪① 奉己两句：(蒍吕臣)仅仅保全自己而已，不考虑民事。